ATLANTIS

Das verborgene Wissen der Welt

BASTEI
LÜBBE

ATLANTIS

wird herausgegeben von
Dr. Hans Christian Meiser

Über die Autorin:

Christa Zettel wurde in Wien geboren und ist Jounalistin, Redakteurin und Autorin. Sie lebte lange im südlichen Afrika, wo sie von einem der letzten Hohepriester der Bantu in die Geheimnisse des dunklen Kontinents eingeweiht wurde. Ihr Hauptforschungsgebiet ist die Mythologie und Kosmologie der alten Kulturen, worüber sie zahlreiche Bücher veröffentlicht hat.

ATLANTIS

Christa Zettel

Reiserouten der Götter

Zurück in die Zukunft: Das Erbe der Schamanen

BASTEI LÜBBE

Bastei Lübbe Taschenbuch

Band 70181

1. Auflage: Juli 2001

Vollständige Taschenbuchausgabe
der im Heinrich Hugendubel Verlag, Kreuzlingen/München, 1999,
erschienenen Hardcoverausgabe

Bastei Lübbe Taschenbücher ist ein Imprint
der Verlagsgruppe Lübbe

Umschlaggestaltung: Wustmann & Ziegenfeuter, Dortmund
Satz: Design-Typo-Print, Ismaning
Druck und Verarbeitung: Ebner Ulm
Printed in Germany
ISBN 3-404-70181-X

Sie finden uns im Internet unter
http://www.luebbe.de

Der Preis dieses Bandes versteht sich einschließlich
der gestzlichen Mehrwertsteuer.

Inhalt

Teil II: Das Erbe der Schamanen

VORWORT

Die Wahrheit ist stets größer als das sogenannte Faktum.
(Laurens van der Post)

Was war zuerst da – das Küken oder das Ei? Weshalb legt der Osterhase Eier, und weshalb küßt in unseren Märchen die Prinzessin den Frosch, der sich daraufhin in einen Prinzen verwandelt? So banal derartige Fragen zu sein scheinen, sie bergen in sich den Schlüssel zu den Ursprüngen unseres Bewußtseins, dessen überwiegender Teil, die Summe aller Bewußtseinszustände unserer Ahnen, uns unbewußt geworden ist und tief im kollektiven Unbewußten der Menschheit versank. »Die Frage ist der Heiler, die Antwort die Wunde«, schreibt der Forscher Alan Bleakley. Unserer Wunden, ob sozialer, psychologischer oder umweltbedingter Art, werden wir uns sowohl individuell als auch kollektiv und neuerdings auch planetarisch zunehmend bewußt, aber stellen wir die richtigen Fragen?

Bei mir begann es mit einem überlieferten Rätsel der hermetischen (ägyptischen) Mystik, auf das ich während der Arbeit an einem Buch gestoßen war: Ein Adept oder Schüler fragt seinen Meister, weshalb die Summe der Bruchteile des Hekat, das heilige Udjat (1:64), nur 63 Vierundsechzigstel ergibt (64 = 1:1, 1:2, 1:4, 1:8, 1:16, 1:32 = 1:63). Gott Thot, lautet die kryptische Antwort, gibt demjenigen, der sich unter seinen Schutz stellt, das »fehlende Vierundsechzigstel« dazu. Diese irrationale Frage eines Adepten der ägyptischen Mysterien, – die kein rational geschulter westlicher Mensch stellen würde, weil die Summe dieser Zahlen arithmetisch eben 63 ergibt, ließ mich nicht mehr los und kostete mich beinahe, aber letztendlich nicht wirklich, die Zuneigung eines Mathematikerfreundes. Seither sind an die zwölf Jahre vergangen. Auf der Suche nach der Lösung drang ich immer tiefer in die Überlieferung der Mystik, der Mythen und der Geheimlehren der Religionen ein. Dieser inneren Reise folgten bald äußere Reisen, die mich bis nach Südafrika führten, wo dieses Buch geschrieben wurde. Tatsächlich verdanke ich einem Hohepriester der Erdmutter in Südafrika, dem Sanusi Credo Vusamazulu Mutwa, die entscheidende Information aus dem noch ungehobenen Weisheitsschatz afrikanischer Mystik. Sie hilft, ein Rätsel der irischen Mythologie zu lösen, das wiederum den Zugang zum König-Arthur-Mythos liefert und weiter schließlich zum Gesetz der Erde, das der sumerische Enki noch schaute, – wie es im Gilgamesch-Epos überliefert ist.

Wir leben in einer Zeit des Umbruchs und der Suche nach Neuorientierung. Wissensformen ändern sich, wenn Gesellschaften sich wandeln, stellte der amerikanische Kulturwissenschaftler W. I. Thompson fest. Das neue Paradigma der Physik brach mit Wissens*formen* der westlichen Kultur, an denen zu rütteln bis vor kurzem geradezu als Häresie galt. Die Sprache der modernen Quantenphysik schlägt zunehmend metaphysische Töne an, Kosmologie und Psyche sind keine Fremdwörter mehr, und die Erde wird als Planet wieder zunehmend als lebender Organismus begriffen. Auch Gott, beinahe für tot erklärt (ein sehr menschliches Attribut), beginnt auf faszinierende Weise wieder in unser Bewußtsein zu treten, entweder als Seele des Universums oder als Super-Computer. So diametral entgegengesetzt diese Formulierungen auf den ersten Blick erscheinen, sie lassen sich miteinander vereinbaren.

Dank der »neuen Wissenschaften« erhalten wir so manchen Schlüssel zur Entzifferung der Rätsel unserer Mythen oder mystischer Überlieferungen, die bislang als unstimmig empfunden werden mußten. Als Erbe von *heliokosmisch* orientierten Kulturen konnten sie im *heliozentrischen* Kosmos des Westens bislang keinen Widerklang finden. Diese vorsolare Kosmogonie – und Religion war immer Kosmogonie und Kosmologie – birgt in sich eine Evolutionstheorie, die wir erst heute in ihrer umfassenden Bedeutung verstehen können, wir begegnen ihr bei den jüngsten Erkenntnissen von Genforschung, Quantenphysik, Biochemie, theoretischer Mathematik und Chaos-Theorie! Abgesehen davon bietet sie den Zugang zum Verständnis der Evolution des Menschen als in erster Linie geistiges und spirituelles Wesen, wodurch das Leben innerhalb der Ganzheit Erde-Mensch-Kosmos, die wir wiederentdecken, einen tiefen Sinn erhält, der besonders dem westlichen Menschen verlorengegangen ist. Heilung durch Zusammenfügung dessen, was einst heilig, ganz war, wie Frau-Mann, Licht-Dunkel, Gut-Böse, Himmel und Erde, oder im inneren Kosmos *anima* und *animus*, ist möglich, weil dies der Ausgangspunkt des menschlichen Bewußtseins, von Religionen, Rassen und Kulturen war. Obwohl der Mensch nicht trennen soll, was Gott zusammenfügte, tat er es, aber was einmal heil(ig) war, kann wieder ganz werden. Die Möglichkeit und auch die Verantwortung liegen bei jedem von uns selbst, und das ist die vielleicht wertvollste Botschaft aus den Tiefen der Zeit und des vergangenen Bewußtseins unserer Ahnen, das uns unbewußt geworden ist.

Ich bin weder Theologin noch Mathematikerin, Astronomin, Physikerin oder Psychologin, und doch werden alle diese Disziplinen hier angesprochen, weil Mythos, Metaphysik, Mystik und die Geheimlehren der Religionen ganzheitliche Betrachtungsweisen sind. So habe ich mich nach bestem Wissen und Gewissen bemüht, diese Komplexität anhand von mir zugänglichen Fakten aufzuzeigen, die wir als westliche Menschen nun einmal benötigen. Den gelehrten Leser, der das im einen oder anderen Bereich professionellerweise ist, ersuche ich, die vorliegende Reise in das Abenteuer Bewußtsein im Sinn des irischen Barden Taliesien gelten zu lassen, von dem der Ausspruch überliefert ist: »Ich achte die Bücher wie auch das, was sie nicht wissen.«

Im ersten Teil, »Der Urgrund«, führe ich in die durch eine vorwiegend solare Interpretation der Überlieferungen vielen Menschen vollkommen unbekannte lunare Welt früherer Kulturen, deren Bewußtsein zu ihrer Zeit vollkommen verschieden von dem des heutigen westlichen Menschen war. Ohne diesen Urgrund sind die »Reiserouten der Götter«, ist »Das Erbe der Schamanen« (Teil II) nicht nachvollziehbar. Bei einigen Abschnitten (z. B. »Kosmische Oktaven«, »Der Diskurs über die Achte und die Neunte«) mußte ich mich auf überlieferte Zahlengesetze wie I-Ging (China), die pythagoreische Skala (Griechenland) u. a. konzentrieren. Ich habe versucht, die naturgemäß komplizierte Materie so einsichtig und so »wissenschaftlich« wie möglich darzustellen, ohne dabei allzu trocken zu werden. Falls mir das bisweilen nicht gelungen sein sollte, bitte ich um Nachsicht. Wie heute von der Quantenphysik bekannt ist, läßt sich der Ausgang eines Experimentes nicht von der Person trennen, die dieses Experiment durchführt. Ebenso verhält es sich mit der

Wechselwirkung zwischen Autor und Buch. Der Schritt in die Zukunft beinhaltet eine Revision der Vergangenheit, und jeder Schritt ist naturgemäß mit dem Schreitenden unlösbar verbunden. Die Wahrheit hat viele Gesichter, und dennoch gibt es nur eine Wahrheit, die absolut ist, und diese kann, wie ich glaube, nie von außen her, sondern nur von innen, und nur von jedem einzelnen Menschen selbst empfunden werden.

Meinen Dank möchte ich an Credo Vusamazulu Mutwa richten, den vielleicht letzten Hohepriester der Erdmutter (Sanusi) in Südafrika. Seiner Weisheit und Zuneigung verdanke ich viel mehr, als in ein Buch einfließen kann. Dank auch meinen Computer-Freunden Brett Lock (Johannesburg, Südafrika) und Helmut Neugebauer (Sigleß, Österreich) sowie meinem Herausgeber Dr. Hans Christian Meiser (München). Michael Görden (München) begleitete mich als Agent durch die Jahre in Südafrika. *AUSTRIAN AIRLINES* sponserte nötige Flüge, um Recherchen in Afrika durchführen zu können, dafür möchte ich an dieser Stelle Dank sagen. Nicht zuletzt widme ich dieses Buch dem Gedenken an meinen Mathematikerfreund, Dipl.-Ing. Josef (Yussuf) Doubek, der trotz unserer anfänglichen Streitgespräche an mich glaubte und tatkräftig half, und seiner Frau Gerti in Wien.

Die Arbeit an diesem Buch war ein lebendiger Prozeß mit vielen Höhen und vielen Tiefen, der mich veränderte, wie jede Reise den Reisenden verändert. »Die Reiserouten der Götter« gehören uns allen. Sie sind das geistige Erbe unserer Vorfahren, welcher Kultur, Rasse oder Religion auch immer, und deshalb gebührt ihnen unser Respekt. In diesem Sinne wünsche ich dem Leser eine gute Reise zurück zu den Ursprüngen, die vielleicht, wer weiß, den Schlüssel zu unserer Zukunft enthalten.

Teil I
Der Urgrund

Vor der Schöpfung herrschte grenzenloses Dunkel.
Da sprach IO:
Es werde Licht oben. Es werde Licht unten.
Ein Gefilde des Lichts. Ein helles Licht.
Maori-Schöpfungsmythos[1]

Kapitel 1
Traumzeit

Die Geburt der Seele und der Fall in die Zeit

Stellen wir uns vor, wir landen aufgrund irgendwelcher Umstände in einer von der unseren vollkommen verschiedenen Welt. Doch es gibt da einen Himmel, der klar sein kann oder bewölkt, die Sonne scheint oder auch nicht, und während der Nacht grüßen die Sterne. Die Sternbilder sind uns nicht vertraut, die Mondsichel steht verkehrt herum in den Nachthimmel geschrieben, und die Jahreszeitenzyklen sind vertauscht. Wir befinden uns in der anderen Hemisphäre der Erde. Wir besitzen weder einen Kompaß noch sonstige technische Hilfsmittel. Wir lebten immer in einer Großstadt und unsere bisherigen Abenteuer fanden im Asphaltdschungel der Städte oder auf dem Bildschirm statt. Um uns zu wärmen, drückten wir auf einen Knopf oder zündeten ein Streichholz an, Papier und Holz oder Holzkohle erstanden wir im nahen Supermarkt, von dem wir auch unsere Nahrungsmittel bezogen. Dosenöffner und Mikrowellenherd waren griffbereit, Wasser floß aus stets bereiten Hähnen. Wir kleideten uns nach der letzten Mode, pflegten unsere Körper und hatten alles, was man zum Überleben braucht. Wir waren mehr oder weniger gebildet und sprachen zumindest eine Sprache perfekt. Plötzlich finden wir uns inmitten einer urtümlichen Landschaft wieder, vollkommen auf uns selbst zurückgeworfen, und sollten wir in der – sagen wir Wüste – einem Menschen begegnen, erkennen wir, daß wir auch noch sprachlos sind. Alle uns anerzogene Kultur gleitet von uns ab wie der Regen, unsere Instinkte übernehmen die Führung, und wenn wir Glück haben, wachen wir rechtzeitig auf, finden uns in unserer vertrauten Welt wieder, und kehren erleichtert zu unseren Alltagsgeschäften zurück; wir sind noch einmal davongekommen.

Jene Instinkte, auf die sich unser Bewußtsein im Falle einer für uns außerordentlichen, also chaotischen Situation reduzieren würde, um unser Überleben zu sichern, sind ein Evolutionserbe der Menschheit. Diese und weitaus subtilere Informationen, die am ehesten mit dem Datenspeicher eines Super-Computers vergleichbar sind, dem kein Quentchen oder Bit verlorengeht, speichert unser Unterbewußtsein in den verborgenen Schluchten unserer Psyche oder Seele abrufbereit ein, deren dort begrabene Schätze uns beinahe nie bewußt werden.

Im Verlauf unserer Entwicklung von einem Wesen, das aus dem Meer kam, zum Reptil und Landbewohner transformierte, zum Säugetier wurde, das mittlerweile entstandene Bäume erkletterte und wieder verließ, und – Simsalabim! – die Menstruation und die Sexualität »erfand«, menschliche Züge annahm, sammelte und jagte, sich sozialisierte, die Weiten in Weiden verwandelte und – um mit Christian Morgenstern zu sprechen – zielbewußt daranging, jeglichen Zwischenraum herauszunehmen, um daraus ein Haus zu bauen oder eine Autobahn, verdreifachte sich unser Denkorgan. Heute sind wir stolze Besitzer eines Stamm- oder Urhirns, eines Reptiliengehirns, und als jüngster Errungenschaft Besitzer einer Gehirnkappe, die sich in zwei Hälften teilt. An unserem Computer wird ersichtlich, daß jemand Daten in dieses Supergehirn eingeben muß und daß uns seine Superinformationen nur so lange zur Verfügung stehen, wie wir die nötige Antriebsquelle, Energie, besitzen – abgesehen davon, daß wir immer den richtigen Abrufbefehl eingeben müssen. Gingen auf der Erde plötzlich alle unsere künstlichen Lichter aus, wären wir zwar, weil energielos, ohne jegliche Computerinformationen, aber noch lange nicht bewußtlos. Wir müßten uns nur wieder wie in unserem Traum auf uns selbst und unseren eigenen Computer besinnen. Daraus wird deutlich, daß jegliche Art der Erhaltung von Informationen zweierlei bedarf: einer Antriebsquelle und eines Speichers oder Informationsträgers, einer Matrix.

Dieses Superbewußtsein hat nicht viel mit der Auffassung des modernen, westlichen Menschen von Bewußtsein zu tun, das als Intellekt oder rationales Bewußtsein verstanden wird; wir nennen es Vernunft. Dabei handelt es sich nicht um Bewußtsein, sondern um eine bestimmte Art des Denkens, die uns hilft, in der Gegenwart einer überindustrialisierten und übertechnisierten Welt zu überleben. Fielen wir in eine andere Zeit, müßten wir auf andere Überlebensstrategien zurückgreifen.

Wir wissen heute, daß das rationale oder logische Denken dem Denken mit der linken Gehirnhälfte entspricht, in der sich

u. a. auch das »Sprachzentrum« befindet. Ohne die Fähigkeit unserer fernen Vorfahren, intuitiv erkannte Gesetzmäßigkeiten ganzheitlich in einem Symbol zu bündeln, das sich zur Zahl und zum Buchstaben entwickelte, hätten wir die Fähigkeit zur Weiterentwicklung der Sprache oder – in weiterer Konsequenz – zur Schrift sowie unsere technischen Fertigkeiten nicht vervollkommnen können. Das intuitive, kreative Denken, das mehr ein Fühlen ist, ein Erahnen, entspringt der rechten Gehirnhälfte. Während der linke Teil der Gehirnkappe, den der Mensch der westlichen Kultur vorwiegend bemüht, nur zur auszugsweisen, allerdings exakten Analyse eines kleinen Ausschnitts der Wirklichkeit fähig ist, zum *Nachdenken* über einen bereits abgeschlossenen Prozeß und damit immer in der Vergangenheit verhaftet bleiben muß, kann der rechte, holistische, ganzheitliche Zusammenhänge erkennen und dadurch *vorausdenken.* Das Wort *rechts,* das mit »richtig« und »richten« oder »rechten« verwandt ist, verweist auf die *Traumzeit,* auf die Zeit vor dem Fall ins Menschsein, von dem alle alten Mythen wissen.

Die moderne Bewußtseinsforschung erkannte, daß beide Arten zu denken ihre Antriebskraft aus der Psyche beziehen, aus dem sogenannten Unbewußten. Unser Ego oder Ich als Ausdruck unseres Bewußtseins, d. h. der Art und Weise, wie wir unsere Umwelt verstehen und auf sie reagieren, gleicht einem winzigen Boot, das auf den unendlichen Weiten der Gewässer des Unbewußten dahintreibt. Jeder stärkere Windstoß, jede stärkere Wellenbewegung kann es von seinem Kurs abbringen, solange wir nicht die Gesetzmäßigkeiten dieser unterirdischen Gewässer und deren Strömungen kennen. C. G. Jung erkannte als erster moderner Psychologe, daß unserem Bewußtsein ein schier endloser Fluß des Unbewußten zugrunde liegt, vergangenes Bewußtsein, das uns nur unbewußt geworden ist. Er teilte dieses unterirdische Strömen in das *individuelle,* das *kollektive* und das *universelle Unbewußte.* Das bedeutet: Auch wenn uns etwas unbewußt ist, ist es dennoch Teil unseres Bewußtseins als Gesamtheit. Dieses Bewußtsein besitzt »männliche« und »weibliche« Züge, die Jung *animus* und *anima* nannte. Diese Trennung ist das Ergebnis der Trennung von Himmel und Erde, von der die Mythen weltweit berichten – die Bibel beschreibt es als Sündenfall.

Die Wörter Psyche und Seele meinen dasselbe. Das griechische Wort *psyche* verweist auf die Zeit vor dem Fall, es bedeutet »Schmetterling«. Der Schmetterling, der sich von der unscheinbaren, erdverhafteten Raupe in ein prächtiges fliegendes Insekt zu verwandeln vermag, ist ein uraltes Symbol für *Transformation*, für die Umwandlung von einer Form in eine andere, und diese Transformation, so waren alte Religionen überzeugt, ist die Antriebskraft der Seele. Im Buch der Hopi heißt es:

»Das dunkle fahlblaue Licht geht im Norden auf,
ein gelbes Licht erhebt sich im Osten.
Dann kommen wir aus den Blumen der Erde hervor,
um ein langes Leben der Freude zu empfangen.
Wir nennen uns Schmetterlingsmädchen.«[2]

Das gelbe Licht bezieht sich auf den Mond und das dunkle, fahlblaue auf den Polarstern bzw. die Polarachse, die in einer lunaren Kosmogonie jene bedeutende Rolle spielte, die später die Sonne übernahm; weshalb, wird noch deutlich werden.

Für Ägypter und Griechen symbolisierte der Schmetterling die Seele. Nach mystischer Lehre ist die Psyche die astrale oder mentale Hülle der Seele, die Bildungsebene von allem Materiellen, ein feinstoffliches oder ätherisches, geistiges Ebenbild des physischen Körpers, sozusagen eine Art Spiegel, und sie stammt vom Mond. Für Kulturen wie die Kogi-Indianer Kolumbiens, die sich aufgrund langer Isolation ihr Schamanentum bis in unsere Zeit erhalten konnten, existiert eine geistige Erde, eine spirituelle Welt, die alles Materielle widerspiegelt. Nach Geraldo Reichel-Dolmatoff beruht ihre Kosmologie auf einem Drei-Welten-Modell, das in einem Neun-Welten-System vervollkommnet wurde. Sie kennen die kosmische Achse, wie sie dem Weltenbaum schamanischer Tradition und den hebräischen und ägyptischen Mythen entspricht, jedoch als kosmische Spindel. Es ist die Spindel auch der griechischen Moïren, der drei Schicksalsgöttinnen, die später wie im Kogi-Kosmos auf die Neunzahl erweitert wurden.[3] U.a. macht auch Joseph Campbell in seinem Werk »Die Mitte ist überall« darauf aufmerksam, daß man auf die heilige Neunzahl immer im Zusammenhang mit der Großen Muttergöttin, der Göttin mit den tausend Namen, wie die Ägypter sie nannten, stößt. Diese Große Göttin *ist* die Neunzahl, die sie symbolisiert. Hier klingt schon das Erbe der ersten globalen Kosmogonie oder Weltschöpfung an, in deren Mittelpunkt vordergründig Mutter Erde und der Mond als Symbole standen, tiefergründig jedoch das Bewußtsein, die Psyche oder Seele als eine Art erschaffendes Feld.

Zuerst, überliefern die Navajo-Indianer, gab es nur Erste Frau und Erster Mann, vermutlich Erde und Sonne, wodurch Ungeheuer gezeugt wurden. Erst durch die Vereinigung von Erster Mann (Erde/Sonne) und Sichwandelnde Frau (Mond), begann die eigentliche Entwicklung der Menschen.[4] Übersetzen wir Erster Mann und Erste Frau als die einander im Bewußtsein der Menschen bekämpfende Polarität von heiß-kalt, Feuer-Wasser, positiv-negativ, aktiv-passiv, männlich-weiblich usw., und Erster Mann und Sichwandelnde Frau mit Wachbewußtsein (Erde/Sonne/Tag) und Psyche oder Seele (Mond/Himmel/Nacht), dann wird deutlich, daß der Mythos die Entwicklung zum eigentlichen Menschen damit in Zusammenhang bringt, daß das Leben sich dank einer zwischen Erde und Himmel vermittelnden Kraft formte. Darauf verweist auch die hebräische Überlieferung von der Beatmung des Mustermenschen Adam, dem der *nephesch* in die Nase geblasen wird. Dieses Wort wird zumeist mit Leben, oft aber auch mit Seele übersetzt.

Die allerorten überlieferte Trennung von Himmel und Erde spiegelt die Trennung des Bewußtseins in bewußt und unbewußt wider. Im ersten Zeitalter besiedelten Götter die Erde, berichtet der ägyptische Mythos. Darauf folgte das Zeitalter der Halbgötter, die andere Mythen als Schmiede oder *Magoi* bezeichnen, und schließlich das Zeitalter der Menschen, das ins Zeitalter des Chaos mündet.

Für die Aborigines Australiens war am Anfang die Traumzeit, und die San oder Buschmenschen Südafrikas sagen, »Da ist ein Traum, der uns träumt«. Die Angaben dieser uralten Völker verweisen in eine schier unendlich ferne Vergangenheit, in der sich deshalb als Götter bezeichnete Wesen auf natürliche Art mit dem der Psyche oder Seele zugrundeliegenden Göttlichen, einer Art Überbewußtsein, das jenseits jeglicher Trennung oder Polarisierung liegt, in Verbindung setzen konnten. Diese Wesen »sprachen« eine allen Lebewesen gemeinsame Sprache, ob Stein, Pflanze, Mensch oder Stern. Daß es für diese Überlieferung eine durchaus rationale Erklärung gibt, wird anhand des Erbes der Schamanen deutlich werden.

Ein Hinweis darauf, daß Bewußtsein und Unbewußtes vor dem Fall eine Einheit bildeten, findet sich im Atlantis-Mythos der Hopi. Die Atlantoi waren ursprünglich traumlos, erzählen sie, d. h. sie brauchten nicht zu träumen, weil sie in der Traumzeit lebten, sie bedurften noch nicht der Brücke zwischen Bewußtem und Unbewußtem, das wiederum die Brücke zum Überbewußten bildet. Der Traum war ihr Leben, und »träumend« kreierten sie ihre Umwelt. Für uns heute Lebende ist es schwer nachvollziehbar, daß diese »Götter« *Sein* einfach dadurch gestalteten, daß sie es erträumten oder wie die Ahnen der Aborigines ersangen. Aber genau das erzählen die ältesten Mythen. Allem Anschein nach schwangen diese Götter einer ersten »Rasse« der Menschheit in einer bei allen Völkern überlieferten paradiesischen, goldenen Welt in vollkommener Harmonie zu ihrer Umwelt. Alle Mythen berichten übereinstimmend, daß es anfangs das Böse, Disharmonie nicht gab. Doch dann geschah etwas, eben der berühmte Fall, und die Götter stürzten ins Menschsein.

Für den bis heute umstrittenen Psychologen Wilhelm Reich war die Erkenntnis des eigenen Ego oder Ichs die Ursache. Für Joseph Campbell verloren die Menschen das Bewußtsein einer intelligiblen Anwesenheit, die alle Umwandlungen der vergänglichen Formen der Welt durchdringt. Nach diesem Verlust waren Verstand und Geist der Menschheit in der Welt der Erscheinungen gefangen. Und W. I. Thompson weist darauf hin, daß man bei den ältesten niedergeschriebenen Mythen, ob man über Indien, Anatolien, Mesopotamien oder über China redet, stets auf das Bemühen stößt, eine neue Grundlage für eine radikal veränderte Gegenwart zu schaffen, auf eine Transformation des Bewußtseins der Menschen, welche die Mythen als Trennung von Himmel und Erde beschreiben.

Im chinesischen Mythos bricht *Chung-Li*, »Doppelschwarzhaar«, die Verbindung zwischen Himmel und Erde ab. Für den Sinologen Frank Fiedeler symbolisiert dieses mythische Wesen das sexuelle Menschenbild eines sagenhaften Keimvolkes, dessen Name immer mit der Dreizahl genannt ist. Diese Dreizahl steht seit altersher mit dem Mond, mit einer lunaren Kosmogonie in Verbindung. In der biblischen Überlieferung von der Vertreibung der durch ein Ur-Paar symbolisierten Menschen aus dem Paradies, spielt das Erkennen des gegengeschlechtlichen Partners die bedeutende Rolle. Etwas zu erkennen bedeutet immer, sich einer Sache bewußt zu werden, in diesem Fall der Verschiedengeschlechtlichkeit der Menschen.

Der Mensch des Keimvolkes dachte und handelte noch nicht als Individuum, das entweder männlich ist oder weiblich, sondern als *Dividuum*, als Zweiheit in der Einheit Mensch, als Geschlecht bzw. Kollektiv, das in Analogie zur dualen Ordnung des Kosmos zweigeteilt ist. Das bedeutet, daß diese Menschen ein vom modernen Menschen vollkommen verschiedenes Selbstverständnis ihrer Sexualität und sozialen Ordnung gegenüber besaßen, aber auch, daß sich dieses rätselhafte Keim- oder Urvolk bereits der dualen Ordnung des Kosmos bewußt gewesen sein muß. Man empfand diese Dualität jedoch nicht als Äußerung zweier miteinander unvereinbarer Gegensätze, sondern als Manifestation *einer Kraft* mit jeweils zwei gegenteiligen Erscheinungsformen.

Nach dem durch *Chung-Li* ausgelösten Umbruch sind die göttlichen Wesen auf der Erde gefangen. Als Reaktion auf diese Gefangennahme werden von nun an die Symbole auf die Angelegenheiten der Menschen als Einzelpersonen angewandt. Der Mensch wurde vom Dividuum, das die Zweiheit in der Einheit in sich enthält, zum In-dividuum – das Präfix »in« verneint die Dividuität –, und in der Folge wird das mythische Denken von einer rational-logischen Grundeinstellung überwunden. Der Religion als Mittel zur Wiederverbindung mit dem Göttlichen bedurfte der ins Menschsein gefallene »Gott« erst danach; *religare* (lat.) bedeutet »zurückbinden« oder »wieder zusammennehmen«.

Den frühen PriesterInnen oder Schamanen einer neuen Phase in der Entwicklung oder Evolution der Menschheit verdanken wir wohl die Erinnerungen der Götter, die Schöpfungsmythen, die ein globaler Schatz der Menschheit sind. Um dem Rätsel unseres Werdens näherzukommen, das den Schlüssel zu unserem Sein und damit auch zu unserer Zukunft in sich birgt, müssen wir das schier Unmögliche versuchen und *vor* die Zeit der Beseelung Adams zurückgehen, zur Quelle der Seelenkraft und des Bewußtseins.

Der Ur-Sprung des Bewußtseins

Was geschah vor dem Urknall, der vermutlich die Geburt unseres Universums einleitete?

Weltweit berichten die Mythen von einer großen, grenzenlosen Dunkelheit, einer großen und endlosen Stille, die aus sich selbst das WORT gebar, den materialisierten Klang, Energie, Schwingung.

»Es gab keine Sterne, keine Sonne, weder Mond noch Erde«, erzählt der wenig bekannte Schöpfungsmythos Bantu-sprechender Völker Afrikas. »Nichts existierte außer allumfassender Dunkelheit. Nichts existierte außer Leere, einer Leere, weder heiß noch kalt, tot oder lebendig, ein in seiner absoluten Leere erschreckendes Nichts. Niemand weiß, wie lange das Nichts auf den unsichtbaren Fluten der Zeit dahinfloß, auf diesem mächtigen Fluß ohne Mündung und Quelle, der war, ist und immer sein wird. Dann, eines Tages, begehrte der Fluß der Zeit die Leere, und als Ergebnis dieser seltsamsten aller Paarungen von Zeit und Leere wurde ein winziger, beinahe unsichtbarer Funke lebenden Feuers geboren …«

So gebar das Nichts, das *Nichtsein*, der potentielle, leere Raum, aus der Paarung mit der ewigen und anfang- und endlosen Zeit das *Sein*, die Dunkelheit gebar das Licht. Dieser winzige, so winzige Funken Feuer konnte denken, und er begann sich seiner Einsamkeit bewußt zu werden … »Ich existiere – Ich bin was ich bin«, war der lebende Gedanke, der durch den Geist pulsierte … Aber da gab es nichts, wovon sich der Funke hätte ernähren können, also ernährte er sich aus sich selbst und wuchs, um sich am Leben zu halten, weil er wußte, daß das Nichts ihn verschlingen wollte. Er wuchs so lange, bis er der Größe des Nichts entsprach und seine Mutter, das Nichts, verschlang und mit dem schrecklichsten aller Lichtblitze verdaute. »Ich bin, was ich bin«, prahlte er. Darüber geriet der Fluß der Zeit in Wut und sandte der nun röhrenden feurigen Flamme den Geist der Kälte entgegen. Eine gewaltige Schlacht begann, die bis zum heutigen Tag anhält. Denn wie alle Weisen der Stämme berichten, falls eines Tages die Flamme gewinnt, wird alle Existenz in einem allesverschlingenden Feuer vernichtet werden, siegt der Geist der Kälte, erstarrt alles Leben zu Eis. Auf diesem unlösbaren Konflikt beruht alles Leben.[5]

Hier ist die Rede vom chaotischen Ur-Grund, der Leere, dem Nichts oder Chaos, das vor dem ewigen und endlosen Fluß der Zeit bestand, der in der Mutter, dem Chaos, potentiell enthalten war. Wie es auch die Kogi-Indianer ausdrücken: die Lebenskraft, das intelligente Sein, es ist die Mutter. Es existierte vor der Schöpfung. Am Anfang war also nicht die endlose Dauer der Zeit, sondern die *Abwesenheit der Zeit*, theoretisiert auch der Physiker Charles Musès.

Bevor es Raum gab und Zeit, die sich voneinander, wie wir seit Einstein wieder wissen, nicht trennen lassen, gab es also das Nichts oder Chaos, in dem sowohl Raum als auch Zeit sowie alle aus deren Vereinigung hervorgehende Schöpfung *potentiell*, sozusagen als *Idee* bereits vorhanden war. Nichtsein, Raum- und Zeitlosigkeit, Gott, kann ohne Sein, Materie oder Raumzeit existieren, Sein jedoch nicht ohne Nichtsein, und doch sind beide dasselbe. Dieses göttliche Paradoxum der Mystik erkannte auch die Quantenphysik.

Wir erfahren im Bantu-Mythos vom Urknall und seiner freigesetzten Energie, die sich dank der befruchtenden Zeit in heiß und kalt, in Feuer und Wasser teilt, vom aller geschaffenen Materie zugrundeliegenden Ur-Konflikt zwischen zwei einander *bedingenden* bipolaren Ur-Prinzipien (»+« und »–«), und wir erfahren, daß sich das Sein, das Universum, seit dem großen Knall ausdehnt. In der vorsolaren Kosmogonie ist dieses Kräftespiel durch die Große Muttergöttin symbolisiert, die *zugleich* Tochter ist, bzw. aus sich selbst die Tochter gebiert. Mit dem von der Tochter-Mutter ebenfalls »jungfräulich« geborenen Sohn-Geliebten bildet sie die Trinität des stets als dreifaltig überlieferten Schöpfergeistes. Daraus ging als erste Ursache der Schöpfungskraft die spätere Symbolik Mutter-Vater hervor, die ursprünglich eine Einheit bildete, bis sich daraus einseitig der Vater-Gott herauslöste.

Dreifaltig wie der göttliche Geist ist die radioaktive Kraft. Als das Ehepaar Curie den radioaktiven Körper, Radium, von der Pechblende, dem Oxyd des Uraniums, isolierte, entdeckte es, daß die durch diese Kernspaltung gewonnene Energie in ihrer Natur dreifaltig ist und einen neuen Körper, eine *Emanation* erzeugen kann. Im metaphysischen Sinn bedeutet diese das Gegenteil von Evolution – *Involution*. Die Mystik beschreibt sie als

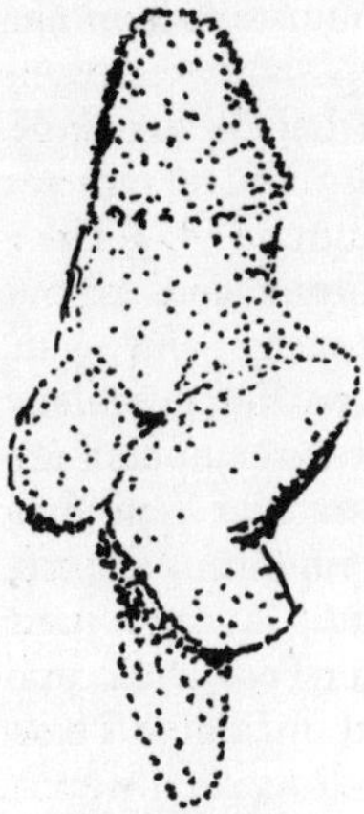

Androgyne Figur, 25000 Jahre alt, Abri Tursac, Dordogne (Frankreich).

Tonstatuette der klassischen Cucuteni-Kultur, nördliches Moldavien, Ende des 5. Jht.v.u.Z.

Göttin mit der Doppelaxt, Kreta.

Gebrannte Tonstatuette aus Hacilar (Anatolien), wo man nur Frauenstatuen fand.

Eine von zahlreichen Frauenstatuen von den Kykladen.

Austritt oder Eintritt einer göttlichen oder überirdischen Kraft, die von intelligenten Kräften unter einem unumstößlichen Gesetz stattfindet.

Ein solches Gesetz liegt dem organischen Leben zugrunde. Es basiert auf Kohlenstoff, der ursprünglich im Universum gar nicht vorhanden war. Kohlenstoff entstand durch den Zusammenstoß von drei separaten Helium-Atomkernen. Das ist nur möglich, wenn *alle drei in perfekter innerer Harmonie* schwingen. Die Wahrscheinlichkeit, daß etwas Derartiges zufällig geschieht, liegt wohl bei der von Physikern als mystisch bezeichneten unglaublich hohen Zahl 10^{40}, so daß das Leben aller typischen Sterne und somit auch unsere Existenz auf einen äußerst unwahrscheinlichen Zufall zurückzugehen scheint. Das veranlaßte den englischen Physiker und Nobel-Preisträger Paul Dirac und den Astronomen Arthur Eddington, nachdem unzählige Theorien rund um diese »magische Zahl« entwickelt worden waren, zur resignierenden Aussage: »Etwas Seltsames geht vor.« Dieses Seltsame nennen wir Gott, dessen Schöpfungskraft für uns *nur als Wirkung* erfahrbar ist und nur als solche vermessen, klassifiziert und kategorisiert werden kann. Nur das Verhältnis, die Wirkung der göttlichen schöpferischen Kraft zur Materie, ist meßbar. Symbolisch stellte man sie durch Zahlen dar, die eigentlich Zahlenverhältnisse zwischen Ursache und Wirkung sind!

Helium, im Altertum das »Material der Götter« oder das »im Himmel Geformte« genannt, ist das Galaxien formende Ur-Element. Vor der Geburt des Universums und dem Entstehen von Sternen nach dem angenommenen Urknall scheint nichts außer Wasserstoff existiert zu haben. Wie in allen Sternen wird in unserer Sonne, einem riesigen Atomreaktor vergleichbar, Wasserstoff ständig in Helium umgewandelt. Erreichen Sterne ihr Lebensende, weil ihr nuklearer Brennstoff verbraucht ist, werden sie zu einer Supernova, d. h., sie explodieren mit unvorstellbarer Gewalt und setzen ihre Baukörper im interstellaren Raum frei. So entstand u. a. Kohlenstoff. Alles organische Leben ist sozusagen aus dem Staub längst toter Sterne erschaffen, die, weniger prosaisch ausgedrückt, zu sogenannten Schwarzen Löchern im Universum wurden, zu unvorstellbar starken Gravitationszentren – Schnittstellen zu anderen Dimensionen.

Nach der Theorie der modernen Physik explodierte die gesamte Masse des Proto-Universums vor etwa 10 000 Millionen Jahren aus einem kleinen Ur-Feuerball heraus. Der unvorstellbare, auf einen einzigen Punkt zusammengedrängte Druck eines Universums im Geburtsstadium wandelte sich in Energie und Masse um. Sie sind die beiden ersten Manifestationen aller wahrgenommenen Wirklichkeit der Raumzeit. Im Sanskrit, der Sprache indischer Gelehrter, nannte man sie *maya.* Wir werden ihr wieder und wieder und nicht nur in Indien begegnen. Seiner Bedeutung und Funktion nach entspricht der schöpferische Kraftpunkt dem indischen *bindu,* »Tropfen, aus dem heraus der Urklang *nada* das Universum hervorschrie«.[6]

Einige Theorien der Physik besagen, daß die Expansion des Universums für immer andauern wird, nach anderen Theorien verlangsamt sie sich und wird irgendwann in die Zusammenziehung umschlagen. Derartige Modelle beschreiben ein oszillierendes Universum, das sich für Jahrmillionen ausdehnt, um sich dann wieder zusammenzuziehen, so lange bis sich seine gesamte Masse zu einem kleinen Klumpen von Materie verdichtet hat, um sich dann wieder – Peng! – auszudehnen usw. bis in alle Ewigkeit fort. Umgesetzt auf Bewußtsein, auf dessen Wurzeln nach der Prophezeiung des Mathematikers Roger Penrose die Physik bei ihrem Forschen nach dem Ursprung des Lebens stoßen werde,[7] bedeutet das, daß sich das Leben immer weiter vom Keim, dem Mittelpunkt, der Idee, die zugleich *alles* ist, ausdehnt und verstreut, bis nach ewig gültigem kosmischen Gesetz der nötige Umschwung kommt und sich das Leben wieder durch zunehmende Konzentration auf den Keim »zurückentwickelt«.

Um dieser gewaltigen Aufgabe gerecht zu werden, die den Prozeß der Höherentwicklung des Lebens aufrechtzuerhalten scheint, und weil es uns aufgrund unserer körperlichen Beschränkungen unmöglich ist, uns mit der reinen Ur-Energie des Großen Geistes direkt zu verbinden, erhielten wir Menschen als bislang höchstentwickelte Lebensform die »Schmetterlingsmädchen« – eine Seele. Nach mystischer Überlieferung ist sie dreifaltig. Als Instrument des sich verkörpernden oder inkarnierenden, d. h. Fleisch werdenden Seelenkernes, des göttlichen Energiefunkens, besteht sie aus einem sehr hochschwingenden, feinstofflichen Ätherkörper, den Rudolf Steiner »Bildekräfteleib« nannte, und aus einem Astralkörper, den man auch Mentalkörper nennt. Der Bildekräfteleib war zuerst da und ist das Mysterium der noch egolosen und kollektiven Traumzeit. Der Astralkörper oder die mentale Seelenschicht unterliegt nach den Geheimlehren dem Polareinfluß, der höher schwingende Ätherkörper dem Mondeinfluß. Im Mythos von den Schmetterlingsmädchen entsprechen die Seelenschichten dem blauen Licht, dem Polarstern bzw. der polaren Achse, und dem gelben Licht, dem Mond, die bei der Geburt der Schmetterlingsmädchen Pate stehen. Polar- oder Himmelsspitzen, Norden und Süden, sowie die zu einem bestimmten Raumzeitpunkt von der Konstellation des Mondes zu Sonne, Erde, Planeten und Sternen gebildete Horizontalachse bilden zwei einander kreuzende Schwingungsachsen im »Bewußtseinsfeld« der jeweiligen Seele; die individuelle Seele ist sozusagen verkörpertes Bewußtsein innerhalb des jeweils gegenwärtigen Raumzeitgeschehens. Das bedeutet, daß das menschliche Bewußtsein, die Psyche, die zumeist mit der Astral-Seele gleichgesetzt wird, aber auch deren Ausdruck, das individuelle Ego oder Ich, das wir mit Bewußtsein verwechseln, als in den universellen Schöpfungsprozeß mit eingebunden empfunden wurden. Das Wort astral, von *astrum* (lat.), heißt »Stern«. Das Wort Äther, von *aithär* (gr.) »brennen«, hat nichts mit dem chemischen Äther zu tun, sondern besitzt in der Mystik die Bedeutung einer höheren, geisterfüllten Stofflichkeit. Während die astrale Seelenschicht, die man Aura nennt, heute mit Hilfe der Kirlian-Fotografie (Infrarot-Technik) sichtbar gemacht werden kann, entzieht sich die noch höher schwingende ätherische Seelenkraft nach wie vor unseren neugierigen Blicken.

Dank der Seele als individuelles Bewußtseinsfeld, das unsere jeweilige mentale und gefühlsmäßige Entwicklung – allerdings für die gewöhnlichen körperlichen Sinne, weil zu hochschwingend – unsichtbar widerspiegelt, kann sich das alles belebende dritte, eigentlich das erste und ur-sprüngliche Element, *über die Materie*, d. h. über das mit dem Menschen untrennbar verbundene individuelle und kollektive Bewußtseinsfeld wieder höher entwickeln. Der Planet Erde und dessen Gegebenheiten scheinen dafür geradezu kreiert worden zu sein; auch moderne Forscher sehen sich angesichts der auffälligen Häufung von unwahrscheinlichen Zufällen, die Leben, wie wir es kennen, auf unserem Planeten ermöglichen, dazu veranlaßt, das Unwahrscheinliche oder Irrationale bei den Voraussetzungen für unsere Existenz auf der Erde zu betonen.

Die Seele speichert alle individuellen und kollektiven Erinnerungen des »Abstieges« und ihrer »Rückkehr«, von *Involution* und *Evolution*. Die Tatsache, daß wir sie haben, scheint zu beweisen, daß sich der Mensch als ewig geistig Suchender bereits auf dem Rückmarsch befindet. Anders formuliert: Wir haben keine, sondern wir sind diese Seele, die eine Art feinstofflich verkörpertes Bewußtsein darstellt; »soundso viele Seelen einer Gemeinde« nannte man bis vor kurzem auch noch die Menschen einer Gemeinschaft.

In einem Essay zu Ursache und Sinn des Universums schrieb der Bio-Chemiker Rupert Sheldrake, der die Hypothese eines morphogenetischen (formenerzeugenden) Feldes aufstellte, das jeden Organismus bei seiner Entwicklung beeinflußt: »Das Universum kann nur dann Ursache und Sinn haben, wenn es selbst von einem bewußten Agens geschaffen wurde, das es transzendierte. Wenn dieses transzendente bewußte Wesen die Quelle des Universums wäre und alles in ihm, dann würden alle geschaffenen Dinge in gewisser Hinsicht an seiner Natur teilhaben.«[8] Das entspricht der geheimen Überlieferung der Religionen, daß wir als geistige, uns nur vorübergehend verkörpernde Wesen, Anteil an der Schöpfung haben, ja daß wir in unserem Seelenkern göttlich sind. »Christus IN dir«, war das Ideal von Paulus und: Jeder Mensch ist vollkommen IN Jesus Christus. Im 82. Psalm heißt es im Gericht über die Götter: »Ihr seid Götter, meine Söhne seid Ihr, Söhne des Höchsten.« Die hermetische (ägyptische) Mystik drückte es nicht derart vaterbezogen aus: »Die Menschen sind sterbliche Götter und die Götter unsterbliche Menschen.« So scheinen wir bloß wie Goethes Zauberlehrling vergessen zu haben, wie wir die Geister, die wir riefen, die Irrungen und Wirrungen, zu denen uns die sich in unserem Körper verdichtende Egokraft verleitet, wieder loswerden können. Geben wir ihnen nach, verdichten unsere Triebe und Begierden sozusagen unseren mentalen Astralkörper, wodurch sich unser ätherischer Bildekräfteleib entdichtet, weshalb wir ersteren wieder leichter und dadurch letzteren wieder durchscheinender, transzendenter machen müssen. Hierin liegt nach den Geheimlehren die Begründung der menschlichen Existenz oder des Lebens schlechthin. Im Verlauf unserer Reise zurück zu den Göttern werden wir unschwer erkennen können, daß aus dieser »spirituellen Evolutionslehre« alle Rituale und Religionen hervorgingen. Sie waren das Hilfsmittel, um die verlorengegangene Harmonie wieder herzustellen, die sich nach dem hermetischen Grundsatz »wie innen so außen, wie oben so unten«, positiv verändernd in der Umwelt als Spiegel von Bewußtsein verkörpert.

Als Konsequenz des Falles war man davon überzeugt, daß nur der ständige Tod und die Wiedergeburt des Ego als Ausdruck des jeweiligen Bewußtseinszustandes einer Seele in jene Sphären führen, von denen aus das wieder zum »Gott« und schlußendlich sogar seelenlos gewordene geistige Wesen in das Nichts, das *Nirwana* der Buddhisten zurückkehren kann, in die ewige und unendliche Harmonie, von der alle Schöpfung ausgeht. Das Ende der seelischen Reise über die zeitlichen Räume hinweg ist der eigentliche Anfang. Diesen Prozeß nennen wir die Schöpfung oder Genesis. Vielleicht bezeichneten afrikanische und indianische Kulturen den namenlosen Großen Geist deshalb »Allesverschlinger« und beschrieben »ihn« als große, alles verschlingende Dunkelheit, aus der alles geboren wird, auch das Licht, das wir zumeist mit dem transzendenten Bewußtsein gleichsetzen. Daß die Menschen Abkürzungen für den Weg zur vollkommenen Harmonie entwickelten, »Reiserouten der Götter«, die von vorchristlichen und noch frühchristlichen Mysterienschulen kultiviert wurden, wird im Verlauf unserer Reise noch deutlich werden.

Das Mysterium der Raumzeit

Wesentlich für das Verständnis der vorsolaren Kosmogonie ist es zu berücksichtigen, daß alte Kulturen eine vom heutigen westlichen Menschen vollkommen verschiedene Auffassung des Phänomens Zeit hatten. Man empfand Zeit nicht als lineare Abfolge von Vergangenheit, Gegenwart und Zukunft, sondern als etwas Lebendiges, das durch immer wiederkehrende Zyklen gekennzeichnet war. Diese Zyklen wurden als Maß der Befruchtung der Erde und des Lebens in Symbole gefaßt und später in Zahlen und Buchstaben verwandelt, die im Mittelpunkt der alten Mysterien um Tod und Wiedergeburt standen; sie waren das Wesen einer frühen universellen Religion. Die Mythen der Mond- oder Korngöttin, um deren Mysterien es sich dabei handelte, galten lange Zeit als rein mesopotamisches Motiv, aber heute versteht man sie zunehmend als das eindrucksvolle Zeugnis einer bereits späten Religion, als Verfeinerung der universellen Religion der Jungsteinzeit, während der die ersten bekannten Ackerbausiedlungen entstanden waren. Dieser verfeinerten Religion, die sich in der Trinität der Mond- oder Korngöttin symbolisierte, lag das *Arrangement der Zeit* zugrunde. Nach W. I. Thompson hatte diese Religion ihren Ursprung im Schamanentum der Sammler- und Jäger-Kulturen der Steinzeit. Daß der erste Schamane und der erste Schmied aus dem gleichen Nest stammen, wie es ein sibirisches Sprichwort besagt, deutet bereits an, daß die Ursprünge noch vor diesen Männerbünden liegen.

Frauen, die traditionellen Sammlerinnen, hatten schon sehr früh erkannt, daß ihr Fruchtbarkeitszyklus, die Menstruation, synchron mit dem Zyklus des Mondlaufes und Mondwandels erscheint. Beide Zyklen betragen an die 28 Tage, der 15. Tag, von Vollmond zu Vollmond gerechnet, entspricht der fruchtbarsten Phase der Frau und Mutter, die im Zentrum früher sozialer Ordnungen, der Klangruppe stand. Am 15. Tag ist Neumond. So war der älteste bekannte Zeitmesser allem Anschein nach ein Menstruations-Kalender, der sich bis heute in die Frucht vom Baum der Erkenntnis, den Apfel, eingeschrieben findet. Ihn reicht Eva, »Mutter des Lebens«, im Paradies dem Menschen (Adam). Auf die Rolle der Schlange, nicht als Quelle alles Bösen, sondern als mögliche Quelle aller Erkenntnis, kommen wir später zurück.

Schneidet man einen Apfel quer durch, zeigt sich in beiden Hälften das Symbol des Pentagramms oder Fünfsterns, das der Großen Göttin als mystisches Sinnbild für die geistige Wiedergeburt des Menschen heilig war. Ihr Mysterium verbirgt sich in der Kraft, symbolisiert in der Fünfzahl oder im Vokal U (V).

Der Apfel ist die Frucht vom »Mondbaum«. Leicht schräg gehalten, zeigen beide Fruchthälften die abnehmende und die zunehmende Mondsichel, und in ihrer Mitte jeweils den »Stern der

Venus«. Fünf Tage lang währt der Höhepunkt der weiblichen Fruchtbarkeit rund um den Eisprung, angedeutet in der Hälfte mit den Kernen, dem zukünftigen Apfelbaum. Gemeinsam mit der jeweiligen Zahl 9 für jede Mondhälfte ergeben die im Apfel gegenständlich eingeschriebenen 2 x 9 plus 2 x 5 Tage die Zahl 28: 9 Tage plus die 5 Tage der größten Fruchtbarkeit liegen zwischen dem Neumond am 15. Tag des 28tägigen Zyklus von Vollmond zu Vollmond, und 9 Tage plus die 5 Tage der Menstruation zwischen Vollmond und Neumond, also insgesamt 2 x 14 Tage. Das ist die Anzahl der Tage im siderischen Mondkalender der Steinzeit, der prähellenischen Io, »Mond«, in Griechenland, und im irischen Sakral-Kalender-Alphabet Beth Luis Nion[9]; die Zulu (Bantu) Afrikas verwenden noch heute diesen uralten Kalender (13 Monate zu 28 [4x7]Tagen, 364 plus einen Resttag).

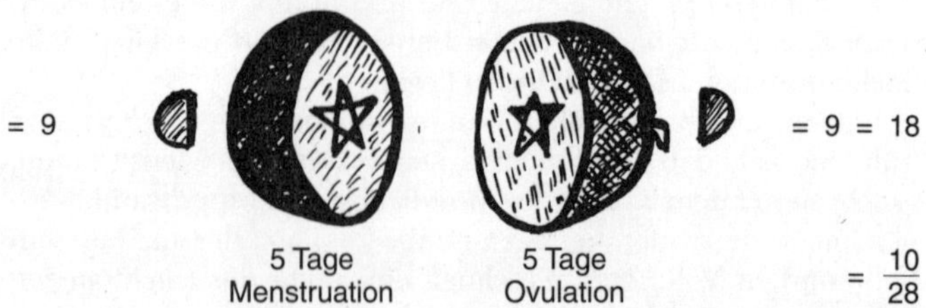

Der Apfel, die heilige Frucht der Unterwelt aus dem Apfelgarten der Hesperiden, der Wochentage. Die zwei Apfelhälften bilden Halbmonde.

Die Tage der *Ovulation*, des Eisprungs, stellen den »weißen Pol« dar (Norden), die Tage der *Menstruation* den »roten Pol« (Süden). Der Ovulations-Pol dient zur extrovertierten Reproduktion in Form von Kindern, der Menstruations-Pol zur introvertierten Produktion in Form von Visionen. Gemeinsam mit der präovulatorischen und der prämenstrualen Periode der Frau oder des Mondes ergeben sich die zwei Schwingungsachsen oder die vier Viertel dieses Kalenders von Sammler- und Jäger-Kulturen der Steinzeit. Auf diesen Zusammenhang zwischen den Mondphasen und den Phasen der Menstruations- und Ovulationszyklen machten bereits zwischen 1930 und 1940 Arbeiten der Psychoanalytiker Benedek und Rubinstein aufmerksam.[10]

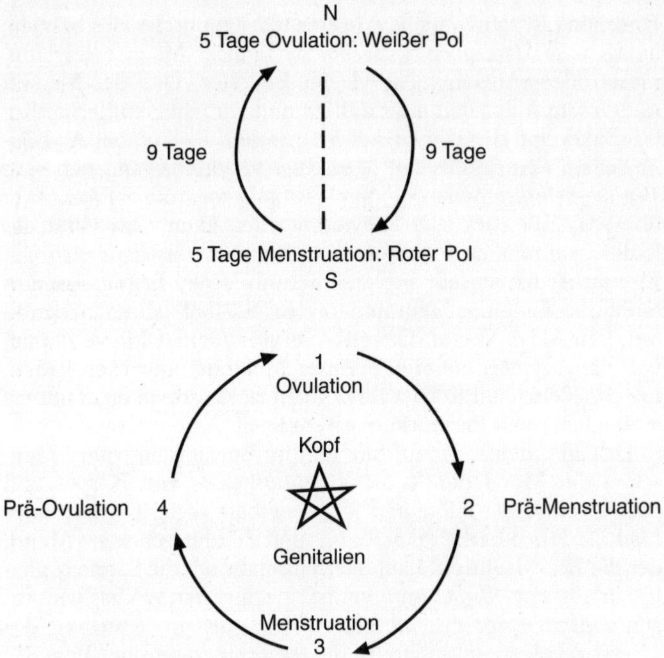

Der Kalender von Jäger- und Sammler-Kulturen mit der Polarität von je 5 Tagen Ovulation und Menstruation sowie jeweils neun Tagen Prä-Ovulations- und Prä-Menstruationsphase, insgesamt 28 Tage. (Nach Alan Bleakley)

So enthalten die ältesten Kalender und die ältesten bekannten Zahlschriftzeichen lunare Symbolik. Auf die uralte Verbindung zwischen Mensch und zyklischem Mondwandel, der unseren Biorhythmus und den der Erde als lebenden Organismus wesentlich beeinflußt, machten auch Isolierungsexperimente aufmerksam, bei denen sich Versuchspersonen in ständiger Dunkelheit aufhielten. Sie ergaben, daß unsere innere Uhr nicht auf die Sonnenzeit, sondern auf die Mondzeit eingestellt ist.

Die Erde ist eine Art großer Magnet, der in einem 27- und mehr tägigen Rhythmus von »ruhigen« und »unruhigen« Mondtagen pulsiert oder atmet. Auch diese Erkenntnis der modernen

Forschung ist so neu nicht, wie eine alte ägyptische Hieroglyphe belegt – *Ta Mari*, nach Schwaller de Lubicz »Magnet des Himmels« oder »Anziehung göttlicher Energie«. Daß der Mensch mit diesem Magneten einst auf Du und Du lebte, entdeckte Robin Baker von der Universität Manchester. Er fand bei Aborigines einen dem modernen Menschen verlorengegangenen *sechsten magnetischen Sinn*, der durch Rituale mit rotem Eisenocker über das Eisen im Blut aktiviert werden kann. Das »Blut der Erde«, wie man den bis heute bei Ritualen verwendeten roten Eisenocker nennt, läßt sich bei prähistorischen Begräbnissen in Südafrika für einen Zeitraum bis zu 400 000 Jahren nachweisen.[11] In »The Natural Genesis« verwies Gerald Masse darauf, daß die Ägypter, die eine perfekte Methode entwickelt hatten, um das Fleisch am Körper ihrer Toten zu konservieren, dafür ursprünglich roten Eisenocker verwendeten.

Das alles deutet darauf hin, daß im Bewußtsein früher Menschen der Mond den Transformationszyklus von Körper und Seele, von Leben, Tod und Wiedergeburt regierte. Man empfand die Fruchtbarkeit des Raum- und Zeitdurchmessers Mond, der die Erde bei ihrem Lauf durch das Jahr um die Sonne begleitet, in einem Gesamtzusammenhang zyklischer Wechselwirkungen zwischen der Fruchtbarkeit der Natur, der Frau und des Mondes. Folgerichtig schreibt die Anthropologin Jutta Voss der »Entdeckung der Lust« die entscheidende Rolle bei der physischen und intellektuellen Evolution des Menschen zu. Wir verdanken sie der durch die Menstruation möglich gewordenen ständigen sexuellen Bereitschaft des menschlichen Weibchens, das rätselhafterweise den tierischen Fruchtbarkeitszyklus Östrus aufgegeben hatte. Auch der Prähistoriker Alexander Marshack sowie W. I. Thompson erkannten die Bedeutung der Mond- bzw. Menstruationszyklen für die Entwicklung von Religion und Kultur. Weshalb das so ist, läßt sich aufgrund einer Erkenntnis der modernen Forschung nachvollziehen:

Es ist heute bekannt, daß Frauen, die in engen Gruppen wie in Gefängnissen oder Studentenwohnheimen zusammenwohnen, dazu neigen, ihre Menstruationszyklen untereinander zu synchronisieren. Diese enge Gruppe war ein Kennzeichen des Klanwesens und neolithischer Ackerbausiedlungen bis zu den frühesten bekannten Hochkulturen wie dem minoischen Kreta, auf dessen sakrale Gemeinschaftsbauten Dr. Nanno Marinathos hinwies. Verhält sich eine große Anzahl von Quantenobjekten kollektiv, erkannte die Quantenphysik, treten gewisse starke, wohldefinierte Eigenschaften auf, deren Ansammlung sich nicht mehr durch Linearkombinationen verschiedener Zustände, also durch eine lineare Abfolge, beschreiben läßt. Schlägt zufälliges, individuelles Verhalten in kollektives Verhalten um, kommt es zu einer Transformation oder Umwandlung, zu einem Quantensprung durch Phasenkopplung. Jede Phasenkopplung materieller Bezugssysteme beginnt auf dem Quantenniveau, d. h. auf dem Niveau der kleinsten Teilchen. Durch die Phasenkopplung eines materiellen Bezugssystems, wie es gemeinsam menstruierende Frauen darstellen, werden Moleküle aufgebaut, die einerseits klar definierte Eigenschaften haben und andererseits in Quantenprozesse mit einbezogen sind. Wird nun eine große Anzahl von Quanten aneinandergekoppelt, erhält man ein großes Netzwerk. Verbinden sich zwei große Netzwerke miteinander, dann werden sie sich »räumlich ausgedrückt so sehen, als seien sie relativ zueinander unter einem gewissen Winkel orientiert«.[12]

Diese theoretische Erkenntnis der modernen Physik läßt den logischen Schluß zu, daß aus der Zusammenkopplung des Netzwerkes gemeinsam menstruierender Frauen in der Klangruppe mit dem Netzwerk lunarer Zyklen, dem die Bewußtwerdung dieses himmlischen Netzwerkes vorausgegangen sein muß, infolge einer »kooperativen Wechselwirkung« das Arrangement der Zeit, die lunare Kosmologie entsprang. Wie aus den Quellen zum I-Ging ersichtlich ist, empfand man die Wanderungen des Mondes durch die Nacht tatsächlich als Netzwerk, als das Auswerfen eines Netzes, das mit seinem Rückgang in die Sonne wieder eingeholt wird. Und im griechischen Mythos sind Priesterinnen der Mondgöttin als Mänaden beschrieben. Solch eine Mänade war Penelope, die Mutter des Hirtengottes Pan (oder Dionysos), deren Name »die mit einem Netz über ihrem Antlitz« bedeutet.[13] Die diversen mythischen Fischer beziehen sich wohl ebenfalls auf diese lunare Symbolik, die in der Sprache der Mondbilder, auf die wir noch eingehen werden, das zyklische Jahreszeitengeschehen beschrieb.

Irdischerweise unterstützte man dieses himmlische Netzwerk nachdrücklich auf rituelle Weise. Ein Ritual ist eine logisch und psychologisch geschickte Zusammenstellung von feierlichen Handlungen, Symbolen und begleitenden, magisch wirksamen, d. h. tönenden oder schwingenden Worten zur Durchführung einer sakralen Zeremonie. Derartige rituelle Handlungen halfen den Menschen, Ereignisse vorzubereiten und sie nicht bloß unbeteiligt geschehen zu lassen. Die gesammelten Gedanken und Wünsche wirkten als reale Kraft hinter den Dingen. Ereignisse wurden jedoch nicht nur vorbereitet, sie gingen tief aus dem Herzen aller Dinge hervor, aus dem Herzen der Natur, der Menschen, der Pflanzen und Tiere, wie Mircea Eliade dieses Selbstverständnis früherer Kulturen beschreibt. Tief empfunden und rituell bekräftigt hinterlassen sie einen magischen Abdruck im Spiegel der irdischen Welt (Kogi-Indianer). Diesen »Spiegel« nennen wir seit C. G. Jung das kollektive Unbewußte.

Das durch die lunaren Zyklen gebildete Netzwerk, symbolisiert in der Großen Göttin, regulierte die zyklische Zeit und erzeugte durch die »Phasenkopplung der Materie«, also durch die rituellen Handlungen, in deren psychologischem Mittelpunkt die Mütter, symbolisiert durch die Große Mutter Erde, standen, zu einem bestimmten Zeitpunkt, an dem einander diese beiden großen Netzwerke zu überschneiden begannen, einen mächtigen Energieimpuls. Weil aus der Zusammenkopplung zweier großer Netzwerke, die ja aus einer jeweils großen Anzahl von Quanten bestehen, die Eigenschaften der Orientierung im dreidimensionalen Raum aus der gegenseitigen Beziehung der Netzwerke hergeleitet werden können, vermag ein derartiger Energieimpuls die Eigenschaften des Raumes zu verändern! Das deutet laut Roger Penrose darauf hin, daß die Eigenschaften des Raumes *nicht* vorgegeben sind, sondern als Ergebnis kooperativer Wechselwirkungen auf einer größeren Skala erst auftauchen! Als kosmisches Gewebe, das von innen her dynamisch ist, versteht die moderne Physik das Universum wieder, und dieses Gewebe bewegt sich laufend und verändert sich. In dieser modernen relativistischen Physik hängen alle Ereignisse in einem zeitlosen Raum von höherer Dimension miteinander zusammen, und dieser Zusammenhang ist nicht kausal, d. h. es gibt auf dieser hohen Ebene kein »Vorher« und kein »Nachher«, keine voneinander getrennte Ursache und Wirkung. Sie selbst hätten immer gewußt, daß die Zeit zeitlos ist, sagen die Kogi-Indianer, nur der jüngere Bruder, der weiße Mann, müsse es noch lernen.

Quantensysteme oder Netzwerke, die sich zusammenkoppeln, scheinen aber nicht nur den Raum, sondern auch die Zeit und andere makrokosmische Strukturen hervorzubringen, theoretisiert die moderne Forschung. Das bedeutet, daß wir unsere eigene Raumzeit kreieren, und weil diese das Verständnis der Menschen von ihrer Umwelt widerspiegelt, wird dadurch Bewußtsein kreiert. »Wir sind, was wir denken«, ist als Buddha-Ausspruch überliefert.

Das bewußtseinbildende Urmysterium der Menschheit war also die Mutterschaft, die sich in der Großen Zentralgöttin Mond als Symbol für eine lunar-geozentrische bzw. *heliokosmische* Kosmogonie verfeinerte, welche die Erde innerhalb der Ganzheit Kosmos als eingebettet empfand. Dieses Bewußtsein, das seit den Griechen auf einer heliozentrischen, ausschließlich solaren Kosmologie beruht, war ein vollkommen anderes als das der heutigen Menschen. Daß es kein primitives, sondern ein hochspirituelles war, wird noch deutlich werden. Männliche Gottheiten spielten keine bedeutende Rolle, denn der Begriff »Vaterschaft« war lange Zeit nicht in der religiösen Gedankenwelt enthalten. Es ist jedoch nicht anzunehmen, daß den Menschen, die in einer so engen Beziehung zur Natur lebten, der Zusammenhang zwischen weiblicher Empfängnis und männlicher Zeugung wirklich unbekannt war, allen Hinweisen nach begriffen sie jedoch die männliche Zeugung als bloßes körperliches Mittel zum heiligen Zweck, während die weibliche Befruchtung als spirituelles, schöpferisches Prinzip empfunden wurde. Einschlägige Funde und die Überlieferungen der Weltmythologie weisen nachdrücklich darauf hin, daß das nicht nur im vorgeschichtlichen Europa, sondern weltweit der Fall war. Der Verdrängung der Mütter bzw. der Großen Göttin und ihrer lunaren Kosmogonie durch die Väter und deren solarer Kosmologie ging ein langer, Jahrtausende währender Kampf voraus, den die Mythen eindrucksvoll beschreiben.

Wird ein großes Netzwerk, wie das der lunaren Kosmogonie, durch ein anderes, wie das der solaren Kosmologie, bzw. das Netzwerk gemeinsam menstruierender Mütter durch das zeugender Väter ersetzt, und beginnen sich diese beiden neuen und immer stärker verdichtenden großen Netzwerke zu überlappen, verändert sich ab einem bestimmten Punkt das Raum-Zeitverständnis, verändert sich Bewußtsein. Davon künden Namen wie Lao-Tse, Gautama, der Buddha oder »Erwachte« oder »Erleuchtete«, und Konfuzius (Asien), Zoroaster (Zarathustra, Persien), Pythagoras und Platon (Griechenland), Abraham und Mose bei den Hebräern usw. Während die Revolution der Mütter eine körperliche gewesen war, die jedoch in der Folge zu einer spirituellen Revolution führte, mündete der durch die Väter auf archetypische Weise ausgelöste Bewußtseinswandel in einer potentiellen Umkehrung aller menschlichen Werte, die zielstrebig zur industriellen und technischen Revolution der westlichen Kultur führte. Im Zuge dieser Entwicklung wurde die Seele im Bewußtsein der Menschen beinahe abgeschafft, Gott für tot erklärt, und das ursprüngliche Empfinden der Wechselwirkung zwischen Natur, Kosmos und Mensch ging zunehmend verloren. Die sich seither geradezu potenzierende Rationalisierung des Geistes führte zur buchstabengetreuen Interpretation der Symbolsprache der Mythen, wodurch als Folge die Verkündigung mit dem Verkünder verwechselt wurde. Aus der spirituellen Erlösung wurde ein leiblicher Erlöser, aus dem Ausdruck des mythischen Denkens für das Böse, bei dem wie in Ägypten durch Typhon das Ich-will-um-jeden-Preis, die rohe Egokraft symbolisiert wurde, ein leibhaftiger Teufel, der in einer immer stärker sexualisierten und geteilten Welt ein Eigenleben zu führen begann. Wir werden sehen, daß diese Entwicklung die unausweichliche Konsequenz eines geozentrischen Welt- und eines solaren Gottesbildes war, die nicht miteinander vereinbar sind. Erst neue Erkenntnisse der modernen Physik, Biochemie, Mathematik und Chaosforschung liefern dem rational bestimmten westlichen Menschen wieder die nötigen Schlüssel für das Verständnis der nur noch in Mythen und Geheimlehren zu ortenden älteren Kosmogonie, die uns ihre Zeugnisse auch in Stein hinterließ, deren Zweck ohne diese Kenntnis rätselhaft bleiben muß.

In den geheimen Überlieferungen der Religionen, die seit unseren Anfängen das geistige Evolutionserbe der Menschheit hüten, sind Leben, Materie und der Mensch nicht von der höher schwingenden Zeit und ihren Zyklen, ist die Ursache nicht von der Wirkung zu trennen. Wie in der modernen Physik empfand man Zeit und Raum als Einheit. Einen indischen Lehrsatz abwandelnd könnte man, ersetzt man das Wort Form durch das Wort Raum, sagen: Raum unterscheidet sich nicht von Zeit. Was Raum ist, das ist Zeit, was Zeit ist, das ist Raum. Als Manifestation einer scheinbar dualen Realität strömen sie aus einem Urgrund, aus einer Art Urmatrix, die in der mystischen Überlieferung die einzige Realität darstellt, während alle ihre Erscheinungsformen vorübergehend und illusorisch sind. Auch die revolutionierende Entdeckung eines theoretischen Quantenfeldes durch die moderne Physik führte zur Erkenntnis, daß dieses Feld nur einem Teil der physikalischen Erscheinungen Rechnung trägt, nämlich der elektromagnetischen Wechselwirkung zwischen subatomaren Teilchen. Fritjof Capra wies im »Tao der Physik« darauf hin, daß das Brahman der Hindu, das Dharmakayana der Buddhisten und das Tao der Taoisten Symbole für das einzige fundamentale Feld sind, das alle physikalischen Erscheinungen umfaßt und das die Wissenschaft noch nicht kennt. Aus ihm entstehen nicht nur alle physikalischen Erscheinungen, auch alle anderen Phänomene. Dieses vermutete Feld erinnert an die form- und zeitlose Leere, das Nichts oder Chaos der Schöpfungsmythen als Ursache, das als Wirkung alle diese physikalischen Erscheinungen und auch alle anderen Phänomene ist. Aus ihm strömt in chinesischen Überlieferungen die geheimnisvolle Lebensessenz *ch'i*, mit der die große Leere erfüllt ist. Diese geheimnisvolle Essenz und deren wechselwirksam werdende Gesetzmäßigkeiten sind im chinesischen Buch der Wandlungen, dem *I-Ging*, geordnet. Wir werden dieser Ordnung aber auch in den Geheimlehren der Ägypter, Babylonier, der Maya, Kelten und der Pythagoreer Griechenlands begegnen. Der Schlüssel zu ihr verbirgt sich im altchinesischen Schriftzeichen für *ch'i*, das nach Frank Fiedeler Gefäß, Organ, Werkzeug, die Verkörperung der Bilder des Himmels bedeutet. Diese himmlischen Bilder waren lunare Symbole, und das Wort für Gefäß zählt in allen Sprachen der Welt zu den Urwörtern. Das lunare Gefäß verbirgt sich auch im keltisch-christlichen Symbol des Heiligen Grals, denn es ist das uralte Sinnbild des Organs der Großen Mutter oder Göttin, ihrer Vulva als *Matrix*; das Wort bedeutet Stammutter, Muttertier oder Gebärmutter.

Die Mitte ist überall

Nimmt man als Ursache für die Existenz des Universums eine Art transzendentes, bewußtes Sein an, muß der Mensch, will er sich »wiederverbinden«, selbst transzendent werden wie die Seele, wie das Bewußtsein.

Im Universum der Hopi-Indianer gibt es ein fortwährendes, zeiträumliches Wegwachsen von der zentralen Achse, dem Herzen aller Ereignisse, bevor diese stattfinden. Von dieser zentralen Achse dehnt sich das objektive Universum in alle Richtungen hin aus. Ereignisse, die im Halbdunkel oder Dunkel der mythischen Vergangenheit stattfanden, befinden sich den Hopi zufolge im äußersten Umkreis des sichtbaren Universums. Dieser Zeitraum ist räumlich so weit entfernt, daß wir uns, um ihn klar sehen zu können, *nach innen* wenden müssen. Indem der sich in den Mittelpunkt seines inneren Universums versenkende, nicht körperlich, sondern außerkörperlich geistig Reisende die vertikale, subjektive Achse entlangreist, kann der weit entfernte mythische Zeitraum erlebt werden. Dieser liegt auf dieser inneren Achse unmittelbar unter der Oberfläche oder Dimension der jetzigen Erde oder unmittelbar darüber, weil es oben und unten auf dieser Ebene nicht gibt. Diese geistige Erde gleicht der unseren, nur daß sie, wie es auch das Kennzeichen der Anti-Materie ist, *dipolar*, also spiegelverkehrt zur materiellen Welt gepolt ist; plus ist dort minus und umgekehrt. Von ihr aus gesehen ist unsere Erde der Himmel. Um von hier nach dort gelangen zu können, muß in den Himmel »aufgefahren« werden, wie das auch christliche Heilige taten, und die Himmelskuppel durchstoßen werden. Anhand des Beispiels des König-Arthur-Mythos im zweiten Teil dieses Buches werden wir erkennen können, daß Götter oder Halbgötter früherer Welten oder Kulturen, die einem anderen Weltzeitalter angehörten, durch eine Art dimensionale Lücke reisten. Sie verließen die Dimension der Erde, ihre Realität, und fuhren, wie etwa in der jüdischen Mystik Enoch, in den Himmel auf; Enoch, der nicht zurückkehrte, wurde zum Erzengel Metatron. Daraus geht hervor, daß die Begegnung mit Gott nur subjektiv erfahrbar ist, nur im Inneren *empfunden* werden kann. Zu objektivieren sind nur die Wirkungen des Göttlichen.

In der Kosmogonie von Naturvölkern ist die der Zukunft scheinbar vorausgehende Gegenwart das Zentrum der Zeit (Bantu). Sie enthält in ihrer flüchtigen Existenz sowohl die Summe aller Vergangenheiten als auch aller möglichen Zukünfte! Nach der Theorie der modernen Forschung schwingen Vergangenheit und Zukunft auf verschiedenen Ebenen, in verschiedenen Dimensionen gleichzeitig; davon war auch die universelle Mystik überzeugt. Wäre es uns etwa möglich, mit Hilfe einer Zeitmaschine in die Vergangenheit zu reisen, könnten wir in sie eingreifen und dadurch unsere Zukunft verändern. Die theoretische Erklärung dafür lautet, daß es in verschiedenen Dimensionen eine schier unendliche Anzahl möglicher Vergangenheiten und Zukünfte gibt. Träfen wir etwa in unserer Vergangenheit auf unseren Vater als jungen Mann oder auf unsere Mutter als junge Frau, verliebten uns in sie und siegten über einen Rivalen oder eine Rivalin, die in unserer Realität, unserer Gegenwart, Vater/Mutter wären, könnten wir trotz Zeitmaschine niemals in die Dimension, die wir verließen, zurückkehren, weil wir vielleicht in unsere Gegenwart nicht hineingeboren würden. Den Überlieferungen nach geschah genau das in der Vergangenheit. Um aus einer anders schwingenden Welt der Zukunft in die dreidimensionale Welt der Gegenwart »herabzusteigen«, bedarf es einer Verkörperung entsprechend unserer dreidimensionalen Wirklichkeit, Länge, Breite und Höhe. Derartiges war bis vor kurzem undenkbar, aber heute wissen wir zumindest theoretisch, daß wenn etwa ein Tisch oder ein Apfel, die Produkte unserer dreidimensionalen Welt sind, in eine zweidimensionale Welt fallen sollten, sie für die »Flachmenschen« einer solchen Dimension, die nur Länge und Breite und keine Höhe kennen, unsichtbar wären. Für die Wesen der flachen Welt wären nur die Auswirkungen derartiger himmlischer, übernatürlicher oder »überflächlicher« Besucher erfahrbar, niemals diese »Götter« selbst, außer sie nähmen eine der Flachwelt entsprechende Erscheinungsform an, oder die Flachweltler wären technisch so weit entwickelt, daß sie sich höher Entwickeltes irgendwie erfahrbar machen könnten. Wesen, die aus einer höheren Dimension in unsere dreidimensionale Welt reisten, blieben unsichtbar, könnten durch Wände gehen usw., kurzum Wunder wirken.[14] Manchen dieser »Götter« scheint sich nach der Trennung von Himmel und Erde der Rückweg verschlossen zu haben. So berichten die Hopi von den leuchtenden *Kachinas*, die für ihre Vorfahren, deren Welt untergegangen war, neues Land erforschten und sie belehrten. Was sich diesen Wesen verschloß, war der *innere* Zugang, denn es gibt mehrere übereinandergelagerte Welten, und die Wege, um von einer in die nächste zu gelangen, die »Reiserouten der Götter«, liegen nur im Inneren (Hopi).

Auch unser kosmologisches Verständnis wird dank der modernen Physik wieder vieldimensional. Der Quantenphysiker B. Heym theoretisiert einen zumindest achtdimensionalen Kosmos, wobei sich alle biologischen Vorgänge nur unter Berücksichtigung von sechs Dimensionen erklären lassen. Das bedeutet, daß es außer der uns vertrauten Dreidimensionalität und der vierten, der Zeit, die wir theoretisch bereits in unser sich erweiterndes Bewußtsein mit einbeziehen, noch zwei zusätzliche physikalisch bedeutsame Dimensionen gibt. Die darüber hinausreichenden mindestens zwei Dimensionen sind nach Heym geistige Koordinaten, d. h. physikalisch dimensionslos. Auch diesem achtdimensionalen Kosmos werden wir als Erbe uralter Kulturen begegnen!

In der indischen Philosophie entspricht die zentrale Achse der Hopi im Inneren, das Herz aller Ereignisse, bevor sie stattfinden, *Hiranyagarbha*, dem Goldenen Ei, dem zentralen Punkt der Mandalas. Die innere Versenkung in die Mitte des strikt geometrischen Mandala, das manchmal auch als goldene Ellipse oder Eiform vor einem leeren Hintergrund dargestellt ist, symbolisiert den Keim, dem die ganze Schöpfung entspringt. Dieser Keim ist der Mutterschoß *dharani*, »die Tragende«. Sie ist die Quelle, die Mitte oder Achse, und diese Mitte ist überall. Der Mutterschoß, die Matrix, ist das Sinnbild für die innerste Manifestation der formlosen, farblosen, unsichtbaren Ewigkeit, die subtilste Ebene des Ton-Licht-Kontinuums.[15] Einer ihrer vielen Namen war Io – »Mond«.

Auf die im eingangs erwähnten Mythos der Maori Neuseelands angeführte Io als Schöpferin stößt man bei vielen Kulturen; im prähellenischen Griechenland als Io, in Sumer im Tetragramm der sumerischen Urgöttin Eurynome, *IAHU*, und im Namen eines phönikischen Gottes, *JAO*, »dem nur durch Intellekt erfaßbaren Lichte, dem physischen und geistigen Prinzip aller

Dinge, aus dem die Seele emaniert«. Intellekt steht in dieser Interpretation Helena Blavatskys für Bewußtsein, das jedoch ins Jenseits des menschlichen Intellektes hineinreicht. Auch im hebräischen *Jah(we)*, der weiblichen Form von *El = sol*, verbirgt sich dieses Symbol. *IO-V*, altungarisch, auch *Jod*, war »der große und gute Gott«, und *Ya* der Name eines Gottes der Polynesier usw. Die Bezeichnung »Götter« ist hier allerdings irreführend, denn es handelte sich dabei ursprünglich um Symbole für erkannte kosmische Schöpfungskräfte. Wie Fritjof Capra aufmerksam machte, waren diese Götter Geschöpfe des Geistes, d. h. mystische Bilder, welche die vielen Gesichter der Wirklichkeit repräsentierten. Sie waren symbolische Hilfsmittel, die dazu dienten, die Lehren einer in mystischen Erfahrungen verwurzelten Philosophie weiterzuvermitteln. Diese Lehren wurden nicht wie heute auf rational-logische Weise gewonnen, sondern in veränderten Bewußtseinszuständen erfahren. Im zweiten Teil dieses Buches werden wir ihnen als Erbe der Schamanen begegnen und sie entmystifizieren.

Mystisches Sinnbild dieser Mitte als Ursprung, Umfang, kurz von allem, ist die immer mit der Muttergöttin verbundene Neunzahl. Sie wird aus sich selbst, aus der Unzahl, der Null als Symbol für das kosmische oder das Weltei, aus dem alle Dinge fallen, *durch Teilung* geboren. So ist sie Mutter und Tochter in einem wie die ägyptische Göttin Hathor, die manchmal identisch mit Isis, der Tochter, überliefert ist und manchmal als ihre Mutter. Manchmal erscheint sie als Schlange, und manchmal ist sie die Gottesmutter; Schlange und Mond waren die traditionellen Begleiter der Großen Göttin.

Als Mutterschlange symbolisiert sie die große Leere unenthüllter Weisheit, die im vorschöpferischen, unvorstellbaren Großen Ozean lebt bzw. dieser Ozean ist. Die in den Mythen angegebene Paarung der Urgöttin mit der Urschlange bedeutet im Grunde genommen, daß sie sich mit sich selbst paart. Sie ist das göttliche Paradoxon, denn diese Paarung, die wie das Wort besagt, eines Paares, der Zweiheit, und nach unserem Verständnis einer Verdopplung bedarf, ist eine Teilung! Die Verdopplung geht aus der Teilung hervor, d. h. die Mutter (0) gebiert aus sich selbst die jungfräuliche Tochter (I), ist also Mutter-Tochter in einem. Deren Kraft, symbolisiert in der Schlange oder in China im Drachen, teilt sich, sobald sie sich manifestiert, in zwei polare Richtungen, bildlich gesprochen in die Tochter und den Sohn oder Mutter-Vater. Auf dieser matriarchalischen Symbolik beruht das Mysterium der ägyptischen Hermetik oder Geheimlehre, daß 1 + 1, die Göttin und der aus ihr hervorgehende Gott, nicht 2 sind, sondern 3. 3 = 1 bzw. 1 = 3! Diese für uns irrationale Angabe, die auch den Schlüssel zur jungfräulichen Geburt des Gottessohnes im Christentum liefert, wird noch verständlicher werden.

Wie die Weisheit von Salomon als einzigartig, aber vielfältig beschrieben wird, bezeichnen ägyptische Hieroglyphen Isis, die Göttin mit den vielen Namen, als die *Eine-in-sich.* Als Isis-Hathor symbolisierte man sie durch eine die Sichelhörner des Mondes tragende Kuh, wie Io im prähellenischen Griechenland oder die Schöpfungsgottheit der Maori Neuseelands. Die Göttin als Tochter der Mutter versinnbildlicht das *Prinzip der (bipolaren) Zweiheit in der Einheit,* Mutter-Vater bei den Maya, das *Prinzip der Formgebung,* wie die ägyptische Mystik Isis nannte. Als Tochter strömt sie im noch nicht materialisierten Zustand als erste, potentiell negative oder weibliche Schöpfungskraft aus der Matrix der Mutter und teilt sich, um sich zu formen oder zu materialisieren in zwei Richtungen, in »weiblich« und »männlich« oder negativ und positiv, dunkel und hell usw.

Nach Herbert L. Samuel liegen dem Leben vier Kräfte zugrunde, neben Gravitation und Elektromagnetismus zwei nukleare Kräfte, eine »starke« und eine »schwache«, die in beiden Zuständen gleichzeitig vorkommen, ruhend und wirksam, und die mühelos von einem Zustand in den nächsten fließen. Das entspricht dem Prinzip der Wechselwirkung einer bipolaren Kraft, von negativ und positiv, oder *yin* und *yang* in China. *Yin* symbolisiert das empfangende, passive, weibliche, negative, und *yang* das befruchtende, aktive, männliche und positive Element. Allerdings sind die »Namen« bereits »berichtigt«, wie Frank Fiedeler aufmerksam macht. Denn ursprünglich standen einander nicht Sonne (*yang*) und Mond (*yin*) gegenüber wie heute, sondern der volle und der dunkle Mond, d.h. hell und dunkel, positiv und negativ, männlich und weiblich usw. bildeten als *zwei Erscheinungsformen in einem himmlischen Körper als symbolisches Vorbild eine Einheit.* Das ist für die weitere Entwicklung von großer Bedeutung, denn Sonne und Mond stehen einander als himmlische Vorbilder immer und unvereinbar gegenüber, während die ursprünglichen Vorbilder von Vollmond und Dunkelmond, der in der älteren Kosmologie die Sonne symbolisierte, das solare Geschehen in einen lunar-irdischen und kosmischen Gesamtzusammenhang mit einbezogen. Wiedervereinigung und durch diese Vereinigung die *konfliktfreie Auflösung* der Gegensätze, in der Psyche des Menschen von *anima* und *animus*, von Unbewußtem und Bewußtem, sind unmöglich geworden und driften von nun an aufgrund einer Gesetzmäßigkeit, die wir aufzeigen werden, immer weiter auseinander. Genau diese Wechselwirkung von hell und dunkel, weiblich und männlich usw. lag dem *I-Ging* als »Buch der (Mond-)Wandlungen« zugrunde, das aus der lunaren Kosmogonie hervorging. Nach der »Berichtigung der Namen« lassen sich Himmel und Erde nicht mehr miteinander verbinden, wie es im ursprünglichen Wesen der Religion(en) lag.

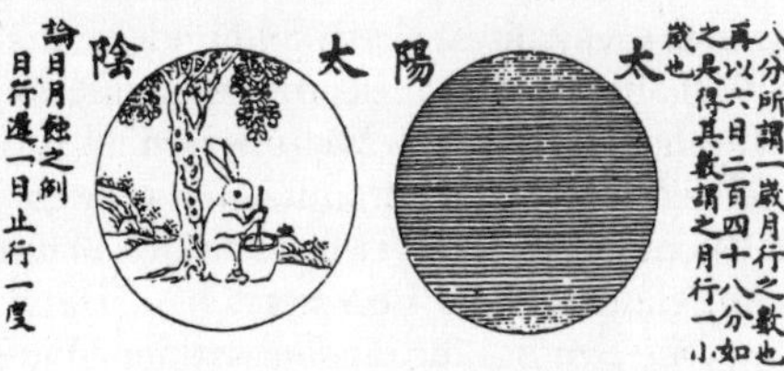

Vollmond und Dunkelmond aus dem taoistischen Werk »Ao-tou tung-shu ta-chüan«. Lunare Auslegung des binären Codes (I-Ging). Im vollen Mond bereitet der mythische Hase als Symbol für Fruchtbarkeit die Droge der Unsterblichkeit. (Aus Frank Fiedeler: Die Monde des I-Ging)

Das I-Ging geht nach Überlieferungen aus dem archaischen China auf das Orakelbuch der Shang, das Kue-Tsang (2. Jahrtausend v.u.Z.) zurück. In ihm stand nicht das solare, sondern das lunare Grundzeichen an erster Stelle. Die matriarchalen Shang hatten das Erbe des ausgerotteten Keimvolkes angetreten, das wir im Zusammenhang mit der Trennung von Himmel und Erde erwähnten. Wie Mircea Eliade verweist auch Richard Wilhelm in seinen Essays zum I-Ging darauf hin, daß den älteren Chou-Herrschern in China die totemistische matriarchale Religion der Shang fremd war. Die Shang kontrollierten ihre Anhänger durch

Furcht. Auf das »undefinierbare Zwielicht«, das die Beeinflussung der dunklen Kräfte der menschlichen Psyche zuläßt, stößt man erstmals bei den Shang, denen Blutopfer ein »sanktioniertes Ausdrucksmittel« verschafften. Wir werden sehen, daß diese Blutopfer untrennbar mit der Solarisierung und der damit einhergehenden Trennung von Himmel und Erde verbunden waren. Die Bezeichnung »Keimvolk« für die Schöpfer des älteren lunaren Schemas, das übernommen und »berichtigt« wurde, erklärt sich daraus, daß der Vollmond als Mitte des Weges der Ort der Zeugung oder der Keim ist und die Sonne als Ende des Weges die Geburt, in der sich der Keim verwirklicht; Zeugung ist hier im Sinne von Schöpfung gemeint. Im Zuge der Solarisierung wurde die helle Vollmondscheibe, das Symbol der wahrhaftig »zeugenden« Mitte, weil sie das gesamte heliokosmische Geschehen berücksichtigte, durch die Sonnenscheibe, dem Sinnbild für das Ende des Weges und die reine Welt der Materie, getauscht. Während sich zuvor Neumond/Sonne, das materialisierte Leben, mit dem Vollmond als symbolischem Sinnbild für die sich zum Leben *dipolar* verhaltende himmlische Kraftquelle vereinbaren ließ, waren danach die Welt der Materie und die »zeugende« himmlische Welt voneinander getrennt. Wir können die Metapher »Trennung von Himmel und Erde« und den »Sturz der Götter« und deren Gefangenschaft nun verstehen. Denn dadurch, daß das urarchaische Symbol für die Geburt der Materie, in der sich der göttliche Keim verwirklicht, die Sonne und alles, was sie symbolisiert, *anstelle* des göttlichen Keimes selbst göttlich wird, verliert der Mensch die Möglichkeit zur »Wiederverbindung« und dadurch zur Auflösung der eigenen inneren Gegensätze. Als Folge treten das materialistisch bedingte Denken und die Egozentrik der Menschen in den Mittelpunkt einer sich immer mehr vermännlichenden Welt. Zuvor wurde der Himmel als weiblich, göttlich und unsterblich empfunden, symbolisiert durch Vollmond-Nacht-Universum-Himmel, und das Leben, die Materie, als männlich und sterblich, versinnbildlicht durch Dunkelmond-Sonne-Tag-Erde. Wir werden dieser Verkehrung der Bedeutungen archaischer Grundsymbolik und ihren weitreichenden Folgen nicht nur im alten China begegnen, sondern auch bei allen Kulturen, in deren Kosmologie ein Sonnengott die zentrale Stellung einnimmt – bei Judentum, Christentum und Islam.

Obwohl sich das patriarchale Sonnensystem auch in China durchsetzte, erlag das Reich der Mitte nie der solaren Ausschließlichkeit indoeuropäischer Kulturen, auf die der Umbruch zurückweist. Niemals und von keiner Kultur wurde jedoch der Versuch unternommen, die solare Kosmologie in eine Mythologie zu kleiden, weil das unmöglich war. Deshalb bauten alle Mythen auf dem älteren Fundament der lunaren Kosmogonie auf. Bedeutungen und Namen wurden übernommen und von lokalen Eroberern durch Umbenennung und andere Hilfsmittel »berichtigt« und an die eigene Geschichte angepaßt. So erklären sich die vielen Ungereimtheiten, aber auch die vielen Übereinstimmungen in den Mythen der Völker. Während etwa die hebräischen Propheten, aus deren Schriften das Christentum hervorging, bewußt einem Kosmos folgten, der nicht jenseits des Mondes reichte, hatten ältere Völker in Mesopotamien und Ägypten die Himmelsläufe der sieben sichtbaren Sphären am Tierkreis entlang berücksichtigt und die Erde als Planeten in eine kosmische Ganzheit mit einbezogen. Ein begrenzter äußerer Kosmos führt in logischer Konsequenz zu einem begrenzten inneren Kosmos, zu einem begrenzten Bewußtsein.

Die Kraft der Göttin als Tochter der Mutter, symbolisiert durch die Schlange, verwirklicht sich also in zwei Richtungen, in eine »starke« und eine »schwache«, in eine »wirksame« und »ruhende« oder in eine »männliche« und »weibliche« Kraft. Daß lunar orientierten Kulturen auch die anderen beiden Kräfte bekannt waren, die nach Erkenntnis der modernen Physik dem Leben zugrunde liegen, Gravitation und Elektromagnetismus, wird besonders anhand des Erbes der Schamanen (Teil II) ersichtlich werden.

Zusammenfassend kann gesagt werden, daß die Schöpfungskraft oder Genesis ursprünglich als von einem kosmischen Urstoff ausgehend empfunden wurde. Vermutlich handelt es sich dabei um jene Kraft, welche die rätselhaften Basken Spaniens in ihrer Überlieferung *Al* oder *Ahal* nannten, was nach Louis Charpentier »Kraft, die die Idee der Gottheit beinhaltet« bedeutet. Der Erinnerung an diese Urkraft begegnet man in alten Götternamen, etwa in *Leto*, der Mutter des griechischen Apoll, der Großen Göttin *Al-Lath* in Ägypten und Palästina, dem Urgott im sumerischen Mythos, *Alalu*, und sie verbirgt sich auch im hebräischen »Haus Gottes« – *Beth-El*, wobei *El* (*sol*) ursprünglich als *Al* geschrieben wurde.[16] Auch der Ursprung des Namens *Allah* ist naheliegend. Schließlich sind *al.pha* und *al.eph* die beiden ersten Buchstaben im griechischen bzw. hebräischen *Alpha.bet*; aus ihnen wird alles, werden alle Buchstaben, wird das ganze *Alpha.bet* geboren. Sie bedeuten jeweils »Kuh«, und die Kuh symbolisierte die lunare Mitte oder die Achse der Welt.

Die Entwicklung von einer einst als weiblich und *schöpferisch* verstandenen göttlichen Urkraft zu einer väterlich *zeugenden* Sonnenkraft fand vermutlich im mythischen Zeitalter der Schmiede statt, auf deren prähistorische Spuren man weltweit stößt. Magoi- und Männerbünde entstanden, welche die Schamanen-PriesterInnen älterer Kulturen verdrängten, deren Mysterien sie übernahmen. Diese mündeten in das Sakral-Priester-Königtum, auf das man erstmals in Sumer im dritten Jahrtausend v. u. Z. trifft. Das Zeitalter der mythischen Schmiede oder Gemahle der Erdmutter war nach Eliade eine Konsequenz der Töpferei und des Ackerbaues matriarchalischer Kulturen, deren lunare Kosmogonie und Kosmologie in der völkergeschichtlichen Phase des Sammelns und Jagens steinzeitlicher Kulturen entstanden waren. Es liegt eine Art traurige Ironie darin, daß man das blutige Opfer bzw. Selbstopfer des *Hierosgamos* der einst weltumspannenden ersten Religion der Mütter anlastet, besser ausgedrückt: dem frühen Bewußtsein von Kulturen, in deren Mittelpunkt die Große Muttergöttin gestanden hatte, obwohl es ein Ausdruck für den sich anbahnenden Triumph patriarchaler Kulturen ist; Menschenopfer sind nach Eliade immer mit Männerbünden und dem Sonnenkult verbunden. Das ursprüngliche Opfer des Mannes oder des Männlichen als Prinzip war, wie wir noch sehen werden, ein symbolisches und *kein* körperliches Opfer. Schamanen »starben« ursprünglich, um bewußt leben zu können, um wieder in die Mitte zu kommen und unsterblich, göttlich zu werden.

Der Heilige Geist

Die Aborigines führen die Dynamik der Natur auf die Vereinigung von drei Ebenen zurück, auf

die *potentielle Energie der noch Ungeborenen*,
die *potentielle Energie der Lebenden*, und
die *potentielle Energie der Toten*.

In den Frauen verkörpert sich symbolisch das Universell-Weibliche, die *Kraft, Leben zu geben*. Diese allem Leben zugrundeliegende *Keimkraft* wird als die herausragende Qualität in der natürlichen Welt der Lebenden und der Sterbenden empfunden. Das Universell-Männliche, symbolisch verkörpert in den Männern, repräsentiert die *Kraft, Leben zu nehmen*. Sie ist für den Übergang zwischen noch Ungeborenen, noch nicht verkörperten Seelen, und den Lebenden, für die *Materialisierung des Keimes im Samen* bedeutsam, auch für den Übergang zwischen Sterbenden und der spirituellen Welt der Toten, wieder entkörperter Seelen. Aufrechterhalten wird die Dynamik durch die Verschmelzung von weiblichen und männlichen Energien.[17]

Mittlerweile ist uns dieses wechselwirksame Zusammenspiel dreier Ebenen sowie die nötige Verschmelzung zweier polarer Kräfte vertraut, auch unser elektrischer Strom fließt nur aufgrund des bipolaren Spannungsverhältnisses zwischen zwei Polen (»+« und »–«). Wesentlich für das Verständnis ist, daß die dem Leben zugrundeliegende Kraft einst als spirituelle Kraft verstanden wurde, d. h., daß sich der Mensch als verkörperte Seele auf der Erde sozusagen nur auf der Durchreise befindet: »Das Leben ist eine Brücke«, besagt ein altes indianisches Sprichwort, »überquere sie, aber errichte kein Haus auf ihr«. Man empfand das Leben als aus dem Tod, das Sein als aus dem Nicht-Sein, die Materie als aus dem Geist oder *spirit* geboren, aus dem WORT, und dieses Wort, der erste Ton oder Schöpfungsklang war anfangs in Gott.

Im alten Ägypten nannte man die universelle göttliche Kraft *Akh*. Aus ihr strömt der belebende Geist der natürlichen Welt, *Ba*. *Ba* ernährt und belebt die geschaffene Welt. *Kha* heißt der physische Körper, der mit einem unsichtbaren Energiefeld vereint ist, mit *Ka*, dem »Zwilling«, auch Schattenkörper oder Geistkörper genannt. Dieser *Ka* erhält die belebende Seelenenergie *Ba* vom reinen Geist des Kosmos, *Akh*, und verwandelt, verdichtet, materialisiert sie in eine Energieform, die der Entwicklung der jeweiligen Seele entspricht, welche den physischen Körper formt. Die Verbindung zwischen Körper, Seele und dem göttlichen Geist stellt also das *Ba* her. Auch hier ist das Zusammenspiel der dreifaltigen göttlichen Schöpfungskraft deutlich.

Die esoterische Bezeichnung eines Zwillings wurde exoterisch zum Zwillings-Heroen, auf den man in der griechischen Mythologie im Heroenzeitalter stößt. Nach Angabe der syrischen Urkirche und nach Obigem nicht überraschend, hatte auch Jesus einen Zwilling, dessen Name als *Thomas Didymos* (gr. für Zwilling), auch *Judas Thomas Didymos*, »Judas, der Zwilling«, überliefert ist. In der christlichen Exoterik verrät Judas den Jesus, und es ist nicht schwer nachzuvollziehen, welche Seite hier verraten wurde. Daraus geht hervor, daß man auch dem Christusgeist als herabgestiegener, materialisierter Kraft ursprünglich zwei Seiten zuschrieb, eine »weibliche« und eine »männliche«, wie dem hebräischen *El* ursprünglich das weibliche *JHW* gegenübergestanden war. Darauf geht die Teilung in Christus und Anti-Christus zurück. Dessen prophezeites und gefürchtetes Auftreten am »Ende der Welt« bezieht sich darauf, daß eine Seite dieser Kraft aus dem Bewußtsein in die »Unterwelt« verbannt wurde. Um das Gleichgewicht wiederherzustellen, muß sie sich manifestieren. Dabei handelt es sich um die höchste avatarische Kraft. *Avatar(a)* (skr. von *ava* = »hinab-« und *tri* = »hinübergehen«), bedeutet »das Herabkommen einer göttlichen Kraft«, die man im Hinduismus *Krishna*, im esoterischen Christentum *Christus* nannte. Jesus, dem vom Christusgeist Erleuchteten selbst, sind in den Neutestamentlichen Apokryphen die aufschlußreichen Worte zugeschrieben: »Jesus sagte ihnen: Wenn ihr machen werdet aus zweien eins, wenn ihr machen werdet das Innere wie das Äußere und das Äußere wie das Innere und das, was oben ist, wie das ist, was unten ist, und wenn ihr den Mann mit der Frau eins machen werdet, so daß der Mann nicht mehr Mann und die Frau nicht mehr Frau ist, wenn ihr werdet Augen anstelle eines Auges, eine Hand anstelle einer Hand, ein Fuß anstelle eines Fußes, ein Bild anstelle eines Bildes, dann werdet ihr eintreten [in das Himmelreich].«[18]

Anhand der trotz aller Komplexität einfachen Kosmogonie der Aborigines, die auf den gleichen Prinzipien wie die verfeinerten Erkenntnisse der ägyptischen Mystik beruht, wird ersichtlich, daß jegliche Einseitigkeit, ob sie nun in Richtung Leben oder Tod ausschlägt, katastrophale Auswirkungen für das notwendige Zusammenspiel der dreifaltigen göttlichen Kraft haben muß. Bei Initiationsritualen wandelten die Männer der Aborigines deshalb die ihnen ureigene symbolische Verbindung zum Tod, ihre archetypische Todessehnsucht, die Kraft, Leben zu nehmen, in eine metaphysische Vorstellung, Leben zu geben, um. Auf symbolischer Ebene wird derart »männliche« Energie in »weibliche« Energie transformiert. Nach ihrem Selbstverständnis muß die Jenseitsbezogenheit des Mannes, die natürlicherweise mit dem Leben in Konflikt steht, in das Leben »hineingeträumt« und im mütterlichen Urgrund sorgfältig kultiviert werden. Auch afrikanische Rituale, bei denen Männer in Geburtswehen liegen, beziehen sich noch auf diesen universellen Symbolismus. Will Osiris, nachdem er wieder zum Leben erwacht, auferstehen, wird die Schlange von der negativen weiblichen oder himmlischen zur positiven oder männlichen, irdischen Kraft. Diese Kraft möchte Osiris festhalten, weshalb die »Schlange« besiegt oder gefesselt werden muß. Osiris, der sich mit Isis, der Geliebten und Mutter, wiederverband, kehrt aus der »anderen« Welt, dem Reich der Toten oder der Ahnen zurück, die als vom Geist der Weisheit und der Liebe regiert beschrieben wird. Durch diese mystische »zweite Geburt«, die »Auferstehung«, kann der Mann vom potentiellen Zerstörer zum Heilsbringer werden. Im Weilen in der Jenseitswelt liegt auch der Ursprung der *Verkündigung oder Offenbarung*, auf der alle alten Religionen beruhten. Daraus geht hervor: Das Opfer des Mannes oder des Männlichen war ein symbolisches und kein körperliches, der Tod erfolgte in einer anderen, nicht in der irdischen Dimension, nämlich im vieldimensionalen Bewußtsein des Menschen – auch das wird im Verlauf unserer Reise noch deutlicher werden. Seit dieses spirituelle Reinigungselement wegfiel, warnen Aborigines, sei die Atmosphäre der Erde von toten Geistern gesättigt. Die Verschmutzung der spirituellen Atmosphäre setzen sie mit der physischen Luftverschmutzung der Bioatmosphäre gleich. Beide bestimmen den Kurs unserer Zivilisation in Richtung Selbstzerstörung. Nicht nur die Verschmutzung, auch die Heilung findet demnach auf einer subtilen, anders schwingenden und »jenseitigen« Ebene statt.

Es muß nicht erwähnt werden, daß es nicht darum gehen kann, irgendeine Religion oder Glaubensrichtung zu diffamieren, aber es ist nicht zu übersehen, daß das Symbol und die Anbetung des leiblich geopferten Sohnes, das seit zweitausend Jahren die Ideologie und damit das Bewußtsein vieler Christen prägt, nur die männliche Kraft des Todes in den Mittelpunkt rückt. Die nötige Brücke zur universellen Seele (Gott) wurde abgebrochen, weil die weibliche Keimkraft aus dem Bewußtsein der Menschen verdrängt wurde, wodurch die spirituelle Begründung dieses Opfers nicht mehr nachvollziehbar ist. So blieb nur das körperliche Opfer, nur das Leid, und nicht die spirituelle Freude, welche die »Erleuchtung« nach allen Zeugnissen schenkt. Das INRI über dem ans traditionelle Symbol der Materie, das Kreuz, geschlagenen, gefolterten und leiblich geopferten Gottessohnes erinnert daran. Es bedeutet *Jesus Nazarenus Rex Judaeorum*, der mystische Zahlenwert ergibt die der Großen Muttergöttin heilige Neunzahl (J=1, N=5, R=2, J=1). Daß es sich dabei nicht um ein irdisches Königtum handelt, sollte einleuchten. Im mystischen Sinn bedeutet das Opfer, daß der Sohn symbolisch in den Mutterschoß, in den seelischen, vorgeburtlichen Zustand zurückkehrt, in die Transzendenz, aus der nur Wiedergeburt möglich ist. Geburt und Tod, der »Opfergang« durch zwölf Stationen und der Tod in einer dreizehnten, finden auf der psychischen Ebene statt, im »Jenseits«, zu dem nur die Psyche oder Seele Zutritt hat. Im Irdischen sind sie nur anhand von Symbolik verkörperbar.

Nach Auffassung der Gnostiker, deren Name »Wissen«, aber auch »Erkenntnis« bedeutet, (von gr. *gnosis*), wurde Christus aus dem Heiligen Geist geboren, der im Philippus-Evangelium als jungfräulich definiert ist, wir verstehen, weshalb: Damit exoterisch nicht das Mißverständnis entsteht, daß eine Frau von einer Frau geschwängert wurde, findet sich der Zusatz, daß dabei wohl eine Verbindung zwischen zwei göttlichen Kräften am Werk gewesen sein müsse.[19] Das nötige dritte Element, der Heilige Geist, die Trinität des Göttlichen, die unterschwellig noch in der Mutter Gottes, *Ma.ria*, mitschwingt, der in der christlichen Hierarchie nie ein überzeugender sondern stets umstrittener Platz eingeräumt wurde, fügten die Christen erst nachträglich ihrer Dualität von Gott-Vater und Gott-Sohn hinzu. In der Folge kam es zu blutigen Religionskriegen. An die zweitausend Jahre später bewerfen sich die konkurrierenden Glaubenseiferer der einen Vorstellung eines ewigen väterlichen Gottes mit Bomben. Das blinde Erleiden der heutigen Menschenmassen, die zum terrorisierten Opfer unserer konflikt- und gewaltreichen Gegenwart werden, wird als universelles rituelles Leid im ewigen Traum widerhallen und in den universellen Schöpfungskräften die entgegengesetzten Energien hervorrufen, die benötigt werden, um die Unausgewogenheit unseres gegenwärtigen Zyklus auszugleichen, warnen wiederum Aborigines. Wie konnten wir nur derart aus unserer Mitte fallen und im Namen eines abstrakten, transzendenten Wesens seit Jahrtausenden selbstzerstörerisch Gewalt säen? Die Antwort liegt darin, daß lokale mythische Bilder nicht als Metaphern, sondern als Wahrheiten aufgefaßt wurden, weshalb die Anhänger sich widersprechender metaphorischer Darstellungsweisen bis heute wüste Kriege gegeneinander führen. Ein Gott, wie ihn die Mythographen einer solaren Kosmologie erschufen, war unstimmig, weshalb ER mit Feuer und Schwert zwangsverbreitet werden mußte. Die »Bilder des Himmels« hatten ihre Stimmigkeit verloren und die esoterischen Überlieferungen, die aus der Vision einer harmonischen Welt, Gottes auf Erden zu errichtendem »Königtum« hervorgingen, waren nicht mehr nachvollziehbar.

Ursprünglich verstand man den Heiligen Geist als eine Art Weisheit, die Liebe und Kenntnis inkludierte – Salomons Liebesweisheit. Unserem heutigen Verständnis nach sind Liebe und Kenntnis zweierlei, doch wurden sie einst als untrennbare Einheit empfunden, die man mit dem Wort Erkenntnis umschreiben kann. Erkenntnis im ursprünglichen Sinn als Gewinn der Verkündigung oder Erleuchtung ist nach Fritjof Capras Formulierung die unmittelbare Erfahrung des undifferenzierten, ungeteilten, unbestimmten *Soseins.* Eine buddhistische Weisheit definiert sie als absolutes Wissen, das nicht auf Unterscheiden, Teilen, Vergleichen, Messen und Kategorisieren beruht, wodurch eine Welt von Gegensätzen entsteht, die nur in Relation zueinander existieren können. Im Gegensatz zu diesem absoluten Wissen, das wie ein Blitz einzuschlagen vermag, begriff man auf rationaler Basis gewonnene Kenntnisse als relatives Wissen.

»Wer ist sie, vorausgehend wie der Morgen, hell wie der Mond, klar wie die Sonne und schrecklich wie ein bannertragendes Heer?«, fragt ein Salomonisches Rätsel.[20] Die Antwort ist die »Braut« Salomons, eben die Liebesweisheit. Einer ihrer vielen Namen war *Sophia*, woraus sich die Philosophie entwickelte. Sophias Symbole waren Schlange und Mond.

Wir sahen, daß man den schöpferischen Geist des Göttlichen als in sich dreifaltig empfand. Dreifach ist auch die Erscheinungsform des Mondes – als zwei einander gegenüberstehende Sichel- oder Halbmonde und als runder Voll- bzw. runder Dunkelmond bei Neumond. Auch stirbt der Mond drei Tage lang während seiner Dunkelmondfrist, um danach als Kind, als junge Mondsichel oder Neumond wiedergeboren zu werden. Diese dreitägige Frist ist von allen Auferstehungen überliefert, angefangen von der sumerischen Göttin *Inanna*, die bei ihrem Abstieg in die Unterwelt drei Tage lang auf einem Nagel hängt, bis zu Jesus Christus; und die Adepten der ägyptischen Mysterien sandte man drei Tage lang auf Astralreise. Sie reisten zu den Sternen – in die Weiten des Bewußtseins. Auf das Wechselspiel von Leben, Tod und Wiedergeburt, symbolisiert im kosmischen Vorbild Mond, verweist auch ein überliefertes Rätsel der ägyptischen Sphinx: »Zwei sind Schwestern. Die eine verdankt der anderen das Leben, welche gebärend zur Mutter wird, selbst vom Kinde geboren.« Die Lösung ist natürlich der zyklische Mondlauf und sein Wandel, in dem sich das Mysterium der Großen Göttin als Matrix verbirgt.

Arq ur war der ägyptische Name der Sphinx. *Ur* bedeutet groß oder Haupt und *arq* vollenden, beenden, auch Silber, das traditionelle Metall des Mondes. In diesem Namen verbirgt sich die »Große Helle Zone«, der *Zo.di.ak* oder Tierkreis, durch welchen die Bahn der Erde auf ihrem jährlichen Weg um die Sonne führt, wodurch die Jahreszeiten entstehen und dank Mondlauf und Mondwandel vermessen werden können. Der Löwenkörper der Sphinx, deren Alter heute auf zwischen 5 000 und 8 000 v. u. Z. datiert wird, bezieht sich vermutlich auf jenen Zeitraum, als die Sonne um 11 000–8 833 v. u. Z. zur Frühlings-Tagundnachtgleiche in das Tierkreiszeichen Löwe eintrat. Allerdings ist das Alter des heutigen zwölfteiligen Tierkreises, der den Sumerern zugeschrieben wird, nicht bekannt, und im Mittelpunkt des ältesten bekannten ägyptischen Kalenders, um 4240 v. u. Z., stand nicht die Sonne, sondern der Fixstern Sirius, dessen heliaklischer Aufstieg (vor der Sonne) seit Einführung dieses Kalenders bis zum Beginn unserer Ära immer im Sternbild Löwe stattfand. Im 5. Jahrtausend stand Sirius in der Konstellation Jungfrau, die man in einem älteren achtteiligen Himmelskreis durch eine Kornähre symbolisierte. Deshalb trägt Isis-Hathor auf Abbildungen den Sirius zwischen ihren mondsichelförmigen Hörnern und wurde zu Isis-Sothis (Sirius). Sirius galt als östlicher Stern, der gemeinsam mit Venus das Licht der neuen Sonne, des Tages ankündigt, und es ist zumindest beachtenswert, daß die Geburt des Messias aus der Jungfrau unter einem Stern als »Anzeiger« prophezeit wurde. Die Flügel der Sphinx, die sich auf den Adler, eine Form des erhöhten Skorpion beziehen, und der menschliche, nubische Kopf weisen sie als Kalendersymbol aus.[21] Auf derartige »Kalendertiere« stieß man auch in Babylon und bei den vier assyrischen »Torhütern« vom Palast Assurnasirpasal II. (883–859 v. u. Z.), welche den Tierkreiszeichen der Sonnenwenden und Tagundnachtgleichen des Stierzeitalters und somit einem Kalender mit vier Jahreszeiten entsprechen. Nach Papst Gregor wurde Christus bei seiner Geburt ein Mensch, im Tod Opfertier, in der Auferstehung Löwe und während der Himmelsfahrt Adler, und wir erkennen auch die Symbole der vier Evangelisten, Matthäus, Markus, Lukas und Johannes – Mensch (Engel), Löwe, Stier und Adler. Dabei handelt es sich um die vier Tierkreiszeichen der Sonnenwenden und der Tagundnachtgleichen des Stierzeitalters zwischen ca. 4500 und 2333 v. u. Z. Damals fiel die Wintersonnenwende in den Wassermann, die Sommersonnenwende in den Löwen, die Tagundnachtgleiche des Frühlings in den Stier und die des Herbstes in den Adler (Skorpion). Auch das ist ein deutlicher Hinweis darauf, daß das Christentum, das die Geburt von Jesus, dem Nazarener, gute zweitausend Jahre später ansetzt, als die Sonne zum Frühlings-Äquinoktium im Zeichen der Fische stand, wesentlich älteres Wissen übernahm. Was hier anklingt, ist die mystische Überlieferung der Geburt einer avatarischen Kraft, eines »Gottes« oder einer neuen Sonne, wie sie zu Beginn jedes neuen Weltzeitalters stattfindet. Es ist dieser Gott, diese kosmische Kraft, die das jeweilige Zeitalter dann prägt.

Eroberungssüchtige Armeen und Kriegsgötter, wie der hebräische Jehovah, der arische Indra der indisch-vedischen Epoche, Zeus und Ares im homerischen Griechenland usw., deren Barmherzigkeit sich nur auf den eigenen Stamm beschränkte, besiegten während des Widder-Zeitalters, das symbolisch unter der Herrschaft des kriegerischen Mars stand, die älteren lunaren Kulturen. Manche, wie der Stammesbund Abrahams, verbündete sich mit den Eroberern. Wie es der Keltenforscher Gerhard Herm ausdrückt, errichteten die Erben dieser Eroberer das Weltreich Alexanders des Großen, das römische Imperium, das britische Empire, das spanische Kolonialreich, sie besiedelten Nord- und Südamerika, durchdrangen von Rußland aus ganz Sibirien und kolonisierten Afrika, kurzum sie gründeten die wenigen Staaten, die heute über den Reichtum der ganzen Erde verfügen. Das geistige Erbe älterer Kulturen jedoch, das in Moses, Christus und Mohammed mündete, war aus einer anderen Ecke der Welt gekommen.

Es gibt nichts Größeres als die Jahreszeiten, wußte man im alten China. Wenn man den Zusammenhang zwischen dem jahreszeitlichen Geschehen, wie es der Mondlauf und Mondwandel klar in den nächtlichen Himmel schreibt, und dessen Einfluß auf Biorhythmus und Biochemie des irdischen Lebens berücksichtigt, kann man die Große Göttin lunarer Kulturen als Fruchtbarkeitsgöttin bezeichnen. Auf mystischer Ebene ist sie ein Symbol für die *prima materia*, für die noch flüssige Materie, den geistigen Keim, der sich erst zum Samen mit seinen beiden Richtungen verdichtet. Das spiegelt sich im größten Wunder des Lebens, der Geburt menschlichen Lebens, deutlich wider, denn die Zeugung durch den männlichen Samen ist nur möglich, wenn es vorher zum weiblichen Eisprung, der Zellteilung kommt. Bis zur fünften/sechsten Woche ist jeder Embryo morphogenetisch weiblich, erst danach bildet sich das je nach Befruchtung durch den Samen bestimmte Geschlecht des Kindes aus.

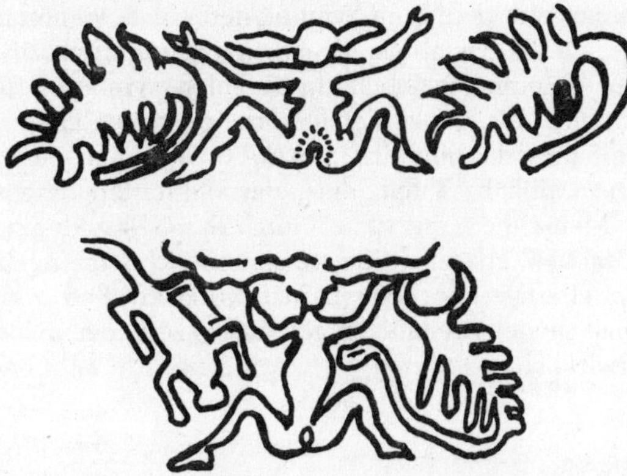

Siegelzylinder aus Ur-Babylonien. Mit dem Weiblichen verbindet sich archetypisch der Gefäßcharakter, das Innensein von der Höhle bis zum Haus mit dem ursprünglichen Geborgensein im Mutterleib.
(Nach Abdrucken in: Erich Neumann: Die Große Mutter.)

Die Fruchtbarkeit der Göttin, die sich vom Heiligen Geist als Ausdruck für die Kraft der universellen Seele nicht trennen läßt, strömt in der weiblichen Kosmogonie vor und gemäß früherer indoeuropäischer Völker aus der Vulva der Großen Mutter, die als Matrix zu verstehen ist; natürlich hätte man es nicht so ausgedrückt. Später wird sie dem Samen des Gemahls der Erdgöttin zugeschrieben, dessen Symbol, der Phallus, bei frühen Funden

Felszeichnung (Algier). Die Vereinigung des Jägers mit der Großen Muttergöttin.

in Afrika stets mit dem Yoni-Symbol, der Vulva, vereint auftritt. Auch die ältesten Symbole im eiszeitlichen Europa sind stets androgyn, männlich-weiblich. In Ägypten symbolisierte man Isis durch eine mit Wasser gefüllte Schale, der bei Prozessionen ein Steinphallus, das Sinnbild ihres Sohn-Geliebten Osiris, nachfolgte. Die weibliche Vulva, eines der ältesten gravierten Symbole der Menschheit, das später durch das Gefäß, durch Pokal, Kelch, Gral usw. ersetzt wurde, versinnbildlichte die noch heute am Himmel eingeschriebene Urmatrix der Großen Mutter. In sich enthält sie den dreifaltigen göttlichen Geist, der sich siebenfaltig verwirklicht.

Kapitel 2
Die Urmatrix

Der weibliche Urgrund – Die Große Mutter MA

Die Büffelkuh hat gebrüllt,
Wasserfluten hervorbringend,
einfüßig, zweifüßig, vierfüßig, achtfüßig, neunfüßig geworden,
tausendsilbrig im höchsten Raum.
Von ihr strömen Meere aus,
davon leben die vier Weltgegenden.
Davon strömt das Unvergängliche aus,
von dem zehrt alles.[22]

Die Büffelkuh brüllte, sie muhte, und das WORT erklang. Muhen, im Sanskrit *ma*, bedeutet messen oder bilden. Vermeßbar ist nur die Wirkung, nur der Klang, das WORT. Es ist der »Tropfen«, aus dem heraus der Urklang das Universum »herausschrie«. Die Kuh muhte, das Wort brüllte, und leuchtende Ströme donnernder Sprache fließen, heißt es im »Rigveda«. Nach James Powell bedeutet das, daß sich im embryonalen oder vorgeburtlichen Stadium der inneren Sprache noch keine Worte herausgebildet haben. Das Muhen bezieht sich auf das Licht-Ton-Kontinuum, das von Teilungen durchhallt ist, die zwar noch unausgebildet, aber dennoch bereits vorhanden sind.[23]

Ma ist nach E. M. Paar im Sumerischen die Abkürzung von *ama*, »Mutter«. Nach Zecharia Sitchin bedeutet das Wort jedoch auch »etwas, das in sich abgeschlossen ist und sich dann wiederholt«, also einen Zyklus, der als *arq* auch im Namen der Sphinx anklingt. Es handelt sich um den Jahreszeitenzyklus der Erde, um eine vollständige Umkreisung der Erde um die Sonne, deren Bahn durch den Tierkreis die Dogon von Mali in Westafrika »Erdenraum« nennen.

Ma ist der exoterische Name für die Große Mutter Erde in Afrika (Bantu). Sie wird als weiße, allgegenwärtige Weiblichkeit am Anfang aller Dinge beschrieben, die noch vor der Geburt des bereits patriarchalen Lebensbaumes existierte.[24] Anfangs hütet sie deshalb den in ihr potentiell enthaltenen »singenden« Lebensbaum. Dieser weißen Weiblichkeit als ursächliche Ur-Schöpfungskraft begegnet man allerorten als semitische Zentralgottheit Mond. Sie ist *Devi, Inanna, Ischtar, Astarte, Artemis, Venus,* usw., Mutter und/oder Tochter und/oder Schlange. Als Symbol für die sich, wenn manifestiert, in zwei Richtungen teilende Kraft des dreifaltigen göttlichen Geistes ist sie Ursache und Wirkung in einem.

In der Göttin war anfangs das Wort, erzählen auch die Yerouba Westafrikas. So symbolisiert das Urweibliche als erste Quelle und Kraft der Schöpfung zugleich die *Alma mater*, nicht vordergründig die Materie, sondern das unbegrenzte *Prinzip der Formgebung (Isis)* AUS dem Tod oder Nichts. In sich enthält ES ihr gegenteiliges männliches Prinzip der Begrenzung, die potentielle Form, die Materie. Jedes Maß, jede Ordnung grenzt ja nicht nur etwas ein, sondern gleichzeitig auch etwas anderes aus. Deshalb galt das weibliche Prinzip von Bewegung und zyklischer Wiederkehr als unsterblich und unendlich und das männliche Prinzip von Maß und Ordnung als sterblich und endlich.

Die ägyptische Hieroglyphe *Ta Mari* beschreibt die Heiligkeit der Erde als Anziehung kosmischer Energie. Die Basken kannten *Mari*, »Geist«, die von Mond und Großschlange begleitet wird, und das sumerische *Ma.ri* bedeutete »Fruchtbare Mutter«, abgeleitet von *ma* und *-rim*, »ein Kind gebären«, wodurch sich auch das Vorbild der christlichen Mutter (des) Gottes, *Maria*, »die vom Meere«, erklärt. Das Meer ist der galaktische Ozean, der vorschöpferische, spirituelle Zustand aller Materie, den wir heute Antimaterie nennen oder »dunkle Materie«.

Maya war vermutlich der ältere Name der baskischen *Mari*. Wir begegneten ihr bereits als Punkt in der Schöpfung, als geborene Raumzeit. Im Hinduismus wird Maya als die magisch schöpferische Kraft *Brahmas* verstanden, der Seele oder des Wesenskernes aller Dinge. Dieses Brahma ist nicht mit dem männlichen Brahma zu verwechseln, dem Schöpfer des indisch-arischen Pantheon. Das sächliche *Brahma* steht für das unpersönliche, höchste und unerkennbare Prinzip des Universums, für die Essenz, aus der alles emaniert und in die alles zurückkehrt. Sie ist unkörperlich, immateriell, ungeboren, ewig, anfangslos und unendlich. Der männliche Brahma oder Brahman hingegen existiert periodisch nur in seinen Manifestationen und geht dann wieder in das *Pralaya*, das Nichts, ein. Daß diese Urphilosophie nicht nur den Hindu bekannt war, belegt der Name der Urschlange *Borea*, auf die man von Sumer über Ägypten, bei den Hebräern bis zu den Kelten stößt. Diese gaben als Ahnen ihrer Vorfahren, der Danäer, deren »Mutter« Danu war, die *Hyperboreer* an; Borea ist die Ur- oder Groß-Schlange, welche die Große Mutter unter welchem Namen auch immer stets gemeinsam mit dem Mond begleitete.[25] Sowohl *Borea* als auch *Brahma* leiten sich von der Wurzel *br(i)h* ab, wörtlich »dick sein«, »groß«. Wie das indoeuropäische *-dis*, das in allen Bezeichnungen für die Göttlichkeit vorkommt, verweist *brh* auf Transzendenz; die Vorfahren der Danäer und Ahnen der Kelten, die *Hyperboreer*, sind also transzendente, d. h. zu den Ahnen heimgegangene Menschen der Kultur eines früheren, untergegangenen Weltzeitalters.

In der ägyptischen Sprache bedeutet *bi* Matrix und ist mit dem babylonischen Wort *nagbo*, »Quelle«, und dem hebräischen Wort *negeba*, »Weibchen«, verwandt. Der Begriff Frau oder Gattin wird im Hebräischen auch mit der Bedeutung des Wortes »Brunnen« gebraucht, und daraus geht quer durch Zeit und Raum hervor, daß sich Frau und Mutter, Ursache, Quelle und Wirkung einst nicht voneinander trennen ließen. Interessanterweise klingt sowohl in der babylonischen und der hebräischen Wortwurzel *ng-* noch ein Klicklaut an, wie ihn Bantu- und Khoi-San-Sprachen (Buschmänner und Hottentotten) noch heute enthalten – die Ursprache der Menschheit soll eine Klicksprache gewesen sein.

Um die Zeit, und damit uns zu erlösen, müssen wir die Sprache erlösen, fordert James Powell. Das ist deshalb notwendig, weil einmal in Worte gefaßte Begriffe unser Bewußtsein dirigieren. Das wird besonders deutlich anhand des Urwortes *maya* oder *maia*. Im Hinduismus bedeutet das Wort »Macht«, auch »Kraft«, wir werden ihm beim indoeuropäischen *mana* als Kennzeichnung der spirituellen Essenz wiederbegegnen, derer sich Schamanen bedienten, um in andere geistige Bereiche vorzudringen und »König« zu werden. Maya wird heute zumeist als psychischer Zustand des Individuums unter dem Zauber des magischen Spiels verstanden. Dieses nennen die Hindu *Lila*. Adams erste Frau, die ihn verließ, hieß gemäß vorbiblischen hebräischen Quellen *Lilith*, von *lajil* (hebr.) »Nacht«, das war auch ein Name der sumerischen Todesgöttin, und in der Bantu-Mythologie Afrikas hütet die kosmische Tänzerin *Lizulu*, »Frau der Ewigkeit« oder »Frau des Himmels«, die bronzenen Ebenen und die Kristallwälder von *Tura-ya-moya*, wo die Götter geboren werden und die Menschen der ersten Rasse leben, die Ahnen; *moya* bedeutet Wind, Hauch, Atem, *spirit*, oder wie das baskische *mari*: Geist. Der Mensch erliegt dem Zauber von *maya*, wenn er die Myriaden von Formen des göttlichen *Lila*, des kosmischen Schöpfungstanzes und dessen *Wirkungen* mit der Realität verwechselt, ohne die Einheit des Brahman, die *Ursache* erkennen zu können. Das bedeutet, daß nicht die Welt die Illusion ist, *maya*, sondern unsere Betrachtungsweise der Welt, wenn wir nicht erkennen können, daß die Formen und Strukturen, die Dinge und Vorgänge um uns herum, keine Gegebenheiten der Natur sind, keine Realitäten, sondern Begriffe des messenden und kategorisierenden Verstandes, unseres Bewußtseins, durch das wir unsere Umwelt kreieren. Maya, wie sie heute zumeist verstanden wird, ist die Illusion, diese Begriffe für die Wirklichkeit zu halten. Wir können diese Täuschung leicht nachvollziehen, wenn wir berücksichtigen, daß die Menschen noch vor wenigen Jahrhunderten die Erde aufgrund des katholischen Dogmas, das ihr Bewußtsein formte, als flache Scheibe und entgegen anderslautender Überlieferungen als Zentrum des Universums begriffen.

Man kann sagen, daß die Große Mutter als Urmatrix die Gebärmutter des Himmels symbolisiert, die aus sich selbst das Wort, den Klang, die Schwingung, hervorbringt. So ist sie ein Sinnbild sowohl für die Urmatrix als auch für deren sich manifestierende Kraft. Zahlensymbolisch ist sie die Nichtzahl, die eiförmige Null, das jungfräuliche Ei, das in sich das Versprechen und die Möglichkeit des ganzen Weltalls enthält, der nichtewige, weil zeitlose und doch periodische Keim der Schöpfung. Als Kraft symbolisiert sie die erste Ursache, das allen Formen, aller Materie zugrundeliegende transzendente eine Prinzip, weder weiblich noch männlich und somit beides – »Erster Mann und Erste Frau« bei den Maya, Mutter-Vater bei den südafrikanischen San usw. Ihr Symbol ist die gerade Linie, die in sich schon zwei verschiedene Richtungen andeutet, oben und unten, rechts und links. Wie es der Alexandriner Basilides formulierte: ein »nichtseiender Gott« (0) erschuf eine »nichtseiende«, d. h. nichtmaterielle Welt (1). In der Sprache des 20. Jahrhunderts bedeutet das, daß Gott ein einziges Samenkorn niederlegte, das wie eine Art DNA die ganze zukünftige Evolution kodierte und potentiell in sich enthielt; hier klingt bereits die Übereinstimmung zwischen dieser uralten Schöpfungslehre und dem modernen Binärsystem der Computer an, das mit nur zwei Symbolen, 0 und 1, arbeitet.

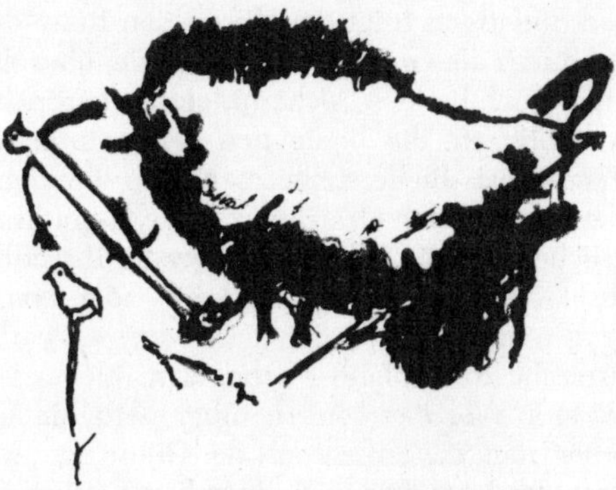

Der »Sterbende Schamane«. Eiszeitliche Höhlenkunst in Lasceaux, Frankreich.

Natürlich verweist die Kuh als Symbol für die Matrix der Mutter bereits auf Viehzüchter, frühere Kulturen verwendeten andere Symbole. Während der europäischen Eiszeit versinnbildlichte das Mammut die Große Mutter. Der Speer des berühmten »Sterbenden Schamanen« durchbohrt die Vulva der Großen Mutter, dringt in sie ein. Neben dem wie tot Liegenden findet sich die Abbildung eines Stabes als Symbol der sich aufrichtenden kosmischen Lebensessenz, der *Kundalini* (Hindu), die zu Ekstase führt. Auf der Spitze des Stabes sitzt ein Vogel, das universelle Symbol der Erleuchtung durch den Heiligen Geist. Der erigierte Penis verweist auf die geistige Ekstase, die immer Hand in Hand mit einer körperlichen Ekstase erfolgt und von einem Samenerguß begleitet ist; Frauen erleben den geistigen Höhepunkt im Herzen, wie eine Abbildung der »verzückten« heiligen Teresa aus dem Mittelalter zeigt. Abbildungen schamanischer Ekstasepraktiken geben Männer immer mit erigiertem Penis wieder. Als die geistige Ekstase wegfiel, verselbständigte sich das männliche Zeugungsorgan, und der Phallus wurde zum Sinnbild rein körperlicher Lust.

Ein vermutlich älteres Symbol für die Große Mutter und ihre potentielle Kraft als Matrix war die Biene. *Kar (Qu're)* nannte man die »Bienengöttin« Kretas, aus der später der Große Gott *Kar* wurde, und *Kali* ist die indische Göttin, die »Verschlingerin«, deren Name auch als »Zeit« gedeutet wird. Im Schöpfungsmythos der San Südafrikas trägt eine Biene den Keim des Lebens, symbolisiert durch die Gottesanbeterin *Mantis*, über die »Wasser der Flut«, und noch bei den Alchemisten des europäischen Mittelalters symbolisierte die Biene den geistigen Zustand ungeformter Materie. Als Biene stellte man auch die kleinasiatische *Aphrodite* dar, die von den Griechen zur Liebesgöttin ausschließlich körperlicher Freuden banalisiert wurde. Ihr Sohn ist *Eros*, der wie alle »Götter«, die Schöpfungskräfte oder *logoi*, ursprünglich androgyn war.

Eros entspricht im Orpheus-Mythos dem Liebesgott oder offenbarer *Phanes*. Wie das Muhen einer Kuh die Geburt des WORTES begleitet, das anfangs IN der Göttin war, wird *Phanes'* Geburt durch das laute Summen einer Biene eingestimmt. *Phanes*, der aus einem silbernen Ei entsprang, das die schwarzgeflügelte Nacht im Schoße der Dunkelheit legte, setzte das All in Bewegung. Das bedeutet, daß der »Gott« aus der lunaren Mitte geboren wurde. Für die Orphiker symbolisierte *Phanes* die galaktische Energie, und in der Hindu-Philosophie ist er als *Fohat* die personifizierte, elektrische, vitale Kraft, ein Symbol für die transzendente, verbindende Einheit aller kosmischen Kräfte. Dieses Licht, das mehr ist als Licht, ist als absolutes Licht beschrieben und als Wesen der Dunkelheit, wie auch in der biblischen Genesis das Licht in der Dunkelheit enthalten ist und aus ihr hervorgeht; Gott trennte das Licht von der Dunkelheit (Genesis, I.1.5), die vor dem Licht existierte; in der Sprache unserer Tage geht die sichtbare Materie aus der unsichtbaren Anti-Materie, der »dunklen Materie« hervor.

In der hebräischen Mystik entspricht *Phanes Jah(we)*. IA.HU war das Tetragramm der sumerischen Schöpfungsgöttin. IA, »die Erhabene«, symbolisierte in Sumer die Kuh, und ihren in sich selbst enthaltenen Widerspruch oder Gegensatz, genannt HU, stellte man mit dem Urbild für den Heiligen Geist, der Taube dar. Aus dem hebräischen JHWE ging, nachdem ihm EL gegenübergestellt worden war, *Jehowa*, der »einzige Gott« hervor, den die Gnostiker als Schöpfergott nicht mit dem Urgott gleichsetzten, dessen Wesen sie noch als männlich und weiblich, wie Eros oder Phanes als *androgyn* verstanden, als »All-Vater und All-Mutter«. So stellt im Thomas-Evangelium Jesus ausdrücklich seinen leiblichen Eltern Maria und Josef seinen göttlichen Vater, den »Vater der Wahrheit«, und seine »göttliche Mutter«, den »Heiligen Geist«, gegenüber. In der Gnosis sind die männliche und weibliche Urseele Bestandteile der Psyche, und das ist ein Hinweis, der uns erst heute wieder verständlich wird.[26] Sie verbergen sich aber auch in den Namen der »leiblichen« Eltern von Jesus, in Ma.ria und IO.sef.

Aus alldem ist klar ersichtlich, daß die Quelle oder Matrix der göttlichen Urkraft im Zuge der Rationalisierung mystischer Überlieferungen verlorenging. Die Kraft selbst wurde von einem ursprünglich noch in sich selbst zweiseitigen, d.h. männlich-weiblichen oder androgynen Urgott übernommen, der schließlich in Verneinung des Weiblichen per se zum Vater-Sohn-Gott wurde. Das »Urweibliche« zieht dennoch Goethes Helden, den Verstandesmenschen Faust »hinan«. Wohin? In das Reich der Mütter, symbolisiert durch die schöne Helena (Mond). »Laßt das Paradies die Gebärmutter sein«, forderte der Gnostiker Simon Magus, der in einer vollkommen vermännlichten Religion verständlicherweise als Ketzer gelten mußte. Sein Name oder Titel *Magus*, auf den man im Neuen Testament im Matthäus-Evangelium stößt (2,1 »ecce magi ab oriente«), wurde von Luther als »Weiser« übersetzt. Wie es zu obiger Entwicklung kam, und wie schwerwiegend ihre Auswirkungen waren und immer noch sind, sollen die nächsten beiden Abschnitte aufzeigen.

Das Weltgefäß

Einfüßig, zweifüßig, vierfüßig, achtfüßig, neunfüßig war die »Büffelkuh« geworden. Die Neunzahl ist ein Symbol für die Große Göttin, und neun Welten oder Erden bilden bei den Kogi-Schamanen das kosmologische Schema. Geordnet ist es durch Scheiben am Schaft der kosmischen Spindel, die Kreisläufe anzeigen. Der Schaft steht für das männliche, die neun Scheiben symbolisieren das weibliche Prinzip und zugleich die Ganzheit.

Der gleichen Grundsymbolik begegnet man beim keltischen Weltenbaum *Yggdrasil.* Yggri, als Odin der Himmelsvater der nordischen Mythologie, reitet auf einem achtbeinigen Schlachtroß in die Unterwelt. Die acht Glieder des Pferdes entsprechen den acht Speichen am Sonnenrad, einem älteren Zodiak oder Himmelskreis. Platon war der Auffassung, daß die acht Sphären des Himmels auf einer Spindel befestigt sind, die im Schoße der Unabwendbarkeit alle von der Natur geborenen Dinge um den Weltenbaum dreht. Dessen Achse sei die Unabwendbarkeit oder Bestimmung selbst. Im chinesischen Mythos symbolisiert der neunte Teich Mitte und Umfang der acht Teiche, welche die geschaffene Welt repräsentieren, und so ist die gemeinsame Symbolik von Kogi, Hindu, Kelten, Griechen und Chinesen nicht zu übersehen. Allerdings gibt es einen wesentlichen Unterschied: bei Chinesen, Hindu und Kogi steht ein Neun-Kräfte-System, symbolisiert durch die Kuh (Mond) im Mittelpunkt, bei den nordischen Kulturen hingegen ist daraus ein achtbeiniges solares Schlachtroß geworden! Im Gegensatz zu westlichen Religionen und Philosophien entspringt in der chinesischen Philosophie noch heute der harmonische Zusammenklang aller Daseinsformen nicht den Anordnungen einer höheren Autorität von außen (Gott), sondern daraus, daß sie alle Teile einer Hierarchie von Ganzheiten sind. Nach Joseph Needham bilden sie eine kosmische Struktur und gehorchen dem inneren Diktat ihrer eigenen Natur. Deshalb ist es möglich, über die chinesische Mystik, deren Ursprung in Indien gelegen sein dürfte, Zugang zur lunaren Kosmogonie früherer Kulturen zu finden. Besonders dank des I-Ging läßt sich ein Schwingungsgesetz entmystifizieren, dem sich die neuesten Erkenntnisse der modernen Physik annähern, wodurch sich die einmalige Möglichkeit einer Aussöhnung von Religion und Wissenschaft ergibt. Dieses Gesetz vermag auch den verlorengegangenen Zusammenhang zwischen außen und innen, zwischen Makrokosmos und Mikrokosmos wieder herzustellen, der es den Menschen ermöglicht, in Harmonie miteinander, aber auch mit Natur und Kosmos zu leben.

Denken wir an die Entstehung des wichtigen Moleküls Kohlenstoff, dessen Atomkern durch den seltenen und simultanen Zusammenstoß von drei separaten Helium-Atomkernen entstand. Träfen nur zwei auf genau richtige Weise zusammen, entstünde der unstabile und nur kurzfristig existierende Atomkern des harten, weißen Metalles Berylium. Nur wenn ein dritter Helium-Atomkern innerhalb dieser Kurzlebigkeit mit genau dem richtigen Maß von Energie dazustößt, wird der lebenswichtige Kohlenstoff erzeugt. Das ist nur möglich, wenn die innere Schwingung aller drei Atomkerne zueinander in perfekter Harmonie steht. Wie es der Zufall will, dem wir unser Leben zu verdanken scheinen, liegt die Wärmeenergie, d. h. die innere Temperatur eines typischen Sternes gerade in einem Bereich, der obiges nicht nur möglich, sondern *unvermeidbar* macht. Damit der kostbare Kohlenstoff nicht verlorengeht, indem er sich weiter verbindet oder verbrennt, um schwerere Elemente wie etwa Sauerstoff zu produzieren, ist ein weiterer Zufall unerläßlich. Die natürliche Resonanz des Sauerstoffs muß nämlich niedriger sein als jene, die durch die Kombination der ersten drei Helium-Atomkerne zur Verfügung gestellt wird usw. Eine schier unendliche Kette von Zufällen führte letztendlich zur Entstehung menschlichen Lebens. Was ganz und gar nicht zufällig ist, ist das jeweilige bestimmte Schwingungsverhältnis, das in einem meßbaren Verhältnis zur jeweiligen Schwere oder Dichte, dem Gewicht des jeweiligen Atomkerns steht.

Das Verhalten von Atomen, aus denen sich alles Leben zusammensetzt, deren Zerfall im einzelnen völlig unvorhersehbar ist, wird meßbar, wenn sie sich in großer Anzahl versammeln. Die Halbwertzeit ist jene Zeit, in der sich die Hälfte der Atome einer radioaktiven Substanz aufzulöst.

Ist das Chaos genügend weit gestreut, wird es zur Ordnung, erkannte die neue Wissenschaft vom Chaos. Ordnung aber ist meßbar und durch Zahlenverhältnisse ausdrückbar. Diese ausdrückbare Ordnung liegt dem I-Ging zugrunde, das die wandelbaren Einflüsse der Essenz *ch'i* je nach Konstellationen von Sonne, Mond und Planeten auf die Erde aufzeigt. Sie können zwar äußerlich vermessen, aber nur innerlich, in der Psyche erfahren werden, weshalb das I-Ging trotz seiner geradezu wissenschaftlich fundierten Exaktheit wie alle alten sakralen Kalender-Alphabete ein Orakel-Kalender-Alphabet ist; jedes Orakel holt das zufällige Chaoselement in die Ordnung.

Die moderne Physik stimmt heute mit der östlichen Mystik dahingehend überein, daß die Eigenschaft jedes Teiles, ob es sich dabei um eine musikalische Note, ein Sandkorn, einen Planeten oder ein Hadron (ein intensiv wechselwirkendes Teilchen innerhalb eines atomaren Kerns) handelt, nicht durch Grundgesetze bestimmt wird, sondern durch die Eigenschaften aller anderen Teile. Deren Ganzheit ist stets größer als die Summe ihrer Teile. Wie es ein Meister des Tones, ein tibetanischer Lama formulierte, sind alle Dinge Ballungen von Atomen, die tanzen und durch ihre Bewegungen Geräusche hervorrufen. Ändert sich der Rhythmus des Tanzes, ändern sich die erzeugten Töne. Jedes Atom singt unaufhörlich sein Lied, und der Ton erzeugt in jedem Augenblick dichte und subtile Formen.[27] Wir erkennen deutlich die Symbolik der kosmischen Tänzer der Mythen. Daß die Symbole der Mythologie und der mathematischen Wissenschaft lediglich verschiedene Aspekte derselben unteilbaren Realität darstellen, erkannte auch Arthur Koestler, der den »Nachtwandlern« früherer Kulturen auf der Spur war. Weil alle Naturerscheinungen letzten Endes miteinander zusammenhängen und wir, um auch nur einige Erscheinungen von unzähligen zu erklären, alle anderen verstehen müßten, was ein Ding rationaler Unmöglichkeit ist, bedienen wir uns wissenschaftlicher Theorien oder Modelle. Diese können jedoch nur eine Annäherung an die wahre Natur der Dinge sein. Eine andere Art der Annäherung stellt der Mythos dar, wodurch sowohl die in den Mythen verborgene Symbolik als auch die Mathematik und ihre Zahlensymbole und deren Bezüge zueinander den Schlüssel zum Verständnis des wechselseitigen Zusammenspiels kosmischer und elementarer Kräfte liefern. Und dieses Zusammenspiel ist ein schwingendes und klingendes, das sich durch Zahlen ausdrücken läßt.

Mathematik, Astronomie, Chemie und Physik bedienen sich alle der gleichen zahlenmäßigen Symbole, weil, wie der Grieche Pythagoras wußte, *alles Zahl* ist. Das heißt, alles bewegt sich, um miteinander schwingende Verbindungen einzugehen, um sich dann wieder in scheinbarer Leere aufzulösen. Das ist das Prinzip atomarer Teilchen wie das überlieferte Prinzip der alles beseelenden oder energetisierenden Lebensessenz, deren wandelbare Einflüsse sich vermessen und zahlenmäßig beschreiben, ordnen lassen. Enthalten ist diese Essenz im Weltgefäß, das *zugleich* Essenz, Gefäß und die »Bilder des Himmels« ist. Dieses Weltgefäß setzte man in die körperliche Gestalt des Gefäßes um, denn um das Unbegreifliche, das Abstrakte erfahren, ordnen und vermessen zu können, mußte es zuerst sinnlich erfahrbar, be-dingt, zum Symbol werden. Urbild für dieses Weltgefäß ist der Mond bzw. sein Lauf und Wandel.

Man dachte sich die Schattenseite des Mondes (Tag) als nach innen gewölbt, also konkav (vulvisch), und seine Lichtseite (Nacht) als nach außen gewölbt, konvex (phallisch). Im Mittelpunkt dieser bereits sexualisierten Symbolik standen die Mondkategorien von Mutter und Tal. Das formenschöpfende lunare Prinzip, die Mutter, gebiert aus ihrem Tal, aus ihrem Gefäß, aus ihrer Vulva heraus die Sonne. Das Tal der Sonne entspricht der konkaven Höhlung der Schattenseite des Mondes, die sich mit der Konjunktion, der Stellung zweier Gestirne im gleichen Längengrad, in die Erscheinung der strahlenden Sonne »verwandelt«. Deshalb ist in allen alten Mythen immer der Mond als Mutter und die Sonne als Sohn überliefert (*sun* und *son*, engl.). Die Sonne war »der Versteckte«, wie etwa in Ägypten Thot, der allerdings ursprünglich nicht das solare, sondern das lunare Prinzip symbolisierte, wie Schwaller de Lubicz aufzeigte.

Wir begegnen hier bereits der Neubenennung aller früheren kosmischen Vorbilder, aber konkav oder vulvisch und konvex oder phallisch sind noch im Körper der Mutter bzw. in der lunaren Achse des nächtlichen Erscheinungshimmels vereint. Derart konnte man *zwei Richtungen des solaren Zeitgeschehens* vermessen. Im Zuge der Solarisierung des Weltgefäßes wurde dann der in dem einen Vorbild Mondkörper enthaltene Gegensatz von hell-dunkel als Polarität von Sonne und Mond definiert. Tag und Nacht, Sonne und Mond repräsentierten nun die zwei Kehrseiten der Welt, die Ober- und die Unterwelt. Die Tagseite als Außenseite des Weltgefäßes ist nun konvex, d. h. phallisch, und die Nachtseite, die Innenseite, konkav, also vulvisch – *genau umgekehrt.* Das bedeutet, daß »männlich« und »weiblich«, Unterwelt und Oberwelt, miteinander die Plätze tauschten.

Das I-Ging basiert also auf dem Maß bzw. der Ordnung von *zwei entgegengesetzt* oder *dipolar auf die Erde einströmenden Richtungen des Zeitgeschehens.* Das wird durch die Gegenüberstellung des sogenannten *synodischen* und *siderischen* Mondlaufes möglich. Dadurch erhielt man zweimal vier einander spiegelverkehrt gegenüberstehende Mond-Bilderreihen oder -Erscheinungsformen, jeweils voll-halbvoll-dunkel-halbvoll. Das sind die 2 x 4 = 8 »Bilder des Himmels«, die sich dank ihrer Wechselwirkung in Zahlenverhältnisse kleiden lassen.

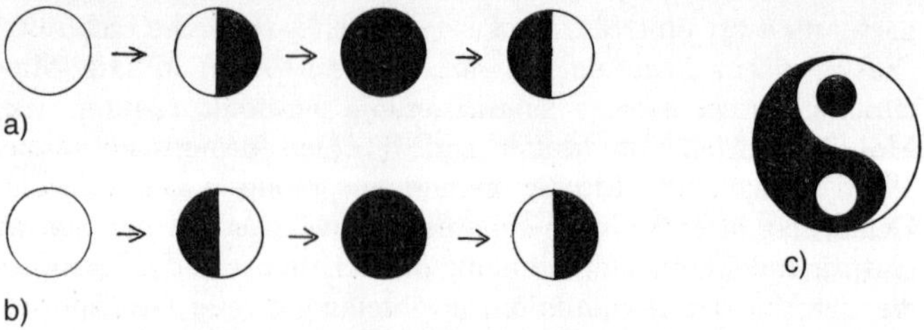

Der Urkalender und die »Bilder des Himmels«
a) Synodischer, einfacher Mondlauf, der »Weg der Erde«, der den Wandel des Mondes zeigt, wie er sich von Woche zu Woche fortlaufend aus der Perspektive der Erde zeigt. Das Vorbild des solaren Kalenders.
b) Siderischer Mondlauf, der »Weg des Himmels«, von der Konjunktion des Mondes mit einem (beliebigen) Stern des Tierkreises bis zu deren Wiederholung. Das Bild des zunehmenden Halbmondes erscheint nicht vor dem Vollmond, sondern danach, der abnehmende Halbmond kommt vor dem Vollmond. Dieser Mondlauf markiert die vier Jahreszeiten, er ist einem Rad vergleichbar, daß sich nicht vorwärts – also im Uhrzeigersinn von links nach rechts-, sondern »zurück« dreht, gegen den Uhrzeigersinn. Das kommt einem zum synodischen Lauf dipolar auf die Erde einströmenden Zeit- bzw. Energiefluß gleich. Deshalb bilden altägyptische Aufzeichnungen den »verkehrten« Tierkreis ab.
c) Das chinesische Yin-Yang oder Tai Chi-Symbol, auch Fischblasensymbol. Auf jeder Seite der Dimension vergegenwärtigt es die andere, abwesende. Die Symbolik dieses Urphänomens liegt darin, daß die entgegensetzende Verdopplung die Aufhebung des unvermittelten Wechsels ermöglicht, in etwa wie minus mal minus plus ergibt. Dieses Plus ist der Mehrwert aus der Vereinigung von 1 + 1, nach Fiedeler die Informationsspur des Zeitstromes, der als Gedächtnis bewahrt werden kann.

Der synodische oder einfache Mondlauf, der »Weg der Erde« zwölfmal im Jahr, wurde zum Sonnenkalender patriarchaler Kulturen. Der Blick war nun nur noch von der Erde zum Himmel hoch und nicht mehr symbolisch auch vom Himmel herab auf die Erde gerichtet. Denn der dem einfachen Mondlauf entgegengesetze, siderische Mondlauf, der »Weg des Himmels«, zeigt Lauf und Wandel des Mondes wie von oben, wie vom Himmel herab auf die Erde gesehen. Dreizehnmal im Jahr schreibt er die Mondbilder vor dem Hintergrund des gesamtkosmischen Geschehens, ersichtlich am Tierkreis oder Zodiak, durch den die Erdbahn führt, in den Nachthimmel als »Erdenraum« ein. Dadurch konnte man die Jahreszeiten von einem himmlischen Standpunkt aus exakt bestimmen. Dieser Mondlauf war der sakrale Orakel-Kalender vorsolarer Kulturen. Er kann, wie es das Wort *siderisch*, »zu den Sternen gehörend«, ausdrückt, jeglichen Planeten und Stern im Verhältnis zur Erdbahn vermessen, in Ägypten und bei den Maya den Fixstern Sirius, die Planeten Venus und Jupiter usw. Denn dieses bildhafte Wechselspiel zwischen zwei entgegengesetzten Zeitströmen war nicht nur im alten China bekannt.

So gebiert im ägyptischen Schöpfungsmythos die Urgottheit *Nut* oder *Nun*, auch *Neith*, die den Himmel symbolisiert, aus der Vereinigung mit *Geb*, dem Erdgott, je vier weibliche und je vier männliche »Götter« (2 x 4 = 8). Ihr schlangenartig gewölbter Körper symbolisiert den Sternenhimmel, die Nacht, den Kosmos, dessen Vorbild der Vollmond war, die *Neunheit als Einheit*. Auch im kretischen Schöpfungsmythos haben Pasiphaë, »die für alle scheint« – nach Pausanius ein Mondsymbol –, und ihr Gatte Minos, »Mondwesen«, je vier Töchter und vier Söhne. In Kreta stellte man den Minos, der Dunkelmond/Sonne versinnbildlichte, als Minotaurus dar, d. h. die Sonne stand zum Frühlings-Äquinoktium im Sternbild Stier, auf das die der Erde abgewendete helle Seite des dunklen Mondes bei Neumond in Konjunktion »zielte«. Alle neun Jahre werden diesem »Ungeheuer« sieben Jünglinge und sieben Jungfrauen geopfert. Dieser Schar der 2 x 7 = 14 werden wir als Titanen im griechischen Mythos begegnen. Sie waren ein Sinnbild für die sieben Wochentage bzw. die sieben Planeten der Antike und deren bipolar wirksam werdender Kraftimpulse. Die im Mythos beschriebene Eroberung der Kuh Pasiphaë durch den weißen Stier Zeus läßt sich dadurch entmystifizieren; Pasiphaë war ein Name der Mondgöttin Kretas, die man auch »Europa«, »breitgesichtig«, nannte, und ein Synonym für den Vollmond. In Afrika versinnbildlicht der Stier noch heute die Erdkraft, was, wie B. J. F. Laubscher vermutet, auf einen Ursprung im Stierzeitalter schließen läßt. Schüttelt einer der vier Stiere an den Ecken der Welt sein Haupt, bebt die Erde, sagen die Bantu. Die Bezwingung der Sonnen-Neumond-Erdkraft stand als rituelles Spiel im Mittelpunkt der berühmten Stierkämpfe Kretas, die vor dem geöffneten Schrein der Doppel-Axt stattfanden, der *labrys.* Sie verliert ihr Geheimnis, berücksichtigt man, daß die beiden einander gegenüberstehenden »Äxte« die Sichelmonde symbolisieren, die gemeinsam die runde Scheibe des Mondes bzw. der »versteckten« Sonne ergeben. Die der Erde abgewandte, auf die Sonne zielende helle Seite des runden Dunkelmondes ist gleichzeitig ein Sinnbild für den gegenständlichen hellen Vollmond, und der Schaft entspricht der lunaren Achse oder der kosmischen Spindel in der Kogi-Kosmologie.

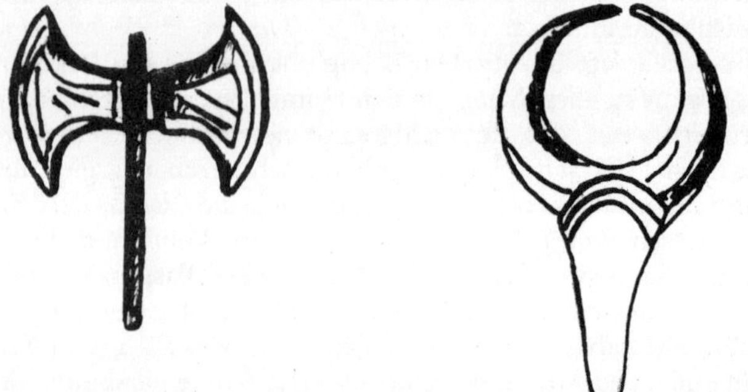

Die kretische labrys oder Doppelaxt. Weihegabe für die Göttin der Geburt Eileithya aus der Höhle von Arkalochori (um 1600 v. u. Z.), sowie ein Ohrring in Form eines Stierkopfes aus Marvo Spelio bei Knossos (um 1450 v. u. Z.).

In Ägypten war der heilige apis-Stier ein Sinnbild für den im Dunkelmond »Versteckten«, die Sonne. Die abnehmende Mondsichel vor dem Vollmond (Sonne) verweist auf den »Weg des Himmels«, auf den siderischen Mondlauf.

Stilisierte minoische »Harpunenwaffe« als Schriftzeichen für den Laut »i«. »I« symbolisierte in China den Vollmond, die lunare Achse, und bedeutet Wandlung. Ihm gegenüber stand ursprünglich »C«.

Wesentlich bei den acht Trigrammen des I-Ging, der »Vollendung im Kleinen«, ist, daß in drei Stufen zwei widersprüchliche Einheiten, zwei widersprüchliche Zweiheiten und zwei widersprüchliche Vierheiten in jeweils der folgenden Stufe *aufgehoben* werden: $1 \times 2 = 2$, $2 \times 2 = 4$, $2 \times 4 = 8 = 2^3$. Jedes Ergebnis bedeutet einen Widerspruch in sich selbst. Erst die dritte Stufe stellt die voll entwickelte dar, weil sie die ersten beiden in sich enthält. Daraus ergibt sich die »Zahl der Verdopplung«, die Zahl Acht. Dieses Urgesetz, bevor die aus der Neun, der Göttin geborene Acht, der »Sohn«, es übernahm und »berichtigte«, klingt immer noch in unseren Sprachen an. Die n-lose Acht wird aus der Nacht geboren – *eight-night* (engl.), *huit-nuit* (franz.), *octo-nox* (lat.) usw. Das Urvolk der Indogermanen kannte dieses Gesetz ebenfalls, denn die Sprachforschung entdeckte, daß sich das Wort *oketuoro*, das ursprünglich für vier stand, auf die flache Hand ohne Daumen bezieht. Zwei solche *oketuoro* nannte man *oketu*, die Acht. Mit der nächsten Zahl beginnt eine neue Viererreihe, »eine neue Neun«. Den Daumen als »Wurzel« der Hand bezogen viele alten Kulturen beim Zählen nicht mit ein, als »Venusfinger« war er *levi* (hebr.), »abgesondert«, versteckt wie der Gott (8) in der Göttin (9). Ohne Daumen zählten auch die Khoi-Khoi im südlichen Afrika, deren Name für die Zahl Acht »wenden« bedeutet.[28] Die Acht ist tatsächlich eine Wendezahl. In der Mystik gilt sie als Zahl der Transformation und als Todeszahl; 888 ist die mystische Christuszahl, und der ägyptische Gott Thot wohnte in der Stadt *schmun*, was acht bedeutet.

Ursprung und Einheit der zwei Symbolformen ist die absolute Mitte, die zentrale Achse des lunaren Erscheinungshimmels, symbolisiert durch die Neunheit. Aus ihr gehen die beiden Symbolformen als widersprüchliche Zweiheiten hervor, d. h. die absolute Mitte erzeugt die zwei Symbolformen, die zwei Symbolformen erzeugen die vier Bilder, und die vier Bilder erzeugen die acht Trigramme. In der Potenzierung der acht Trigramme zu den heutigen 64 Hexagrammen drückt sich die Solarisierung aus, die mit Hilfe des sogenannten *Meton-Zyklus* durchgeführt werden konnte. Das ist ein neunzehnjähriger Zyklus, der eine immer wiederkehrende Periode darstellt, in welcher der siderische und der synodische Mondumlauf alle möglichen Abwandlungen, also die gesamte Vielfalt der Konstellationen von Sonne, Mond und Sternen, in einem kosmischen Ordnungsmuster kombiniert. Daß dieser Zyklus in China lange vor dem Griechen Meton bekannt war, dem er zugeschrieben wurde, belegt eine neolithische Grabkeramik aus der Provinz Kansu (2500 v. u. Z.). Sie zeigt das Weltgefäß mit den neunzehn Jahren des Zyklus in Form von neunzehn Zacken. Dreizehn Zacken stehen für die dreizehn siderischen Monde des Jahres und sind mit Schlangenlinien markiert. Die restlichen sechs Zacken zeigen je zwei Vierecke als Symbol für die zwölf synodischen Monde. Am Ende dieses Zyklus gleichen einander Sonnen- und Mondzeit mit einer Differenz von sieben Monaten an.

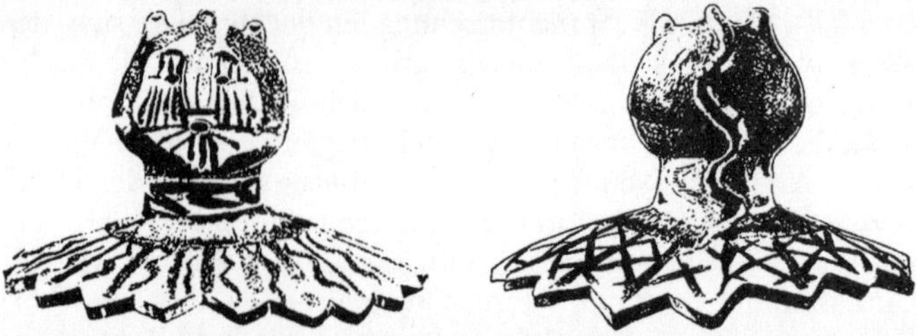

Neolithische Grabkeramik aus der Provinz Kansu (um 2500 v.u.Z.
(Aus Frank Fiedeler: Die Monde des I-Ging.)

Auch von diesem Zyklus berichten die Mythen in ihrer symbolischen Sprache. So reiste der griechische Apoll alle neunzehn Jahre zu den Hyperboreern, um sieben Monate lang bei ihnen zu bleiben. Danach kehrte er auf einem weißen Schwan nach Griechenland zurück. Der Schwan ist ein traditionelles Todessymbol, das jedoch zugleich göttliches Bewußtsein symbolisiert, und so ist klar ersichtlich, daß sich der Mythos auf die Kenntnis des Meton-Zyklus bezieht; die Hyperboreer sind kein irdisches, sondern ein transzendentes »Volk« – die Ahnen. Andere Mythen verweisen gleichfalls auf den Meton-Zyklus – Priamos von Troja und seine Gattin Hekabe haben neunzehn (eheliche) Kinder, Sarpedon, der aus Kreta floh und das lykische Reich begründete, regierte neunzehn Jahre usw. Die mythischen Angaben beziehen sich auf die Vereinigung von Sonnen- und Mondzeit, die dem chinesischen I-Ging zugrunde lag, und sind ein deutlicher Hinweis darauf, daß dieses Gesetz nicht nur in China bekannt war.

Infolge der Potenzierung der acht Trigramme auf die heutigen 64 Hexagramme wurden deren Grunderscheinungen zu »Schattengeist« und »Lichtgeist«, den Vorbildern für den »Fürsten des Lichts« und den »Fürsten der Finsternis«. Damit war der Grundstein zu der weiteres Bewußtsein prägenden Vorstellung eines ewigen Gegensatzes zwischen Gott und Teufel, zwischen Gut und Böse gelegt.

Alchemistische Heilige Hochzeit aus dem Philosophorum: Wiedergeburt. Beachten wir den Mondbaum mit seinen 13 Früchten und die vom Weiblichen mit der linken Hand gehaltene, eingerollte (Kundalini) Schlange sowie die dreihäuptige, zum Adler gewordene Schlange, die das Männliche in der rechten Hand als Symbol für das aus dieser Vereinigung geborene Bewußtsein trägt.

Schattengeist und Lichtgeist und die Umkehrung der Bedeutungen

In der mythischen Bewußtseinslage der Menschen in China wurde jeder Mensch als aus einem Lichtgeist, *hun*, und einem Schattengeist, *p'o*, bestehend verstanden. C. G. Jung erkannte diese Dualität der menschlichen Psyche und nannte sie *anima* und *animus*. Während der Shang-Dynastie (2. Jahrt. v. u. Z.) drückte man diese Dualität in den beiden Orakelzeichen *k'un*, Schattengeist, und *ch'ien*, Lichtgeist aus, sie waren Symbole für die komplementär entgegengesetzten Weltperspektiven von Himmel und Erde. Das symbolische Zusammenspiel der beiden Urkräfte symbolisierte man im Sinnbild des Urdrachen, der als Ausdruck der Schöpfungskraft die zu erstrebende Mitte darstellt.

Die durch Vereinigung des zweiköpfigen Drachen, von Sonne und Mond, Gott und Göttin, animus und anima, Himmel und Erde freigesetzte Kraft hält die Schöpfung im Lot.

Das Hexagramm *k'un*, das Symbol für den Schattengeist, befand sich bei den Shang an erster Stelle. In seiner Linienfolge stellt es die perspektivische Wendebewegung der Schattenseite des Mondes zwischen Himmel und Erde und Tag und Nacht dar. Das himmlische Urbild der Wendebewegung dieses Schattengeistes, der dem einfachen oder synodischen Mondlauf entspricht, ist die der Erde stets abgewandte, unsichtbare Seite des Mondes. Auf der Nachtseite wendet sie sich hinauf in den Himmel und auf der Tagseite herunter zur Erde. Die dank des siderischen

Mondlaufes aus den Tiefen der durch den Vollmond symbolisierten Nacht »heraufgeschöpften Bilder« sind im zweiten Hexagramm, *ch'ien*, ausgedrückt. Der Linientext dazu bedeutet: »Die Drachen kämpfen auf freiem Feld. Ihr Blut ist schwarz und gelb.« Das deutet auf die durch dieses zweite Hexagramm mögliche »Vermischung des Himmels mit der Erde«. Die irdischen Objekte erscheinen im gelben Sonnenlicht, das durch das Symbol des Blutes dargestellt wird, und dieses Blut ist schwarz-gelb. »Das Schwarze und das Gelbe bedeuten, daß Himmel und Erde sich vermischen. Der Himmel ist schwarz, die Erde gelb«, heißt es im Kommentar des »Wen-Yen«. Die Vermischung zwischen *k'un*, dem Schatten-, und *ch'ien*, dem Lichtgeist, setzt die kosmische Lebensessenz frei: *ch'i*.

Durch Umkehrung der von acht Trigrammen zu 64 Hexagrammen potenzierten Grundsymbolik, auf die man erstmals bei der Chou-Dynastie im 1. Jahrt. v. u. Z. stößt, rückte der Schattengeist *k'un* von der ersten auf die zweite Stelle. Das zuvor zweite Zeichen, der Lichtgeist *ch'ien*, nahm von nun an den ersten Platz ein, allerdings nicht mehr als Vollmond, der die lunare Mitte symbolisierte, sondern als Sonne, die sich zuvor im Schattengeist »versteckte«! Während zuvor Erlösung für die durch den Schattengeist symbolisierte Welt der Materie durch Vermischung mit dem Lichtgeist möglich war, wodurch Erhöhung und Weiterentwicklung durch Ausgleichung des Gegensatzes auch im potenzierten Hexagramm-System noch enthalten war, stellt das nun als Lichtgeist Sonne an erster Stelle plazierte Ideal die *entgegengesetzte Weltperspektive des ursprünglichen Lichtgeistes* dar! Das Vorbild Vollmond wird zum Vorbild Sonne, und die Mitte geht verloren. Während Schattengeist und Lichtgeist gemeinsam die irdisch-himmlische Essenz, das »Gefäß«, die »Bilder des Himmels« waren, drückt sich im nun der Sonne an erster Stelle zugeordneten Symbol *ch'ien* die alleinige himmlische Kraft aus. Das Schriftzeichen bedeutet »trocken«, das nun im Gegensatz zum wäßrigen Symbol Mond trockene Land der mythischen Oberwelt, die Lichtseite des Mondes, Sonne, der Himmel, das Schöpferische, das männliche Grundhexagramm.

Diese mit einer Umkehrung verbundene »Richtigstellung der Namen« ließ sich nur durchführen, weil sich das archaische Symbol der runden Lichtscheibe Vollmond mit dem Symbol der hellen Sonnenscheibe gleichsetzen ließ. Von nun an war der Blick des Menschen symbolisch während der Nacht auf die Erde und am Tag zum Himmel gerichtet. Der Himmel wird nicht mehr als Nachthimmel, sondern als Taghimmel erfahren, die Erde nicht mehr als von der Sonne beschienenes Land, sondern als das nächtliche Reich der Schatten. Hierauf geht das Mißverständnis zurück, die Große Mutter als reine Erdmutter und Göttin der Unterwelt zu verstehen. Die Geburt des Gottes, der Sonne, aus dem Himmel bzw. der Göttin Mond als Symbol für die lunare Mitte mußte von nun an als unsinnig erscheinen. Wie Frank Fiedeler aufmerksam machte, wurde dadurch *die schöpferische Ordnung* von *k'un*, der Erde und des Lebens auf ihr, *zum schöpferischen Chaos* des nun zeugend befruchtenden *ch'ien*, der Sonne. Diese schöpferische Ordnung der Erde und des Lebens war eine auf die Regelhaftigkeit der makrokosmischen Himmelsbilder gegründete *Anpassungsordnung* des nun als passiv verstandenen Weiblichen. Während vor der Umkehrung und der damit erfolgenden »Richtigstellung der Namen« Schattengeist und Lichtgeist, d. h. Wachbewußtsein und Unbewußtes (Schattengeist) sowie Überbewußtes (Lichtgeist), sowohl symbolisch als auch konkret im Vorbild Weltgefäß vereint waren, wurde danach das kalendarisch zeitliche Moment der mythischen Erscheinungswelt – Lichtseite/Nachtseite – völlig durch den allgemeinen Begriff des Weges (Tao) verdrängt. Als Folge davon wird das Unterbewußtsein im Oberbewußtsein der »trockenen Oberwelt des Mythos« naturgemäß zum Verschwinden gebracht! Das nun männliche und aktive trockene Oberbewußtsein, das Wachbewußte, die *ratio*, wurde zu Gott, das weibliche und passive Unbewußte zum Teufel, und der natürliche Zugang zum »Überbewußten« ging verloren.

Anders ausgedrückt wird als Folge der Umkehrung der Bedeutungen der Grundsymbolik der geistige Makrokosmos zum schöpferischen Chaos der mikrokosmischen Dingwelt, die nun aus *ch'i(en)*, der Sonne, gezeugt wird. Der Blick auf die »Bilder des Himmels« ist von nun an durch das alles überstrahlende Tageslicht der Sonne versperrt. Der Bezug auf den Lichtgeist, zuvor Vollmond bzw. lunare Achse Himmel-Nacht-Kosmos ist, weil das physische Auge den direkten Blick auf die Sonne nicht erlaubt, den das himmlische Leitbild nun vorschreibt, nicht mehr konkret und physisch erfahrbar. Deshalb wird dieser Blick in den Mythen als die von nun an *mit einer Blendung einhergehende Erleuchtung* dargestellt. Diese erfordert, weil das Sonnenlicht archaisch mit dem Blut des nun zweiten Ideals, das nun Erlösung verspricht, verbunden ist, in der Folge das blutige Opfer der Physis! Ab nun müssen dem Gott irdische Brand- und Blutopfer dargebracht werden. Das Motiv der Blendung kommt nach Frank Fiedeler etymologisch in der überlieferten Zweideutung des Zeichens *t'ien*, »Himmel«, vor, das »ein Brandzeichen auf die Stirn brennen« bedeutet. Das innere, »dritte Auge« ist erblindet, und von nun an sind alle »Seher« als blind beschrieben. In der griechischen Mythologie begegnen wir dieser Blendung im Ödipus-Mythos, aber auch der Sisyphos-Mythos berichtet davon. Der Sonnenheros, dessen Sisyphusarbeit darin besteht, täglich die Sonne über das Firmament zu rollen, stiehlt Merope, einer der vielen Namen der Göttin, ihre Rinderherde und versieht sie mit seinem eigenen Brandzeichen, dem Doppelblitz, der doppelten Sonnenrune. Meropes Symbol waren zwei einander gegenüberstehende Halbkreise gewesen, in denen wir das Sinnbild der *labrys* erkennen. Die anhand der Entwicklung des I-Ging nachvollziehbare Umkehrung der Bedeutungen und deren Folgen beschränkten sich demnach nicht nur auf das »Reich der Mitte«. Das verbindende Glied zwischen der Solarisierung der Kosmologie im Fernen Osten, Kleinasien und dem europäischen Raum waren die Eroberungskriege indoeuropäischer Völkerschaften und ihrer semitischen Verbündeten, die diese solare Kosmologie weltweit verbreiteten.[29]

Auf die strikte Trennung von Gut und Böse, Lichtgeist (Sonne) und Schattengeist (Mond), trifft man besonders in der Religion des Mazdaismus oder der Feueranbetung. Sie wird auf den persischen Religionsbegründer *Zarathustra* oder *Zoroaster* zurückgeführt. Aristoteles und Eudoxus siedelten ihn 6 000 Jahre vor Platon an. Nach Berosus war Zarathustra ein babylonischer König um ca. 2 200 v. u. Z., der erste Grieche, der ihn erwähnt, Xanthus von Lydia, datiert ihn auf 600 Jahre vor dem Trojanischen Krieg um 1200 v. u. Z., und so sind die Lebensdaten dieser mythischen Figur ungewiß. Nach der Lehre des Zarathustra gibt es vom Anfang der Welt an zwei nebeneinander herrschende Mächte, den Herrscher des Lichts, *Ormuzd*, und den Herrscher der Finsternis, *Ahriman.* Heute besteht kein Zweifel daran, daß zoroastrische Gedankengänge und Redewendungen vom pharisäischen und essenischen Judentum übernommen wurden. Die *Essener* oder *Essäer*, von (hebr.) *asa*, »heilen«, waren eine mysteriöse jüdische und asketische Sekte, die aus einer aus dem Tempel von Jerusalem ausgezogenen Priestergruppe hervorging. Über ihre in den Schriftrollen von Qumran bestätigte Lehre, die, abgesehen von der strikten Trennung in Licht und Finsternis, eindeutige Bezüge zu den hermetischen Mysterien Ägyptens aufweist, gelangte die »göttliche Trennung«, der Dualismus, in die Glaubensgrundsätze der katholischen Kirche und prägte sich potenzierend ins Bewußtsein. Weshalb das so ist, läßt sich wiederum anhand der Potenzierung der acht Trigramme zu den 64 Hexagrammen verdeutlichen.

Das Acht-Trigramme-System basierte auf einem rein kosmischen, energetischen Prinzip der Ursache einer dreifaltigen göttlichen Kraft, deren Dreischritt die qualitative Grundordnung des Zeitgeschehens darstellt, das in der fortlaufenden Information der Erde durch den Himmel besteht, und die vielfältigen Wirkungen in sich enthält. Im Gegensatz dazu mußte im Hexagramm-System die Symbolik als Wirkung einer nun sechsfaltigen Kraft in das erweiterte System nicht nur inkludiert, sondern *verdoppelt* werden. Aber wie konnte diese sich nun verdoppelnde Kraft anhand der »Bilder des Himmels« gerechtfertigt werden?

Das Hexagramm-System bezieht sich nicht nur auf das Erscheinen der beiden Himmelskörper Sonne und Mond im Tierkreis, sondern zugleich auf die unterschiedlichen Bogenhöhen ihrer Tagesbahn. »Sechs Plätze« oder »Sechs Drachen«, die sechs aus den verschiedenen Bogenhöhen über dem Horizont oder Himmelsäquator aufsteigenden und die sechs absteigenden synodischen Monde des Jahres, bildeten gemeinsam das Urbild der Himmelsleiter, das dem sechsteiligen Schema der Hexagramme zugrunde liegt. *Das Hexagramm-System ist eine analoge Potenzierung des einfachen Mondwandels*, des synodischen Weges der Erde, *den die acht Trigramme umgekehrt als das symbolische Konzentrat des Ganzen darstellten!*

In den ersten sechs Monaten des zwölfmonatigen Sonnenjahres steigt die Sonne von der ersten Stufe der Leiter hinauf bis zur sechsten, gleichzeitig sinkt der Vollmond von der sechsten Stufe herunter bis zur ersten. Seinen höchsten Punkt erreicht der Dunkelmond mit der Sonne im Mittsommer zur Sommer-Sonnenwende, seinen tiefsten im Mittwinter zur Winter-Sonnenwende. Jeweils »sechs Drachen« stehen einander auf der Jahresleiter gegenüber. Dieser durchgängige Gegensinn entspricht nach Frank Fiedeler vollkommen analog dem Bewegungsverhältnis der zwei Kehrseiten des Januskopfes im Rahmen des einfachen Mondwandels. Der römische *Janus* ist eine von vielen Erscheinungsformen in den Mythen, die als Ausdruck des animistischen Denkens der Archaik in allen Erscheinungsstrukturen nur ein kosmisches Doppelwesen sahen, das sich immer wieder in anderen Dimensionen offenbart. Die dem Hexagramm zugrundeliegende himmlische Gleichung suggerierte ja geradezu eine Identitätsbeziehung Sonne-Vollmond, und die weitere Entwicklung von der zwölfsprossigen Himmelsleiter zum Himmels- oder Sonnenrad, dem Zodiak mit seinen zwölf Abschnitten, spiegelt die zunehmende Solarisierung der Welt wider. Der »Fluß der Zeit« fließt symbolisch zunehmend nur noch in eine Richtung, und das Irdisch-Materielle tritt immer mehr in den Vordergrund. In der Übergangsphase vom lunaren zum rein solaren Geschehen sind die Symbolik des keltischen Weltenbaumes und des achtfüßigen Schlachtrosses des Himmelsvaters Odin anzusiedeln.

Die acht Glieder des Pferdes, dem Symbol aggressiver Reiterkulturen, die das matriarchale Symbol der neunfüßigen Kuh (Mond) verdrängten, entsprechen den acht Speichen des Sonnenrades, einem älteren Zodiak.[30] Aus der einstigen lunaren Achse ist eine solare Achse geworden, an der nach Platons Vorschlag die acht Welten des Weltenbaumes befestigt sind. Zwar findet sich die allerheiligste Neunzahl noch in der Symbolik der keltischen Rune *Hagal*, die nun jedoch wie alles Weibliche mit Zerstörung gleichgesetzt wird, was nur ein Aspekt des schöpferischen Chaos ist, das sie symbolisiert. Nigel Pennick beschreibt die geometrische Form des *Hagal*-Musters als die grundlegende sechsfache Unterteilung eines Kreises, weil sich der Radius eines Kreises mit Hilfe des Zirkels genau sechsmal auf den Kreisumfang abtragen läßt. Sechs Kräfte strahlen gleichförmig von einem Mittelpunkt aus, diese sechs nach außen gerichteten Kräfte repräsentieren den Kosmos, der siebte, zentrale Punkt entspricht der mystischen Darstellung des göttlichen Ursprungs. Dahinter verbirgt sich die immer gegenwärtige versteckte Sonnenkraft als geheimnisvolle achte Kraft. Als Mitte aller Dinge repräsentiert *Hagal* den Zugangspunkt zu anderen Bewußtseinsdimensionen, den psychischen Eintrittspunkt zur kosmischen Achse, welcher die Oberwelt, das Überbewußtsein, mit der Mittelwelt, der Erde, und der Unterwelt, dem Unbewußten verbindet. In der Geomantie bezeichnet man diesen Punkt als den *omphalos*, den *umbilicus* oder Nabel der Welt. In ihm schwingt die heiligste Silbe der Hindu, das AUM (gr. OM).

Werden und Sein kennen nach dem Verständnis alter Kulturen nicht nur nichts Größeres als die Jahreszeiten, Werden und Sein sind das, was die Zeit ausrichtet (*Hsi-Tzu*, A, I). Mit Zeit ist hier die natürliche oder kalendarische Zeit des irdischen Umweltprogramms in ihrer qualitativen Bestimmtheit gemeint. Jeder Eingriff in die Ordnung der Zeit hat, wie schon aufgezeigt, Auswirkungen auf unser Raumzeit-Verständnis und damit auf unser Bewußtsein. Nach Frank Fiedeler stellte die Transformation der lunaren Auslegung des universellen binären Codes, wie wir ihr allerorten und am deutlichsten im I-Ging begegnen, den Versuch dar, mit Hilfe der Meton-Periode das heliozentrische System zu installieren, das eine Bewegung ausdrückt, die von der Bipolarität des inneren Gegensatzes zur allseitig stetigen Homogenität des Kreises strebt. Aber das Gebilde Kreis, das nur in unserer Vorstellung als anfang- und endeloses Vorbild für Perfektion existiert, muß immer in sich selbst zurücklaufen. Nur seine Achse, sein Durchmesser, die Zahl *pi*, führt in die Unendlichkeit. Weil das subtile Wechselspiel der dipolaren Kräfte Erde und Himmel, deren Vermischung die konfliktfreie Auflösung oder Erlösung der Gegensätze oder Gegenstände gewährte, durch die mit der Umkehrung einhergehende Verdopplung außer Kraft geriet, muß sich die Potenzierung jener Kraft, die für die mikrokosmische Welt der Materie steht, von nun an – der Gesetzmäßigkeit der binären Progression folgend – bis ins Unendliche verdoppeln! Daraus ergeben sich einige erschreckende Konsequenzen:

Falls es etwas wie das Böse gibt, dann haben wir es selbst erfunden, und der Kampf zwischen diesem Bösen und dem ihm nun als unvereinbarer Gegensatz gegenüberstehenden Guten muß bis in alle Ewigkeit unlösbar bleiben, außer wir korrigieren die uns unterschwellig bestimmenden Leitbilder! In der westlichen Philosophie wurde der halbierte Schattengeist, der zum Lichtgeist Sonne geworden war, zur göttlichen Vernunft, dem Licht der *ratio*, der Thomas von Aquin nur noch das eine ewige Gesetz zuschrieb. Sie existiert als menschliche objektive Vernunft zwar im »Verstand Gottes«, doch lenkt sie nicht ausschließlich das Universum und muß ohne den nötigen Widerpart, dem *logos* oder göttlichen Wort, das *nur* subjektiv, nur im Inneren als Spiegelbild des äußeren Kosmos erfahrbar ist, halbherzig sein. Daß diese Einseitigkeit, die zur Basis eines rein mechanisch bedingten Welt- und kosmologischen Bildes wurde, die Entwicklung des Bewußtseins der westlichen Welt während der letzten zweitausend Jahre bedingte, ist wohl unbestritten. Obige Entwicklung spiegelt sich auch darin wider, daß der sich dadurch als einzigartig und der Natur und allen anderen Lebewesen überlegene Mensch, der seine feurige Egokraft in den Mittelpunkt stellte, alles, was ihm unterlegen ist, erbarmungslos erobern, missionieren und unterwerfen konnte; im arischen Herrenmenschentum erreichte diese Entwicklung vor sechzig Jahren ihren wohl kaum noch zu überbietenden Höhepunkt. Schließlich ergibt sich umgesetzt auf die irdische Dualität, die Gegen-Geschlechtlichkeit, der bestürzende Schluß, daß die Menschheit, weil sie den ursprünglichen und archetypisch ja nach wie vor vorhandenen und nur verdrängten Unterbau der dualen Ganzheit des Geschlechtes Mensch verleugnet, auf dem Höhepunkt grenzenloser Ich-Bezogenheit zum eingeschlechtlichen Wesen werden muß. Zwar liegt der kritische Punkt in der Unendlichkeit, aber weisen »Fehlentwicklungen« wie der rapide zunehmende Autismus eine nur auf das eigene Ich beschränkte und dadurch als krankhaft erkannte Lebenshaltung oder die gleichfalls drastisch ansteigende Gleichgeschlechtlichkeit in modernen Partnerschaften nicht bereits in diese Richtung? Letzten Endes bedeutet all das, daß der Mensch auf dem Weg ist, seine eigene Art, auch ohne Natur- oder kosmische Katastrophen, mangels der Fähigkeit oder dem Willen zur Fortpflanzung selbst abzuschaffen. Das bedeutet aber auch, daß die Schöpfung sich etwas einfallen lassen muß, um das Aussterben hochentwickelten Lebens zu verhindern, indem sie möglicherweise ein neues hochentwickeltes Wesen kreiert, das, weil es die Trennung nicht kennt, ein sehr altes zu sein scheint – den *androgynen Menschen* der Zukunft!

Sich gleichfalls potenzierende Ideale wie »Auge um Auge, Zahn um Zahn«, das biblische Rachegebot, sowie die Aufforderung, sich die Erde und alles, was auf ihr kreucht und fleucht, untertan zu machen, führen nicht nur dazu, daß die ganze Welt erblindet, wie Gandhi warnte, sie drohen auch aufgrund der sich gleichfalls potenzierenden Fähigkeit des Menschen, technische Hilfsmittel zu erfinden und herzustellen, in einem Kollaps der Natur oder in einem wegen Knappheiten geführten globalen Krieg zu münden. Danach kann es aufgrund des Potentials atomarer oder biochemischer Waffen kaum noch Leben auf unserem Planeten geben. Und so stellt sich die Frage, die letztlich jeder von uns sich selbst gegenüber beantworten muß: Ist unsere Egozentrik das alles wert?

Das *Gesetz der Erde*, das der sumerische *Enki* schaute, der sich weigerte, Gilgamesch, dem Vertreter einer jüngeren Kultur davon zu berichten, ist ein grausames. »Würde ich Dir das Gesetz der Erde künden, du würdest Dich hinsetzen und weinen«, sagt Enki zu Gilgamesch. Aber ist es wirklich so grausam, oder können wir es nur nicht mehr begreifen?

Der Lebensbaum oder die Weltachse – Die Göttin und ihr Heros

Als einst ich übers Moor gezogen,
sah ich eine Dame sitzen zwischen einer Eiche
und einer grünen Steineiche.
Sie war in roten Purpur gekleidet.[31]

Es leuchtet ein, daß die Sonne für nordische Kulturen eine andere Stellung einnahm als für Kulturen, die klimabedingt ihrer sengenden Kraft unbarmherzig ausgesetzt waren. Im traditionellen Afrika galt die Sonne als Feind des Lebens, während der Mond als spirituell befruchtende Kraft empfunden wurde. Während in der nördlichen Hemisphäre die Mitternacht als Geisterstunde gefürchtet war, galt in Afrika wie im antiken Griechenland die Stunde des Hirtengottes Pan als Zeitspanne, während derer die

Geister toter, nicht erlöster Seelen jagen – High-Noon, der Mittag. Kampf und Sieg der nordisch-solaren über die südlich-lunare Kosmologie spiegeln sich in den Sprachen als unvoreingenommenes Zeugnis dieser Entwicklung deutlich wider. So gibt es eine keltische Rune, ein frühes Schriftzeichen, das wie ein mächtiger Blitz aussieht – die Sonnenrune.

Die Namen *Sig, Sigel* oder *Soweil* bedeuten Sonne, germanisch *Sowulu*, gotisch *Sauil*, altenglisch *Sigel* und altnordisch *Sol*. Nach Ralph Blum ist im Gegensatz zu anderen Runen kein prärunisches Symbol für dieses Zeichen bekannt. Das graphische Lautsymbol für *S* ordnete man im ältesten bekannten irischen Kalender-Alphabet *Beth-Luis-Nion*, das durch Bäume symbolisiert wird, der Weide zu.[32] Die Weide war ein Baum, der dem Mond angehört, in Griechenland war sie der Hekate, Kirke, Hera und Persephone heilig; all das sind Namen für den Todes- oder Sonnenaspekt der dreifaltigen Göttin Erde-Mond-Sonne, die Licht und Schatten in sich einschloß. Ihre symbolischen Farben waren Weiß (Sichelmond), Rot (Vollmond) und Schwarz (Dunkelmond). Diese lunare Trinität und ihre Symbolik entspricht der Triade der Großen Muttergöttin wie Demeter als Kore, »Gerstengöttin«, Persephone, »reifes Getreide«, und Hekate, »geerntetes Korn«. Wir verstehen die Symbolik der eingangs erwähnten »purpurroten Dame«. Aber weshalb sitzt sie zwischen einer Eiche und der »grünen« Steineiche? Aufschluß darüber gibt das der Sonnenrune zugrundeliegende Symbol, der Blitz.

Der Donnerkeil war das Insignium, das Symbol der Macht von Zeus bis Allah. Auch die dem lateinischen Buchstaben *Z* zugrundeliegende Symbolik ist das »Zickzack des Blitzes«. Harold Bayley, der die verlorene Sprache des Symbolismus wiederentdeckte, verweist auf ein Buntglas aus dem 17. Jahrhundert, das sich heute im Museum von Cluny in Frankreich befindet. Das sich über einem dreieinigen Berg oder Hügel, dem Symbol von Isis, erhebende *Z* steht für *Zion*, die »Schönheit der Perfektion«. Ihm stellt Bayley das Muster auf einem anderen alten Buntglas bei. Über dem »Berg« befindet sich nun nicht mehr das *Z*, sondern das Symbol von Jesus, dem Erlöser (Salvator). *S* bedeutet in der Symbolik der lateinischen Sprache eine »eingerollte Schlange«, und Yoga-Kenner wissen, daß die *Kundalini*, wenn unerweckt, wie eine dreieinhalbmal gewundene Schlange am Ende der Wirbelsäule, dem »Stab«, ruht! *IS* steht für Jesus, den Erretter oder Erlöser (Salvator), *I* (J) für die Achse oder den »Stab«, durch den die »Schlangenkraft« über die beiden ineinander verwundenen Nervenkanäle entlang der Wirbelsäule hochsteigen kann, um im Gehirn, in der Zirbeldrüse, durch Vermischung mit der himmlischen *prana*-Kraft zu »explodieren«, wodurch es zur Erleuchtung kommt. Und so bezieht sich auch das mystische Symbol vom Erlöser auf die spirituelle Praktik, wie sie im Mittelpunkt der alten Mysterien stand. Das Symbol *IC*, *JC* für Jesus Christus, stellte man auch, wie ein drittes von Bayley angeführtes Beispiel zeigt, in T-Form dar, der älteren Form des Kreuzes, auf die man beim ägyptischen Henkelkreuz stößt, dem Insignium des erleuchteten und dadurch göttlich gewordenen Pharao! Mit Hilfe seines »Stabes« läßt Moses Wasser aus einem Felsen in der Wüste fließen, mit Hilfe der »erhöhten Schlange« wehrt er in der Wüste die Pest ab usw.

IC ist *kein* christliches Symbol, denn die Symbole für *yang* und *yin*, heute eine ungebrochene und eine gebrochene waagrechte Linie, waren ursprünglich *I-C*. *I* stand für den Vollmond bzw. für die lunare Achse als Mitte des Weges und *C* für Dunkelmond/Sonne. Auch die prähellenische *IO* enträtselt sich, denn *I(s).is*, die »Kuh«, die man in Ägypten als *As't* schrieb, ist der Anfang, das *A* wie in *alpha* oder *aleph*, und das Ende, *O* wie in *omega*, und beide gehörten ursprünglich zusammen. Das »männliche« Symbol *I* verdrängte *A*, den eigentlichen Anfang, die »Kuh«, aber noch heute bilden das *A* und *O* einer Sache die Ganzheit. In Jesus Christus, dem dadurch wahren Erlöser, sind Licht- und Schattengeist »vermischt«, das Symbol *S* hingegen, dem sein Spiegel wie in *Is.is* oder dem Symbol *8* verlorenging, macht Erlösung unmöglich, solange die Schlange, die sich als Zeichen für den Salvator, den Erlöser, um den Stab ringelt, unerweckt bzw. halbiert bleibt. Es war die »Schlange des Materialismus«, die »männliche« und erdverhaftete Seite der Kraft der Schlange, welche die Menschheit aus dem Paradies vertrieb, macht Bayley aufmerksam. Zuvor aber gab Eva dem Adam die Frucht vom Baum der Erkenntnis zu essen, den goldenen Apfel aus den Gärten der Hesperiden (Wochentage), also das Kalender-Alphabet-Geheimnis, Erkenntnis und Wissen, das der

Mensch (Adam) in Magie verkehrte, um sich die Erde und das Leben auf ihr untertan zu machen.

Viele mystische Symbole zeigen den Stab, die Achse, und die um sie ineinander verschlungene zweileibige oder zweiköpfige Schlange in Form einer Acht. Sie erinnern an die Kraft zur Transformation, wenn zwei Kreisläufe wie die irdische *Kundalini*-Kraft und die himmlische *Prana*-Kraft miteinander verschmelzen.[33] *S*, der Sonnenbuchstabe, drückt nur noch *eine Seite* der Kraft der Schlange oder des Drachen aus, hingegen vereinte das Symbol Blitz oder Donnerkeil für die Entladung oder Erleuchtung in sich noch die gegenpolige Kraft des Schattengeistes und dessen potentielle Erlösung durch Vermischung mit dem Lichtgeist; deshalb kam ihm als früher Sonnenrune große magische Kraft zu.

Der phonetische Laut *ts*, der wie das Zischen einer Schlange klingt, der Blitzlaut, der zum *Z* führte, findet sich bei einem Zeichen der noch nicht entzifferten kretischen Linearschrift, sowie in der altsemitischen Schrift, bei der sich nach obigem nicht überraschend ein *I* dazuschlägt. In der Symbolik der lateinischen Sprache bedeutet *I* »der Heilige«, der »Pol oder die Achse des Universums«, ursprünglich die lunare Achse (Isis), später die solare (Isus-Jesus).

Sowohl die altsemitische als auch die kretische Linearschrift kannten das Symbol der Sanduhr, das in Ägypten »Zeit« bedeutete, vereint es in sich doch symbolisch die himmlische (sideri-

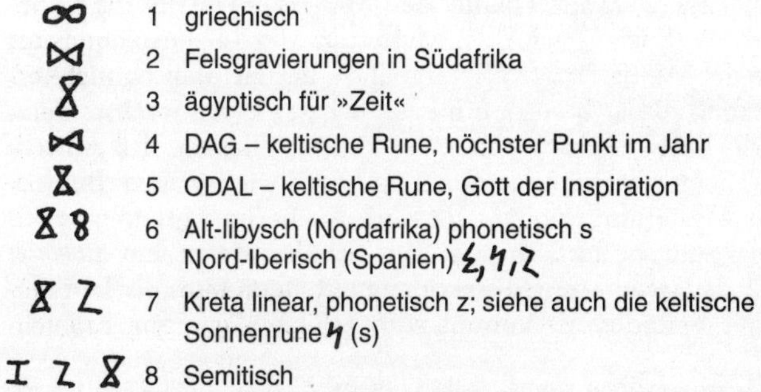

Prähistorische Schriftzeichen.

sche) und die irdische (solare) Zeit. Bei den keltischen Runen drückt es die prärunische Schreibweise von Odal, der »Erleuchtung« Odins, aus. Das gleiche Symbol findet sich bei der altlibyschen Schrift in Nordafrika. Der phonetische Laut dazu ist *s*, phonetisch ist es mit einem prähistorischen nordiberischen Zeichen aus dem Land der geheimnisvollen Basken vergleichbar; die andalusischen Gravierungen gelten als Vorläufer der keltischen Runen. Die liegende »Sanduhr«, die Acht, gilt in der Mathematik als Symbol für Unendlichkeit, sie entspricht der mystischen *Lemniskate* als Sinnbild für die Ausgewogenheit im kosmisch schöpferischen Formenprinzip. In der modernen Chaos-Forschung begegnen wir diesem Symbol als endlos weiterführende Acht in Form des Möbiusbandes wieder, und zu guter Letzt ist es auch das graphische Sinnbild der beiden gegenständigen Mondläufe, also das Symbol für die Vermischung der beiden Ströme des entgegengesetzten Zeitgeschehens! Daraus geht eindeutig hervor, daß sich die Symbolik früher Schriftzeichen aus einer ganzheitlichen Kosmologie löste, in der es »blitzte«, und es wird wiederum deutlich, wie eng die Verflechtung zwischen jenen Kulturen war, die wir in indoeuropäische, semitische, hamitische und andere Kulturen trennen.

Den Hopi zufolge wirbelt das gesamte Universum um eine zentrale Achse, die wie ein heiliger Feigenbaum vom Polarstern bis hinab zum Nabel der Erde reicht. In der keltischen Runensymbolik stellt den das Himmelsgewölbe tragenden heiligen Weltpfeiler *Irminsul* die Rune *Tyr* dar. Einer der Aspekte dieses Weltpfeilers war der »Baum des Maßes«. William Blake beschrieb die Suche nach dem Mysterium des Lebensbaumes als Achse der Welt so lange als vergeblich, als der Mensch nicht erkennt, daß dieser Baum im menschlichen Gehirn wächst. Denn über die innere Achse vermag der Mensch über die sich aufrichtende »Schlangenkraft« Himmel und Erde wieder zu verbinden. Dieses Mysterium findet in der Zirbeldrüse im Mittelpunkt des Gehirns statt, in der sich, wie Yoga-Schüler wissen, ein *dipolarer Zwillingspunkt* zur am Hinterkopf eintretenden himmlischen *prana*-Kraft befindet. Es kommt zum »Blitzschlag«, zur Erleuchtung.[34]

Daß der Mikrokosmos den Makrokosmos widerspiegelt, der Mensch das Göttliche, ist uralte mystische Erkenntnis. Und so verweist die Spitze der Welt- oder Polarachse auf den jeweiligen Polarstern, zu dem die Verlängerung der Erdachse von ihrem Mittelpunkt aus hinführt. Jeweilig ist sie deshalb, weil sich die Erde nicht nur um ihre Achse dreht und dabei um die Sonne läuft, sie vollzieht auch eine Kreiselbewegung, die vorwiegend durch die Anziehung des Mondes auf den Äquatorwulst bewirkt wird. Diese Bewegung nennt man *Präzession.* Sie bewirkt, daß der Himmelspol in ca. 26 000 Jahren einen ellipsenförmigen Kreis am Himmel vollzieht, weshalb im Lauf der Zeit immer andere Sterne die Rolle des Polarsterns spielen. Die Präzession beeinflußt nicht nur die Lage des Himmelspols, sondern auch die ganze Einordnung der Sterne in das auf die Stellung der Erdachse bezogene Gradnetz am Himmel. Das heißt, daß sich ohne die Kenntnis dieser Achse der Himmel und seine Gesetzmäßigkeiten nicht vermessen lassen. Der Zyklus des nach Platon benannten Großen Jahres war nachweislich in Sumer und im alten Ägypten bekannt, und die berühmte Kalenderscheibe von Dendera gibt den Ablauf dreier derartiger Zyklen von 3 x 26 000 Jahren wieder!

Der jeweilige Polarstern ist als Spitze der Weltachse jener Stern, der sich im Gegensatz zu allen anderen Himmelskörpern nicht zu bewegen scheint, er ist der scheinbare Himmelsmittelpunkt, auf dem die Achse der Erde wie ein Pendel aufgehängt erscheint, ein Fixierpunkt, der nötig ist, damit der Lauf der Sterne mit Hilfe des Mondwandels in ein auf die Stellung der Erdachse bezogenes Gradnetz am Himmel geordnet werden kann. Durch Übertragung oder Projektion dieses himmlischen Netzes auf die Erde ergibt sich das geodätische Netzwerk, die Vermessung der Erde nach Längen- und Breitengraden. Atlas, dessen Mythos auf eine prähellenische Kultur verweist, trägt die Erde auf seinen Schultern. Er ist wie andere frühe Heroen auch, etwa Herkules, »Held der Hera«, oder Herakles, »Ruhm der Hera«, ein Symbol für die Welt- oder Polarachse, die das Weltall, vom Standpunkt der Erde aus gesehen, trägt. Jedes der »Bilder des Himmels«, die als immer wiederkehrende Lichtmuster am Himmel eingeschrieben sind, konnte dank der Weltachse und dem »Gürtel der Göttin«, dem zuerst in acht, dann in zwölf signifikante Gruppen von Sternen geordneten Tierkreis oder Zodiak, vermessen werden.

Fassen wir an dieser Stelle nochmals zusammen: Der Tierkreis ist vom Standpunkt der Erde aus gesehen ein Erdkreis, weil die Ebene der Bahn der Erde um die Sonne in diesem Großkreis, in der Ekliptik liegt. Die Sonne »durchwandert« die Ekliptik, die zwölf Sternbilder, einmal im Lauf eines Jahres, indem sie auf der Himmelsleiter auf- und niedersteigt, was ihr Spiegelbild Vollmond jeweils auf der anderen Hälfte dieser Leiter anzeigt; wir erkennen den einfachen oder synodischen Mondlauf. Ihm gegenüber steht der siderische Mondlauf, der gemeinsam mit dem Sternbild, vor dem seine Bilder erscheinen, konkret und unverwechselbar eine Jahreszeit markiert. Derart konnte – dank dem Weltgefäß Mond und der Welt- oder Polarachse – die Wechselwirkung zweier dipolar auf die Erde und das Leben einströmender Zeitströme vermessen und symbolisiert werden.

Jeweils alle 14 Tage befindet sich der volle Mond am weitesten außerhalb der Erdbahn um die Sonne, während der Neumond jeweils am 15. Tag am weitesten innerhalb der Erdbahn um die Sonne steht. So stehen einander jeweils zwei der sieben antiken Planeten, inklusive der Sonne, innerhalb eines zweimal 14tägigen Zyklus, den 28 Tagen des lunaren Kalenders, gegenüber und bilden eine Einheit, die man als Titan symbolisierte. Ursprünglich gab es deshalb sieben Titaninnen und sieben Titanen, deren Anführer Atlas war, der gemeinsam mit Phöbe (Mond) über die Titanen oder Wochentage (Planeten) herrschte. Der Mond wird dadurch vom simplen Erdtrabanten, wie wir ihn heute sehen, zum Verteiler der Kräfte der »Götter«, der »Bilder des Himmels«, und sinnbildlich zur Vulva der Erdmutter. Der 15. Tag ist auch der Zeitpunkt des Höhepunktes der weiblichen Fruchtbarkeit zwischen Vollmond und Vollmond und schließt in seinem Lauf auch den weiblichen Fruchtbarkeitszyklus ein. Sphärischer Klang, heißt es, ist am besten zum Zeitpunkt des Neumondes im menschlichen Körper durch Mitschwingen erfahrbar, weil für wenige Augenblicke lang alle galaktischen Ebenen den Erdebenen ganz offen stehen. In ihrer fruchtbarsten Phase befindet sich die Erde also, wenn der volle Dunkelmond in seiner erdnächsten Position in gerader Linie in Konjunktion zwischen Erde und Sonne steht und seine der Erde abgewandte Seite direkt auf die Sonne zielt. Der genauen Errechnung dieses kostbaren Augenblicks kam große Bedeutung zu, und zu diesem Zeitpunkt fanden Fruchtbarkeitsrituale statt. Bei Vollmond hingegen steht der Erdtrabant am weitesten außerhalb der Erdbahn; zu Mittag nimmt der Erdmagnetismus zu, während er abends drastisch abnimmt.

So gesehen wird der Mond, zwischen erdinnerem und erdäußerem Raum hin- und herpendelnd und sich wandelnd, zum natürlichen Verbindungsglied zwischen inneren und äußeren Planeten und deren konstellaren Energien. Als siebter Planet sammelt er die polaren Energien und verteilt sie durch einen zyklischen Prozeß der Gezeiten in Form seiner »Bilder« an den lebenden Organismus; symbolisch ist der Mond deshalb immer mit der Siebenzahl verbunden.

Anhand der keltischen Rune *Tyr*, die wie erwähnt in der Runensymbolik den das Himmelsgewölbe tragenden Weltpfeiler darstellt, läßt sich das Mysterium der Vereinigung der Göttin und ihres Heros nachvollziehen. Dieses Mysterium ist die purpurrote Dame, die in bereits erwähntem Rätsel zwischen Eiche und Steineiche sitzt. Sichtbar ist sie dort nur ihrem Heros, und nur an einem Tag im Jahr. Es ist jener Tag, an dem die Opferung des keltischen Eichenheros stattfand.

Im Etruskischen hat die Rune *Tyr* als Symbol der Weltachse die Form eines Kreuzes oder eines *T*, dem wir als ägyptischem Henkelkreuz, dem *ankh*, und als esoterischem Christussymbol bereits begegneten. Den *ankh* erhielt nur der höchste Adept der ägyptischen Mysterien, der dadurch zum *Ph.ara.o*, zum »Haus« oder »Tempel« des göttlichen Geistes, zum »König« wurde. Das *o* schließt den Kreis von *alpha*, der Kuh, bis zu *omega*, dem letzten Buchstaben des griechischen Alphabets, bzw. von *A* bis *Tau* (Ägypten). Der Heros oder Horus errichtete diesen Tempel *in sich selbst*, wie es auch das Ideal des Apostel Paulus war. Auch der trojanische Paris war ein derart Eingeweihter, wie sein Name verrät, denn nach Anta-Diop hieß *Par.(per)Is* in Ägypten »Haus der Isis« oder »Tempel der Isis«. Im griechischen Mythos gibt Paris einer aus der Triade der Göttin den »Apfel«. Welche wählt er? Die mittlere, Aphrodite, die man auch »die Rote« nannte. Sie ist die »purpurrote Dame«. Ihre Wahl versprach zwar Liebe, zuvor aber muß der Tod durchlitten werden. Gemeint ist hier der *Initiationstod* der Adepten der Mysterien oder der Heroen der

Mythen, deren Opfer zum dreizehnten Mond des siderischen Jahres stattfand, das bei Ägyptern und Kelten ursprünglich im Sommer endete und begann.

Osiris, besagt der ägyptische Mythos, wird von seinem Zwilling Seth zerstückelt, und das ist ein Hinweis auf das Zwillings-Heroentum, das sich von der solaren Himmelsleiter nicht trennen läßt. Ursprünglich jedoch zerriß Isis, die Mutter und Geliebte, den Sohn selbst in vierzehn Glieder, in die Anzahl der Tage zwischen Vollmond, Neumond und Vollmond. Als sie ihn wieder zusammensetzte, fehlte ein Glied, der Phallus. Das ist ein Hinweis auf die dreizehn siderischen Monde des lunaren, sakralen Kalenders, auf die noch als weiblich verstandene Göttlichkeit, die Unsterblichkeit schenkte, und auf die Bejahung des Lebens im Sinne ritueller »Verweiblichung«, wie man sie noch heute bei den Aborigines findet. Auch Dionysos wurde von den Mänaden zerstückelt, und im keltischen Mythos wurde der zerrissene Heros in einem Kessel gekocht. Die Psychologin M. Luise von Franz ist der Meinung, daß *animus* erst im Kessel der *anima* gar gekocht werden muß, so wie Dante erst durch die Hölle seiner Psyche, sowohl individuell als auch kollektiv, gehen muß, bevor er in den Himmel kommt, um seiner Beatrice zu begegnen. Eine »sehr alte« ägyptische Überlieferung führt Schwaller de Lubitz an. Nach ihr setzt *Rá* wieder zusammen, was Seth in 64 Teile zerriß, und wir erkennen die Potenzierung zu den 64 Hexagrammen.

»Ishtar, die Göttin des Morgens, Ich bin Ich;
Istar, die Göttin des Abends bin ich;
(Ich bin) Ishtar. Die Tür des Himmels zu öffnen
gehört zu meiner Obergewalt.«

So lautet ein Hymnus an Isis = Ishtar, deren Titel auch »Der Öffner der Wege« hieß.[35] Im Beth-Luis-Nion-Alphabet steht *Duir* (Tyr) für den siebten Baum und das bedeutendste Symbol des Druidentums, die Eiche. Druide bedeutet »Eichenseher«, und dieser Name spiegelt die Vision des Eichenheros wider, die an jenem Punkt eintritt, in dem Zeit und Ort als scheinbare Gegensätze miteinander vereint sind. An diesem Punkt entsteht Transzendenz (von *transcendere* [lat.], »hinübersteigen«, »jenseits, außerhalb des Bewußtseins- bzw. Erfahrungsbereiches liegen«).

Jenseits des Wachbewußtseins liegt das Unbewußte, jenseits des Lebens der Tod. Um transzendent und damit unsterblich zu werden, muß der Heros sterben, er muß durch die »Tür des Himmels« gehen. Diese Tür, symbolisiert durch die Eiche, ist *Duir* oder *Tyr* – die Achse. Wohin sie führt, geht aus dem Sanskritwort für Baum hervor – *daru*, *dhrwa* ist der Polarstern, im Urindogermanischen *dorw* – »Baum«, »Eiche«, und *dorw* – der »Eichenseher«, der Druide. Auch im Wort *dharani*, bei den Hindu der »Mutterschoß«, der Keim, dem die ganze Schöpfung entspringt, verbirgt sich die Symbolik der Tür, weil das Opfer des Heroen darin besteht, in den Mutterschoß, den vorgeburtlichen transzendenten Seelenzustand zurückzukehren, nur aus dem heraus Wiedergeburt, die Neuzusammensetzung in den Mythen möglich ist. Der sterbende männliche Gott der Vorgeschichte, der in der alten neolithischen Religion der Sohngeliebte der Großen Mutter ist, wird im Übergang zum Bruder oder Mann der Göttin, worin sich der Individuationsmythos späterer Religionen schon ankündigt. Er wird der Vater des göttlichen Kindes, das wiederum zum weltlichen König wird. W.I.Thompson wies darauf hin, daß in allen Mythen des Nahen Ostens die Männer sterben, nicht weil Frauen grausame, kastrierende Huren sind, sondern weil Männer das unmittelbarste und offensichtlichste Symbol der Phänomenologie des begrenzten, vergehenden Körpers sind. Die Vermutung des Begründers der westlichen Psychoanalyse, Sigmund Freud, Religion diene in erster Linie dazu, mit der eigenen Sterblichkeit fertig zu werden, ist deshalb ein Kennzeichen von Religionen, die Gott als Großen Vater und ausschließlich männlich begreifen. Die keltische Rune *Tyr*, symbolisiert durch den Pfeil, der als Kehrseite des der Erde zugewandten Dunkelmondes auf die Sonne zielt, im Beth-Luis-Nion-Alphabet im Buchstaben *Duir* dargestellt, den die Eiche versinnbildlicht, ist ein Symbol für den Eintrittspunkt in die Gegenwelt. In ihr regiert nicht Sterblichkeit, sondern Unsterblichkeit. Die Reise in andere Bewußtseinsräume führt entlang der Polar- oder Weltachse, weshalb *Tyr* auch als Name für einen früheren Polarstern angenommen wird – Ursache und Wirkung ließen sich noch nicht voneinander trennen. Wie ausgeführt entspricht die kosmische Achse im menschlichen Körper der Wirbelsäule, die den südlichen und den nördlichen Pol, Ovulations- und Menstruations-Pol, weißen und roten Pol, das Genitalien-Chakra mit dem siebten Kronen-Chakra, miteinander verbindet. Es ist jene innere Achse, entlang derer die *Kundalini-* oder Schlangenkraft hochsteigt. Rot-weiß sind deshalb die sakralen Farben der schwarzen oder dunklen Göttin, und diese Symbolik ist bis heute bei Bantu-Ritualen in Afrika tief verankert. Durch den »nördlichen Punkt« tritt das himmlische *prana* ein, deshalb liegt in der afrikanischen Geheimlehre der traditionelle Ort des Totenreiches immer im Norden, wie auch bei christlichen Notre-Dame-Kathedralen das Nordtor stets das Tor der Eingeweihten war. Auf die Art der explosiven Kraft, die wie ein Blitzschlag entsteht, wenn sich *prana* (Himmel) und *Kundalini*-Kraft (Erde) miteinander vermischen, kommen wir beim Erbe der Schamanen zurück, hier ist nur wesentlich, daß sich alle Angaben der erwähnten Kulturen eindeutig auf Praktiken von Adepten der Mysterien beziehen, um Erleuchtung, »Liebesweisheit«, zu gewinnen, d. h. unsterblich und göttlich zu werden.

Der Buchstabe *D*, *Duir*, besitzt im Beth-Luis-Nion-Alphabet bereits einen Zwilling, *T*, *Tinne*, der den achten Baum symbolisiert. *D* bedeutet in der lateinischen Symbolik »leuchtend« und ist das Sinnbild für die Eiche als siebten Baum. Den achten Baum, *T*, stellt die immergrüne Steineiche dar. Das bedeutet, daß die Eiche die zunehmende Hälfte und die Steineiche den abnehmenden Teil des Jahres regiert, und die Himmelsleiter, der einfache (synodische) Mondlauf, der diesem Kalender-Alphabet bereits zugrunde liegt, ist deutlich. Aber dazwischen liegt die Sommer-Sonnenwende, zu der die traditionelle Opferung des Heros ursprünglich stattfand. Zwischen Eiche und Steineiche, dem siebten und dem achten Monat, zwischen Tod und der »zweiten Geburt«, der Wiedergeburt oder Auferstehung, sitzt also die purpurrote Dame. Sie ist die »Tür«, weshalb man die Göttin auch »Leben-im-Tod« nannte.

Bei den Römern stand der zweiköpfige *Janus* an dieser Schwelle, an jenem Punkt, an dem das Jahr stirbt und wiedergeboren wird. Deshalb sieht er sowohl in die Vergangenheit als auch in die Zukunft. Auf Janus geht daher der Name für den Eröffnungsmonat des Jahres, *Januar*, zurück, der ursprünglich unserem heutigen *Augustus*, dem achten Monat entsprach, den die Steineiche symbolisierte. Die Eiche war der »Todes-«, die Steineiche der »Geburtsbaum« in Ägypten, Palästina und Syrien (Phönikien oder Kanaan). In manchen Ländern entsprach die immergrüne Steineiche der Kermeseiche südlicherer Breiten, in der die Kermesschildlaus beheimatet ist, ein scharlachrotes Insekt, aus dem man die königliche Purpurfarbe gewann. Jesus trug, als er zum König der Juden ausgerufen wurde, ein mit Kermes-Purpur gefärbtes, Gewand (Matthäus 27, 28). Vermutlich ersetzte der Purpur den roten Eisenocker, das Wort Kermes, aus dem Kirmes und Kirchtag wurde, mag sich davon ableiten und erinnert ebenso an die purpurrote Dame wie der Kinderreim vom Männlein allein und stumm im Wald, das ein purpurrotes Mäntlein trägt. Das göttliche Kind als Sinnbild für die zweite Geburt ist in nördlichen Breiten mit der Tanne verbunden, und die Wörter *Dann* oder *Tann* sind ein Äquivalent zu *Tinne*, dem achten Baum im Beth-Luis-Nion-Alphabet. Im Keltischen bedeutete *Tinne* »heiliger Baum«, in Gallien und Britannien »Eiche«, und im einst keltischen Deutschland »Tanne«, die noch heute unser Christbaum ist!

Im Zuge einer Kalenderreform verdrängte der achte Buchstabe, *T*, der in der Symbolik der lateinischen Sprache die Bedeutung »Zwillingsachse« besitzt(!), den siebten Baum, *D*, an Bedeutung. Das neue, von dreizehn auf fünfzehn Buchstaben erweiterte und der Überlieferung nach aus Ägypten stammende Kalender-Alphabet *Ogma*, »Sonnengesicht«, löste das sakrale Beth-Luis-Nion-Alphabet ab, das noch trotz Zwilling im Zeichen der lunaren Achse gestanden war. Ein Zwilling verdrängte den anderen, die Geburt des Gottes trennt sich vom Tod des Gottes, weil Tod und Leben nicht mehr miteinander vereinbar sind. Es ist einsichtig, daß in einer Kosmologie, in deren Mittelpunkt nicht mehr die lunare Achse und das dank Mondlauf und -wandel aufgezeigte gesamtkosmische Geschehen stand, sondern nur noch die Sonne, Tod und Geburt des Heros zeitverschoben um die sechs Stufen der solaren Himmelsleiter stattfinden mußten; aber ursprünglich lagen Tod und Wiedergeburt in diesem einen Punkt, zu dem die purpurrote Dame zwischen der Siebenzahl und der Achtzahl Zutritt gewährt. Wie Chrysostomus zu Beginn des 5. Jahrhunderts schrieb, fixierte man den 25. Dezember kürzlich auch in Rom als Geburtstag von Christus. Das bezieht sich auch auf den Geburtstag des persischen Sonnengottes *Mi-*

thra, aber auch die ägyptischen Götter *Osiris* und *Horus*, *Dionysos*, der Hindugott *Vishnu*, der syrische *Tammuz* sowie der »Erlöser Sonne« im alten China, *Zas*, wurden am 25. Dezember geboren. Die christliche Legende von der Geburt des göttlichen Kindes durch eine Menschenfrau erzählte bereits die ägyptische Königin Hatschepsut, die »Gott, Frau und Pharao« war, 1500 Jahre vor dem Neuen Testament! Und W.I.Thompson weist darauf hin, daß sich der Mythos von der Geburt des himmlischen Kindes durch eine einst göttliche Frau bis in das Neolithikum, die Jungsteinzeit zurückverfolgen läßt.

Ba.bel, »Tor Gottes«(!), versuchte die alte vorsolare Kosmologie wieder herzustellen, aber der Versuch mußte aufgrund der zahlreichen Eroberungen Mesopotamiens und der dadurch ausgelösten »Sprachenverwirrung« scheitern. Der in der *Bi.bel* überlieferte Mythos vom Einsturz des Turmes, der bis zur Himmelsspitze reichen sollte, stellt nach Joseph Campbell eine Karikatur der Weltachse dar. Das Erbe lunarer Kulturen wurde nicht mehr verstanden, aber in den Sprachen erhielt sich dennoch eine Erinnerung an die einstige Bedeutung der heiligen Siebenzahl. Denn von *Tyr* oder *Duir*, das mit dem Sanskritwort *dayus* verwandt ist und die Bedeutung eines Gottes oder göttlichen Geistes hat, leiteten sich die Namen des griechischen Zeus ab, des römischen *Dis Pater*, Gott der Unterwelt, und das lateinische Wort für Gott, *deus*! *Deivos* soll der indoeuropäische Himmelsgott der europäisch archaischen Zeit genannt worden sein, was sich zu *Teiwaz*, *Tiw* oder *Zui* entwickelte; Teiwaz wurde zum Vorbild für den katholischen Leibhaftigen.

Aufgrund der aufgezeigten Entwicklung wurde bei den Kelten die Steineiche (8) anstelle der Vision oder Erleuchtung, symbolisiert durch die Eiche (7), zum allerheiligsten Symbol. Dadurch verlor die Vision des Eichensehers ihr erleuchtendes Leben und versteinerte, während die druidischen Riten zu blutigen Opfern ausarteten. Anhand des Beispiels des König-Arthur-Mythos werden wir sehen können, wie dadurch zunehmend Transzendenz verlorenging. Sie ist das Kennzeichen und letztendlich die Rechtfertigung jeder Religion. Jede Religion, die an Transzendenz verliert, spiegelt zunehmende innerliche Entleerung wider und erstarrt im veräußerlichten Dogma, wonach stets die Suche nach einer Erneuerung erfolgt. Den ursächlichen Auslöser für diese Entwicklung überlieferte Plutarch in seiner Betrachtung zum mysteriösen *E* im Erdheiligtum Delphi: »Weise alte Männer brachen mit altem Brauch und langer Tradtion, indem sie die Sieben von ihrem angestammten Platz der Ehre verdrängten und das Feuer als die Gott angemessenere Kraft institutionalisierten!«

Die Siebenzahl war neben der Dreizahl und deren Potenzierung Neun die allerheiligste Zahl der Mysterien der Großen Göttin, ihrer Kraft werden wir im Abschnitt »Kosmische Oktaven« begegnen. Die feurige, Gott nun gemäßere Kraft der »Todeszahl« Acht symbolisiert die Kraft der Sonne, die zum Lichtgeist geworden war, in den sich ein Teil des ursprünglichen Schattengeistes verkehrt hatte. Der ihr innewohnende wäßrige Widerspruch des Unbewußten ging dadurch verloren, wodurch das Wachbewußtsein als »göttliche Vernunft«, in Wahrheit jedoch das feurige Ego oder Ich, die »männliche« Seite der Schlange, die »Schlange des Materialismus«, Oberhand gewann. In der jüdischen, christlichen und islamischen Tradition nimmt seither die Achtzahl die bedeutende Stellung ein. Auch der ägyptische Mythos berichtet von einer Kalenderreform, die immer Hand in Hand mit einer Religionsreform erfolgt. Gott Thot gewinnt Göttin Isis beim Brettspiel fünf Tage ab. Diese fünf Tage waren nötig, um den ägyptischen Mondkalender in die Sonnenzeitrechnung umzuwandeln.

In Geoffrey von Monmouth's »Geschichte der Könige von Britannien«, die sich auf den Sieg des Christentums über das Heidentum bezieht, prophezeit der Magier Merlin, daß nach dem Sieg des Königs Vortigern Janus niemals mehr Priester haben werde. Seine Tür wird geschlossen und in Ariagnes Klüften versteckt bleiben. Ariagne bedeutet »sehr heilig«. Ihre Klüfte sind die Abgründe der Seele, zu denen die »Tür« nun zugefallen ist. Den Zugang verschließt seither der »Fels« Petrus; *pierre* (franz.) heißt »Fels«, *patera* (lat.) »Kreis«, nach Bayley »Vater A«. Aus der Mutter, der Kuh, war der Vater, der Fels oder Stein als Symbol für das »Haus Gottes« geworden. Unter ihm stauen sich die Wasser der verdrängten Psyche so lange an, bis der Druck so überwältigend wird, daß er den Stein hinwegsprengt – danach kommt es zur Flut. Anders formuliert ist dem Menschen durch die einseitige Vergöttlichung der trockenen Oberwelt des solaren Geistes ab nun der nur über die Läuterung der Psyche führende Zugang zur individuellen göttlichen Erleuchtung, der

Verschmelzung mit der »Überwelt«, verwehrt und muß durch eine hierarchische Priesterschaft ersetzt werden. Der Gott, der ursprünglich eine Göttin war, ist im Kristallschloß der Mythen gefangengesetzt, in dem er seither unerlöst auf Befreiung wartet. Was dadurch verlorenging, drücken die im Thomas-Evangelium Christus zugesprochenen Worte deutlich aus: »Wenn ihr hervorbringt, was in euch ist, dann wird dieses euch retten. Bringt ihr aber nicht hervor, was in euch ist, dann wird dieses euch zerstören.« Die urarchaische Kraft, die von nun an einseitig im Mittelpunkt der Kosmologie stand, ist die mit der Erde und dem Leben untrennbar verbundene Kraft, Leben zu nehmen, die Todeskraft Hekates (gr.) oder Neyphtys' (ägypt.). Hekates Symbol war die *Swastika* und das Symbol ihrer Kraft ist die Zahl des gefürchteten apokalyptischen Tieres – 666.

Eine gravierte Gemme aus Rom zeigt Hekate. Sie trägt die dreizackige Krone, Symbol der Dreifaltigkeit. Ihre sechs Arme stellen die sechs Urkräfte dar, die der in der Göttin vereinten zweileibigen Schlange entspringen.

Das Mühlschaufelrad der Rhea, die Swastika – 666, die Zahl des »Biestes«

Rhea, von *era*, »Erde«, ein Wort, das sinnigerweise noch heute für die zyklische Ära verwendet wird, war ein Name für die kretische Mutter Erde bzw. deren Kraft. Ihr im griechischen Mythos überliefertes Attribut, das Mühlschaufelrad, birgt einen wichtigen Hinweis auf die Art der Kraft, die durch den Triumph der

Acht über die Sieben, des Gottes über die Göttin, unerlöst im Mittelpunkt solarer Religionen stand. Von nun an thronte im Himmel ein königlicher Vater. Bedeutungsvoll ist hier, daß es allem Anschein nach keine proto-indoeuropäischen Könige gab. Darauf weisen u. a. die Untersuchungen von Andrew Sihler hin, der aufzeigte, daß das proto-indoeuropäische Wort für Priester/König, die Wurzel *reg*, nicht »eine gerade Linie arrangieren« bedeutet, die stets das Gerade, das Recht oder Rechtes mit Königtum verband, sondern »wirksam sein«, »mächtig«, »*mana* haben«. Und Hartmut Scharfe, der die vedisch-arische Evidenz neu untersuchte, entdeckte, daß das Wort *rai* in den frühesten vedischen Texten nicht das männliche Hauptwort, das König meint, bedeutete, sondern ein weibliches Hauptwort, das »Stärke, Kraft« inkludierte. Falls diese Untersuchungen akzeptiert werden, gibt es keine Evidenz mehr für proto-indoeuropäische Könige. Scharfe schlägt statt dessen ein proto-indoeuropäisches Wort für »Beschützer« oder »Person mit Kraft (Macht) oder Charisma« vor und nicht »König«.[36] Diese Untersuchungen sind deshalb so aufschlußreich, weil das absolute Herrscher- und Königtum, wie es heute als »Realität« fest in unserem Bewußtsein verankert ist, ein Ausdruck jenes symbolischen Prinzips ist, welches die Zahl des »Biestes« versinnbildlicht. Daß das Verhaltensmuster, über etwas herrschen zu wollen, nicht im menschlichen Bewußtsein verankert sein muß, belegen Kulturen wie die San oder Buschmenschen Südafrikas, die in ihrer bekannten Geschichte keine Herrscher und auch keine Priester kannten. Sie mußten sich nicht »wiederverbinden«, sie waren, ob Mann oder Frau »natürliche Schamanen« und damit verbunden.

Aufschluß über die Art der *mana*-Kraft, die eine besondere Art von Stärke verlieh, die sich später in Macht wandelte, gibt bereits der Schöpfungsmythos von *Adam*, nicht als der erste Mann, sondern als der erste Mensch, denn der erschaffene Mensch ist im Alten Testament, das an derartigen Widersprüchen reich ist, sowohl als Mann als auch als Frau bezeichnet. Im älteren sumerischen Mythos kam die Aufgabe der Erschaffung der Menschen der Muttergöttin *Nin.Ti*, »Herrin des Lebens«, auch »Herrin der Rippe«, zu. Hier wird besonders die Problematik von Übersetzungen heiliger Schriften oder Überlieferungen deutlich, denn das Wort »Rippe« ist nur eine von mehreren Möglichkeiten. Wesentlich mehr Sinn ergibt die Bedeutung eines Teils, der eines Gegenteils zur Ergänzung bedarf – der Mann der Frau, das Helle des Dunklen usw., d. h., der eine Teil, Adam (die Menschen), wird aus dem anderen Teil, Eva, als Symbol für die Mutter alles Lebens, vor ihr Lilith, der Nacht, dem Kosmos, der lunaren Mitte, geschaffen! Das akkadische Wort *adamu* steht mit der »dunkelroten Erde«, *adama*, in Verbindung, einer ganz besonderen Art von Erde. Darauf deuten *adama* und *adom*, die Bezeichnungen für rote Farbe, hin, die sich nach Zecharia Sitchin wie das akkadische Wort *adamatu* von *damu* und *dam* ableiten: Blut; *dam kina* war die babylonische Mond-Erde-Göttin: Danu! So kann der Name des biblischen »Mustermenschen« Adam, den Jahwe aus dem »Erdenkloß« machte und ihm »den Lebensodem in die Nase einblies«, sowohl »der aus dunkelroter Erde Gemachte« als auch »der aus Blut gemachte« bedeuten. Nun wird Adam der Lebensodem *nephesch* auffallenderweise durch die Nase eingeblasen, hinter deren Scheidewand Dr. Robin Baker bei Aborigines magnetische Zellen entdeckte; *nephesch* bedeutet »Seele« oder »Leben«, den »Geist«, der ein Geschöpf belebt. Ein Hinweis auf diesen belebenden Geist, *spirit*, findet sich im *Pentateuch*, den Fünf Büchern Mose, im Zusammenhang mit dem Tabu, Menschenblut zu vergießen und Tierblut zu sich zu nehmen, »weil das Blut der *nephesch* ist«. Blut, das die Gene trägt, Eisen, ein Symbol für die Seelenkraft, sowie die magnetische Gezeitenkraft des Mondes, lassen sich offensichtlich nicht voneinander trennen.

Nach Dr. Robin Bakers Untersuchungen ist der »magnetische Sinn« vom Magnetfeld der Erde abhängig. Er geht vollkommen verloren, wenn dem Kopf eines Aborigines ein Magnet nahe gebracht wird. Das ist bedeutsam, weil dieser »sechste Sinn« mit der Zirbeldrüse oder Epiphyse in Verbindung steht, einem Sinnesorgan, mit dem sich Säugetiere und Reptilien an Lichtimpulsen orientieren und das beim modernen Menschen als verkümmertes Organ gilt. Nach Baker nimmt sie Informationen aus dem Magnetfeld der Erde auf. Sie entspricht dem mystischen »dritten« oder »inneren Auge«, das die Hindus mit dem sechsten Chakra oder Rad von insgesamt sieben Haupt-Chakren oder spirituellen Energiezentren in Verbindung bringen. Diese Seelenorgane bauen den ätherischen, feinstofflichen Seelenkörper, den Bildekräfteleib auf. Hier, im sechsten Chakra, sind je nach Bewußtseinszustand der Gott oder die Göttin mit Form zu erkennen, im hebräischen Mythos der Messias, und das wirft ein bezeichnendes Licht darauf, weshalb nur Propheten oder Seher fähig sind, den Messias zu schauen. Zur Erfahrung jenseits der Gottheit mit Form führt die »Explosion« der *Kundalini*-Kraft in der Zirbeldrüse, sobald sie sich mit *prana* vermischt, jener himmlischen Kraft, die an einem Punkt im Hinterkopf eintritt, der wie die beiden Pole eines Magneten in der Zirbeldrüse einen dipolaren Zwillingspunkt besitzt.

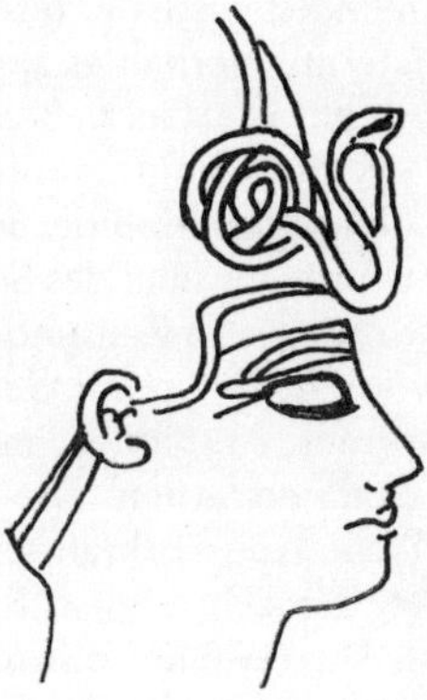

Hatschepsut, Frau, Gott und Pharao, mit der sich aufrichtenden heiligen Kobra (Kundalini) auf der Stirn, dem Sitz des Dritten Auges. Sie vollendete den »Großen Kreislauf«.

Daß sich das Allerheiligste in ägyptischen Tempeln just an jener Stelle befand, an der – umgesetzt auf die Proportionen des menschlichen Schädels – die magnetischen Zellen lagen, wies der Ägyptologe Schwaller de Lubicz anhand des Tempels von Luxor nach. Bei der abschließenden und höchsten Einweihung des Pharao, der dadurch zum Gott wurde, durchbrach man rituell den bis dahin verschlossenen Zugang zum Allerheiligsten. Dieses äußere Ritual spiegelte den inneren Durchbruch des Erleuchteten wider, die »Öffnung des letzten Weges«.

Das alles weist nachdrücklich darauf hin, daß man die das Leben (Adam) beseelende Kraft mit einer Energieart gleichsetzte, die wir als elektromagnetisch bezeichnen würden, mit einer noch jenseits des sichtbaren Lichtes hochschwingenden Kraft, die auch in der »Erdkraft« enthalten ist. Deshalb wohnt Rhea, wie ein griechischer Mythos besagt, im Mittelpunkt der Erde, aber als Himmelskönigin *zugleich* in der Mitte der Milchstraße.

Ihr Symbol war das Mühlschaufelrad. Wie unser moderner Computer eine Matrix braucht, bedarf auch eine Mühle einer Antriebskraft oder Energieart sowie Mittel, um diese Kraft zu übertragen und umzuformen. Die Mühle benötigt einen Fluß oder Bach, der Wind oder ein mechanisches Medium treiben das Rad an, die Schaufelräder nützen die Wasserkraft, wodurch der Stein in Bewegung gehalten wird, der das Getreide zermahlt. Nach mystischer Überlieferung verhält es sich ebenso mit unserer spirituellen Antriebskraft, die Geist, Seele und Körper zusammenhält. Das ist dank der »Informationsspur« der »Bilder des Himmels« möglich, durch das Maß der Konstellationen von Planeten und Sternen zur Erde im Lauf des Sonnenjahres, die als Ausdruck der Wechselwirkung von Zeit und menschlichem Bewußtsein empfunden wurden. Der reine Geist ist der Fluß der göttlichen Kraft. Um strömen zu können, muß er sich von der Quelle, der Ur-Kraft (Gott) entfernen. Die Seelenkraft ist die ätherische oder feinstoffliche Antriebskraft – Luft oder der Wind – *spirit*, das sind Begriffe, die sich in alten Sprachen nicht voneinander trennen lassen. Umverteiler, das Mühlschaufelrad, ist der feinstoffliche Astral- oder Mental- oder Geistkörper, und unser Ego, die Verdichtung unseres jeweiligen Bewußtseins im physischen Körper, entspricht dem Mühlstein. Ohne dieses dreifache Zusammenspiel der Antriebskraft bliebe der Stein stehen, das Korn könnte nicht gemahlen, und weder Weizen noch Spreu würden erzeugt werden. Antriebskraft-*spirit*, Kraftübertragung-*Seele* und Kraftumformung-*Geist oder Bewußtsein* verdichten sich zum fleischlichen Körper als aus dieser Dreiheit hervorgehendem Vierten, sie gehören zusammen, sind in der Ganzheit »Mühle« vereint und beeinflussen einander wechselwirksam. Ohne Brot gäbe es keine Nahrung, keinen Körper, der sich aus den Elementen der Erde zusammensetzt, die über ihre Früchte als Nahrung in unseren Organismus strömen. Ohne irdisches Leben könnte sich die Seelenkraft nicht materialisieren, und Fluß und Quelle würden nicht gespeist werden. Der ewige

Kreislauf des ständigen Fließens, der alles in Gang hält, wäre unterbrochen, der kosmische Ozean, die »Wasser des Raumes«, würden sich trüben und schließlich mangels reinigendem Ab- und Zuflusses absterben. Ersetzen wir das Wort *spirit* durch Überbewußtsein als Ur-Antriebskraft, das Wort Seele durch Psyche, die sowohl Bewußtes als auch vergangenes Bewußtsein, das Unbewußte inkludiert, und den Körper, das *Mittel zur Kraftumformung durch Bewußtsein* als Ausdruck unseres Ego, dann können wir deutlich erkennen, wie eines das andere bedingt und daß die *bewußte* Veränderung, die den Egotod und die Geburt eines neuen Ego, eines »neuen Bewußtseins« erfordert, rückkoppelnd die Seele, und diese den Strom und Quelle zu speisen vermag. Dasselbe Prinzip trifft auf unseren Planeten, die Erde, zu.

Ein anderer Name der Erdmutter war Gaia. Spätestens seit James Lovelocks gleichnamiger Theorie beginnen mehr und mehr Menschen wieder unseren Planeten als lebendigen Organismus zu begreifen. Für Naturvölker wie die Dogon Westafrikas stellen tellurische Strömungen die Blutbahnen im Körper der Erde dar, Wasseradern sind ihr »dünnes«, Erzadern ihr »dickes Blut«. Das »Blut der Erde« ist Eisen(ocker), Erde ihr Fleisch, ihre Knochen sind Felsen und Steine, ihre Wirbelsäule ist die Erdachse usw. Das sie alle verbindende und belebende Element fließt wie die *Kundalini*-Kraft durch Nervenkanäle entlang der Wirbelsäule der Erde vom südlichen zum nördlichen Magnetpol, durch den wie beim menschlichen Hinterkopf die kosmische Kraft eintritt. Eine Schlange wohnt im Norden, eine andere gegenpolige im Süden, oder wie es die Chinesen ausdrückten: »Der Kaiser des südlichen Meeres hieß *Shu*, der Kaiser des nördlichen Meeres hieß *Hu*, und der Kaiser der Mitte hieß *Hun-tun*.« Mit Meer ist hier der galaktische Ozean noch ungeformter Materie gemeint, nördlicher und südlicher Pol beziehen sich auf die polaren Himmelsspitzen und die Mitte auf ein galaktisches Kraftzentrum in unserer Milchstraße, das im Erdkern einen dipolaren Zwillingspunkt besitzt!

Daß alten Kulturvölkern der Erdmagnetismus vertraut war, belegt die schon erwähnte ägyptische Hieroglyphe *Ta Mari*. Nach ihr ist die Erde der Magnet des Himmels, und ihre Heiligkeit besteht in der Anziehung himmlischer Energie. Der sie begleitende Text lautet nach Schwaller de Lubicz: »Die Erde atmet durch den Norden und manifestiert sich durch den Süden. Der Süden ist der Ort der Potenz und des Ursprungs der Manifestation. Wie vom Samen zur Frucht bewegt sich die Manifestation nordwärts.« Auch José Argüelles wies anhand des Maya-Faktors im heiligen Tzolkin (Kalender) auf den Süden als innerhalb eines Kreislaufs erzeugende Kraft hin. Demnach ist der Süden die Form, die den Samen erzeugt, aber »beseelt« wird die Erde durch den Norden, der auch die Kraft des Südens ausbalanciert. Diese Keimkraft verstand man als die weibliche schöpferische Kraft, Leben zu geben, die sich zum zeugenden Samen in zwei Richtungen, in die »männlichen« und »weiblichen« Früchte des Lebens verdichtet. Heute wissen wir, daß der nördliche magnetische Pol negativ und der südliche positiv geladen ist. Die Energie des südlichen Pols fördert Wachstum, die des nördlichen hemmt es, so wachsen etwa der Energie des südlichen magnetischen Pols ausgesetzte Krebsgeschwüre schneller als das im Norden der Fall wäre.

Die Hopi berichteten in ihren Überlieferungen nicht nur von einer Nord-Süd-Achse, sondern auch von einer Querachse, deren »weiblicher Pol« sich heute in ihrem Land und der »männliche« Pol sich in Tibet befinden soll, und das ist eine Angabe, die vom Dalai Lama, dem geistigen Oberhaupt der Tibeter, bestätigt wird. Der Schwingungsmittelpunkt der Erde liegt im Punkt der einander kreuzenden Achsen. Daraus ergibt sich das uralte mystische Symbol der Erde, das in einen Kreis eingeschriebene Kreuz, dem geometrisch ein Quadrat zugrunde liegt, in dem sich erstmals Diagonalen bilden lassen, die das Kreuz bilden; mit Hilfe der Quadratur des Kreises läßt sich der Kreisdurchmesser, die wegen ihrer Heiligkeit bis zu den Pythagoreern geheimgehaltene irrationale Zahl *pi* annähernd errechnen. Das Symbol des in einem Kreis als Symbol für den Himmel oder Kosmos eingeschriebenen Quadrates (Erde), dessen Perimeter (Umkreise) gleich sind, ist das uralte Sinnbild der Verbindung zweier scheinbar nicht miteinander zu verbindenden elementaren Kräfte, von Feuer und Wasser, Himmel und Erde, der kosmischen und der terrestrischen Kräfte. Nach mystischer Überlieferung liegt diese Verbindung allem Leben zugrunde. Dabei handelt es sich um das numerische Symbol des »zerstörten Tempels«, den es jeweils zu Beginn eines neuen Weltzeitalters im Inneren, also im Bewußtsein, wieder zu errichten gilt. Seine geometrische Grundform und deren numerische Symbolik liegt, wie John Michell nachwies, von der Großen Pyramide bis Stonehenge und der alten Kapelle von Glastonbury allen alten sakralen Bauten sowie der Konstruktion sakraler Texte wie der Johannes-Apokalypse zugrunde. Sie spiegelt sich auch in mathematischen Verhältniszahlen des planetaren Geschehens wider, die als sakrale Geometrie nur an Eingeweihte (Geläuterte) weitergegeben wurde.

Schon 1902 hatte Paul Reibisch die Theorie aufgestellt, unseren Planeten durchmesse neben der Polarachse eine zweite Achse, so daß die Erde, abgesehen von den magnetischen Polen, zwei weitere, insgesamt also vier Schwingungspole habe, die er in Equador und auf Sumatra ansetzte. Von Zeit zu Zeit kippt die Polarachse über diese zweite Achse, und durch diese Kippbewegung kommt es zu Polsprüngen, zu Verschiebungen der Erdkruste über den Erdmantel. Die katastrophalen Folgen sind Kettenreaktionen von Vulkanausbrüchen, wodurch es zu Erdbeben und Flutwellen kommt. Ein derartiger Polsprung vom südlichen Teil Grönlands auf den heutigen nördlichen magnetischen Pol zu ist um 8500 v. u. Z. nachzuweisen; damals sprang der magnetische Pol um 3500 Kilometer![37] Die Maya gaben das Jahr 8498 v. u. Z. als ein Nulldatum der Menschheit an, und zu etwa dieser Zeit setzten die Ägypter den Untergang von Atlantis durch eine Flut an!

»Die vier Lebendigen, Wagen der unfaßbaren göttlichen Menschheit, dehnen sich aus im schönen Paradies. Sie sind die vier Flüsse des Paradieses, und die vier Gesichter der Menschheit, stirnend wider die vier Enden des Himmels, vorwärtsstoßend, unaufhaltsam von Ewigkeit zu Ewigkeit.«[38] So beschrieb William Blake in »Jerusalem« die vier Schwingungspole, in denen jene Reiter Aufstellung nahmen, die in der Johannes-Apokalypse, weniger positiv ausgedrückt, am Ende der Welt aus den vier Ecken heranstürmen, um die *geschaffene* Welt zu zerstören – nicht die Erde! Diese Pole bilden sich je nach Stellung der Polar- oder Erdachse aus den vier »Himmelsspitzen«, welche schon, wie die Hopi überlieferten, die Atlantoi vermaßen.

Heliokosmisch orientierte Kulturen waren immer davon überzeugt, daß die Antriebskraft unseres Planeten eine kosmische Kraft ist, besser formuliert: das Zusammenspiel kosmischer Kräfte, der »Götter«, und daß dieses Zusammenspiel mit einer gesamtkosmischen Energiequelle in Verbindung steht, die über die vier Himmelsspitzen und dank des Weltgefäßes Mond und dessen Wandlungen die Erde »bestrahlt«. Als Erdmutter wohnt »Rhea mit der weißen Sternenspur« im Mittelpunkt der Erde und als »Königin des kreisenden Universums« im Zentrum der Milchstraße, im Zentrum unserer Galaxie. Als Himmelskönigin war sie die »Jungfrau«, wie es auch ein Titel des babylonischen Schlangenungeheuers *Tiamat* war, Symbol für das Chaos, für den vorschöpferischen Urzustand der Materie, den *abyss*, der in der jüdischen Mystik als unbekannte Tiefe zwischen den verschiedenen Welten bezeichnet wird. Als Zentrum unserer Galaxie vermutet die moderne Physik übrigens ein riesiges Schwarzes Loch im Sternbild Jungfrau, aber auch dieser Kraftmittelpunkt unseres Milchstraßensystems steht nicht still, sondern bewegt sich anscheinend wieder um »etwas«, ist nicht Ursache, sondern bereits Wirkung. Als einen Kreislauf innerhalb eines Kreislaufs beschrieb auch Ezekiel das *Rad des spirits.*

Sehen wir zum nächtlichen Sternenhimmel hoch, dann können wir nachvollziehen, daß der Kosmos von Galaxien wie der unsrigen erfüllt ist, die im Raum verstreut sind, aber das auffälligste Kennzeichen des Kosmos ist seine scheinbare Leere. Heute vermutet die Physik, daß diese Leere mit Antimaterie oder »dunkler (unsichtbarer) Materie« gefüllt ist. Unsere eigene Galaxie, die Milchstraße, ist bloß ein Staubkorn in diesem riesigen galaktischen Ozean. Von außen gesehen wirkt sie wie eine ungeheure flache Scheibe von Sternen und Gas, die sich im Weltraum wie ein riesiges Rad dreht, so daß sich alle ihre Sterne, einschließlich unserer Sonne und ihrer Planeten, um ihren Mittelpunkt drehen.

Unser Sonnensystem befindet sich am Rand der Milchstraße. Als dritter Planet, von seinem Zentrum, der Sonne, aus gesehen, zieht der aufgrund seiner Atmosphäre blauleuchtende Planet Erde seine Bahn um die Sonne. Im Inneren der Sonne werden durch die ständige Umwandlung von Wasserstoff in Helium in jeder Sekunde vier Millionen Tonnen Sonnenmaterie in Energie umgeformt. Stirbt ein Stern wie unsere Sonne, weil ihm sein

Brennstoff ausgeht, fällt er aufgrund der gegenseitigen Massenanziehung seiner Teilchen in sich zusammen, verdichtet sich und wird immer schwerer. Das geschieht deshalb, weil die Anziehungskraft dieser Teilchen, wenn der Abstand zwischen ihnen abnimmt, schnell anwächst. Schließlich ist die Schwerkraft so stark, daß sich um einen solchen sterbenden Stern herum die Raumzeit krümmt, so daß schließlich nicht einmal mehr Licht von seiner Oberfläche entkommen kann. Der Stern wird unsichtbar, er wird zum Schwarzen Loch, d. h. er dehnt sich in eine höhere Dimension aus. Nach wie vor vorhanden ist jedoch, selbst nachdem das hochschwingende Licht wegfällt, die starke Anziehungskraft durch etwas Schweres.

Dieser Schwere kam im alten Ägypten eine bedeutsame Rolle zu, wie ein Pyramidentext belegt, den Wallis Budge übersetzte. In ihm fleht Osiris Isis an: »Sei nicht zornig in Deinem Namen von *tschĕnteru*.« *Tschĕnch* bedeutet »Zorn« oder »Ärger«, und *tschĕnteru* ist die Stätte des Gewichtes oder der Schwere. *Tschām* nannten die Ägypter das »Material, das die Sterne trug«, man bezeichnete es auch als »Macht des Anubis«, und Anubis war der Hunds- oder Schakalgott, ein Symbol für den »Hundsstern« Sirius, der den Übergang zwischen dem hellen Aspekt der Göttin (Isis) und ihrem dunklen Aspekt (Nephtys) ausdrückte, letzteren nannten die Griechen Hekate. Wir werden Nephtys bzw. Hekate als Ausdruck der »männlichen« Seite und Todeskraft der Göttin im Abschnitt »Kosmische Oktaven« begegnen.

Im ersten bekannten Kalender Ägyptens stand Sirius im Zentrum, und es stellt sich die Frage, weshalb vermaß Isis, der Mond und sein Lauf und Wandel, diesen weit entfernten Fixstern? Die Antwort kann nicht nur darin liegen, daß die Zyklen des Nil mit dem heliaklischen Aufgang des Sirius in Verbindung standen, denn einen Sirius-Kalender kannten auch andere Kulturen wie die Maya oder die Dogon – oder besaßen ihre Vorfahren eine gemeinsame prähistorische Vergangenheit? Die überragende Stellung des Sirius in der frühen ägyptischen Kosmologie verbirgt sich vermutlich im Geheimnis seines Begleiters, den man Sirius B nennt.

Sirius B ist der dichteste, schwerste, d. h. anziehungsfreudigste Himmelskörper unseres Systems, er ist 170 000mal so dicht wie die Sonne, eine Streichholzschachtel von ihm würde auf der Erde sieben Tonnen wiegen! Daß nicht nur Sirius, sondern auch sein dem bloßen Auge nicht sichtbarer Begleiter bekannt war, belegt die Bezeichnung des Sirius durch die Ägypter als Doppelstern. Die Dogon nannten Sirius B *potolo*; *po* bedeutet »Getreidekorn« und *tolo* »Stern«. Der Name des Sirius B entspricht dem kleinsten Samenkorn, das die Dogon kannten – er ist schwerer als alles Getreide und Eisen der Welt.[39]

Es ist anzunehmen, daß Sirius bei den Ägyptern mit der mystischen Zentralsonne in Verbindung stand, die auch in der Überlieferung der Maya als Urquelle des Universums das Herz des Universums ist. Eine ägyptische Abbildung zeigt Sirius als *Isis-Seped't.* Sie geht Orion voraus, dessen hellster Stern Beteigeuze, »Haus des Riesen«, im frühen Ägypten als Stern der Osiris galt. Jupiter, Saturn und Mars folgen nach. Orion steht Isis gegenüber, er hält das Zepter, den Fluß von *sap*, der Lebensessenz, und gibt mit der linken Hand das Leben, d. h. Orion bietet Isis das Leben an, das er vom Sirius bezieht. Nach Schwaller de Lubicz ist es möglich, daß wir unsere Kosmologie in nicht so ferner Zukunft ändern müssen, weil der Doppelstern Sirius die Existenz eines kosmischen Systems atomarer Struktur nahelegt, dessen Nukleus oder Kern dieser »Große Versorger« ist. Die moderne Astrophysik nennt das der Wissenschaft noch unbekannte Kraftzentrum des Universums »Great Attractor«.

Die Dogon, in deren sakral-rituellem Mittelpunkt der Doppelstern des Sirius-Systems steht, berichten vom Lauf zweier bisweilen miteinander gekoppelter Systeme, welche die vielfältigen Kalendersysteme entstehen lassen, die den Rhythmus des Lebens und der menschlichen Aktivitäten bestimmen. Eines davon, das erdnächste, hat die Sonne als Achse, während ein anderer Himmelskörper, der ferner ist (Sirius), von der Plazenta, dem Mutterkuchen *Nommos*, des Wassers im Weltall zeugt; *Nommo* ist der Schöpfer; der »große Nommo« blieb im Himmel, aber der »kleine Nommo« (der Mensch) kam auf die Erde. Wie drückte es Ezekiel aus? Ein Kreislauf innerhalb eines Kreislaufs erzeugt das Rad der spirituellen Lebenskraft, und bisweilen scheinen einander diese beiden Kreisläufe ebenso zu überschneiden, wie sich im inneren Kosmos die irdische *Kundalini*- und die himmlische *prana*-Kraft überschneiden, wodurch am Überschneidungspunkt eine Kraft freigesetzt wird, deren graphisches Symbol in der Mystik wie eine Mandel aussieht – das mystische *Mandorla.* Denken wir auch an das Ineinandergreifen von zwei großen Netzwerken, wodurch an einem bestimmten Vermischungspunkt ein Quantensprung ausgelöst wird! Das Mandorla sieht wie ein Fischsymbol aus, es war das Erkennungszeichen der Urchristen, ist aber wesentlich älter.

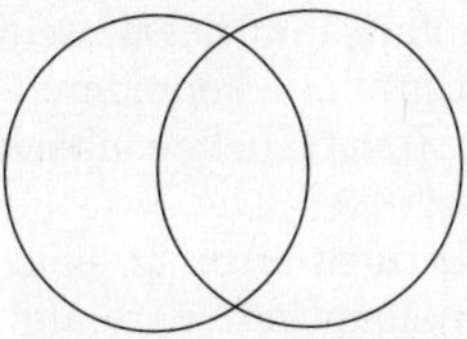

Das Mandorla. Der »Fisch« wird dadurch geformt, daß der Umfang der ineinander übergehenden Kreise jeweils durch den Mittelpunkt des anderen führt.

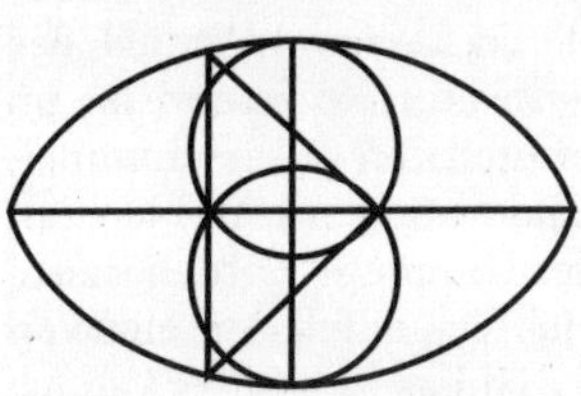

Das mystische »Auge« (des Osiris).

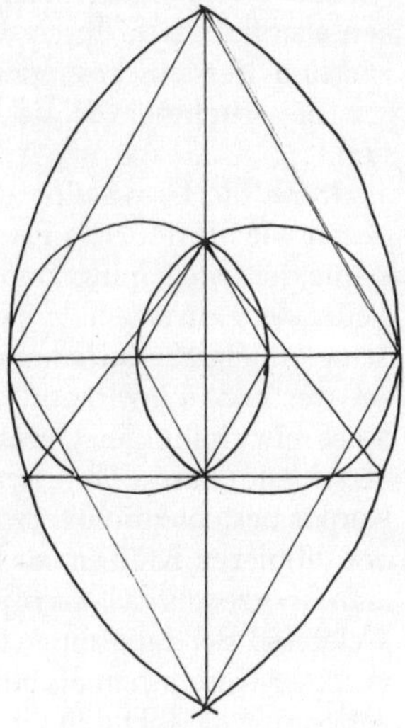

Dieses Symbol taucht als Ausdruck einer verlorengegangenen sakralen Geometrie u.a. auch in der Konstruktion der Großen Pyramide auf, wobei die beiden ineinander verschmelzenden Kreisläufe in einem größeren Mandorla oder »Auge« enthalten sind.

Nach dem Astronomen Fred Hoyle würden unsere Vorstellungen von Raum und Geometrie restlos ungültig werden, sollten die fernen Teile des Universums verschwinden. Auch Fixsternen, die man so nennt, weil sie aufgrund ihrer großen Entfernung wie fixiert, stillstehend aussehen, kam deshalb in der alten sakralen Geometrie einer rätselhaften und versunkenen prähistorischen Kultur bei der bildlichen oder symbolischen Umsetzung der Konstellationen des Himmels große Bedeutung zu. Unsere tägliche Erfahrung bis in die kleinste Einzelheit scheint demnach fest im großen Universum verankert zu sein. Der Lauf der Sterne und Planeten mißt die Rhythmen der kosmischen Kraft, und der Mond und seine Wandlungen vermitteln ihren Einfluß. Deshalb überliefert die Mystik die »Anzeige« von Sternen als Stimulanz, durch welche diese Einflüsse im Bewußtsein wirksam werden, besonders dann, wenn größere Veränderungen bevorstehen, wie sie im zyklischen Zeitgeschehen üblich sind.

Durch die Gravitation der Sonne bleibt auch unser Heimatplanet wie die anderen Planeten unseres Systems in seiner Bahn. Dank der Anziehungskraft ihres magnetischen Eisenkerns begleitet der Zeitmesser Mond als nimmermüder Trabant die Erde. Seine um ein Vielfaches stärker als die der weit entfernten Sonne auf die Erde einwirkende Anziehungskraft lenkt in Form der Wechselwirkung der Gezeiten den Wasserhaushalt unseres Planeten und unsere Biorhythmen, denn auch der menschliche Körper besteht zum überwiegenden Teil aus Wasser. In Form eines subtileren Kräftespiels beeinflußt sein Lauf und Wandel, wie man überzeugt war, auch jene hochschwingende Essenz, die im Weltgefäß der lunaren Achse des konstellaren Sternenhimmels in seiner Gesamtheit als energetisierende Kräfte des Universums gesammelt sind. Durch die »Bilder des Himmels« werden sie auf die sich durch ihre Achsumdrehung jährlich durch den Tierkreis bewegende Erde verteilt, und die durch das Leben verwandelten Energien strahlen wiederum in den Kosmos zurück. Deshalb kam den »Bildern des Himmels« als symbolischem Ausdruck des Zeitgeschehens so große Bedeutung zu.

Wir wissen heute zumindest theoretisch, daß die Zeit höher schwingt als unsere dreidimensionale Gegenwart, daß biologisches Leben in seiner Gesamtheit nur aus sechs Dimensionen erklärbar ist und daß das Universum vieldimensional ist. Der Kosmos wird von Wellenlängen belebt, von denen manche hochfrequent als Licht sichtbar, andere in Form von niederfrequenten Radiowellen hörbar werden; wieder andere schwingen für uns so hoch, daß sie physikalisch dimensionslos sind; sie sind uns nur theoretisch bekannt. Schall etwa ist eine Welle von bestimmter Frequenz, die sich mit der Tonhöhe ändert. Teilchen, das moderne Äquivalent zum alten Begriff Atom, sind Wellen, deren Frequenz proportional zu ihrer Energie ist, und jedes Teilchen singt nach der Feldtheorie der modernen Physik sein ewiges Lied und erzeugt rhythmische Energiestrukturen sowohl in dichter als auch in subtiler Form. Daß die funktionale Integrität, der allem Wachstum und der Kontrolle zugrundeliegende Prozeß des Lebens sowie die Funktion des zentralen Nervensystems der Menschen zu einem überwiegenden Teil durch das elektromagnetische Umfeld erhalten werden, ist heute weithin anerkannt. Sonnenlicht, das dem wichtigen Prozeß der Photosynthese zugrunde liegt, dank derer Pflanzen Chlorophyll, ein grünes Pigment, entwickeln, das ihnen den Aufbau von Kohlehydraten aus Kohlenstoff-Dioxyd und Wasser erlaubt, die wiederum für die Erzeugung des atemwichtigen Sauerstoff nötig sind, ist jedoch nicht die äußerste Bandbreite elektromagnetischer Strahlungen.

Die moderne Quantenphysik erkannte, daß Wärmeenergie nicht kontinuierlich ausgestrahlt wird, sondern in Form von Energiepaketen auftritt, den Quanten, atomaren Teilchen, die miteinander Verbindung aufnehmen und sich wieder voneinander lösen. Das trifft auch auf das Licht zu, dessen Quanten man Photone nennt. Diese Photonen, sozusagen das gesamte Spektrum des Wärme und Licht erzeugenden »Atomkraftwerkes« Sonne, sind Energiequanten, die Informationen aufnehmen und nach ihnen handeln! Solche Informationen oder Signale zwischen beispielsweise sehr weit voneinander entfernten subatomaren Partikeln stehen in Wechselwirkung miteinander und reisen schneller als Licht! Atome und Moleküle, lautet die Theorie von David Bohm, der zu den führenden Denkern der theoretischen Physik der Gegenwart zählt, brauchen keine Zeit, um von einer Dimension in eine andere zu reisen. Jedes Materiemolekül manifestiert sich nach der modernen theoretischen Physik »ständig zwischen zwei Universen und außerhalb von Zeit und Raum«! [40]

Die gesamte Bandbreite elektromagnetischer Strahlungen der Sonne verdanken wir der ständigen atomaren Reaktion zwischen Wasserstoff und Helium, wie wir den Ursprung der schwereren Elemente wie Kohlenstoff dem Tod anderer Sterne verdanken. Wasserstoff, Kohlenstoff, Stickstoff und Sauerstoff sind die »vier Säulen« allen irdischen Lebens. Fred Hoyle wies darauf hin, daß weder Kohlenstoff noch Sauerstoff jemals in Sternen produziert hätten werden können, wenn ihre nukleare Wellenlänge nicht exakt auf dem heute bekannten Wert fixiert worden wäre. Dabei können keine zufälligen Kräfte im Spiel gewesen sein. Für Einstein enthüllte sich in der Harmonie der Naturgesetze eine Intelligenz von solcher Vollkommenheit, daß damit verglichen all das systematische Denken und Handeln der Menschen zum völlig unzureichenden Abglanz wird. Etwa enthält eine chemische Tabelle, die ein Lebewesen beschreibt, alle nötigen Daten, um es theoretisch zusammenzusetzen, darüber hinaus sind diese Daten auf so subtile Weise vereint, daß das jeweilige Lebewesen nicht nur zielgerichtet auf seine Umgebung reagieren, sondern dabei auch noch *individuell empfinden* kann! Deshalb kam James Jeans zu dem Schluß, das Universum zeige Beweise für eine entwerfende oder kontrollierende Kraft auf, die die Tendenz hat, auf eine Art zu denken, die wir mangels eines besseren Wortes als »mathematisch« beschreiben. Diese entwerfende Kraft, der die moderne Physik zunehmend begegnet, symbolisierten die Menschen einst, ohne den Ausdruck ihrer Kraft mit Gott, die Wirkung also mit der Ursache zu verwechseln. Und doch war man davon überzeugt, daß Ursache und Wirkung in einem Punkt liegen, und alles scheint darauf hinzuweisen, daß die Wirkung, allerdings in ihrer unbeschreiblichen und unmeßbaren Vielfalt die Ursache ist, wenn auch jeweils in einem anderen Universum! Was aber ist das die Welt der Materie mit der Welt der Anti-Materie Verbindende, um bei der Sprache unserer Zeit zu bleiben? Ist es das, was wir Zeit nennen? Und was ist Zeit, abgesehen von kalendarischem Geschehen?

Zeit ist, wie wir heute wieder wissen, eine Energieform. Und – Zeit ist Wandlung! Das graphische Symbol für das Mühlschaufelrad Rheas ist die Swastika. Gemeinhin als indoeuropäisch-arisches Sonnensymbol verstanden, fand sie sich in den Trümmern von Troja und auch bei der prärunischen Schreibweise der keltischen Rune *Eoh* oder *Eihwaz*, auch *Eo*, die im Beth-Luis-Nion-Alphabet durch die der Hekate geweihte Eibe dargestellt wurde, einem traditionellen Todesbaum; ihr Symbol war der Buchstabe *I*, dem wir als Sinnbild der lunaren Mitte oder Weltachse begegneten. Das Symbol Swastika findet sich aber auch auf einem

Schriftzeichen von Driekopseiland (Südafrika).

Gesichtsurne mit Nabel aus Ton, Troja, V. Schicht.

Kachinarassel. Hopi. Die runde Vorderseite stellt die Erde dar, der Kreis im Inneren die Sonne. Der Griff symbolisiert die Nord-Süd-Achse der Erde, an deren Enden die beiden Heldenzwillinge Pöqanghoya und Palöngywhoya sitzen, die die Erde in der Umdrehung halten. Die Zeichen am Rand symbolisieren die Sternbilder der Milchstraße. Im Uhrzeigersinn drehend zeigt das Symbol Swastika die Sonne, gegen den Uhrzeigersinn die Erde.

Gletschergestein in Südafrika (Driekopseiland, Nordkap-Provinz), der weltgrößten Ansammlung gravierter Symbole, die den Schlüssel zur Entzifferung einer einst allen Sprachen zugrundeliegenden Ursprache in sich bergen könnten! Manche dieser Symbole gleichen andalusischen, vorkeltischen Gravierungen, andere ähneln altchinesischen Schriftzeichen (siehe Abb. S. 341).

Im traditionellen Afrika ist die Swastika als ältestes Sinnbild für Licht bekannt. Was also, welche Kraft symbolisiert das Mühlschaufelrad Rheas wirklich?

Wir wollen zunächst noch einmal das graphische Symbol untersuchen. Zweifellos ging es aus dem in einen Kreis eingeschriebenenen Quadrat hervor. Das uralte Symbol des im Kreis eingeschriebenen Kreuzes wird zumeist als Zeugnis des *Pantheismus*, der Gleichsetzung Gottes mit der Natur verstanden, doch sollte es wohl besser heißen: mit den sie belebenden Kräften; Goethe nannte das die Gott-Natur. Man war davon überzeugt, daß sich der göttliche Geist als Kraft in der Trinität einer *Naturseele*, einer *kosmischen Seele* und einer *Universalseele* verwirklicht und daß das menschliche Leben Teil der Naturseele ist, die mit der kosmischen oder Universalseele in Wechselwirkung steht. Nach dem physischen Tod geht ein Lebewesen zuerst in die Seele der Art ein, um sich schließlich über die Naturseele mit der kosmischen Seele, der Astralwelt der planetaren Sphäre, mit der »Seele der Erde« oder dem kollektiven planetaren Unbewußten zu verbinden; die Universalseele entspricht der Sphäre der Ahnen, die der nach Afrika gereiste C. G. Jung dem universellen kollektiven Unbewußten zuordnete.

Aus dem kreislosen Kreuz bildete sich wie erwähnt der ägyptische *ankh* heraus, den man auch als den »Hammer des Thor« bezeichnete. Daraus entwickelte sich das »magische Symbol« Swastika, deren entweder rechts- oder linksdrehende Winkel einen Kreislauf andeuten.

Es ist bekannt, daß es sich bei der Erde um ein linksdrehendes System handelt. Aber die »Seele der Erde« drehte sich zuvor in die umgekehrte Richtung, berichtet der südafrikanische Priester der Erdmutter, Credo Vusamazulu Mutwa, und auch die Hopi überlieferten, daß es sich bei dem heutigen nördlichen eigentlich um den südlichen magnetischen Pol handle (und umgekehrt). Tatsächlich ist der Wissenschaft heute bekannt, daß der nördliche Magnetpol eigentlich ein südlicher ist und vice versa, daß sich also das magnetische Feld der Erde in der Vergangenheit umpolte. Man setzt eine derartige Umpolung mit einem Zyklus von jeweils etwa einer Million Jahre an. Die letzte Umpolung soll vor etwa 700 000 Jahren erfolgt sein. Wie aufgrund von Fossilienfunden geschlossen wird, war sie mit dem Aussterben von Arten verbunden. »Gott spannt das Zelt des Himmels aus im Leeren, und überm Nichts hängt er die Erde auf«, heißt es im Buch Hiob (26,7). Ein Nichts, keinen Polarstern, an dem der Himmel »aufgehängt« ist, gibt es heute nur in der südlichen Hemisphäre der Erde, und diese katastrophale Angabe deutet auch auf eine Änderung der Stellung der Erdachse zu den Gestirnen hin. Auch davon berichten die Mythen etwa im Buch Josua, »die Sonne blieb stehen mitten am Himmel, und fast einen Tag lang verzögerte sie ihren Untergang«. Danach wies die Erdachse eine neue Richtung auf, und die Jahreszeiten hatten sich verändert (Edda). Und nach Überlieferung der Hopi befahl *Sotuknang* den beiden Zwillingen, die die Erde in der Umdrehung halten, ihre Posten am Nord- und Südende der Welt zu verlassen, worauf die Erde aus dem Gleichgewicht kam und sich zweimal überschlug, um schließlich zu festem Eis zu gefrieren. Die beiden Zwillinge entsprechen sichtlich den beiden »Kaisern« im chinesischen Mythos, während der dritte das Chaos symbolisiert bzw. die Mitte; sie kann alles entweder ins oder aus dem Lot bringen. Und so weisen die verschiedenen Richtungen der Mühlschaufelräder Rheas auf zwei verschiedene Kreisläufe und auf eine Umpolung des Großen Drachen oder der Großen Schlange hin, die nach mystischer Angabe die Erde umschließt.

Die Basken nannten diese Große Schlange *Sugaar*, *Su* ist das »Feuer« und *Sugar* die »Flamme«, und die Schlange der Gemahl von *Mari*, »Geist«. Sie entspricht Rheas, der Erdmutter, Gegenstück, der Himmelskönigin des kreisenden Universums. Im kommenden fünften Weltzeitalter, das auf unser zu Ende gehendes viertes folgt, werden die Pole an ihre Plätze zurückkehren, prophezeihen die Hopi. Und so scheinen alle diese Angaben eine Umpolung des elektromagnetischen Erdfeldes anzudeuten; auffallenderweise bedeutet das griechische Wort für Katastrophe »Umkehrung«! Geht die geschaffene Welt womöglich immer dann unter, wenn sich das irdische Magnetfeld umpolt?

1953 stieß die Forschung auf den nach seinem Entdecker benannten Van Allenschen Strahlungsgürtel der Erde, auf ihr elektromagnetisches Feld. Dieses gleicht annähernd dem Feld eines Dipols, eines entgegengesetzten Pols im Erdmittelpunkt, dessen Achse um 11,40 gegen die Rotationsachse der Erde geneigt ist und die Erdoberfläche an erdmagnetischen Punkten durchstößt. Im inneren Kosmos entspricht dieser Dipol dem Zwillingspunkt von *prana* in der Zirbeldrüse; »Erdkraft« (*Kundalini*) und himmlische Kraft *(prana)* vermischen sich, und es kommt zum »Blitzen im Blut«, der Erleuchtung, einem außerordentlichen blitzartigen Bewußtseinszustand, der als *Umdrehung der Energie* beschrieben wird!

Wie wir heute wissen, unterliegt das magnetische Erdfeld sowohl erdinneren als auch erdäußeren Einflüssen, aber letztere sind der modernen Forschung noch unbekannt. Diese vergleicht die Erdschale mit einem Turbinenrad, durch das Energie auf diverse Flüssigkeiten übertragen wird, und wir können unschwer die Symbolik von Rheas Mühlschaufelrad erkennen. So scheint die Swastika, ein uraltes Symbol für Licht, das jedoch höher als das für uns sichtbare Sonnenlicht schwingt, je nach Stellung ihrer Schaufelräder die Richtung eines uns noch unbekannten Energieflusses oder Energieimpulses anzuzeigen, der in sich die Kraft zur Umpolung des Feldes oder der Kraft der Schlange besitzt.

Rhea entspricht Hera, deren Todeskraft sich als Hekate symbolisierte. Sie steht für die männliche Seite der alten lunaren Göttin. In China entspricht sie der aktiv-schöpferischen Seite des Drachen – *yang*-, dem allerdings als Gegenpol *yin* gegenübersteht. Symbol dieser Kraft ist die Zahl des »Biestes« in der Johannes-Apokalypse, 666, eigentlich 600,60,6. Denkt man an das hexagesimale System der Babylonier, ist ein Bezug zur Zeit als Quelle der *transformierenden oder umpolenden Kraft* anzunehmen. Nach John Michell handelt es sich bei der Zahl 666 um ein Symbol für die Kraft des *aktiven Prinzips der Schöpfung und des Wachstums*, um jene Kraft, die als Vorbild des christlichen Konzeptes des Vaters diente, des gnostischen Demiurgen, der über die niedere materielle Welt regiert. Das »Biest« existiert nicht im Außen, nach Platon besitzt die Zahl, die es symbolisiert, wie alle anderen mystischen Zahlen auch keine eigene Identität oder Personifikation, sondern ist ein Konzept des Geistes, das geschaffen wurde, um eine gewisse Tendenz auszudrücken, die in allen Klassifizierungen von Phänomenen auftritt. Um welche Art von Kraft es sich dabei handelt, belegt ihre Gleichsetzung mit dem elektrischen Impuls. Es handelt sich um die reine positive und »männliche« Urkraft, kosmischerseits um die Kraft des Einflusses der solaren Strahlung inklusive der Sonnenstürme, die ohne die schützende Atmosphäre unseres Planeten für das irdische Leben tödlich wären. Deshalb muß die Kraft des »Biestes«, wie die Symbolik der sakralen Geometrie und der mystischen Überlieferung deutlich machen, immer mit ihrem Kontrapunkt, der weiblichen, lunaren oder terrestrischen Kraft kombiniert sein.

Diese wird durch die Zahl 1080 symbolisiert, die im sakralen Alphabet für »Der heilige Geist« steht, für »Quelle der Weisheit«, auch für *Semele* (Mond), wie bei den »ältesten der Menschen«, den Phrygiern, für die Göttin *Ge*, die dem »Spirit der Erde« entspricht. Sie symbolisiert aber auch den *abyss*, den grundlosen Abgrund der Verkündigung oder des alles zerstörenden Nichts zwischen den Welten! Man kann auch sagen, daß 666 den bewußten Teil des Geistes und 1080 die Tiefen unterhalb des Bewußtseins symbolisiert, die dunklen Gewässer der Psyche, die kein Sonnenlicht kennen. In diesen lichtlosen Abgründen wohnt nicht nur Zerstörerisches, auch das Schöpferische als dessen andere Seite. Für die Schöpfung und damit den Fortbestand des irdischen wie des kosmischen Lebens ist die Balance, der Ausgleich zwischen diesen Ur-Kräften unumgänglich. Außen und Innen, Mikro- und Makrokosmos, lassen sich in der universellen mystischen Symbolik nicht voneinander trennen, und so symbolisiert sich in der Zahl des »Biestes« auch das Prinzip des Intellekts und des Willens, dessen Überbetonung im absolutistischen oder diktatorischen Herrscherprinzip mündet; vom Eroberer Sumers, Lugalzaggisi, zu Beginn des Widder-Zeitalters bis zu Adolf Hitler gegen Ende des Fische-Zeitalters ist unser Zeitalter der Gewalt und der »Diktatur der *ratio*« nicht zu verkennen. Das »Biest« entspricht der Kraft des Prinzips »Ich-will-um-jeden-Preis« des ägyptischen Typhon, den Isis nach überliefertem erfolgreichem Kampf schonte, weil die Welt ohne die sengende Kraft des Feuers nicht vollkommen wäre. Diese Kraft des Feuers erhoben alte weise Männer zur alleinigen göttlichen Kraft! Ist die männliche oder feurige solare Urkraft, symbolisiert durch die Zahl 666, mit ihrem Gegenpol, dem lunaren und wäßrigen Prinzip, versinnbildlicht durch die Zahl 1080, vereint, ergibt sich die mystische Zahl 1746. Nach Michell ist sie ein Symbol des »Senfsamens« als Sinnbild für Fruchtbarkeit (Leben). Ist das nicht der Fall, wendet sich »das Biest« der Gewalt und Zerstörung zu, während sich sein weiblicher Gegenpart in die Erde zurückzieht und stagniert. Daß genau das im Zuge der Vergöttlichung des ausschließlich solar-männlichen Prinzips während des Widder-Zeitalters geschah, ist ebensowenig zu übersehen, wie die Tatsache, daß auch während des Fische-Zeitalters das lunar-weiblich-passive Prinzip oder das Unbewußte verdammt wurde.

Nach obigem bedeutet das nicht mehr und nicht weniger, als daß das gefürchtete Biest im Verlauf der letzten zweitausend Jahre geradezu gemästet wurde, weshalb in der Tiefe ein Monster heranwuchs, das bereits unüberhörbar zu grollen beginnt. Werden die Gegensätze von Feuer und Wasser nicht im Bewußtsein vereint, wodurch ihr Widerspruch aufgelöst wird, muß es zum elementaren Kampf der Urkräfte im Außen kommen, und Rheas Mühlschaufelrad scheint die Energien so lange in eine bestimmte Richtung zu schaufeln, bis bei einer Überschneidung des irdischen mit dem himmlischen Kreislauf der energetische Impuls zur Umpolung erfolgt. Das Geheimnis dieser alles ins oder aus dem Lot bringenden chaotischen Kraft verbirgt sich im Schwingungsgesetz der Erde, das uns von mehreren Kulturen hinterlassen wurde.

Kosmische Oktaven

So voller Harmonie sind himmlische Sphären.
William Shakespeare

Die Gesetzmäßigkeit der himmlischen Sphären, die wir, weil uns »ein Kleid aus Staub umhüllt«, nicht hören können, wurde von jenen, die den Sphärenklang vernehmen konnten, in zwei Lehrsätzen überliefert, die scheinbar nichts miteinander zu tun haben. Einer, das chinesische I-Ging, prägte die östliche Philosophie, der andere, der auf den Griechen Pythagoras zurückgeführt wird, die westliche. Beide geben ein in aller Komplexität überraschend einfaches Schwingungsgesetz wieder, das auf dem Grundgesetz mystischer Erkenntnis basiert: Der göttliche Schöpfungsklang ist dreifaltig und manifestiert sich siebenfaltig in der Welt der Erscheinungsformen.

Pythagoras von Samos begründete im 6. Jahrhundert v. u. Z. nach langjährigen Aufenthalten in Mesopotamien, Ägypten und Kreta die Bruderschaft der »sich strebend Bemühenden«. Gemäß Empedokles drängte er in seinen neunzig Lebensjahren alles zusammen, was in zehn, ja sogar zwanzig Generationen der Menschen enthalten war. Er war »reiner Wissenschaftler«, ein Mystiker und Heiler, der bzw. dessen Bruderschaft mit Tönen heilte. Zu Zeiten des Pythagoras durften nur an »Leib und Seele Gereinigte«, also Initiierte, in die Wissenschaften eingeweiht werden, die als »Mittel zur Reinigung der Seele« verstanden wurden. Während die Bruderschaft der Pythagoreer manche altgehüteten Geheimnisse (Esoterik) preisgab, die zur Grundlage der westlichen Wissenschaften wurden, hielt sie andere, etwa die Irrationalität der Quadratwurzel der Zahl Zwei und den fünften »Platonischen Körper« geheim. Dem Geheimnis dieses geometrischen Symbols, dem Dodekaeder oder Zwölfflächner, werden wir im Kapitel über das »Bewußtseinsfeld der Erde« begegnen. Obwohl, wie Arthur Koestler aufmerksam machte, die erste Reduktion von Qualität auf Quantität auf die Pythagoreer zurückgeht, begriff man Zahlen noch als symbolischen Ausdruck für die Schöpfungskräfte oder Götter, als etwas Geistiges oder Qualitatives und nicht Quantitatives. Den Wandel, ohne den es die Entwicklung zu einem rein mechanistischen Weltbild nicht gegeben hätte, das nun zunehmend wieder überwunden wird, brachte erst Aristoteles.

Pythagoras, dessen Gesetze musikalische, also tönende, schwingende Gesetze sind, wird die Entdeckung zugeschrieben, daß die Tonhöhe von der Länge der tönenden Saite eines Musikinstrumentes abhängt und daß konsonierende (wohlklingende) Intervalle der Tonleiter durch einfache Zahlenverhältnisse ausgedrückt werden können: 2:1, die Oktave; 3:2, die Quint; 4:3, die Quart. Forschungen der Berkeley-Universität ergaben mittlerweile, daß die den Griechen zugeschriebene Oktavenordnung bereits den Babyloniern bekannt war, die das Erbe der Sumerer angetreten hatten. Frühe europäische Afrikareisende hatten auch bei den Khoi-Khoi im südlichen Afrika polyphone Melodien entdeckt. So kannten die Berg-Dama Namibias (Südwestafrika) vor ihrem Kontakt mit den Europäern ab dem 17. Jahrhundert Intervalle, Oktaven, Quinten, und gelegentlich stieß man auch auf die Terz.[41] Aufschluß über die Quelle pythagoreischen Wissens gibt Proklos' Kommentar zu Platons »Timaios«, in dem auch der Atlantis-Mythos enthalten ist: »Das Wissen über die Götter … [gelangte] durch Pythagoras aus der orphischen Überlieferung zu den Griechen, wie Pythagoras selbst in seiner heiligen Rede sagt. Dies aber sind die orphischen Traditionen (die pythagoreischen Grundsätze). Denn was Orpheus mittels geheimer Reden in Rätseln von sich gab, lernte Pythagoras, den Aglaophemus in das mystische Wissen eingeweiht hatte, das Orpheus seiner Mutter Kaliope verdankte.«[42] Orpheus Mutter ist im Mythos die Muse Kaliope, und wir erkennen wieder Kali, die »Verschlingerin«, die zyklische Zeit. Die orphischen Mysterien, bei denen das »Neujahrskind« im Mittelpunkt stand, hatten die älteren Eleusinischen Mysterien der Erdmutter abgelöst, bei denen sich die Gottheit, welcher der Adept im Zustand der Erleuchtung begegnet, als Demeters Tochter Persephone äußerte. Aus den Zeugnissen griechischer Adepten geht eindeutig hervor, daß – wie bei den Isis-Mysterien in Korinth – im Mittelpunkt ein Eingriff in die Psyche stand, daß es sich also um weitaus mehr als nur um einen simplen Fruchtbarkeitskult handelte, wie man die Mysterien der Erdmutter gerne bezeichnet.[43] Sie mögen einfacher gewesen sein, weil sie dem damaligen Bewußtseinszustand der Menschen entsprachen, die sich noch nicht so weit von ihrer Psyche entfernt hatten wie nachfolgende Kulturen. Die orphischen Mysterien lassen sich wiederum nicht von den hermetischen Mysterien Ägyptens trennen, die das Weisheitsgut dreier Kontinente, von Asien, Afrika und Europa, vermutlich Kleinasien, Ägypten und dem ägäischen Raum, hermetisch, d. h. vollkommen in sich eingeschlossen, also absolut geheim hielten. Die Mysterien des »Sängers« Orpheus sind nachweislich mit der indischen Vedanta-Philosophie verwandt. *Vedanta* (sanskr.) bedeutet »das Ende alles Wissens«, und dieses Wissen war in die Geheimlehre des jüdischen Essener-Ordens eingeflossen, dessen Erbe das alexandrinische Ur-Christentum antrat. Mit diesem Wissen, das die Grundlage für die westliche Philosophie und die entstehenden Wissenschaften bildete, wurde der Mystiker Pythagoras konfrontiert.

Berücksichtigen wir alle diese Querverbindungen, überrascht es nicht wirklich, daß sich in den Grundsätzen des Griechen Pythagoras wie im chinesischen I-Ging das gleiche Gesetz verbirgt. Ihm begegnete auch die moderne Chaos-Forschung.

Machen wir gemeinsam einen zeitlichen Sprung in das Mittelalter und zu Leonardo Fibonacci von Pisa (geb. 1170), der aus der Frage, wie sich ein Kaninchenpaar vermehrt, wenn es jeden Monat zwei Junge bekommt und die jungen Kaninchen vom zweiten Monat an jedesmal wieder zwei Junge werfen und so fort, eine gesetzmäßige Reihe ableitete, die sogenannte *Fibonaccische Reihe.* Bei ihr ist jede Zahl die Summe der beiden ihr vorausgehenden. Die zwischen den Zahlen aufgezeigte Beziehung entspricht der pythagoreischen Formel $a^2 + b^2 = c^2$ bzw. $2: \sqrt{5}:3$. Dabei handelt es sich um den bereits Ägyptern und Babyloniern bekannten Goldenen Schnitt. Dieser beschreibt jeden beliebigen Punkt auf einer Linie, wobei sich das Verhältnis des kleineren Teils zu dem größeren wie das Verhältnis des größeren Teils zur gesamten Linie verhält. Das entspricht dem Schwingungsgesetz des Verhältnisses der tönenden Seiten eines Resonanzkörpers zur Tonhöhe, wodurch Intervalle der siebenstufigen Tonleiter – *do-re-mi-fa-sol-la-si* – durch Zahlenverhältnisse ausdrückbar sind. Der göttliche Schöpfungs-Dreiklang manifestiert sich siebenfaltig. Aber wie?

Klänge sind Kombinationen von Schwingungen. Die vorherrschende Schwingung nennt man den Grundton, die für das menschliche Ohr kaum oder nicht mehr wahrnehmbaren höher schwingenden Klänge sind Obertöne. Alle Obertöne schwingen, auf die Grundschwingung bezogen, in einfachen Zahlenverhältnissen, die eine arithmetische Reihe bilden, die Urform dieser Reihe ist die Reihe der ganzen Zahlen 1,2,3,4,5 usw., die man einst bei der Achtzahl abschloß, weil danach eine »neue Neun«, eine »neue Eins« folgte. Das entspricht der in der Zahlenmystik verwendeten Art der Errechnung von Quersummen, der »Addition im Sinne göttlicher Weisheit«. Alle Zahlen, in welche Endlosigkeit ihr graphischer Ausdruck, die Ziffer, auch führen mag, lassen sich derart auf die Grundzahlen reduzieren: beispielsweise ist 12345678 = 36 = 3+6 = 9, oder 2345678 = 35 = 3+5 = 8. Bezieht man, wie im Zehnersystem die Neun als Verneunfachung der 1 mit ein, erhält man 123456789 = 45 = 4+5 = 9, ohne sie 23456789 = 44 = 4+4 = 8. Während im ersten Fall die acht Grundziffern die Ganzheit Neun, die ursprüngliche Einheit ergeben, und im zweiten Fall, legt man wie im I-Ging die Zwei als Grundzahl oder Einheit zugrunde, sieben Ziffern die Acht (!), stoßen wir bei der Gesamtsumme der neun Grundziffern oder Grundsymbole des Zehnersystems zwar wiederum auf die Neun, aber die 8 als Summe der Symbole von 2 bis 9 zeigt nun nicht mehr sieben »Klänge« oder Zahlenverhältnisse auf, sondern acht! Hierin liegt ein scheinbarer Gegensatz zwischen den Ursprüngen der östlichen und der westlichen Philosophie begründet; erstere beruhte auf einer *oktalen Ordnung* mit der Grundzahl 2, letztere auf der *Zehnerordnung*.

Der Grundton, die hörbaren Töne, die durch Resonanz in einem Körper, einem Musikinstrument oder im menschlichen Körper erzeugt werden, wodurch sie meßbar und in Form von Noten oder Lautmalereien, Buchstaben oder Ziffern symbolisierbar sind, steigen symmetrisch in der Reihe von Schritten auf, die man Intervalle nennt, und diese Intervalle können durch Zahlenverhältnisse ausgedrückt werden. Ein Intervall wird durch das Verhältnis der Frequenz zweier Töne bestimmt, und dieses Verhältnis ist durch ein Zahlensymbol ausdrückbar. Etwa ergeben 22 Quarten, ein Intervall, das einen Ton mit einem vier diatonische Stufen entfernt gelegenen Ton bildet, das Verhältnis 4:3, eine Oktave, deren Zahlenverhältnis 2:1 ist. Diatonisch bedeutet nicht chromatisch, d. h. sich in den Ganz- und Halbtönen der Tonleiter bewegend. Zwei Noten, der graphische Ausdruck des Maßes von zwei Tönen, stehen dann miteinander in einer Oktavbeziehung, wenn die Frequenz der höheren das Doppelte der tieferen beträgt – 2:1, wobei das Verhältnis zum Ganzton 9:8 ist; wir erkennen die Gesetzmäßigkeit der acht Trigramme der »Vollendung im Kleinen«.

Das Verhältnis von 22 Quarten (4:3) zu einer Oktave (2:1) liegt dem Ogma-Sonnengesicht-Alphabet der Kelten mit fünfzehn Konsonanten und sieben Vokalen zugrunde, welches das sakrale irische Beth-Luis-Nion-Alphabet verdrängt hatte. Insgesamt gibt es 22 Buchstaben oder Klänge wieder. 22 Buchstaben hatten die Gebrauchsalphabete der Phöniker und der Hebräer, 22 Provinzen sind im Mythos Seth in Oberägypten zugeschrieben, 22 *arcana* oder Schlüssel besitzt das ägyptische Tarot (von *rota* [lat.]»wie in Rotation«), und wir erkennen den kosmischen Bezug. Das Verhältnis der Gesamtanzahl der Konsonanten zu den einst heiligen Vokalen, 22:7, ergibt die annähernde Zahl *pi* für den Durchmesser des Kreises.

Der göttliche Klang ist in sich dreifaltig und manifestiert sich siebenfaltig in Oktavenform. Eine Oktave ist eine achttönige Reihe mit sieben Intervallen, fünf Ganz- und zwei Halbtonschritten. Der achte Ton wiederholt den ersten, nun aber in einer höheren Tonlage, auf einer höheren Schwingungsebene – er ist eine »neue Neun«, wie noch die Ur-Germanen wußten, und die Neun wiederum eine »neue Eins« – die gleiche Note, der gleiche Grundton, aber ein neuer Klang! Deshalb sind immer sieben Initiationsstufen überliefert, die zum Mysterium der Verschmelzung mit dem Göttlichen führen.

Eine Reihe von Oktavenklängen folgt einer geometrischen Reihe, deren Frequenzen durch die Zahlenverhältnisse 2:4:8:16:32:64 usw. ausgedrückt werden können, dem *Ausgangssystem der absoluten universalen binären Progression ad infinitum.* Wir begegneten dieser binären Progression bereits in der Grundordnung der »Bilder des Himmels« im I-Ging, dessen Verhältnis 2:1 ist, d. h. das Verhältnis der Frequenz zwischen zwei Tönen ist angezeigt, die miteinander in einer Oktavbeziehung stehen – von siderischem und synodischem Mondlauf bzw. deren 2 x 4 Bildern oder Tönen, den »Wandlungen«. Bezeichnenderweise nannten die Maya Tage *kin*, »Töne«.

Im antiken Griechenland hießen die sieben fundamentalen Töne *arché*, »Anfang«, »Ursprung«, allerdings ist damit ein Ursprung gemeint, der vor den Anfang, in das noch »flüssige«, feinstofflich Geistige, Vormaterielle zurückreicht. Deshalb nannte C. G. Jung jene kollektiven Bilder, die unabhängig von Rasse und Kultur unbewußt zwanghaft Bewußtsein formen, Archetypen. Daß Kalender, die Ordnung der Tage oder »Töne«, Klangordnungen widerspiegeln, ist auch daran ersichtlich, daß man in der Sieben-Stufen-Tonleiter *do-re-mi-fa-sol-la-si*, weil sich zwischen zwei Noten immer zwei Halbtöne befinden, zwanzig Noten erhält, von denen acht Grundnoten sind; ausgenommen sind die Intervalle *mi-fa* und *si-do*, die nur einen Halbton haben und ein Halbton als ausgelassen betrachtet wird. Auf diese zwanzig »Noten« stößt man bei Kalender-Alphabeten mit fünfzehn Konsonanten und fünf Vokalen, etwa bei dem bereits von ursprünglich dreizehn auf fünfzehn Konsonanten erweiterten Beth-Luis-Nion-Alphabet, in dem die Achtzahl die Siebenzahl an Bedeutung verdrängte. Die Zahl 20 gilt als Sonnenzahl und war als solche den Essenern heilig, sie ist auch eine Basiszahl im Heiligen Kalender der Maya, dem Tzolkin, dem allerdings eine zweite Basiszahl beisteht, die Dreizehn! Nach Argüelles drückt die Zahl 20 das männliche »Prinzip des Maßes« aus und die Zahl 13 das weibliche »Prinzip der Wechselwirkung und Durchdringung«.

Im griechischen Raum räumte Pythagoras der, weil mit der lunaren Kosmologie untrennbar verbundenen, verteufelten Zahl 13 eine, wie wir sehen werden, versteckte Geltung ein.

Das Mysterium der energetisierenden Klänge oder Tage und damit der Kalender-Alphabete liegt nicht in den Grundtönen, die wir bewußt vernehmen können, nicht in den durch das Sonnenlicht sichtbaren Tagen, sondern in den hochschwingenden Obertönen, die unser Wachbewußtsein als Gesetzmäßigkeiten des Kosmos oder der Nacht unbewußt dirigieren. Sie treten in Form von binären Obertonwellen auf, deren Frequenzen wir dank der »Bilder des Himmels« vermessen können.

Grundlegende musikalische Intervalle sind also die Oktave (2:1), die Quinte (3:2) und die Quarte (4:3). Während der letzten Jahrtausende kam besonders der Quinte eine besondere Bedeutung zu, und das aus gutem Grund, denn stellt man die Obertonreihen der Oktaven (2:1) und der Quinten (3:2) einander gegenüber, was Pythagoras in seiner berühmten pythagoreischen Skala tat, dann erreichen beide Reihen an einem bestimmten Punkt beinahe die gleiche Schwingungsfrequenz! Wir erkennen das Prinzip der Angleichung von Sonnen- und Mondzeit bzw. synodischem und siderischem Mondlauf. Zwölf Quinten sind in der pythagoreischen Skala ein wenig mehr als sieben Oktaven! »Indem die Zeit herausfließt in den Raum, wird sie zur Offenbarung durch die Zwölf«, schreibt Ernst Bindel, »und deshalb herrscht die Zwölf da, wo die Zeit ausfließt in den Raum.«[44] Die Zwölf gilt traditionellerweise als Raum- bzw. Sonnenzahl und die lunare Sieben als Zeitzahl.

Im griechischen Meton-Zyklus standen einander die Zyklen von zwölf Jahren mit zwölf synodischen Monden und sieben siderischen Jahren gegenüber. Das bedeutet, daß sich die beinahe gleiche Schwingungsfrequenz auf die Annäherung von Sonnen- und Mondzeit am Ende des Zyklus bezieht, anfänglich nach einem, dann vier, später acht und schließlich neunzehn Sonnenjahren (Metonperiode); von all diesen Zeiträumen oder Kalendern berichten die Mythen verschiedener Kulturen als Herrscherspannen ihrer »Könige«. Bei den Zwillings-Heroen regierte Tannus der Achte, der seinen Eichenzwilling Durus verdrängte, acht Jahre, was sich auf die Annäherung von Mond- und Sonnenzeit bei jedem hundertsten Mondumlauf oder Monat bezieht

– *Hekat(e)s*, der Name der griechischen Göttin der Unterwelt bedeutet Hundert. Das graphische Zeichen für Hundert war in Ägypten die Spirale!

Der Punkt annähernd gleicher Schwingungsfrequenz liegt in der pythagoreischen Skala beim Verhältnis von zwölf Quinten zu acht Oktaven des Grundtons C, weil zwölf Quinten etwas mehr als sieben Oktaven sind. Anders formuliert kehrt ein musikalisches Fünftel, der Goldene Schnitt der Oktave, wenn er zwölfmal in aufsteigender Sequenz wiederholt wird, acht Töne höher nicht zur Originalnote zurück, sondern weicht um $^1/_8$ der Note davon ab. Der Unterschied zwischen dem musikalischen Raum von sieben Oktaven und zwölf Quinten wird durch dieses $^1/_8$ der Note ausgedrückt, das nach einer zwölffachen Wiederholung nicht zur Originalnote zurückkehrt. Deshalb ist das graphische Symbol der pythagoreischen Skala nicht der geschlossene Kreis, sondern die Spirale! Das über die siebte Oktave hinausführende Achtel entspricht in der keltischen Runensymbolik einem *ätt* oder Horizontachtel im geometrischen Muster der Mutterrune *Hagal* (Neun). Hier verbirgt sich der *psychische Eintrittspunkt zur kosmischen Achse*, eine Art dimensionale Lücke, durch die nur der jeweils Dreizehnte, wie Jesus als Christus, eintreten konnte, weil der Christusgeist über die Zwölfzahl der Apostel oder des Raumes hinausschwang.

Im Zusammenhang mit den Monden des I-Ging verweist Frank Fiedeler auf einen Ur-Kalender, bei dem das solare Zeitgeschehen, die zwölf synodischen Monde, mit fünfzig Mondvierteln gerechnet wurden. Dadurch ergibt sich ein Bezug vom oktalen System zum Zehnersystem sowie zum mesopotamischen *soss*, der sexagesimalen Grundeinheit für astronomische Messungen (12 x 5 = 60), die noch heute beim Messen von Kreisen oder Zyklen in Zeit und Raum angewendet wird – unsere Uhren beruhen darauf! Die Verdopplung von fünfzig macht hundert – Hekate! In der Meton-Periode, mit deren Hilfe die Verdopplung des acht Trigramm-Systems auf die 64 Hexagramme durchgeführt werden konnte, erhält man innerhalb der neunzehnjährigen Periode 940 Mondviertel, geteilt durch 19 ergibt das pro Jahr 49,473684 Mondviertel. Ein Mondviertel umfaßt durchschnittlich einen Zeitraum von 7,382647 Tagen, so daß die damit errechnete Anzahl der Tage im Sonnenjahr – 365,24674 –

der Tagesanzahl unseres tropischen Sonnenjahres mit großer Genauigkeit entspricht! Der Hinweis auf diesen Urkalender belegt, daß auch die exakte Wissenschaft nicht erst eine Erfindung unserer Epoche ist. Der gravierende Unterschied liegt allerdings darin, daß sich diese Wissenschaft nicht nur mit der Religion vereinbaren ließ, *sie war* die Religion, während wir zu den exakten Wissenschaften erst durchdringen konnten, nachdem wir die Verwirrungen überwanden, die nach der Umkehrung durch die Religion(en) entstanden waren. In logischer Konsequenz könnten sich Religion und die »neuen Wissenschaften« einander wieder annähern!

Obige Übereinstimmungen lassen den Schluß zu, daß der Klangkörper, das Musikinstrument, der Erdkreis oder Erdenraum ist, die Bahn der Erde durch den Tierkreis und um die Sonne, in den die »Melodie der Zeit« einfließt. Die Noten sind die »Bilder des Himmels«, die Obertonschwingungen erzeugen, die im Resonanzkörper Erdenraum und über ihn im irdischen Leben schwingen.

Nach dem römischen Philosophen Bothinus war Merkurs, des ägyptischen Thot oder Hermes (gr.), Leier nach der pythagoreischen Skala der »wechselseitigen Durchdringung und Einwirkung einer auf- und einer absteigenden Quint innerhalb einer Oktave« gestimmt, und wir erkennen das weibliche Prinzip der zyklischen Bewegung und wechselseitigen Durchdringung. Aus diesem Prinzip des Universell-Weiblichen, aus der Nacht, der lunaren Achse, dem Sternenhimmel mit seinen universellen Tönen oder Konstellationen, wird das Universell-Männliche, das »Prinzip von Bewegung und Maß« durch Teilung geboren. Das entspricht dem Verhältnis der Grundschwingung oder des Grundtons, dem göttlichen WORT und in sich dreifaltigen Schöpfungsstrahl – 1:2 = 9:8, wobei 9 die Potenz von Drei ist, und 8 ist 2^3. Wir können nun nachvollziehen, weshalb im I-Ging die aus der Mitte des »neunten Teiches« geborenen »acht Teiche« (2 x 2 x 2 oder 2^3) die geschaffene Welt repräsentieren, die mikrokosmische Dingwelt der Materie, die aufgrund der Betonung der Achtheit in den Vordergrund gerückt wurde: 1 = nun Gott, wodurch im Zuge der weiteren Entwicklung das Ziel des Weges, die Absolvierung der sieben Intervalle wegfiel. Gleichzeitig mit dieser Entwicklung erfolgte eine völlige Umkehrung des menschlichen Klangbewußtseins, wie Dane Rudhyar aufmerksam macht, denn die musikalischen Standardreihen aller alten Kulturen waren stets von hohen zu tiefen Noten abgestiegen. Die absteigenden Klänge verwendete man zu Heilzwecken, auch die Pythagoreer heilten mit Tönen, wie noch heute Navajo-Indianer und afrikanische PriesterInnen. Was aber ist Involution? – *Inkarnation*, die Involution der Energie in eine Vielfalt materieller Formen, worauf die nachfolgende Evolution formal bestimmter Lebensenergie folgt.[45] Verwässert durch diverse Seelenwanderungstheorien kam das Wissen um die Involution abhanden, weshalb nur die Evolution in den Mittelpunkt unseres Interesses rückte. Erfüllung (Erlösung) ist jedoch nur innerhalb der vollkommenen Form, dem vollkommenen Menschen möglich, und diesen bezeichnet die Mystik als »Mensch der Sieben«. In derartigen Menschen schwingt die Fülle des Raums.

Das Verhältnis des absteigenden göttlichen Klangs zu den vielfältigen Verwirklichungen, 9:8, ist im ägyptischen *Hekat* enthalten, einem Getreide-Hohlmaß (x^3), das bei den Isis- und Osiris-Mysterien die bedeutende Rolle spielte. Osiris' Symbol war das Auge, ein Sinnbild für den dreifaltigen Schöpfungsstrahl, der sich in die Vielfalt der Erscheinungsformen bricht. Die 64 Bruchteile des Hekat nannte man das *heilige Udjat.*

Insgesamt ergeben die »Bruchteile« 63 Vierundsechzigstel der Ganzheit – 64 = 6 + 4 = 10 = 1, und zwar 1:1; 1:2; 1:4; 1:8; 1:16; 1:32 = 1 + 2 + 4 + 8 + 16 + 32 = 63. Im »fehlenden Bruchteil« verbirgt sich das Geheimnis vom »Diskurs über die Achte und die Neunte«, der in den bei Nag Hammadi am Toten Meer gefundenen Schriftrollen der Essener enthalten war. In Form eines Gesprächs zwischen dem Weisheitslehrer, dem »Dreimal Großen«, Hermes, dem griechischen Namen des ägyptischen Thot selbst, wird ein Schüler in das innere, geheime Wesen der Dinge eingeführt. Es ist das Geheimnis um das Wesen des Bewußtseinsfeldes der Erde, zu dem sich über die uns hinterlassenen »Gewänder« von Hekat, I-Ging, der pythagoreischen Skala und dem Tzolkin der Maya immer noch Zugang finden läßt. Auch im I-Ging werden von fünfzig »Stengeln«, den fünfzig jährlichen Mondvierteln, nur neunundvierzig verwendet. 49 ist die Potenz der Zahl 7, die wegen der sieben Schaltmonate eine Kennzahl der Meton-Periode war, ohne deren Kenntnis es weder das Acht-Trigramme-System der »Vollendung im Kleinen« noch das ägyptische Hekat, weder die pythagoreische Skala und vermutlich auch nicht unsere heutige Welt als Spiegel unseres Bewußtseins geben würde.

Der Diskurs über die Achte und die Neunte

Wehe dem, der das Gewand mit dem Gesetz verwechselt.
Sohar – Kabbala

Das Verhältnis der Oktave zum Ganzton ist 9:8. Für Dane Rudhyar stellt das Intervall zweier Schwingungen, deren Frequenz sich wie im einfachen Zahlenverhältnis der Oktave wie 2:1 verhält, eine Ebene der schöpferischen Tätigkeit dar – sieben Ebenen sind sieben Oktaven, die dem vollkommenen Zyklus der Erde entsprechen, von dem die Hopi berichten. Jeder dieser Zyklen ist wiederum in sieben Zyklen unterteilt, 7 x 7 = 49, und wir erkennen die Potenz der Zahl 7 und den Bezug zu den fünfzig Mondvierteln des Ur-Kalenders. Im fehlenden Stengel verbirgt sich wie im fehlenden 1:64 im Hekat das Mysterium der achten, über den irdischen Raum hinausreichenden Oktave in der pythagoreischen Skala.

Fassen wir kurz zusammen: Das Verhältnis des absteigenden göttlichen Klangs, das Verhältnis vom Grundton der makrokosmischen Welt zur Gesamtheit der mikrokosmischen Erscheinungsformen, stellt sich im Hekat als Verhältnis von 9:8 oder 1:2 dar. 64 Hexagramme weist das I-Ging mit seinem Zahlenverhältnis von 2:1 auf – der »Schattengeist«, die mikrokosmische Dingwelt, symbolisiert in der Achtzahl, war im Zuge der Umkehrung an die erste Stelle getreten und *potenziert* worden (8 x 8 = 8^2), während sich im Acht-Trigramme-System die Grundzahl 2 als *Einheit* in drei Stufen zur Achtzahl *gewandelt* hatte. Das Wesen der achttönigen Oktave besteht im Durchlaufen von sieben Intervallen, wobei der achte Ton den ersten auf einer nun höheren Tonlage, in einer höheren Schwingungsebene wiederholt.

Die Skala des Pythagoras, in der die Obertonreihen der Oktaven (2:1) und der Quinten (3:2) einander gegenüberstehen, weist sieben abgeschlossene Oktaven auf. Der Punkt annähernd gleicher Schwingungsfrequenz liegt beim Verhältnis der zwölften Obertonreihe der Quinten zur achten Oktave des Grundtones C, weil zwölf Quinten etwas mehr sind als sieben Oktaven. Das bedeutet, daß der Goldene Schnitt der Oktave, wenn er zwölfmal wiederholt wird, acht Töne höher nicht zur Originalnote zurückkehrt, sondern um $1/8$ der Note davon abweicht.

Die siebte Oktave der Obertonreihen der Oktaven des C-Tones beginnt in der pythagoreischen Skala mit der Zahl 64, der neunten Quint. Die 7 ist jene Zahl, die bereits über den geschlossenen Kreis hinausreicht, weil sich der Durchmesser des Kreises mit Hilfe des Zirkels nur sechsmal auf den Kreisumfang von 360° übertragen läßt. Sechs Kräfte strahlen von einem siebten Punkt im Zentrum des Weltenbaumes aus, und nach der Theorie des Quantenphysikers Heym umfaßt die gesamte Bandbreite biologischen Lebens sechs Dimensionen. Nach mystischer Überlieferung führt die Siebenzahl in das geistige Leben jenseits der Körperlichkeit ein, denn hinter der Sieben und ihren Zyklen verbirgt sich eine stets gegenwärtige, aber unsichtbare achte Welt oder Kraft. Die Ursprünge des Hexagramm-Systems und des ägyptischen Hekat weisen auf jene Zeit zurück, als die Sieben als Symbol für eine lunar und heliokosmisch orientierte Kultur noch nicht von der Gott nun gemäßeren Kraft des Feuers, der Zahl 8, verdrängt worden war. Sowohl Hekat als auch I-Ging liegt die Meton-Periode zugrunde, deren Kennzeichen die in der Schaltzeit zwischen synodischen und siderischen Monaten auftretende Siebenzahl ist. Die vollendete Form, der vollendete Mensch, weil sich der sechsfachen Verwirklichung in der Materie als siebte eine geistige Kraft dazugesellt, die das Tor zu anderen Dimensionen darstellt, ist der »Mensch der Sieben«. Im Zentrum der vorsolaren Kosmogonie stand also der Mensch und dessen geistige Höherentwicklung auf Gott zu, und nicht ein transzendenter, solarer Gott, mit dessen reiner Energie sich der Mensch aufgrund seiner körperlichen Beschränkungen nicht direkt verbinden kann.

Auch wenn sich die Oktaven innerhalb der Obertonreihen wiederholen, enthält jede neue Oktave mehr Obertöne als die vorangehende, und das bedeutet, daß die verschiedenen Gestaltungsformen der Urkraft, des Grundtons zunehmen. So liegen in der siebten Oktave 63 Obertöne (64–128). Hierin liegt die unendliche Vielheit der Erscheinungsformen begründet, der nur

Das Verhältnis des Hekat (Ägypten) zum I-Ging (China)

Das heilige Udjat (1 : 2)		I-Ging (1 × 2)
		(64 = 10 = 1 + 0 = 1 – die Einheit = 2)
$1 : 2 = \frac{1}{2}$	32	$1 \times 2 = 2$
$1 : 4 = \frac{1}{4}$	16	$2 \times 2 = 4$
$1 : 8 = \frac{1}{8}$	8	$2 \times 4 = 8 = 2^3$ – Acht Trigramme
$1 : 16 = \frac{1}{16}$	4	$2 \times 8 = 16$
$1 : 32 = \frac{1}{32}$	2	$2 \times 16 = 32$
$1 : 64 = \frac{1}{64}$	1	$2 \times 32 = 64 = 8^2$ – Sechs Hexagramme

$63 : 64 = \frac{63}{64}$ Linear gerechnet »fehlt« $\frac{1}{64}$ – das Heilige Udjat

wenige Gesetzmäßigkeiten zugrunde liegen. Die achte Oktave reicht über den Oktavenklang hinaus, deshalb ist die Acht eine »Wendezahl«, die sich zu einer neuen Neun (1) transformiert. Im Zehnersystem drückt sie sich in der von den Pythagoreern als Mutter der Zahlen bezeichneten Ziffer 10 aus. Der »neuen Eins« (9) stellt sich das Chaos bei, das die Null symbolisiert. Als Nichtzahl kann sie sich nach der Zahlenlehre nur materialisieren, wenn ihr als Symbol für eine manifestierte Energie eine andere Zahl, ein anderer in Oktavenform abgeschlossener Zyklus vorausgeht (10, 20, 30 usw.). Das ägyptische Hekat beruht auf einer oktalen Ordnung, die griechische Skala auf der Zehnerordnung. Aber Anta-Diop wies auf eine altägyptische Überlieferung hin, derzufolge die libysche Zahl Acht unserer Zehnzahl entspricht!

Die Problematik der durch die Solarisierung ausgelösten Verdopplung der mikrokosmischen Dingwelt scheint das berühmte »Delische Problem« aufzuzeigen. Die nach Überlieferung aufgrund eines Orakels gewünschte Verdopplung eines Würfels mit der Kantenlänge a ($x^3=2a^3$) ist geometrisch, d. h. innerhalb unserer dreidimensionalen Welt nicht natürlich lösbar, wie die Ga-

Die pythagoreische Skala – die Obertonreihe der C-Oktaven

Reihe der Quinten (Raum)			Reihe der Oktaven (Zeit)	
Quinten	Obertöne	Note	Obertöne	Oktaven
			1 C	1
erste	2	C	2 C	
	3	G		
zweite		....	4 C^1	2
	4,5	D		
dritte	6,75	A		
vierte		....	8 C^2	3
	10,12	E		
fünfte	15,19	H		4
sechste		....	16 C^3	
	22,78	Fis		
siebte		....	32 C^4	5
	34,17	Cis		
achte	51,25	Gis		
neunte		....	64 C^5	6
	76,88	Dis		
	115,32	Ais		
elfte		....	128 C^6	7
	172,98	Eis		
zwölfte	259,58	His	256 C^7	8

In China nannte man die Reihe der zwölf Quinten den »Zirkel der Fu«.

lois-Theorie nachwies. Erst wenn man Kurven 2. oder 3. Grades heranzieht, ist eine künstliche geometrische Lösung erzielbar. Diese gekrümmten Linien stellen einen nichtlinearen oder nichtnatürlichen Zusatz dar, der, wie die Chaosforschung erkannte, in das schöpferische Chaos führt, und so scheint diese Überlieferung darauf hinzuweisen, daß sich die weisen Alten, welche Feuer als die Gott gemäßere Kraft und ihr Symbol, die Achtzahl, über die seelische Kraft der Siebenzahl stellten, der Folgen ihrer dadurch heraufbeschworenen Kraft zur Verdopplung durchaus bewußt waren, die sich ja gesetzmäßig ereignet, sobald sieben Oktaven oder Entwicklungszyklen durchschritten sind. Die Betonung der chaotischen Kraft der Achtzahl war nötig geworden, um den transzendenten Sonnengott zu rechtfertigen, aber der Dunkelmond, aus dem sich sein Zwilling, die Sonne, als Lichtgeist einseitig herausgelöst hatte, ist untrennbar mit dem »Schattengeist« verbunden, der im vormaligen »Lichtgeist«, dem *heliokosmischen Körper als Ganzheit* seine konfliktlose Ausgleichung erfahren hatte.

Im Mittelpunkt der pythagoreischen Skala steht der Ton Fis, der dem 11. Oberton einer aufsteigenden Obertonreihe mit dem Grundton C nahekommt. Nach Dane Rudhyar entspricht er der heiligsten Silbe der Hindu, dem AUM, das im Griechischen zu OM wurde. Der *omphalos* (gr.) ist der »Nabel der Erde«, ihr Schwingungsmittelpunkt; *omph* heißt »göttliche Stimme«, »heiliger Klang«, und *omphe* ist das AUM- oder OM-Sprechen. Die Zeitspanne von etwa 11,3 Jahren entspricht dem Sonnenfleckenzyklus, der sich, wie heute bekannt ist, auf das magnetische Feld der Erde drastisch auswirkt.

Nach mystischer Überzeugung ist das organische Leben als Gesamtheit das Wahrnehmungsorgan der Erde und gleichzeitig ein Strahlungsorgan. Mit Hilfe des organischen Lebens sendet jeder Teil der Erdoberfläche jeden Augenblick eine bestimmte Strahlungsart in Richtung auf die Sonne und über die Sonne auf die Planeten aus bzw. umgekehrt, was die Maya das Einatmen und Ausatmen im Zyklus der Sonnenflecken nannten. Der Heliokosmos, der im Mittelpunkt vorsolarer Kulturen stand, ist der Gesamtkörper des Sonnensystems, der galaktische Frequenzen aufnimmt, d.h. er atmet ein, was als solarer galaktischer Strom verstanden wurde, während man das Ausatmen als lunaren Strom verstand, der die umgewandelten Energie- bzw. Informationsströme an das galaktische Herz zurückgibt. Durch die Trennung und Umkehrung der ursprünglichen Bedeutungen ging die Kenntnis des Gesamtzusammenhanges zwischen Mensch, Natur und Kosmos ebenso verloren wie das Wissen, daß sich die in der Achtzahl als Archetypus wohnende Kraft auf den Zwillingskörper oder Schattenkörper, den *Ka* der Erde, bezieht, der seine belebenden Energien über *Ba* vom reinen Geist des Kosmos erhält. Bricht das Strömen zwischen Ein- und Ausatmen ab, wird nur noch ein- und nicht mehr ausgeatmet, muß es in der Folge zu einem Kollaps kommen, den sich, wie Aborigines warnen, das Universum bemüht, energetisch auszugleichen, indem es den dazu nötigen wechselwirksamen Rhythmus erzwingt. Hierin liegt vermutlich der Grund für die Qualifizierung des *Gesetzes der Erde* durch den sumerischen Enki als grausam. Im Gegensatz zum babylonischen Helden kannte es der Sohn der Großen Mutter, der einem anderen Weltzeitalter als Gilgamesch angehörte. Die Erde frißt ihre Kinder, das Leben, aber nur, wenn man dieses Leben als nicht über die irdische Stufe hinausführend versteht.

Mathematik, Astronomie und Musik drücken dieselben schwingenden und durch Zahlen symbolisierbaren Gesetzmäßigkeiten aus, wie sie auch die Bewegungen von Molekülen zueinander oder auseinander dirigieren, deren Wertigkeit sich verändert, um in chemische Reaktionen mit anderen Molekülen einzutreten. Auf dem Gesetz der kosmischen Oktaven beruht daher auch die sogenannte Mendeleevsche periodische Tabelle der Elemente. Vor Mendeleev war bereits der englische Chemiker John Newlands auf diese Gesetzmäßigkeit gestoßen. Er entdeckte, daß bei einem Arrangement der Elemente nach ihrem Atomgewicht jedes achte Element eine Wiederholung des ersten sein wird, und vermutete deshalb, daß sich die molekularen Proportionen zueinander wie die Noten einer musikalischen Skala verhalten. Newlands erregte bei seinen Zeitgenossen Ignoranz und Gelächter, Mendeleev ordnete später die Elemente nach dem gleichen Prinzip in acht vertikale Kolonnen und stieß auf die Gesetzmäßigkeiten der Fibonaccischen Reihe bzw. den Goldenen Schnitt der Oktave. Zu jener Zeit waren 63 Elemente bekannt bzw. in das Bewußtsein der Menschen getreten, heute sind es 107! Daß die Forschung inzwischen den in den 64 Hexagrammen des I-Ging enthaltenen wechselwirkenden Zusammenhang zwischen Erscheinung und Körpergestalt mit den 64 Nukleotid-Tripletts der DNA des genetischen Codes gleichsetzt, überrascht so gesehen nicht mehr.

Die Entdeckung des in den 64 Hexagrammen enthaltenen Codes, die Ziffernfolge 000000, 000001, 000010, 000011 usw., hatte es Leibniz erlaubt, neue Wege in der Mathematik einzuschlagen. Charakter und Niveau dieser frühen Evolutionstheorie lassen sich überhaupt erst ermessen, seit 1953 die Nobelpreisträger Francis Crick, James Watson und Maurice Wilkins die biochemische Struktur des genetischen Codes entschlüsselten. Davor gab es bereits eine rein mathematische Analyse von Olsvanger, der die beiden Gesetze auf den Nenner einer klaren Symmetriestruktur brachte. Olsvanger interpretierte wie vor ihm schon Leibniz die Hexagramme als Ausdruck jenes binären Zahlensystems, das auch der Maschinensprache der modernen Computer zugrunde liegt, aber auch Babylonier und Maya verwendeten wie das I-Ging und das moderne Binärsystem (0 und 1) nur zwei Symbolformen. Hierin ist wohl die Ursache dafür zu finden, daß enthusiastische Wissenschaftler Gott mit seiner Sprache gleichsetzen. Verstehen wir Gott als Supercomputer, der irgendwoher seine Antriebskraft bezieht, degradieren wir den Menschen zur zwar denkenden Maschine, aber wir negieren das Mysterium der Wechselwirkung zwischen *spirit*, Geist und Materie, wodurch der Zugang zum Göttlichen endgültig verlorengehen muß, von dem jene Kultur(en) überzeugt war(en), die diese frühe Evolutionstheorie, die wir erst heute wieder nachvollziehen können, bereits vor Jahrtausenden entwickelten.

In I-Ging, Hekat und der pythagoreischen Skala verbirgt sich also weitaus mehr, als nur ein Orakelspiel, ein Getreidehohlmaß oder die gesetzmäßige Abfolge musikalischer Töne. Darauf verweisen auch die Übereinstimmungen zum Heiligen Kalender der Maya. Das Hekat war ein Kubikmaß und die Christuszahl der Mystik ist 888. 8 x 8 x 8 oder 8^3 ergibt die Zahl 51200, auf die man im Tzolkin in der *zehnten* Position stößt. Sie entsteht aus der Vervielfältigung der Grundzahl 20, des Grundwertes 2, wodurch eine Zahlenprogression ausgedrückt wird. Teilt man jeweils die halbe Summe der Zahl 512 durch die Grundzahl Zwei, erhält man bei der *achten* Teilung die Zahl 200 (2) und bei der neunten 100 (1), das Hekat, dessen Symbol in Ägypten wie erwähnt die Spirale war, das graphische Symbol auch der pythagoreischen Skala. 8=10, 80 = 10, 800 = 1000 und 8000 = 10000, die Zahl der Unendlichkeit in China.

Jede der im Tzolkin insgesamt 260 variablen Progressionen bezieht sich nach Argüelles auf eine Frequenz, die sich in jeder

Oktave zum Ausdruck bringen kann. Die Obertonreihe der zwölf Quinten der pythagoreischen Skala, die etwas mehr als sieben Oktaven sind und über den Oktavenklang in Form eines Achtel-Tones hinausführen, endet bei 259,48, der als Ergebnis der achten Oktave die Zahl 256 gegenübersteht. Die in Hekat und I-Ging angeführte Zahl 64 entspricht im Tzolkin der siebten Grund-Position – 64(000 000). In der pythagoreischen Skala beginnt die siebte Oktave mit der Zahl $64 = C^5$, das bedeutet, daß der Grundton fünf Obertonzyklen durchlief, die dem Beginn der siebten Oktave entsprechen. Die Beziehung zwischen den Obertonreihen oder Harmonien der siebten Oktave, die mit der Zahl 64 beginnt, ist die zwischen Natur und Geist, schreibt Dane Rudhyar. Die siebte Oktave endet bzw. wendet sich zur achten Oktave bei C^6, der Zahl 128 – das biologische Leben in seiner Gesamtheit ist durch die Sechszahl ausdrückbar! 128, mit der die darüber hinausführende achte Oktave bei Pythagoras beginnt, findet sich im Tzolkin in der achten Position und diese achte Oktave oder C^7, die Zahl 256 beendet die pythagoreische Skala. Im Maya-Kalender entspricht sie der neunten Position, denn der Tzolkin reicht über die Skala Pythagoras' hinaus. Die »Christuszahl« 8^3 (= 512 000 000 000) tritt in der zehnten Position auf. Sie ist das geheimnisvolle »fehlende Vierundsechzigstel« im Hekat, das weit über die natürliche Welt und deren Erscheinungsformen hinausführt, weil es in sich einen nichtlinearen Zusatz enthält, der ins Chaos führt. Darüber hinaus kannten die Maya aber noch drei weitere Positionen, insgesamt dreizehn, die bis zur astronomischen Zahl 4 096 000 000 000 000 reichen! 4096 ist eine Zahlenkomposition von 16 x 256, und dividiert man die Zahl 4096 zwölfmal durch 2, erhält man als dreizehntes Ergebnis die Zahl Eins – theoretisch! Denn im Gegensatz zu allen anderen geraden Zahlen ergibt die Quadratwurzel der Zahl 2 *nicht* 1, sondern eine fraktale Zahl 1,4142135. Diese »irrationale Zahl« war der Bruderschaft der Pythagoreer bekannt, die sie jedoch streng geheimhielt. Die Maya erlagen also genausowenig wie die mystischen Meister der Vergangenheit der Illusion eines auf linearen Gesetzmäßigkeiten aufgebauten Kosmos. Deshalb legten sie wie die alten Ägypter im Hekat und wie das alte China im I-Ging ihren Rechnungen nicht das Dezimalsystem zugrunde, bei dem die Grundzahl 1, unabhängig davon, wie oft sie mit sich selbst multipliziert wird, immer Eins bleibt, sondern, wie wir das heute wieder mit unseren modernen Computersystemen tun, die binäre Progression der Grundzahl Zwei, wie sie auch der Obertonreihe der Oktaven zugrunde liegt.

13 und 20 sind die dem Tzolkin zugrundeliegenden Säulen, die, wie schon ausgeführt, das weibliche Prinzip der Wechselwirkung und Bewegung sowie das männliche Prinzip des Maßes symbolisieren. Letzteres ergibt sich aus fünf rotierenden Sequenzen von je vier Stellungen oder Matrixpositionen, in denen unschwer die vier Mondbilder erkennbar sind. Frank Fiedeler vergleicht diese vier Matrixpositionen mit den vier Nukleotidbasen der DNA, während die fünf rotierenden Sequenzen den fünf Basen oder zehn binären Elementen gleichen, die in den fünf Mondvierteln oder natürlichen Wochen der Meton-Periode ihre Entsprechung finden. Insgesamt werden im genetischen Code zwanzig Aminosäuren (Proteinbausteine) von 64 Nukleotid-Tripplets kodiert, die den zwanzig Grundzahlen im Maya-Kalender ebenso entsprechen wie den insgesamt zwanzig Noten der zur Oktave geordneten Sieben-Stufen-Tonleiter, wenn man die Intervalle berücksichtigt. Wir können hier nicht weiter auf diese faszinierenden Übereinstimmungen eingehen, die einen Blick auf den *molekularen Urkalender der Menschheit* und damit auf das formenerzeugende Prinzip der Raumzeit erlauben, es kann jedoch kein Zweifel daran bestehen, daß uns längst versunkene Kulturen ein Schwingungsgrundgesetz hinterließen, das über die natürliche Welt der Erscheinungsformen hinaus- und in rein geistige, physikalisch dimensionslose Bereiche hineinführt.

Der Überlieferung nach war das »Gesetz der Erde« in den schwarzen Ländern, *Al-Khem*, entwickelt worden. *K'mt*, »das Schwarze«, nannten die alten Ägypter ihr Land. Dieses Gesetz und seine Magie, denn dabei handelt es sich um die Möglichkeit, verändernd, also magisch in natürliche Prozesse einzugreifen, erhielt sich am reinsten im I-Ging und im noch weiterführenden Tzolkin der Maya. Diese Hohe Magie nannte man *Al Khemie*, die Kunst der Transmutation, und ihre Ausführung war verständlicherweise nur geläuterten Eingeweihten vorbehalten.

Eine Transmutation verändert die äußere Form, d. h. sie kreiert neue Formen, die in der Theologie bekannte Wandlung von Brot und Wein in Leib und Blut Christi behält hingegen die äußere Form bei, verändert jedoch durch die symbolische Handlung die geistige Substanz, die wiederum auf subtile Weise die Form verändert. Beides sind magisch eingreifende Wirkungen. In ersterem liegt über die Hohe Magie und die sie ablösende Alchemie der Ursprung der modernen Chemie und Physik begründet, in letzterem der Ursprung von allem.

Ta duat nannten die Ägypter die Unterwelt, das Reich der Nephtys (Hekate), aus der anés, die Materie, strömt. Duat wird aus *dua*, »Fünf«, gebildet, und die Fünfzahl steht mit der göttlichen Teilung oder dem Goldenen Schnitt in Verbindung, also mit jener mathematischen Größe, bei der sich die Einheit mit der Unendlichkeit in einem fortwährenden Akt der Teilung verknüpft. Dieser wurde im Zuge der Umkehrung zu einem fortwährenden Akt der Verdopplung. Das bedeutet, daß der Mensch in der Vergangenheit, ob bewußt oder unbewußt, in dieses Urgesetz eingriff und dadurch in eine Kraft, derer er sich im Verlauf der dadurch bedingten Entwicklung immer weniger bewußt war. Daß das Bewußtsein dieser Kraft im Mittelpunkt der lunaren Kosmogonie gestanden war, belegt die Tatsache, daß die der pythagoreischen Skala zugrundeliegende Annäherung der Schwingung der Obertonreihen von zwölf Quinten und acht Oktaven *nur beim Ton C* möglich ist. Das Symbol C stand ursprünglich I, dem Vollmond bzw. der lunaren Achse, bei und war ein Sinnbild für den Schattengeist bzw. Erde/Mond/Sonne. In Frankreich, Spanien und Italien nannte man bis in das 17. Jahrhundert die erste Solminationssilbe der C-Tonleiter *Ut*, heute *do*- (und weiter: *re-mi-fa-sol-la-si*).[46]

Erinnern wir uns, der ägyptische Name der Großen Pyramide, die wir seit den Griechen als Cheops-Pyramide kennen, war *Ta Chut*, »das Geistselbsthafte«. *Chu* bezeichnete im Ägyptischen das, was der Mystiker und Arzt Paracelsus das *ens deale* nannte, »göttliches Sein«; *Ta duat* war die Unterwelt und *Ta Urt* einer der Namen der ägyptischen Todesgöttin, auch Nephtys oder (gr.) Hekate, »Hundert«, deren Symbol die Spirale war und aus der die Materie strömte. *N.ut* ist die ägyptische Urgottheit der Schöpfung, aus deren Vereinigung mit dem Erdgott die Götter bzw. Schöpfungskräfte geboren werden, und die Bruchteile des Hekat sind das Heilige *Ud.jat*. Darüber hinaus reichen die Wurzeln des keltischen Lebensbaumes bis zur *Quelle von Urd*, und im

Thandagya-Upanishad ist die allerheiligste Silbe AUM (OM) als *Ud.githa*, die »Essenz des Saman« (Sehers), angegeben, eine Essenz, die selbst den Stein zu spalten vermag. Sie ist der »Blitz«, in den sich die »Kuh« verwandelt, denn wie es im Rigveda heißt: »in den Blitz sich verwandelnd streifte die Kuh ihre Hülle zurück.« Als Donnerkeil fährt dieser Blitz in die Eiche und entflammt sie, d. h. die Vision des Eichensehers oder Druiden. Schlußendlich ist das *Ut* auch im walisischen *Ythr* enthalten, in Jesus, der zum *Chris.tus* wird.[47]

Nur ein Adept der Mysterien konnte die Frage stellen, weshalb eine lineare Betrachtungsweise der Welt den Zugang zum Mysterium, dem fehlenden Vierundsechzigstel, verwehrt, das Thot demjenigen dazugibt, der sich unter seinen Schutz stellt. Als Ausdruck der vieldimensionalen Kraft Gottes, ob man diese nun Thot oder Christus oder Krishna nannte, die achte und höchste avatarische Kraft, die »herabkommen« kann im Hinduismus, ist das *Ut* das Mittel zur mystischen Wiederverbindung mit Hilfe der Kraft des Todes, die allein die Kraft zur Umpolung besitzt. Es ist die *Quelle* der Kraft Hekates, der Göttin der Unterwelt oder des Totenreiches! Dieser Weg, der vorbereitender Initiationen bedurfte, führt durch das Bewußtseinsfeld der Erde, mit dem sich Adepten der Mysterien bewußt verbanden. Sie starben zumeist nicht körperlich, sondern den Initiationstod, um sich mit der Überwelt des reinen Geistes oder Bewußtseins zu verbinden und als große Weise und Kulturbringer wiedergeboren zu werden, von denen das Tao te King als große alte Weise einer versunkenen Kultur berichtet.

Kapitel 3
Das Bewußtseinsfeld der Erde

Alles, was existiert, besitzt einen Samen.
Zeit ist die Dauer zwischen Samen und Frucht.
Maori, Neuseeland

Die sieben Zyklen der Erde

Im Mittelpunkt der Kosmogonie lunar-geozentrischer Kulturen standen zyklische Kraftströme der Zeit, die nun von den »Bildern des Himmels« auf die Erde herabgeschöpft werden. Daß die Zeit als das letztendliche, kausale Schema aller freiwerdenden Energien definiert werden kann, und daß die von der Zeit ausgestrahlte Energie schwingt, ist auch eine Theorie moderner Physiker. Auch, daß das Leben einem zyklischen Schema gehorcht, wird nun zunehmend auch im Westen anerkannt. Gehorcht das Leben aber einem zyklischen Schema, bedeutet das, daß Materie niemals zerstört wird, sondern in das System zurückkehrt, um später neu aus ihm hervorzugehen. J. B. Rhine machte darauf aufmerksam, daß zwar innerhalb von 75 Jahren ununterbrochener Forschung kein unwiderlegbarer Beweis für ein Leben nach dem Tode gefunden wurde, daß es aber ebenso unmöglich war zu beweisen, daß es nach dem Tod kein Leben in irgendeiner Form gibt. So scheinen wir nach wie vor auf die Weisheit älterer Kulturen angewiesen zu sein, um das Mysterium des Lebens aus dem Tod, der Materie aus der Antimaterie verstehen zu können.

Aufgrund der Stellung des Mondes im Verlauf seiner Wandlung vom dunklen Neumond zum hellen Vollmond innerhalb und außerhalb der Bahn der Erde um die Sonne, erhielt man sieben duale auf die Erde einwirkende konstellare Kräfte, die Titanen und Titaninnen der Mythen: Mars-(Erde)-Venus, Jupiter-(Erde)-Merkur und Saturn-(Erde)-Sonne. Der siebte Planet war der Mond, der die polaren Energien sammelte und sie durch einen zyklischen Prozeß der Gezeiten an den lebendigen Organismus Erde weitergab. Dieser siebte Himmelskörper wurde als *in sich dual* verstanden. Das Widerklingen, die Resonanz der sich ständig höherschraubenden kosmischen Oktaven mit ihren sieben Intervallen, die Involution der Energien aus dem durch die lunare Mitte gekennzeichneten gesamten Heliokosmos, die *Nun-* oder *Nut-Sphäre* der Ägypter, führt zu einer ständigen Höherentwicklung oder Evolution, die nötig ist, um den Schöpfungsprozeß in Gang zu halten, der auf diesem Wechselspiel beruht. Und so stellte die Erde, vom Standpunkt der Menschen aus gesehen, die immer wieder neue Eins, eine »neue Erde« dar, die sich in Umkehrung der herabsteigenden und sie befruchtenden Kräfte entwicklungsmäßig ständig höher schrauben muß.

Den im griechischen Mythos erwähnten Titanen und Titaninnen begegnet man in der frühen babylonischen und palästinischen Astrologie als Fürsten, sie waren Gottheiten, welche die sieben Tage der geheiligten planetaren Woche regierten – unsere Wochentage sind noch heute nach ihren römischen Namen benannt. Im prähellenischen Raum ordnete man jedem Planeten, jedem Tag oder »Ton« Titanen zu. Dadurch ergab sich die Zahl von zweimal sieben, also vierzehn Titanen/Titaninnen.

Am 15. Tag im lunaren Kalender zu 28 Tagen (siderischer Mondlauf) ist Neumond. Die im Mittelpunkt stehende Zahl 15 betont den im Zentrum stehenden »Schattengeist«, die »Erdkraft« als Teil der achten, transformierenden Kraft, deren ungeteilte Gesamtheit man als »Geist der Sonne« bezeichnete. In ihr symbolisiert sich die Kraft der Schlange, die dank der Vermischung von Schattengeist und Lichtgeist zum Vogel wird, wie etwa die gefiederte Schlange Quetzalcoatl bei den Maya; *coatl* heißt Schlangenrock. Es handelt sich dabei um die Kraft der »heiligen Vision«. Daß sich in der englischen Sprache im Wort Hund Gott spiegelt, *dog – god*, ein Hinweis, den ich G.K. Chestertons liebenswürdigem klerikalen Detektiv, Father Brown, verdanke, ist keine Häresie, sondern deutet auf das gleiche hin, denn der Hund symbolisierte bei manchen Kulturen den »Wächter der Schwelle«, der das Tor zur Unterwelt bewacht. In Ägypten war Anubis der hundsköpfige Gott (Sirius), den man auch als Schakal darstellte, im prähellenischen Raum bildete man Hekate als hundsköpfig ab, und bei den Griechen war der

Hüter zum Eingang in die Unterwelt Zerberus. Sowohl *dog* als auch *god* gehören dem vierten von insgesamt sechs Urwörtern an, die Richard E. Fester in allen Sprachen ortete, der letzten weiblich besetzten Wortwurzel TAG, wie etwa auch in Dagon, dem schon vermännlichten westsemitischen Gerstengott, dem die Dogon, deren astronomisches Wissen die Forschung verblüfft, ihren Namen verdanken dürften. Fester weist darauf hin, daß mit dieser Wortwurzel erstmals das männliche Glied und damit die Zeugung in den Vordergrund rückt; der Tag kündigt sich an, der vom Lichtgeist (Vollmond-Nacht) zur Sonne (Tag) werdende eine patriarchale Gott.[48]

Durch viele Jahrtausende hindurch waren sich die Menschen der Funktion des Lebens auf der Erde als transformierende Kraft (unbewußt) bewußt, weshalb nicht die Materie, die »Mittelwelt«, sondern die Überwindung und Vergeistigung der Materie mit Hilfe der Läuterung der »Unterwelt«, die den Zugang zur »Überwelt« oder »Oberwelt« liefert, im Mittelpunkt der Religion stand. Das menschliche Leben erhielt dadurch einen tiefen Sinn, den man, als die ursächlichen Zusammenhänge nicht mehr deutlich waren, zunehmend verlor. Robert Ranke-Graves weist anhand der griechischen Mythologie darauf hin, daß die vierzehn gegenpoligen Titanen erst auf eine gemischte Gesellschaft von sieben herabgesetzt worden waren, bis sie zu guter Letzt allesamt von Zeus verschlungen wurden, der sich als Anführer der männlichen Triade Zeus-Poseidon-Hades, die auffallend der arisch-vedischen Triade der vermännlichten Dreifaltigkeit Mitra, Varuna und Indra gleicht, zum Himmelsvater aufschwang. Was Zeus da verschlang, waren die *logoi* oder Schöpfungskräfte bzw. deren Töne innerhalb des Schöpfungsklanges *C*, wodurch das Wissen um die Kraft der Erde und ihr Mysterium, das sich in der zweimal Sieben als Gesamtsumme verbirgt, verlorenging. Die Menschen wurden zum willenlosen Spielball der Götter und später ihrer Priester. Wissen (Erkenntnis) verkam zum Aberglauben und der Sinn des Lebens ging zunehmend verloren. Als Wechselwirkung wurde die materielle Welt immer stärker betont, so daß schließlich der spirituelle oder geistige Urgrund beinahe vollkommen in Vergessenheit geriet. Das scheint jedoch nicht nur unsere Entwicklung gewesen zu sein, sondern auch die bereits früherer Welten oder Erden.

Nicht nur Katzen werden vom Volksmund sieben Leben zugeschrieben, was sich darauf bezieht, daß die in Ägypten heilige Katze, *Mau*, »Licht«, ursprünglich ein lunares Symbol war, das als solches untrennbar mit der Siebenzahl verbunden ist, auch der Erde als Planet erkannte man sieben Leben zu, sieben Erden (Hopi). Jeder dieser Zyklen, die auf verschiedenen Ebenen schwingen, ist wiederum in sieben Zyklen unterteilt. Nach allgemeiner Auffassung der mystischen Überlieferung absolvierte die Erde bereits drei vollkommene Zyklen, und unsere gegenwärtige, bereits die vierte Erde oder Welt, befindet sich am Ende des letzten siebten Zyklus und vor dem Übergang in eine neue Erde oder Welt – die fünfte. Während die ersten drei Welten absteigenden Energien unterlagen (Involution), schwingt die vierte, unsere gegenwärtige, auf der untersten, am stärksten verdichteten, am meisten materialisierten Ebene, so daß es sich bei unserer Verstrickung in puren Materialismus um keinen Zufall zu handeln scheint, sondern um einen im kosmischen Sinn gesetzmäßigen Irrweg oder Durchgang. Dieser wiederholt sich aufgrund der innerhalb der planetaren Oktave bestehenden Gesetzmäßigkeit von drei ab- und drei aufsteigenden Zyklen, deren unterste die vierte Ebene ist, von Zyklus zu Zyklus, also siebenmal innerhalb der Zeitspanne einer Erde oder Welt. Hierin dürfte der Grund dafür liegen, daß man in den Mythen auf immer ähnliche Entwicklungen stößt, zwischen denen große Zeiträume gelegen haben müssen. Ab der kommenden »fünften Welt«, also dem Beginn einer neuen kosmischen und höher schwingenden Oktave, sollen sich Erde und Leben wieder aufsteigend, wieder höher schwingend evolutionieren. Um dieses kosmische Ziel wenn möglich ohne die äußere Katastrophe eine Untergangs dieser Erde zu erreichen, bedarf es nach Überzeugung aller Naturvölker unserer tätigen Mithilfe, um so mehr als zu bedenken ist, daß nach Durchschreitung von sieben Oktaven die transformierende Kraft der achten Oktave zu wirken beginnt – zwölf Quinten (synodischer Mondlauf oder Sonnenzeit) sind *etwas mehr* als sieben Oktaven. Viele sind davon überzeugt, daß wir uns bereits am Anfang dieser Phase befinden, während derer gewaltige Energien freigesetzt werden sollen.

Umgesetzt auf die in der östlichen Geheimlehre überlieferten geistigen oder spirituellen Organe der Menschen, die sieben Räder oder Haupt-Chakren, die als seelische Organe dem Astral- oder Mentalkörper zugrunde liegen, der den physischen Körper formt, bedeutet das, daß sich drei Kräfte absteigend und drei Kräfte aufsteigend verhalten. Man könnte auch sagen, daß die ersten drei Chakren mit irdischen Energien, also aufsteigenden Kräften – Evolution, und die drei höheren mit göttlichen Energien, mit absteigenden Kräften – Involution in Verbindung stehen. Erstere können durch das vierte Herzchakra in aufsteigende Energien, d. h. in zunehmend feinere spirituelle Erkenntnisse umgewandelt werden. Schwaller de Lubicz ist davon überzeugt, daß der Mensch als Spezies nicht auftreten konnte, bevor nicht alle Lebenskräfte in individuell vervollkommneten und funktionell spezifischen Organen realisiert wurden. Diese Aufgabe kam den feinstofflichen Organen des Seelenkörpers zu, die sich in den verschiedenen Tierspezien bis hin zum Menschen zu körperlichen Organen verdichteten. Je verdichteter oder physischer diese werden, um so stärker treten offensichtlich die spirituellen Organe in den Hintergrund, bis nach einem gesetzmäßigen Umschwung die gegenläufige Entwicklung einsetzen muß. Zum besseren Verständnis führen wir die den feinstofflichen Organen oder Lotus-Zentren in der Hindu-Philosophie zugeschriebenen Qualitäten an:

Angeordnet sind diese »Räder« entlang der Wirbelsäule, dem »Stab«, der die unteren Extremitäten oder »Bewegungszentren« mit dem Hirnstamm bzw. mit den zu zunehmend feinstofflicheren Erkenntnissen befähigten höheren Chakren oder »Gefühlszentren« verbindet. Gespeist werden die Chakren durch den Fluß der *Kundalini*-Kraft entlang eines feinstofflichen Rückennervs bzw. durch zwei miteinander verflochtene seitliche Nervenstränge, die man durch eine Schlange oder einen Drachen mit zwei Leibern oder Köpfen oder durch zwei Schlangen symbolisierte. Nach Elliot Smith war der Drache ursprünglich ein Ausdruck der göttlichen lebengebenden Kräfte, bis er durch die Entwicklung einer »höheren Konzeption religiöser Ideale« auf eine tiefere Ebene bezogen und schließlich zum Symbol teuflischer Kräfte wurde. Einen Hinweis auf die Art dieser Kräfte gibt die Überlieferung, daß der im Christentum als Ausdruck einer höheren Konzeption gefürchtete Anti-Christ fliegen könne! Dazu führt das Aufrichten der »Schlange«

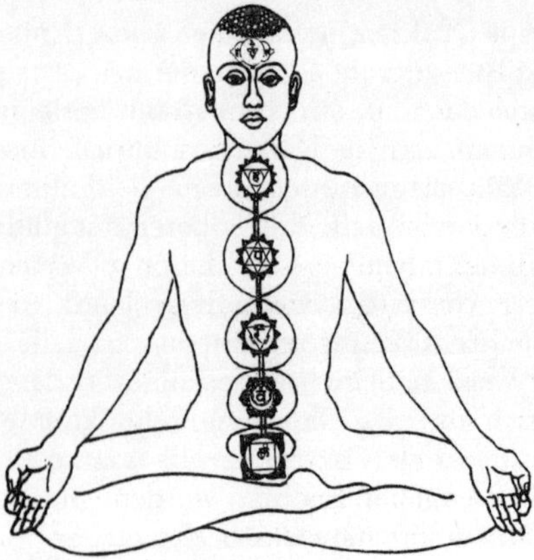

Chakra	Auswirkungen auf:	Element
7. Scheitelzentrum (Sahasrara Chakra	Gehirn willkürliches Nervensystem	
6. Stirnzentrum (Ajna Chakra)	unwillkürliches Nervensystem	Ort der Jinas (Sieger)
5. Kehlkopfzentrum (Vishuddha Chakra)	Atmungssystem	Raum
4. Herzzentrum (Anahata Chakra)	Gefäßsystem	Luft
3. Nabelzentrum (Manipura Chakra)	Ernährungssystem	Feuer
2. Unterleibszentrum (Swadhisthana Chakra)	Ausscheidungs- und Fortpflanzungsorgane	Wasser
1. Wurzelzentrum (Muladhara Chakra)	Ausscheidungs- und Fortpflanzungsorgane	Erde

entlang des »Stabes« über das »Zentrum der spirituellen Geburt« (Herzchakra) bis zur Erfahrung der göttlichen Stimme, des Orakels *im* Menschen (fünftes Chakra), das auch Lotus der spirituellen Bemühung genannt wird. Das spirituelle Ziel ist das »leuchtende Bild« der *eigenen Vorstellung* von Gott im sechsten Chakra oder dem »dritten Auge«, wonach sich erst der Lotus der Erleuchtung, das siebte oder »Kronenchakra« öffnen kann – die helle Vision der *Gottheit ohne Form.* Derart Erleuchtete sind zu »übernatürlichen« Taten fähig, wie sie auch von Jesus überliefert sind.

Ein Geist, der nicht in den Himmel fliegen kann, richtet den Blick notgedrungen auf die Erde und auf die materielle Welt. Daß diese Praktik, die nicht nur östliche Religionen kannten, im Zuge der Verbreitung des Christentums als teuflisch verdammt wurde, mag daran liegen, daß die dafür verantwortlichen Kirchenväter sie nicht mehr beherrschten, und was man nicht kennt, läßt sich leicht verteufeln. Sich darauf beziehende Symbolik findet sich bei eiszeitlichen Felsmalereien (Lasceaux), bei schamanischer Symbolik (Sibirien), bei San-Felszeichnungen (Südafrika), als Dekor auf einem Becher in Sumer (etwa 2000 v. u. Z.), bei Hermes/Thot Kaduzeus (Ägypten), dem Altar des Kaduzeus (präkolumbisch, aztekisch, etwa 1500) und auch beim sogenannten Merkur-Stab, der noch heute das Symbol der westlichen Medizin ist. Das läßt wiederum darauf schließen, daß das Wissen um diese spirituelle Praktik, auf die wir im zweiten Teil dieses Buches eingehen werden, die Kenntnis der unsichtbaren, weil hochschwingenden Seelenorgane einst universell war und der westlichen Zivilisation nur unbewußt geworden ist.

Der Merkurstab.

Die moderne Forschung erkannte, daß es beim Ursprung der Dinge ein irrationales Moment gibt. Dieses Moment ist der *logos*, das mit seiner Quelle und deren Ausströmung gleichgesetzte WORT. Mit dem westlichen Verständnis rational bedingter Logik hat das absolut nichts zu tun. Diesem Mysterium liegen jedoch auch Fakten zugrunde, deren innere oder subjektive Resonanz zum Begreifen der natürlichen Wahrheit führt, die in sich selbst nicht rational oder logisch erklärt werden kann. Aus diesem Grund konnte die griechische Periode philosophischer Dispute nur zu intellektueller Konfusion führen, die in die Verneinung des Göttlichen mündete und in der Folge in Resignation endete. Als Erben all dieser Dispute leidet heute besonders der westliche Mensch an einer inneren Leere, und angesichts einer sterbenden Umwelt und zunehmenden Ausbrüchen von Aggression und Gewalt bedürfen wir dringend einer Neuorientierung. Ein Ausweg aus diesem Dilemma bietet sich an, wenn man sich der überlieferten Fakten bedient, die der Westen aufgrund seiner Entwicklung benötigt. Sie stellen das Maß der Kraft des WORTES oder *logos* dar, das in neuem, altem Gewand zur Wiederbelebung der verlorenen Resonanz zwischen außen und innen führen kann.

Verstehen wir die Erde, wie das zunehmend geschieht, wieder als lebenden Organismus, müssen wir konsequent sein und den nächsten Schritt vollziehen und unserem Planeten auch wieder eine Seele einräumen. Der Seelenkörper der Erde besitzt sieben Schwingungszentren, überliefern die Hopi, die die Götter herbeirufen können. Es handelt sich also um singende oder schwingende Kraftzentren, die auch den Erdkörper formen. Diese sieben Töne befinden sich entlang der Wirbelsäule der Erde, ihrer polaren Achse, so daß auch unser Planet eine *Kundalini*-Kraft besitzt, die »Erdkraft«, deren Strömungen man große Aufmerksamkeit schenkte.

Materie ist die am meisten verdichtete Form von Energie, nach mystischer Überlieferung ist sie die Offenbarung der Seele auf unserer jeweiligen Daseinsebene in Form eines geistigen oder mentalen und eines physischen Körpers, während die Seele auf einer höheren Ebene das Werkzeug für die Manifestation des göttlichen Geistes darstellt. Wieder stoßen wir auf die Dreieinigkeit, die durch das Leben bzw. durch die allem zugrundeliegende Lebensessenz zu einer Einheit verbunden wird. Die Mythen von Menschen als Götter eines ersten Weltzeitalters deuten darauf hin, daß diese sagenhaften Wesen gleich hoch wie die Lebens- oder Seelenessenz schwangen, bis sie sich aufgrund des »Falles« durch mehrere Weltzeitalter oder Erden hindurch zunehmend verdichteten, was die nötige Voraussetzung für die

Entwicklung des Lebens bis hin zum heutigen modernen Menschen war.

Im Hinduismus heiß es: »Aus dem Glanze des Lichts – dem Strahl aus der ewigen Dunkelheit – entsprangen im Raum die wiedererwachten Kräfte; die EINS aus dem Ei, die SECHS und die FÜNF, DANN (!) die DREI, die EINS, die VIER, die EINS, die FÜNF – DIE ZWEIMAL SIEBEN, DIE GESAMTSUMME.« Wir erkennen die ersten drei absteigenden Kräfte (Involution), den Bruch, und eine darauf stetig erfolgende Höherentwicklung (Evolution), die nach dem DANN angegebenen nun aufsteigenden Zahlen oder Chakren, welche immer wieder eine »neue Eins« aufbauen – die Drei – die Eins, die Vier – die Eins, die Fünf. Danach ergibt sich die Gesamtheit der zweimal Sieben, der wir bereits begegneten. Diese Zahlen repräsentieren die mystische Swastika und entsprechen als 1:314159 der Weltachse oder dem Durchmesser des Erdenraumes, von dem die Oktavenklänge auf die Erde, und transformiert von der Erde wieder in den Kosmos zurückgestrahlt werden.

Nach dieser Überlieferung begann die eigentliche Entwicklung zum heutigen Menschen erst in der dritten, »lemurischen« Welt, von der Mythen als im Pazifik versunkenes *Weißes Mu* berichten, und mit der Dreizahl, der Verdichtung des dritten, »rationalen« Chakras, der Quelle der Egokraft, die aber auch der Sitz noch ungeläuterter Bosheit und Aggressionen ist. Sie führte zur Erkenntnis als Einzelwesen, weshalb die Entwicklung zum heutigen Menschen hier einsetzt. Dieses Einzelwesen, den *Nommo*, geben die Dogon (Mali) als erstes Wesen an, das nach einer Flut als »Fischwesen« auftauchte – und von Fischmenschen berichtet auch der sumerische Mythos. Der natürliche Zugang zur Welt der Götter war durch den »Fall« abgebrochen, und nur noch durch individuelle Anstrengung erreichbar. Dafür entwickelte man gewisse Techniken, auf die wir noch eingehen werden. Zwischen dritter und vierter Welt liegt nun wieder die Eins, die nun nicht mehr direkt absteigende göttliche Urkraft, sondern die nun aufsteigende Kraft des menschlichen Ego. Gemeint ist damit das bewußte *Ich bin ich* des Menschen als Einzelwesen oder Individuum, das noch in seinem Kern die göttliche Urkraft widerspiegelt und das nur durch bewußte Höherentwicklung wieder göttlich werden kann.

Alle sieben Welten oder Oktaven sind von allem Anfang an bereits freigesetzt, denn es heißt: »Von den SIEBEN wurde zuerst Eines geoffenbart, Sechs verborgen; Zwei geoffenbart, Fünf verborgen, Drei geoffenbart, Vier verborgen, Vier hervorgebracht – Drei versteckt; Vier und ein *Tsan* (Bruchteil) enthüllt – Zwei und ein halbes verborgen; Sechs zu offenbaren – eines beiseite gelegt.« Zuletzt rotieren sieben kleine Räder, wobei eines das andere gebiert. »Siebenjäger« starb aus, während »Einsjäger« eine neue Menschenrasse begründete, überliefert das Popol-Vuh der Maya. Siebenjäger steht wohl für den vollkommenen Menschen, den »Menschen der Sieben«, in dem alle geistigen Organe vollkommen entwickelt sind, und kündet von den Göttern eines ersten versunkenen Weltzeitalters. Was auch bedeutet, daß danach ein vollkommen neuer Lebenszyklus wieder von allem Anfang an beginnen mußte. Tatsächlich ist auch *das* überliefert. So berichteten die San, daß Dxui, »die erste Seele«, ein Symbol für das materialisierte Leben, *nachdem* er bereits Mensch gewesen war, erneut durch alle, dem menschlichen Leben zugrundeliegenden Entwicklungsstadien hindurchgehen muß. Vermutlich verbirgt sich hierin auch die Bedeutung der biblischen Angabe, daß aus der Verbindung der »Gottessöhne« mit den »Menschentöchtern« das »Geschlecht der Riesen« hervorging, die als die großen Helden der Vorzeit bekannt sind (Genesis, 6.4). Der Widerspruch zu Adams Erschaffung ist nicht zu übersehen, die in sich selbst widersprüchlich ist. Denn es heißt sowohl, daß Gott die Menschen als sein Ebenbild gemacht hatte, »als Mann und Frau hatte er die Menschen geschaffen« und ihnen den Namen »Mensch« (Adam) gegeben (Genesis, 5.1-2), andererseits war Adam alleine im Paradies. Deshalb sah Gott sich gezwungen, Eva aus Adams Rippe zu formen (Genesis, 2.21).

Einen klärenden Hinweis gibt der ältere sumerische Mythos. Er nennt die vormenschlichen Götter *nefilim*, und das ist ein Wort, das eine Verbindung zum hebräischen Wort *nephesch*, »Seele« bzw. Seelenkraft andeutet. Und der ägyptische Mythos berichtet, daß nicht unsterbliche Götter bzw. deren Söhne eine Menschenfrau zum Weib genommen hatten, sondern daß sich eine unsterbliche Göttin mit einem Tier paarte, um den Fluß des Lebens aufrechtzuerhalten! Darwins Evolutionstheorie erhält durch diesen Mythos, den auch Bantu-Kulturen kennen, einen neuen, faszinierenden Stellenwert, um so mehr als die anthropologische Forschung tatsächlich auf Spuren von ausgestorbenen Riesen in der Evolutionskette des Menschen stieß. Im Mythos der San rettet Porcupine, das Gürteltier, ein Symbol für Dxuis Tochter und Seele, ein Stück »Fleisch«, um es als Samen in eine neue Welt hinüberzuretten. Die Erschaffung des Menschen, die den nötigen Stammvater für das hebräische Volk lieferte, bezieht sich wohl auf die dritte Welt oder Erde, denn sowohl von der ersten als auch der zweiten sind jeweils Riesen überliefert, die während des zweiten Weltzeitalters degenerierten.[49] In dieser dritten Welt, die mit der Flut zu Ende ging, und aus der unsere heutige vierte Welt geboren wurde, fand offensichtlich die Spaltung der Menschen als »Geschlecht« in Einzelwesen statt. Schwaller de Lubicz weist darauf hin, daß gigantische Formen im allgemeinen das Ende einer Rasse nahe an ihrem Aussterben signalisieren. Mythen, die sich auf Riesen beziehen, und die Weltmythologie inklusive der Bibel ist voll davon, scheinen also in die Tiefen der Zeit und vor die »Erschaffung« der heutigen Menschenrasse(n), homo sapiens, vor etwa 200 000 Jahren zurückzuweisen.

Seit der Verwirklichung der DREI, dem dritten Chakra, wird »Einsjäger«, die Eins, das Ego, jeweils wiedergeboren. Denn es heißt: »Die Eins aus dem Ei, die wie die Neun als Keim bereits alle Verwirklichungen in sich enthält, die Sechs und die Fünf – Involution, dann die Drei, die Eins, die Vier, die Eins, die Fünf – die zweimal Sieben, die Gesamtsumme – Evolution.« Wie nach den ersten beiden Stufen oder Welten zur dritten, »lemurischen« liegt, eine Zäsur *nachdem* die VIER geoffenbart war, das vierte oder Herzchakra, das niedere Schwingungen oder Gefühle in höhere zu transformieren vermag. Denn weiter geht es mit: »Vier und ein Bruchteil, während Zwei und ein halbes noch verborgen sind.« Erst danach kann die neue Eins die Fünf, die fünfte Welt oder Kraft gebären, die als Zentrum spiritueller Bemühung im *Sprung* zur Offenbarung der Sechs, zur Fähigkeit, die göttliche Silbe AUM im Inneren zu erfahren, führt. Diese sechste Kraft wird durch einen Lotus mit zwei Blütenblättern ausgedrückt, weiß und leuchtend wie der Mond, und trägt, wie schon ausgeführt, eine höchste Vision der Göttin oder eines

Gottes – den Messias bzw. die messianische oder höchste avatarische Kraft, die in einem ursprünglich involutionären Zyklus als erste Kraft am Anfang jeder neuen Welt erfahren wird! Der Sprung auf die sechste Kraft zu führt dann zur Gesamtsumme der »zweimal Sieben«, und das läßt auf eine Beschleunigung bzw. auf kürzere Phasen der Welten schließen, von der die Hopi tatsächlich berichteten. Das geschieht allerdings erst, nachdem ein mysteriöser Bruchteil zwischen der bereits geoffenbarten Vier und der höher schwingenden Fünf, sozusagen unserem Ziel, bewältigt wurde. Innerhalb der kosmischen Oktave und deren Gesetzmäßigkeit – *do-re-mi/fa-sol-la-si* – entspricht dieser Bruchteil, das *tsan*, dem Intervall zwischen den Tönen *mi* und *fa*.

Nach Dane Rudhyar ergibt die Struktur der musikalischen Siebentonleiter ein kosmisches Gesetz der Intervalle oder fehlenden Halbtöne. In der Musik verwendet man an Stelle von zwölf dazwischenliegenden Halbtönen nur fünf, das ist jeweils ein Halbton zwischen *do-re, re-mi* und *fa-sol, sol-la*. Spricht man jedoch von Oktaven im kosmischen oder mechanischen Sinn, werden nur zwei Intervalle zwischen *mi* und *fa* und *si* und *do* als solche bezeichnet; die Wirkung der Intervalle bedingt eine *Verlangsamung* in der Entwicklung der Schwingungen.

Was kann dieses rätselhafte *tsan*, dieses »Intervall«, das eine Verlangsamung in der Schwingung, also in der Entwicklung bewirkt, nachdem die VIER als transformierende Herzenskraft bereits freigesetzt wurde, bedeuten? Vermutlich bezieht sich darauf eine Episode im Johannes-Evangelium. Dort unterbrechen Jesus und seine Jünger ihre Reise nach Galiläa, das im Neuen Testament eine Metapher für das auf Erden zu errichtende Reich oder Königtum Gottes ist, für »zwei Tage«, weil sie an einem Brunnen einer Frau aus Samaria begegnen. Der Ort heißt »Leben-im-Tod«, und das war ein Isis-Titel! Das bedeutet wohl, daß sich die durch die Frau, welche das Heidentum symbolisiert, also durch Isis bzw. ihre Kultur (wieder-)verkündete reine Lehre noch nicht durchsetzen konnte. Weshalb? Weil die Frau »fünf Ehemänner« hatte, denen sie »entsagte«, um mit einem sechsten zu leben, der nicht ihr Mann war! Berücksichtigt man, daß die Hindu die spirituelle Bemühung (fünftes Chakra) als »sich herausfünfen« bezeichneten (*prapantschi*), eine mystische Anleitung auch der Pythagoreer, daß Apoll, der Lichtgott (gr.), exoterisch ursprünglich ein »Kuhhirte« war, esoterisch jedoch ein Symbol für das fünfte Chakra, und daß die Zahl 6 mystisch als Zahl der materiellen Welt gilt, entmystifiziert sich die rätselhafte Entsagung von fünf Ehemännern; Gott Thot gewinnt Isis auch fünf Tage ab. Dies bezieht sich offensichtlich auf die Abkehrung von der heiligen Zahl Sieben und die Annahme der Gott nun gemäßeren feurigen oder solaren Kraft (8), die zur Grundlage einer auf dem Prinzip des Dualismus beruhenden religiösen Lehre wurde. Jesus warnte vor dem »Sauerteig der Pharisäer«, und Paulus, der zahlreiche neutestamentliche Schriften verfaßte und auf dessen Interpretationen das heutige (römisch-katholische) Christentum basiert, hatte eine pharisäische Ausbildung erhalten.

Peter Lemesurier deutet die Unterbrechung der Weiterreise der zwölf Jünger und Jesus' nach Galiläa dahingehend, daß der Messias und seine zwölf initiierten Jünger eine Verzögerung ihrer Reinkarnation von »zwei Tagen« erfahren. Diese Verzögerung um zwei Tage scheint sich auf den Zyklus der vollen Absolvierung des Tierkreises durch die Sonne zu beziehen, der etwas über 2100 Jahre dauert. Erst nach einer Verzögerung von weiteren zweitausend Jahren, während des Zeitalters im Zeichen des Wassermanns, dem »Neuen Zeitalter« oder New Age, ist das *tsan*, der verzögernde Bruchteil über der Vier, überwunden. Er führt zur verlorengegangenen Kraft der Fünf, zur »spirituellen Bemühung«. Und erst danach, erst wenn die bereits dem Heidentum verlorengegangene Aktivierung der fünften Schöpfungskraft wieder den Menschen erfahrbar wird, ist die »Stimme Gottes« erneut vernehmbar, und in der Folge kann der Messias erkannt werden. Denn das ist die Eigenschaft des »Sehens« mit dem dritten Auge (sechstes Chakra). Das weist darauf hin, daß wir diesen Bruchteil selbst bewältigen müssen, weil die reine Lehre bereits (wieder) verkündet worden war und sich immer noch unter uns befindet; es gilt sozusagen nur, die Spreu vom Weizen zu sondieren und von der Vergöttlichung des Verkünders wieder zur Verkündigung zurückzufinden. Weil alle Religionen, sofern sie aus einer Verkündigung oder Offenbarung hervorgingen, dieselbe Basis besitzen, bezieht sich diese Angabe nicht nur auf das Christentum, das auf hebräischen Überlieferungen beruht. Wie Anta-Diop verdeutlicht, waren alle Elemente im Islam, als dessen Verkünder Mohammed gilt, schon 1000

Jahre vor dessen Geburt im *Sabäismus* vorhanden, der in der mystischen Tradition als Erbe der Riesen der zweiten Welt gilt! Als historische Vorfahren Mohammeds sind Ismaël und Agar genannt, Ismaël ist als Sohn Abrahams angegeben, und Agar war eine ägyptische Prinzessin, die in der Bibel Hagar, der Sklavin Saras, entspricht (Genesis 25). Nun war S.ara der Name der Göttin des Stammes *Isaaks* und Isaak ein Bruder von Ismaël, dessen Name vermutlich »der Geliebte oder der Günstling der Göttin« bedeutet. Wie Aphrodite ist auch Sara, in deren Namen sich die in Ägypten heilige Kobra (árá) verbirgt, als lachfreudig beschrieben, und das ist ein deutlicher Hinweis auf die Freude (Ekstase) schenkenden antiken Mysterien. Ismaëls Name kann als Synonym für einen Stamm der südlichen Wüste Ägyptens angesehen werden, der begann, Seth als »Gott der aufgehenden Sonne« zu verehren. Daraus gingen die Ismaëliten, der heutige Islam hervor, aus dem Sohn von Ismaels Bruder Isaak, Jakob, die Israeliten. Denn nachdem sich ihm die Himmelsleiter eröffnet hatte, nannte sich Jakob in »Israel« um.

Auf den gemeinsamen prähistorischen Ursprung aller drei, sich im Verlauf unserer Geschichte bis auf den Tod bekämpfenden »verschiedenen« Religionen, Judentum, Christentum und Islam, verweisen auch die mystischen Angaben. Denn die mit einem bewußten spirituellen Leben in Verbindung stehende Fünfzahl bezieht sich nicht nur auf *Ta duat*, die Unterwelt der Ägypter, sondern auch auf die fünf Bäume im Paradies, die im gnostischen Thomas-Evangelium aufgezählt sind. Fünf durch Bäume symbolisierte Vokale, die für die fünf Jahreszeiten im lunaren Jahr standen, wies auch das sakrale Kalender-Alphabet der prähellenischen Io und der irischen Druiden auf. Ein Gedicht Gwions, das »Kadeir Talisien«, bezeichnet den »Kessel der Inspiration« als »Süßen Kessel der fünf Bäume«, und schließlich verbirgt sich auch in der Punkte-Pyramide der Pythagoreer als Symbol für die Zehnzahl als Quintessenz im Inneren ein fünfter Punkt. Die sich aus den ersten vier Zahlen zusammensetzende Welt der Materie – 1 + 2 + 3 + 4 – ergibt die »Mutter der Zahlen«: 10. Symbolisch spiegelt sie sich in der Punkte-Pyramide in den je vier Punkten der drei Seiten der Pyramide wider, die sich auf Luft, Wasser, Feuer und Erde beziehen, der fünfte Punkt im Inneren versinnbildlicht die Quintessenz des Lebens, die es herauszufünfen gilt! $1 + 2 + 3 + 4 = 10$ entspricht $4^3= 64$ $(6 + 4 = 10)$, und weil die 64 Tripletts des genetischen Codes die gesamte genetische Vielfalt des Lebens kodieren, ist das eine schöne Bestätigung für die Heilige Tetraktys der Pythagoreer. Auf sie schworen die Pythagoreer, deren Erkenntniszeichen das Pentagramm oder der Fünfstern war, ihren heiligen Eid.

Nach den Hopi verbindet sich die letzte, siebte Welt bei ihrem Anbruch zugleich mit einer stets vorhandenen hyperboreischen und alle anderen Welten immer unsichtbar begleitenden achten Welt. Endet die siebte Welt, kommen alle Menschen der siebten und achten Welt in die neunte Welt, die danach auf Erden errichtet und ewig sein wird, und wir erkennen die Prophezeiung der Errichtung des himmlischen Reiches auf Erden. Sie bezieht sich darauf, daß Bewußtsein und Unbewußtes als Seelenkraft wieder gleich rein schwingen. In der siebten Welt gibt es, wie anfangs vom ersten Weltzeitalter der Götter berichtet wird, keine Unterschiede zwischen den Menschen mehr, keine verschiedenen Rassen, die als genetische Basen innerhalb des Gesamtkörpers Menschheit ihre besonderen Entwicklungen absolvieren, keine Krankheiten und auch keinen Tod mehr, nur noch ewiges Leben. So gesehen scheinen wir noch einen langen Marsch vor uns zu haben, doch ist der lineare Zeitablauf eine Täuschung, und weil im Grunde genommen alle sieben Welten gleichzeitig existieren, sind je nach individueller Anstrengung Quantensprünge möglich.

Nach Überzeugung der universalen Mystik müssen die ursprünglich feinstofflichen Intelligenzen durch die menschlichen Stufen hindurchgehen. Das bedeutet, daß als Konsequenz des Falles jede Seele für sich selbst das Recht erzeugen muß, göttlich, bewußt zu werden – der Atem wird ein Stein, der Stein eine Pflanze, die Pflanze ein Tier, das Tier ein Mensch, der Mensch ein Geist und der Geist ein Gott. Der Schlüssel zur Bewältigung unserer Zukunft, zum Aufstieg in die fünfte Welt, liegt demnach in der Bewältigung des Bruchteils über der Vier. Müssen wir ihn selbst bewältigen, dann bedeutet das, daß vor uns die Herausforderung zu einem kollektiven Quantensprung liegt, der nur ein kollektives Umdenken, ein neues Bewußtsein in Form einer Wiederbeseelung der Welt meinen kann. Dieser schwierige Prozeß, in dem wir uns bereits befinden, weil diese Notwendigkeit zunehmend stärker in das Bewußtsein einzelner Menschen dringt, kann die nötige Reibung und dadurch jene Energie erzeugen, die nötig ist, um uns als Individuum und in der Folge als Kollektiv in die nächsthöhere, vierdimensionale Welt oder Erde hineinzukatapultieren. Allerdings scheint ein derartiger bewußter Quantensprung der Menschheit bislang als Kollektiv nicht gelungen zu sein, weshalb es immer zu einem »Untergang der Erde« kam. Nur Individuen oder Völker, die »Auserwählten«, wie sich Juden und Hopi gleichermaßen nennen, waren erfolgreich. Sie wurden über eine Lichtbrücke, die der nordische Mythos *bifrost* nennt, sicher in eine andere Welt, in eine andere Erde, in eine andere Dimension oder ein anderes Bewußtsein hinübergeleitet.

Beweisen läßt sich das alles nicht, nein. Aber es stellt sich die Frage, ob wir es wirklich auf einen Beweis ankommen lassen wollen, den die traditionelle Wissenschaft ihrem Wesen nach benötigt. *Wem* wollten wir denn beweisen, daß die Erde unterging? Unseren ungeborenen Nachfahren?

Platons Lederball – Der Lichtkörper der Erde

Auch bezüglich der Seele der Erde wurden uns »Fakten« überliefert. Zugang findet sich wiederum über das Weltgefäß und die »Bilder des Himmels«.

Aufgrund der Himmelsbilder umschließt das Weltgefäß, das diese Bilder »ist«, Essenz und Gefäß gleichzeitig, die Gesamtheit der Erdbahn um die Sonne und durch den Tierkreis und, weil »Schattengeist« und »Lichtgeist« in diesem Erdenraum vereint sind, auch die Gesamtheit der energetischen Wechselwirkungen zwischen Himmel und Erde. So stellt der Erdkreis oder Tierkreis umgesetzt auf die Energetisierung der Erde durch unser Sonnensystem ein die Erde bestrahlendes Feld dar, das über das mehrsphärische Seelenkleid der Erde, ihren Geistkörper oder ihre Körperaura, das Leben auf der Erde beeinflußt.

Hopi und Kogi-Indianern, altchinesischen und prähellenischen Kulturen waren neun Sphären bekannt, die moderne Forschung nennt fünf atmosphärische Schichten, angefangen von der erdnächsten Tropossphäre bis zur erdfernsten Exosphäre, wobei die vierte, die Thermosphäre, ihrer Wirkungen wegen in vier Abschnitte und die Exosphäre in zwei Schichten gegliedert wird. Nach dem Verständnis der altägyptischen Kultur findet der wechselseitige Austausch kosmischer Energien über die magnetischen Pole der Erde statt. Ihre kosmische Entsprechung sind die jeweiligen Polarsterne, auf die die gedachte Verlängerung der Erdachse verweist. Diese Achse, der Stamm des mystischen Lebensbaumes, entspricht damit dem Durchmesser des Erdkreises, der über den Erdkörper und seine atmosphärischen Schichten bis zum jeweiligen nördlichen und südlichen Himmelspol reicht. Wieder stoßen wir auf die einst heilige und geheimgehaltene irrationale und transzendente Zahl *pi*, die Zahl der Quadratur des Kreises, die in die Unendlichkeit führt.

Zahlensymbolisch ist das Bild der potentiellen, noch in der Null enthaltenen Eins der ungeteilte Kreis, das Bild der Zwei ist der Kreisdurchmesser! Die Diagonalen des Quadrats bilden auch die Basis zweier rechtwinkliger Dreiecke. Kreuzt man das Quadrat durch diese Diagonalen, bilden sich sowohl das esoterische Sinnbild der Materie, das Kreuz, als auch ein eher magisches Gebilde, das sich, wenn wir uns auf seinen Mittelpunkt konzentrieren, ständig zu verändern scheint. Vielleicht liegt es daran, daß wir auf das Symbol der Ägypter für »Zeit« sehen, auf das graphische Symbol der mystischen Lemniskate, das sich noch deutlicher ergibt, wenn wir einem über unser System hinausreichenden äußeren Kreislauf das aufgrund der vier Himmelsecken gebildete Viereck, und in dieses einen inneren Kreis einschreiben. Dadurch reicht der Kreisdurchmesser über den Erdkreis und dessen Begrenzung hinaus und in einen anderen größeren Kreislauf hinein, wie es im Wesen der in die Unendlichkeit verweisenden Zahl *pi* liegt. Hier handelt es sich um die Grundsymbolik des mystischen Symbols des *Neuen Jerusalems*, »das kommen wird«. Auch sehen wir wie von oben auf das dreidimensionale Gebilde der im geometrischen Körper der Pyramide versinnbildlichten Geistselbsthaften, *Ta Chut*, deren Spitze auf einen Mittelpunkt und Kraftpunkt der Höhe deutet, auf den nördlichen Polarstern. Seinen Gegenpunkt findet dieser Kraftpunkt der Höhe in einem Kraftpunkt der Tiefe, in jenem Punkt der quadratischen Basisfläche der Pyramide, in dem einander als Symbol für den Erdmittelpunkt die beiden Diagonalen der

Grundfläche kreuzen. Der eine Kreislauf verweist also symbolisch auf den Mittelpunkt der Erde, der andere auf den Mittelpunkt des Himmels, um den die Erdachse »kreist«. Dadurch wurde der energetische Kraftstrom symbolisiert, der durch die Wirbelsäule des Erdenraumes pulsiert.

In Indien verwendet man ein aufschlußreiches sternartiges Diagramm als Meditationsgegenstand, die *Patanjalis*-Formel, von der es heißt: »Wendet man die Sammlung auf den Polarstern hin, erlangt man Wissen von der Bewegung der Sterne.« Mittlerweile wurden wissenschaftlich fundierte Experimente mit dieser Formel durchgeführt. Versuchspersonen in Meditation erfuhren den Polarstern am Ende einer langen, kreisenden Lichtsäule, erklärt der Leiter des Forschungsprojektes, Dr. Jonathan Sehar. Lichtstrahlen kommen aus der Säule wie die Rippen eines Schirms. Das schirmartige Gebilde, in dem die Sterne eingewirkt sind, erscheint kreisend, und längs der Lichtachse befinden sich weitere schirmartige Gebilde, eines in das andere geschachtelt. Jedes kreist mit seiner eigenen Geschwindigkeit, hat seine eigene Farbe und macht einen reinen, wunderbaren Ton.[50] Das zweidimensionale Symbol dafür ist die Spirale, und an diesem Beispiel wird deutlich, daß Symbole ihre Eigendynamik besitzen und auch immer mehr als nur ein Ding bedeuten.

Bleiben wir beim geometrischen Spiel, das auch den Zugang zur Seele der Erde liefert, zum Bewußtseinsfeld unseres Planeten. Der Grieche Platon sah, obwohl er den Pythagoreern gegenüber kritisch eingestellt war, in den Zahlen noch den Schlüssel zum Mysterium der Natur. Er verglich die Erde mit einem Lederball, der aus zwölf verschiedenen Stücken zusammengenäht ist. Diese zwölf Stücke entsprechen den zwölf Abschnitten von jeweils 30 Grad im Tierkreis (360 Grad). Löst man diese zwölf Stücke geometrisch auf, erhält man zwölf Fünfecke bzw. den von den Pythagoreern strikt geheim gehaltenen fünften der sogenannten Platonischen Körper, den Dodekaeder oder Zwölfflächner. In unserer dreidimensionalen Welt sind nur insgesamt fünf vollkommene geometrische Körper möglich: Tetraeder, Oktaeder, Ikosaeder, Hexaeder und als letzter der Dodekaeder. Die ersten vier ordneten die Pythagoreer den vier Elementen Feuer, Wasser, Erde und Luft zu. Den fünften brachte man mit dem unsichtbaren fünften und himmlischen Ätherelement in

Verbindung. Platon bezeichnete es als die Essenz einer an die physisch mineralische Welt angrenzenden ätherischen Welt, als die Quintessenz eines der Vierheit der Elemente übergeordneten Wesenhaften, das die Körperwelt unsichtbar umschwebt, die sich durch die Zahlen von 1 bis 6 symbolisieren läßt. Erinnern wir uns: die Gesamtheit biologischen Lebens kann nur ausgedrückt werden, wenn man sechs Dimensionen berücksichtigt; sechs Kräfte strahlen vom Weltenbaum aus usw. Das ist geometrisch nachvollziehbar, aber wir wollen uns hier auf die Theorie beschränken.

Wegen der Dreidimensionalität des Raumes muß mindestens eine Dreiheit ebener Flächen zusammenkommen, damit sich eine körperliche Ecke bilden kann. Die körpergestaltende Kraft der Zahlen beginnt deshalb mit der Dreizahl, der ersten Zahl, die eine geometrische Figur, das »göttliche gleichschenklige Dreieck« zuläßt, aus dem sich Vierecke und Sechsecke bilden lassen. Die darauffolgende Vierzahl versucht stets ein Quadrat zu bilden. Die Fünf ist dann die erste Zahl, die eine sogenannte Sternfigur zuläßt. Derartige Sternfiguren spielten in der Astronomie von Ägyptern und Sumerern eine bedeutende Rolle.

Ein dem Kreis eingeschriebenes Vieleck wird, verwendet man anstelle der Seiten des Vielecks Diagonalen, zum Sternvieleck. Das ist erstmals bei der Fünfzahl möglich. Das dem Kreis eingeschriebene Fünfeck wird, wenn man anstelle seiner Seiten die Diagonalen verwendet, zum Fünfstern, dem Pentagramm oder Fünfwinkelzeichen, in dem nach der Zahlenlehre der Mikrokosmos die Geheimnisse des Makrokosmos widerspiegelt. Mit der Fünfzahl, dem Fünfeck, wird also erstmal eine Sternfigur möglich, die, wie ihr Name besagt, als geometrische Figur über die Erde und zu den Sternen hinausweist, wie der aus Fünfecken gebildete Dodekaeder, der auch nach der Raumzahl Zwölf geformt ist, und eine Art geometrisches Verbindungsglied zwischen Himmel und Erde darstellt. Denken wir auch an die zwölf Fünftel in der pythagoreischen Skala.

Tetraeder, Hexaeder und Oktaeder sind kristallbildende Körper, die alle aus den Zahlen 4 und 3 bzw. 5 kombiniert sind. Die Zahl 5 verläßt die mineralische Welt und tritt in die nächsthöhere Welt ein. Von der Fünfzahl sind Pflanzenleben, Tierwelt und der Mensch bestimmt. Bei der Sechszahl beginnt die körpergestaltende Kraft der Zahlen zu erlöschen. Das ist so, weil der Vollwinkel erfüllt ist, wenn sich drei regelmäßige Sechsecke um einen Punkt schließen. In Form der Bienenwabe oder der Schneeflocke oder des wichtigen Moleküls des Benzolrings (C^6H^6) ist das Sechseck ein bedeutender Baustein in der Natur. Bei der Siebenzahl ist die körpergestaltende Kraft der Zahlen endgültig aufgehoben, denn die nötige Mindestanzahl von drei um einen Punkt versammelten Siebenecken reicht über den Vollwinkel hinaus. Ausgangspunkt der *Chaldäischen Reihe*, nach der die Wochentage noch heute gültig nach der mittleren Geschwindigkeit der Planeten geordnet sind, war der Siebenstern – 12 Quinten (Raum) sind etwas mehr als sieben Oktaven (Zeit). Wie die achte Oktave der pythagoreischen Skala gehört auch der geheimnisvolle Achtstern, der in der mystischen Überlieferung mit dem Messias in Verbindung steht, zu einer über die Zeit hinausführenden Dimension.

Die fünf vollkommenen geometrischen Körper bilden sich also aus den Zahlen 3, 4, 5. Der Kosmos, schrieb Platon im »Timaios«, ist nach dem Muster des 3:4:5-Dreiecks gebaut, und dieses Verhältnis wies der Astronom Lyle B. Borts bei der geometrischen Anordnung megalithischer Bauten nach! Nimmt man die Länge der Teilabschnitte der Dreiecke mit dem Seitenverhältnis 3:4:5 als Schwingungszahl, erhält man die sieben Töne der Dur-Tonleiter sowie die jeweiligen Dur-Dreiklänge. Sieht man die Längen als Maße von Instrumentensaiten an, erhält man die Moll-Dreiklänge. Dieses Maß entspricht dem Goldenen Schnitt. Die aus diesem Verhältnis entstehenden »vollkommenen geometrischen Körper« sind alles Figuren, die einen gemeinsamen Mittelpunkt haben und deren Oberflächen sich aus gleichmäßigen Flächen, Dreiecken und Vierecken usw. zusammensetzen – Tetraeder oder Vierflächner bilden die Dreieckspyramide, Oktaeder sind Achtflächner, Ikosaeder Zwanzigflächner, die aus Dreiecken bestehen, und der Hexaeder, der Würfel, ein Sechsflächner, bildet sich aus Vierecken. Die ihrer Körperbildung zugrundeliegenden »Elemente« – Feuer, Wasser, Erde und Luft – sind nach Platon Ausdruck des Lebens, doch fehlt hier noch das wesentliche fünfte Element, die *quinta essentia*, der eigentliche Lebensträger, nach dem man auch in der Alchemie suchte. Dieses ätherische Element drückt sich im letzten der fünf in unserer dreidimensionalen Welt möglichen vollkommenen geometrischen Körper aus, eben im regelmäßigen Dodekaeder oder Zwölfflächner, der aus Fünfecken besteht. Platon verwendete für den Dodekaeder das Beispiel des Lederballs, weil er als in die Mysterien Eingeweihter nicht nur wußte, daß die Erde rund ist, sondern auch, daß sie an den Polen abgeplattet und daher nicht vollkommen kugelförmig ist.

Das »Neue Jerusalem«.

In »City of Revelation« gibt John Michell die geometrische Figur des vollendeten »Neuen Jerusalem« in Form eines Dodekaeders wieder, der aufgrund der um den Kreislauf der Erde (im Zentrum innerhalb des Quadrats) angeordneten zwölf Monde des Jahres einen Zwölfstern bildet. Die zwölf Monde bilden zwölf Kreise in der zur Erde relativen Größe. Sie sind wie die Zodiak-Zeichen in vier Gruppen zu jeweils drei Monden angeordnet und liegen zwischen dem äußeren Erdkreis (der Atmosphäre oder Ionosphäre) und einem weiteren äußeren Kreis(lauf), während ein dritter mittlerer Kreis(lauf) die Zentren der Monde derart durchschneidet, daß jede Gruppe der drei Monde den Punkt berührt, wo der durch ihre Zentren führende Kreis(lauf) ein Quadrat mit dem gleichen Durchmesser trifft. Die zwölf Kreise sind innerhalb einer zwölfseitigen Figur enthalten, die keinen ganz regelmäßigen Dodekaeder bildet, weil die Kreise nicht genau um den Umkreis des größeren Kreis(laufs) formiert sind – auch Platons »Lederball« weist wegen der Abplattung des Erdkörpers an den Polen keine exakte Kugelform auf.

Die komplexe Figur entspricht der Beschreibung der Heiligen Stadt in Johannes (Offenbarung 21), also des auf Erden, d. h. *im menschlichen Bewußtsein* zu errichtenden *Neuen Jerusalem.* Auch die exoterische Beschreibung der Hauptstadt von Atlantis durch Platon mit ihren Ringen, Farben und Formen entmystifiziert sich hier. Worum es sich bei diesem Gebilde wirklich handelt, kann man Argüelles' Interpretation von Platons »Lederball« entnehmen: Nach Argüelles bilden die Eckpunkte zwischen den zwölf fünfeckigen Stücken des »Lederballs« Erde die Struktur des resonatorischen Körpers der Erde sobald die Frequenzemissionen, die vom eisenkristallinen Mittelpunkt der Erde ausgehen, die Erdoberfläche erreichen. Weil die Resonanz des Erdkerns ständig zur Oberfläche und über die erdmagnetischen Punkte über sie hinausstrahlt, entsteht ein an den magnetischen Polen wie aufgehängt wirkender ätherischer geomagnetischer Raster – dort, wo die Frequenzemissionen geballt an die Oberfläche drängen. Dieser Energieraster bildet die Grundlage des planetarischen Lichtkörpers der Erde. Licht ist hier als Strahlung gemeint, die noch über der Frequenz des für uns sichtbaren Lichts schwingt, das sich in die sieben Spektralfarben bricht und dadurch für uns sichtbar ist. Wäre das nicht so, müßte der Lichtkörper der Erde ja für uns sichtbar sein. In diesem Licht- oder Geistkörper der Erde erkennen wir die Symbolik von Rheas Mühlschaufelrad. Tier und Mensch neigen dazu, sich an die unsichtbaren geodätischen Linien und Knotenpunkte in diesem Energieraster anzupassen. Im Falle des Menschen geschieht das heute zumeist unbewußt, aber erinnern wir uns des verlorengegangenen sechsten, magnetischen Sinnes unserer Vorfahren!

Die Maya nannten – wie schon erwähnt – Tage Töne, und die Abfolge dieser Töne erzeugt harmonikalische Frequenzen. Mehrere solcher Zyklen bilden die harmonikalischen Frequenzen einer größeren organischen Einheit, beispielsweise das harmonikalische Grundmuster des Planeten Erde in bezug zur Sonne und via Sonne zur Galaxie. Dieses Grundmuster ist im doppelten System des Tzolkin und seinem Zahlensystem überliefert. Es arbeitet mit einer binären Progression auf der Grundlage eines Systems von zwanzig Tönen oder Tagen. Ausgangspunkt ist die absolute, universale binäre Progression 2-4-8-16-32 usw., der wir bereits begegneten. Sie enthält in sich auch die Grundzahlen für die Oktave (8), die Eigenschaften der Kristallsymmetrie (32) und der DNS-Code-Einheiten des genetischen Codes (64). Das im Tzolkin überlieferte Zahlensystem diente aber nicht nur dazu, Epochen oder Zeitzyklen aufzuzeichnen, die Millionen Jahre zurückreichen, nach Argüelles stellt es vielmehr eine harmonikalische binäre Progression von universeller Geltung dar, deren Zeichen oder Symbole sich auf das binäre Obertonwellensystem beziehen, durch das sich Phänomene im Raum manifestieren. Das wurde erreicht, indem man für die Berechnung irdischer Zeitzyklen nicht die Progressionen von 2-4-8-16-32-64 usw. verwendete, sondern die Vielfachen von 1:20:360:7200:144 000:288 000 usw. Sie alle sind »heilige Zahlen«, denen man in der sakralen Geometrie allerorten begegnet!

Form richtet sich nach der Frequenz, d. h. nach der Höhe der Schwingung. 288 ist die Zahl der harmonikalischen Frequenz des Lichts, 144 jeweils die Zahl der harmonikalischen Frequenz eines Pols, in der Mystik beschrieben als »Fels der Rettung« und »Heiliger Berg im Zentrum der Erde«. Ihre Hälfte, die Zahl 72, spielt in antiken Kalendersystemen und Religionen eine bedeutende Rolle, etwa ist sie in Stonehenge verewigt und in dem von Thot in Ägypten reformierten Kalender, in dem fünf Jahreszeiten zu 72 Tagen die 360 Tage bilden, wobei jene fünf Resttage verbleiben, die Thot Isis abgewann. Indem die Maya dem Verhältnis vom Gesamtton Eins zur durchlaufenen Oktave, dem Verhältnis 1:2, in der Folge nicht die Vielfachen der Achtzahl, sondern der Neunzahl folgen ließen, der Raumzahl 360, die auch gerechnet im Sinn göttlicher Weisheit die Neun ergibt (3 + 6 = 9), schlossen sie den Kosmos mit ein!

Nach dem Tzolkin leben wir gegenwärtig in Baktun 12, dessen letzter dreizehnter Zyklus den Namen »Baktun der Transformation der Materie« trägt. Es ist der letzte Zyklus im Maya-Kalender, der 3113 v. u. Z., dem Beginn auch des *Kali-Yuga* der Hindu, begann und 2012 endet, bei den Maya im Jahr 13.0.0.0.0. Faszinierenderweise ergeben die Querzahlen der Jahre von Anfang und Ende des Maya-Kalenders auch nach dem Gregorianischen Kalender die Zahl 13 (3 + 1 + 1 + 3 = 8 und 2 + 1 + 2 = 5 und 8 + 5 = 13). Dieser letzte Baktun zeichnet sich durch eine sich ständig verdoppelnde Potenzierung aus! Vom Standpunkt des Maya-Faktors aus ist die vielfach prophezeite Krisenzeit am Ende dieses Zyklus deckungsgleich mit dem Wellenkamm nicht nur des dreizehnten Zyklus, sondern mit der gesamten Obertonwelle Geschichte überhaupt! Danach gibt es ein »Neues Jerusalem«, einen »Neuen Himmel« und eine »Neue Erde« (Johannes-Apokalypse). Wir befinden uns derzeit am Ende von Katun 259 von insgesamt 260 Katun, und nur der Schritt in die freiwillige Transformation unseres Bewußtseins kann wohl dazu führen, daß in den noch wenigen verbleibenden Jahren bis 2012, dem Ende des Zyklus, der Grundstein für eine Zivilisation gelegt werden kann, die gemäß allen Prophezeiungen alles in den Schatten stellen soll, was heute existiert. Die Transformation der Materie ist mit der Sichtbarwerdung des Lichtkörpers der Erde verbunden, und dieser Lichtkörper *ist* die Obertonwelle Geschichte. Das bedeutet, daß das Bewußtsein des Planeten in seiner Gesamtheit sichtbar bzw. den Menschen bewußt wird.

Der von den Pythagoreern aus einsichtigen Gründen so streng geheim gehaltene Dodekaeder, den erst Platon in eine sich zunehmend rationalisierende Welt holte, wodurch sein Geheimnis an die zweitausend Jahre lang trotzdem gewahrt blieb, bietet den Zugang zur geistigen Erde, von der Schamanen stets als Himmel berichteten. Rheas Wohnsitz im Mittelpunkt der Erde verbindet über ihren Geist- oder Schattenkörper, der eigentlich ein Lichtkörper ist, die magnetischen Pole und, über diesen Kreislauf hinausführend, die vier Erdspitzen mit den vier Himmelsspitzen, deren Einordnung sich nach der Stellung der Erdachse richtet, die dieses »Feld«, den Himmel, durchmißt. Jeder

Himmelsspitze innerhalb des himmlischen Kreislaufs ordnete man eines der vier Elemente zu – Feuer, Wasser, Luft und Erde –, die nach Platon den ersten vier vollendeten geometrischen Körpern zugrunde liegen. Die geheimnisvolle fünfte Essenz, die Himmel und Erde zu verbinden vermag, weil sie über unser System hinaus und in ein anderes größeres hineinschwingt, verbirgt sich in diesem Feld, in der lunaren Mitte, dem Lichtkörper der Erde als einer Art feinstofflichem Speicher des planetaren Bewußtseins. Wenn schon nichts anderes, dann kann die Entmystifizierung dieses letzten in unserer dreidimensionalen Welt möglichen vollkommenen geometrischen Körpers den Beleg dafür liefern, daß die Erde einen über dem siebenfältigen Sonnenlicht schwingenden Licht- oder Seelenkörper besitzt, der in die Welt der geheimnisvollen achten Kraft hineinreicht, die den Zugang zu anderen Dimensionen ermöglicht, sobald sich die beiden Kreisläufe, der irdische und der himmlische, miteinander vermischen!

3113 v. u. Z. – Ein Nulldatum der Menschheit

Ersetzen wir das Wort Seele durch das Wort Energie, kann auch der vorwiegend rational denkende westliche Mensch den Bewußtseinssprung nachvollziehen, der uns in neue geistige Bereiche hineinzukatapultieren vermag. Der Keim, der den Samen erzeugt, ist der reine Geist oder *spirit*, ist das reine Bewußtsein, und dieses ist reine Energie. Umgesetzt auf die eingangs zwischen Samen, Seele und Frucht, dem Leben, erwähnte Dauer, die Zeit, ist es die Seele bzw. deren feinstoffliche Kraft, welche die nötige Brücke zwischen den reinen und ungeformten Energien des Kosmos und deren irdischen Verkörperungen schlägt. Die Frucht erzeugt neuen Samen, die Spirale der Schöpfung dreht sich weiter.

Die Erde gibt die auf ihr transformierte Energie an den Kosmos ab und wird von schwingender, kosmischer Energie beseelt. Beseelung und Austausch finden über ihre magnetischen Pole statt. Das Feld eines Dipols, das annähernd dem erdmagnetischen Feld gleicht, durchstößt die Erdoberfläche in den sogenannten erdmagnetischen Punkten, die mit einer Abweichung von 90

Grad in Nähe der magnetischen Pole liegen. Vor 10 500 Jahren lag der magnetische Nordpol um 3 500 Kilometer weiter südlich, um vieles früher sogar im Pazifik. Im Verlauf riesiger Zeiträume rücken die Magnetpole offensichtlich und bisweilen sprunghaft immer weiter in Richtung Norden vor, wie der Zeiger einer Uhr, der sich unaufhaltsam dem Ende eines Zyklus und dem Beginn einer neuen kosmischen Stunde um zwölf oder null Uhr nähert. Eine derartige Nullstunde ist allem Anschein nach mit dem Ende des Maya-Kalenders im Jahr 2012/2013 festzusetzen. Je näher der Zeiger der Nullstunde rückt, um so kürzer werden die ruhigen Phasen im magnetischen Feld der Erde.

Hinter dieser irdischen magnetischen Uhr tickt verborgen eine kosmische Uhr – die der Forschung noch unbekannten erdäußeren Einflüsse auf das irdische Magnetfeld. Was geschieht, wenn der kosmische und der irdische Zeiger zusammentreffen? Es kommt zur Umpolung, von der die Wissenschaft weiß: Was vorher positiv geladen war, ist dann negativ geladen und umgekehrt. Das bedeutet, daß der heutige magnetische Nordpol, der eigentlich ein südlicher ist, an seinen Platz zurückkehrt, wie die Hopi-Überlieferung voraussagt. Daß derlei nicht ohne Schockwellen für das irdische Leben verlaufen kann, ist einsichtig. Seit der letzten Umpolung sind an die 700 000 Jahre vergangen, schätzt die Forschung, so daß wir, berücksichtigt man den vermuteten Zyklus von einer Million Jahre, noch an die 300 000 Jahre lang Ruhe hätten. Aber die Natur verhält sich nicht uns zuliebe linear, und die Eingriffe des modernen Menschen, vor allem dessen Wellensalat, der ständig in den Kosmos abgestrahlt wird, könnten das subtile Schwingungsverhältnis zwischen Erde und Kosmos derart stören, daß wir einer neuen Nullstunde näher sind als uns lieb ist – vorausgesetzt natürlich, die Maya (oder Argüelles) irrten sich mit der Zeitanalyse nicht.[51]

Nach dem Verständnis von Naturvölkern wirken nicht nur unsere Handlungen, die Wirkungen, sondern vor allem über die Seele oder das Bewußtseinsfeld der Erde unsere empfindungsmäßig bedingten, zumeist unbewußten *Motive* als subtile Ursache auf den Gesamtorganismus Erde ein, so daß alles, was wir tun, denken und fühlen, *alle(s)* auf subtile Weise beeinflußt. Zu diesem mystischen Ergebnis kam auch die moderne Astrophysik. Sie erkannte die Möglichkeit, daß materielle Systeme den

Fluß der Zeit speisen, daß Materie die Zeit beeinflußt. Daraus leitet sich, weil wir in einem Zeit-Raum-Kontinuum leben, die Annahme ab, daß *nichts,* was geschieht, ohne Wirkung bleibt, und daß von allem, was auch immer geschieht, wir alle betroffen sind.

Die Aborigines betonten stets, daß unsere Körper aus Elementen zusammengesetzt sind, die aus der Erde stammen, und sie warnten, daß durch die Mißhandlung der Erde die Krankheiten der Menschen entstehen. Und weil irdische Elemente in sich die Substanz kosmischer Kräfte tragen, wirkt sich jede Mißhandlung des Lebens, ob pflanzlich, tierisch oder menschlich, auf den Gesamtorganismus Erde und über diesen auf den Gesamtorganismus Kosmos aus, von dem wir ebenfalls ein Teil sind. Die mit den Sinnen wahrnehmbare Welt begriff man als Projektion ähnlicher Realitäten, wie sie in einer kosmischen, spirituellen Sphäre bestehen, in der sich jede Tat und alles Gefühlte und Gedachte widerspiegeln. Diese mystische Erkenntnis ähnelt der Theorie Rupert Sheldrakes von morphogenetischen und formenerzeugenden Feldern, in die Wirkungen durch *Resonanz* übertragen werden. Dabei haben wir es mit einem sich ständig aufbauenden und akkumulierenden Prozeß zu tun, der jenseits der Zeit reicht. Jede Tat ist demnach ein winziger Baustein zum umfassenden kosmischen Karma, welches das Schicksal der gesamten Menschheit beeinflußt. Bei dieser sich zur unseren dipolar verhaltenden »spirituellen Erde« handelt es sich um die geheimnisvolle achte und transzendente Welt der Hopi, welche die Erde durch ihre Entwicklungsphasen hindurch stets unsichtbar begleitet.

Zur Zeit kann wohl niemand voraussagen, wie lange die Erde als lebender Organismus noch fähig ist, all das Ungleichgewicht zu ertragen, das wir ihr zumuten, bevor die subtilen Kräfte, die sie steuern, kippen. Das ist nach den Hopi immer dann der Fall, wenn ein negativer Sättigungspunkt erreicht ist, der dem Ende dessen entspricht, was die Menschheit menschlich macht. Seine Überschreitung zerstört diese Eigenschaft und entfesselt physische Gewalt und Naturkatastrophen. Weil der Mensch ein Teil der Natur ist, bildet seine Zerstörung nur ein einzelnes Merkmal für den Zustand der Natur als Ganzes, so daß es an einem kritischen Punkt in der Natur ebenso wie beim Menschen zum Ausbruch von Gewalt kommt. Mensch und Natur, davon sind die Hopi überzeugt, erreichen den kritischen Punkt gleichzeitig. Daß ein derartiger Punkt, der das Faß Erdseele zum Überlaufen bringen kann, durch ein winziges Moment ausgelöst werden kann, wurde von der modernen Chaosforschung mittlerweile erkannt. Bedeutungsvoll ist, daß die Bewußtwerdung *jedes einzelnen Menschen* dazu beitragen kann, das Kippen zu verhindern! Wer ein Leben rettet, sagen die Juden, rettet die Welt. Wer eine Seele rettet, die eigene, greift ausgleichend in das subtile Kräftespiel zwischen den Welten ein, deren Gleichgewicht mit einer Feder gemessen wird! Daß wir diese Ausgleichung bitter nötig haben, belegt unser gegenwärtiges Eisernes Zeitalter, dessen Beginn man spätestens mit dem Auftreten von Kriegsgöttern zur Zeit Sargons I. von Akkad (2350–2295 v. u. Z.) in Mesopotamien ansetzen kann. Charakterisiert ist es durch eine ununterbrochene Folge von Kriegen und Massakern, durch Massensklaverei und allgemeiner Verarmung. Denn es war im Nahen Osten vermutlich zur Zeit Sargons I., als zum erstenmal der Gedanke Gestalt anzunehmen schien, daß sich politisch nutzbare Eroberungskriege führen ließen. Die Weisheit des Ostens jedoch, die, wie wir aufzeigten, nicht auf diesen Teil der Welt beschränkt war, findet sich in Zeugnissen in den Tälern des Indus, des Euphrat und Tigris (Mesopotamien) sowie des Nils in einer Epoche, die vor der Zeit lag, in der patriarchale semitische und indoeuropäische Kriegerstämme auf der Bühne der Geschichte erschienen, und die friedliche Kuh zum Schlachtroß wurde!

Es wird heute zunehmend anerkannt, daß körperliche Krankheiten Äußerungen einer erkrankten Psyche oder Seele darstellen. Im Prozeß der Erkrankung von Psyche und Körper werden Abwehrkräfte entwickelt, die sich auf der subtilen kosmischen Ebene energiemäßig äußern – auch ein Komet ist verkörperte Energie. Ignorieren wir diesen Gesamtzusammenhang umgesetzt auf Körper und Seele unseres Planeten, ignorieren wir mögliche Gefahren, die wir vielleicht nicht verhindern, aber deren Wirkungen wir abschwächen können. Weil sich ein erzwungener Ausgleich kosmischer Kräfte energiemäßig äußert und sich eine Freisetzung hochschwingender kosmischer Energien für die unvorbereitete Menschheit auf der Erde nur katastrophal auswirken kann, stellt sich wiederum die Frage, ob wir es wirklich darauf ankommen lassen sollen? Der erste richtige Schritt kann nur darin liegen, daß wir uns zuerst unseres Dilemmas und in der Folge der *Ursachen* dafür bewußt werden, sowohl individuell als auch in der Folge kollektiv. Daß sich ein derartiger bewußtseinsverändernder Prozeß individuell bereits in stetig ansteigender Zahl abspielt, steht außer Frage – das neue Paradigma der neuen Wissenschaften weist gleichfalls in die richtige Richtung.

José Argüelles kam nach Studium des Maya-Kalenders zu dem Schluß, daß unser Planet nach Greogorianischem Kalender am 12. August 3113 v. u. Z., dem von den Maya angegebenen Zeitpunkt eines Nulltages der Menschheit und dem Beginn ihres bis in unsere unmittelbare Zukunft hineinreichenden Kalenders, in einen *Synchronisationsstrahl* eingetreten ist. Die Bewegung der Erde durch diesen kosmischen Energiestrahl ist einer Drehung *gegen den Uhrzeigersinn* analog. Dreht man eine sogenannte *Arche*, eine physikalische Spezialanfertigung in Form eines einfachen Schiffsbauches im Uhrzeigersinn, dann dreht sie sich so lange weiter bis sie stehenbleibt. Die Arche symbolisiert die Antriebskraft des Pendels Erde. Von einem Stillstehen der Erde berichten auch die Mythen: »Da stand sie (die Sonne) still und auch der Mond blieb stehen (Buch Josua).« Nicht die Sonne blieb stehen, sondern, wie der stillstehende Erdbegleiter Mond zeigt, die Erde, um sich nach einer Atempause in eine Bewegung gegen den Uhrzeigersinn einzupendeln, wie wir sie zur Zeit durchlaufen. Die völkerkundliche Forschung stand derartigen Überlieferungen stets skeptisch gegenüber, wohl auch weil ihre Phantasie nicht ausreichte, um sich auszumalen, was heute theoretische Erkenntnis anderer Disziplinen ist. Alte ägyptische Chroniken besagen etwa, daß während vier getrennter Vorkommnisse die Sonne von ihrem gewünschten Kurs abkam, zweimal aufging, wo sie nun untergeht, und zweimal unterging, wo sie nun aufgeht, d. h. die Erdbahn veränderte sich. Wie Schwaller de Lubicz vorschlägt, wäre es wohl zielführender, derartige Angaben nicht als Märchen abzutun, sondern zu versuchen, ihre Bedeutung zu verstehen. Auch im griechischen Mythos, der auf vorgriechische Überlieferungen zurückgeht, heißt es, Helios, der sich bereits in der Mitte seiner Bahn befand, riß seinen Wagen herum und wendete seine Pferde gegen die Morgendämmerung. Die sieben Plejaden und alle anderen Sterne kehrten aus Mitgefühl auf ihrem Weg um. An diesem Abend, zum ersten und zum letzten Mal, ging die Sonne im Osten unter! Ähnliches überliefern die Mythen vieler alter Völker und auch die Bibel im Buch Job (Hiob). Weil die Erde heute Gesetzmäßigkeiten gehorcht, die derlei aus unserer linearen Perspektive unmöglich erscheinen lassen, was zur irrigen Annahme verleitete, daß alles in Natur und Kosmos mechanisch abläuft, heißt das nicht, daß sich nichts verändern kann, wenn sich kosmische Gegebenheiten verändern. Unser planetarisches System ist nur so lange stabil als sich *nichts* verändert. Und genau das geschah zumindest bereits einmal, überliefern Mythos und Mystik, und vieles deutet auf den Zusammenstoß eines Planetoiden oder Asteroiden mit unserem Planeten hin, der seiner Größe wegen nicht vollkommen in der Atmosphäre der Erde verglühte, die uns auch vor derartigen Bomben aus dem All schützt. Die brahmanische Überlieferung bringt den Untergang des *Weißen Mu* im Pazifik mit einem vom Himmel fallenden Stern in Zusammenhang, und mit Glück werden wir den Wahrheitsgehalt derartiger Mythen nie beweisen können. Tatsache ist jedenfalls, daß sie davon berichten, und daß derlei, wie wir heute wissen, ganz und gar nicht unmöglich ist.

Dreht man oben erwähnte Arche gegen den Uhrzeigersinn, also unserer heutigen Bewegung entsprechend, kommt sie nahe der Vollendung ihres Kreiselns langsam und torkelnd zum Stillstand und fängt danach an, sich in die Gegenbewegung einzupendeln und sich *im Uhrzeigersinn* zu drehen. Das bedeutet, daß, bevor die Gegendrehung der Erde beginnt, das Torkeln unseres Planeten zunimmt, wodurch es zu Erschütterungseffekten (Erdbeben) kommt, um nach einem darauffolgenden kurzen Stillstand in die harmonischer verlaufende Bewegung im Uhrzeigersinn einzuschwenken. Um der Erde bei diesem Prozeß behilflich zu sein, der einer *Umpolung* vorausgeht, trat sie nach Argüelles' Entzifferung des Maya-Kalenders 3113 v. u. Z. in den Synchronisationsstrahl ein, der 2012 absolviert sein soll. Das ergibt eine Zeitspanne von 5 125 Jahren. Den Zeitraum der Umpolung des Magnetfeldes nimmt die moderne Forschung mit weniger als 5 000 Jahren an! Auch davon berichten unsere Mythen, denn die exakte Beschreibung obigen Vorgangs findet sich als Prophezeiung des Endes unseres gegenwärtigen Zeitalters in der Bibel:

»Die Schleusen des Himmels öffnen sich, die Fundamente der Erde beben. Die Erde wankt und schwankt. Sie taumelt wie ein Betrunkener, sie schaukelt wie eine Nachthütte im Feld« (Jesaja 24,18–20). Seit Beginn der letzten sozusagen fünf kosmischen Minuten, seit dem Jahr 1992/93 sollen die Maya zurückgekehrt sein, um der Erde in ihrer Durchgangsphase durch den Synchronisationsstrahl behilflich zu sein. So wird also unsere unmittelbare Zukunft zeigen, ob Argüelles' zeitmäßige Zuordnung korrekt ist. Ein Indiz dafür wären unerklärliche und immer häufiger auftretende Veränderungen im Magnetfeld der Erde, die einem unruhigen Herzschlag vergleichbar sind; derartige Veränderungen finden jedenfalls bereits statt! Sie können sich auch, weil sich die Maya oder »Götter« in einer dreidimensionalen Welt nur durch Wirkungen bemerkbar machen können, in Form von seltsamen Lichtmanifestationen wie UFOS, Kornkreisen usw. äußern, und durch eine Zunahme von Erdbeben und dadurch ausgelöste Naturkatastrophen, die als Wirkung bereits auf eine gesteigerte Aktivität im Erdkörper hindeuten. Fest steht, daß wir einer derartigen Umpolung entgegenleben und daß ältere Kulturen dem magnetischen Feld der Erde aus gutem Grund eine bedeutende Rolle im irdisch-kosmischen Wechselspiel einräumten; das wird in den folgenden Kapiteln noch deutlicher werden. Aber diese Kulturen hinterließen uns nicht nur Prophezeiungen unseres Untergangs, sondern auch Hinweise darauf, wie wir dieser Gefahr entgehen können – der Weg dazu liegt im Inneren.

Die Seele der Erde

Frühere Kulturen erforschten nicht nur den äußeren, sondern auch den inneren Kosmos, die Psyche, und stellten mit Hilfe der Astrologie eine Verbindung zwischen innen und außen her. Weil der Makrokosmos, Gott oder das Universum, nach ihrem Verständnis den Mikrokosmos, Mensch, Natur, widerspiegelt – eine Erkenntnis auch der modernen Chaosforschung – stellte das äußere Wissen um das Kräftezusammenspiel von Kosmos-Erde-Mensch zugleich das Wissen um die inneren, seelischen oder psychischen Zusammenhänge dar. Über die leider im Verlauf unserer aufgezeigten Entwicklung zutiefst banalisierte Astrologie (von *astrum* (lat.), »Stern«, denken wir an die Astral- oder Mentalsphäre der Seele, und an *logos* (gr.) »Wort, Begriff, Gedanke, Kunde«) können wir uns dem Verständnis für das Wesen des Bewußtseinsfeldes der Erde annähern.

Ausgangspunkt ist das Rad der Zeit, wie man den *Zodiak*, den Tierkreis, auch nannte. *Zo* wie in »Zone« vereint in sich das »brillante Licht«, *di*, das mächtig und groß ist – *ak*; das Wort leitet sich auch von *zoon* (gr.), »Tier«, her. Dieses brillante Licht ist *mehr* als nur sichtbares Licht; erinnern wir uns an *Akh* (ägypt.) als Symbol für die Kraft des universellen Geistes oder an den Namen der Sphinx *arq* (ur). Der geodätische Raster und der darüber hinausführende Lichtkörper der Erde wird über Polarachse und Querachse mit den vier Himmelsspitzen des Tier- oder Erdkreises verbunden. Das äußere Rad entspricht dem inneren Rad der Zeit des Menschen, seinem Horoskop, von *ora* (gr.), »Stunde«, und *skopein*, »ansehen«, es handelt sich also um eine Stundenansicht. Deshalb nannte man in Ägypten die Priester, denen die Beobachtung des Ganges der Gestirne oblag, »Stundenseher«. Das jeweilige Geburtshoroskop eines Menschen bezeichnet somit die kosmische Stunde, jenen Zeitpunkt der Ekliptik, der gerade im Geburtsaugenblick im Raum aufgegangen ist. In jenem Punkt befindet sich im astrologischen Sinn der Genius der Geburt, d.h. der »Gott«, die jeweilige gebündelte Schöpfungskraft, die dieses Leben formt.

Abhängig davon, in welchem Tierkreiszeichen und Bogengrad zum Zeitpunkt unserer Geburtsstunde der Mond steht, der Aszendent, von *scendere* (lat.), »klimmen, steigen«, bilden in unserem Geburtshoroskop die vier Eck- oder Himmelsspitzen unser persönliches Kreuz, das wir durch unser Leben tragen und transformieren müssen, wollen wir seelisch weiterwachsen und bewußter werden. Dieses muß zuerst erkannt, d.h. bewußtgemacht werden. Dazu verhilft die Stellung der Planeten im Rad der Zeit und deren gegenseitige Wechselwirkung. Diese Aspekte, die wie ein Spiegel psychischer Muster wirken, erlauben es, das jeweilige individuelle geometrische Grundgerüst der Seele in einem Gesamtzusammenhang sichtbar zu machen.

Planetarische Kräfte symbolisieren in der Geheimlehre aller Religionen die Energieimpulse der astralen Welt, die Wünsche, Triebe und Begierden, denen unsere Empfindungen und dadurch unsere Gedanken und Taten zugrunde liegen. Sie formen sich, uns zumeist unbewußt, zu Verhaltensmustern, die unser Leben unterschwellig steuern. Diese Muster müssen erkannt, d. h. bewußt gemacht werden, wodurch sie, wenn nötig überwunden werden können. Erst danach ist seelische Höherentwicklung möglich. Das setzt Initiation und den Tod des alten Ego als Summe vergangener, unbewußt gewordener Verhaltensmuster oder Denkstrukturen voraus, die ständige Wiedergeburt eines neuen Egos, eines neuen Bewußtseins.

»Alles fließt« (Heraklit), das heißt, alles ist in ständiger Bewegung und verändert sich oder wächst, auch unser Bewußtsein, auch der Kosmos, in dem Gasnebel, Sterne und Kometen geboren werden und sterben, damit neues Leben entstehen kann. Die in der seelischen Unterwelt verborgenen Triebe, Begierden und Emotionen, die die Psyche unbewußt lenken und unser jeweiliges Bewußtsein und dessen Ausdruck Ego an der Oberfläche formen, versah man exoterisch mit Symbolen, mit Zahlen und Namen. Wir begegnen ihnen in Mythen, die von grenzüberschreitenden Initiationen von Adepten der Mysterien berichten, bei denen die individuellen seelischen Erinnerungsmuster, die sich dank des Torhüters dem normalen Wachbewußtsein entziehen, in das Bewußtsein geholt werden. Das »Erkenne Dich selbst« (Delphi) ist zumeist ein schmerzlicher und auch gefährlicher Prozeß, bei dem »Ungeheuer« bekämpft werden müssen, die eigenen inneren, und auch der Tod des Ego erfahren wird.[52] Erst danach eröffnet sich dem Adepten das DU; Apolls Symbol in Delphi war E, aber eigentlich EI (gr.), »wenn«, »Du bist«, oder wie es die Maya formulierten: »Ich bin ein zweites Du.«

Bei den Ägyptern hütete Anubis, der Hundsgott, kosmischerweise der Fixstern Sirius, die Schwelle zu anderen Bewußtseinsebenen. Anubis trennt die helle, sichtbare Welt der Isis, das Bewußtsein, von der dunklen, unsichtbaren der Nephtys, der Unterwelt oder dem Reich der Toten oder Seelen, aus dem die Materie strömt. Er ist der Schnitter mit Sense (Mond) und dem Stundenglas, der das Leben durch den Tod trennt, d. h. die Aufeinanderfolge unserer jeweiligen Bewußtseinszustände oder Lebenszyklen, die Zyklen der Seele auf ihrer Reise durch die ewige Dauer, die uns, wenn verkörpert, unbewußt sind und deren Abfolge wir Zeit nennen.

Die vier Hauptsäulen des jeweiligen seelischen Rasters entsprechen im Gegenbild zum geodätischen Raster der Erde den vier Himmelsspitzen als Zentren von Kraftfreisetzungen. In der Mystik nennt man sie die vier avatarischen Kreise, und wir erkennen die vier apokalyptischen Reiter. Die avatarische Kraft wird auch als göttliche Inkarnation bezeichnet, von (lat.) *in* und *car*, »Fleisch«, wörtlich Fleischwerdung. *Kar* (Kreta) oder *Kali* (Indien), die Verschlingerin, Zeit als Energieform, ist deutlich erkennbar. Das im individuellen Horoskop ausgedrückte persönliche Kreuz ist das Symbol der Inkarnation, dem die vier Elemente Feuer, Wasser, Luft und Erde zugrunde liegen. Es entspricht den vier Eckpunkten oder Himmelsspitzen, den vier avatarischen Punkten im sogenannten natürlichen Zodiak – Bulle und Löwe repräsentieren im Zyklus des Sonnenjahres, der mit dem Tierkreiszeichen Widder beginnt, die individuierende Kraft, jene Kraft, die in der Erde als Planeten wurzelt, die Kraft der konkreten Selbstheit. Adler (Skorpion) und Mensch (Engel) sind Symbole der kollektivierenden Kraft, die über das Individuelle in das Kollektive und Universelle reicht. Heute liegt der Frühlingspunkt der Sonne eigentlich an der Schwelle von den Fischen zum Wassermann, und so ist nicht zu übersehen, daß sich im Hinblick auf den inneren Tierkreis seit über 2 000 Jahren, als die Sonne in das Fische-Zeichen eintrat, nichts veränderte. Diese kosmische Uhr blieb sozusagen im Widder-Zeitalter, um 2333 – 167 v. u. Z., stehen. Jeder der vier Avatare oder Himmelsspitzen versinnbildlicht einen besonderen Typus freigesetzter Energie. Im Hinduismus entsprechen sie den vier feurigen Söhnen Fohats. Sie sind die vier erstgeborenen Söhne, die Eins sind und Sieben werden, wie es im hebräischen Mythos heißt, damit ein neuer Zyklus, eine neue Oktave beginnen kann. Offenbart manifestieren sie sich jeweils als 2 x 4 polare Kräfte, die achte Kraft entspricht als Gesamtheit Fohat, Phanes, Dionysos, Krishna oder Christus. Umgesetzt auf die Seele der Erde nehmen die vier Kräfte vier Kreise ein, von denen sich einer am Himmelsäquator, der andere in der Ekliptik, die beiden letzten in den Deklinationsparallelen der Wendekreise befinden: Heute liegt der nördliche Wendekreis im Krebs, der südliche im Steinbock. Aus diesen Kreisen ist das Heranstürmen der apokalyptischen Reiter am »Jüngsten Tag« zu erwarten, wenn die Zukunft in die Vergangenheit zurückkehrt, um zur Gegenwart zu werden, dem »Zentrum der Zeit« (Bantu). An diesem *Jüngsten Tag* erstehen die Toten auf, d. h. die Seele, der Lichtkörper der Erde wird sichtbar, ihre gesamte Erinnerung tritt in Form einer Obertonwelle in das Bewußtsein der Menschen. Das bedeutet, daß es für den Menschen an einem derartigen Wendepunkt, wie er sich anzukündigen scheint, nur zwei Möglichkeiten gibt – entweder auszusterben oder sich auf diese höhere Schwingung rechtzeitig und bewußt einzuklingen.

Auf der Achse, im Zentrum oder der Mitte des Kreuzes, das durch die mentale oder objektive Polarachse und die sie kreuzende gefühlsmäßige oder subjektive Querachse die vier Himmelsspitzen oder Energiezentren bildet, also im Kreuzungspunkt, ruht das Höhere Selbst, der göttliche Funke, die Kraft der Quintessenz. Im Mittelpunkt des »Horoskops der Erde« wohnt Rhea mit ihrem Mühlschaufelrad, das die Seelenkraft in die eine oder die andere Richtung schaufelt.

Durch das Hilfsmittel Horoskop vermochten Priester-Astronomen das unbewußte Bewußtseinsfeld, das gleichzeitig wie eine Blaupause einen jeweils am Himmel im Rad der Zeit eingeschriebenen kosmischen Bewußtseinszustand kodiert, dem Menschen bewußtzumachen. Es stellt den persönlichen geodätischen Raster dar, der sich durch das Wechselspiel zwischen unbewußt und bewußt ständig verändert, wie sich der Sternenhimmel durch das Wechselspiel der »Bilder des Himmels« wandelt. Dieses Bewußtseinsfeld kreist *um* das Höhere Selbst, den *Christus in Dir* im Mittelpunkt. Es ist anzunehmen, daß hierin die Begründung für das Mißverständnis der Griechen liegt, die Sonne kreise um die Erde, denn man bezeichnete Heroen wie Herakles, Atlas oder Gilgamesch als »rotierende Sonnen«, d. h. sie versinnbildlichten die *Kraft des Selbst* bzw. dessen Maß, nicht das Selbst. Als man sie mit der Sonne gleichsetzte, mußte diese Angabe als das Kreisen der Sonne um die Erde mißverstanden werden. In der modernen Astrologie, die nichts mit Wochenhoroskopen oder simpler Zukunftsdeuterei zu tun hat, symbolisiert die Sonne erneut die Kraft des Selbst, jene Kraft im Verhältnis zur Form – und die Form schafft die Kraft.

Ziel der jeweiligen Initiation oder Freisetzung avatarischer Energien, die kosmischerseits den Jahreszeitenzyklen entsprechen, ist es – nach Dane Rudhyar –, mit Hilfe der aus dem Selbst entströmenden Kraft, symbolisiert durch die Sonne, das Bewußtseinsfeld als eine klar geformte, genau im Ego verankerte Struktur zu errichten, so lange, bis das Höhere Selbst, der Seelenkern als Ausdruck des Götterfunkens, und die im Ego als Ausdruck des Bewußtseins sich verankernde geodätische Struktur der Seele miteinander verschmelzen. Mittelpunkt oder Achse und das Feld bilden wiederum eine Einheit und können in die Neunheit (Gott) zurückkehren. Umgesetzt auf den geodätischen Raster oder Lichtkörper der Erde, in dem die Gesamtheit der Erinnerungen unseres Planeten kodiert ist – Jungs kollektives Unbewußtes, muß sich zwischen Samen und Frucht ein ständig weiterführender, bewußtseinsformender Prozeß abspielen, der die Frucht, das Leben, höher zu entwickeln vermag. Die dazwischen liegende »Dauer« ist, wie schon erwähnt, die kosmische Zeitspanne als *befruchtende Energieform.*

Die Seele der Erde, die sich in Form des an den magnetischen Polen aufgehängten geodätischen Rasters verdichtet, der den Lichtkörper der Erde, ihren astralen oder mentalen Geistkörper als Feld aufbaut, stellt somit das *Bewußtseinsfeld des Planeten Erde* dar, eine Art Psibank oder morphogenetisches Feld, in dem alle Verhaltensmuster des Lebens gespeichert sind, sowohl der Vergangenheit als auch im ursprünglich codierten Keim als noch unmanifestierte Idee aller möglichen Variationen der Zukunft! Dessen *Maß* drückt sich irdischerseits im genetischen Code, der DNA, aus, kosmischerseits in den »Bildern des Himmels« und klangweise in der pythagoreischen Skala. Dieses planetarische Bewußtsein ist das *Gedächtnis der Erde* und die einzig wahre, ungeschriebene Geschichte unseres Planeten. Es ist einsichtig, daß es darauf angewiesen ist, daß die irdische Vermittlung der elektromagnetischen Energien des riesigen galaktischen Ozeans richtig funktioniert. Das ist aufgrund unserer unbedachten Eingriffe nicht der Fall. Wie es José Argüelles formuliert: »Abgeschnitten von den Lotsen der fünften Dimension, blind sogar für die Existenz des Lichtkörpers der vierten Dimension, identifiziert sich die materialistische Menschheit einzig und allein mit ihrer körperlichen Hülle der dritten Dimension und zieht ihre Schattenbahnen durch eine selbstverschuldete Finsternis.«[53]

Für die Aborigines Australiens stellt alles in der natürlichen Welt einen symbolischen Fußabdruck jener metaphysischen Wesen dar, der Ahnen, deren vergangenes Bewußtsein unsere gegenwärtige Welt kreierte. Den ständigen Tanz von Erschaffung und Zerstörung, von Leben und Tod, an dem nach dem Verständnis früherer Kulturen der ganze Kosmos beteiligt ist, begriff man als die Basis aller Existenz und aller Naturphänomene, was bedeutet, daß *wir* die kosmischen Tänzer sind, daß unser Bewußtsein sowohl individuell als auch besonders kollektiv erschafft oder zerstört und Zukunft gestaltet.

Die Seele der Erde ist wie das mythische *Shambhala* überall und nirgendwo. Shambhala, die *Nus-* oder *Nun-* oder *Nut-*Sphäre der Ägypter, liegt teils im Osten und teils im Westen, im Norden oder im Süden. Es ist das Zentrum oder der Zustand göttlichen Bewußtseins, das vitale Zentrum oder der Zustand spirituteller Macht. Wir sollten besser darauf verzichten, den endgültigen Beweis für dieses Reich zu fordern, weil es ein Symbol für die Universalseele oder das universelle kollektive Unbewußte ist. Statt dessen sollten wir uns wie frühere Kulturen damit begnügen, Shambhala im Innen zu suchen und zu finden. Denn die Universalseele und die planetarische Seele sind miteinander energetisch verbunden, und das Sichtbarwerden des Lichtkörpers der Erde erfolgt Hand in Hand mit einer »Ausschaltung aus der Zeit«, von der die Mythen im Zusammenhang mit dem Untergang der Erde berichten. Das Wissen um die Gesetzmäßigkeiten und die Kraft der Seele der Erde ging verloren, aber bekanntlich schützt Nichtwissen nicht vor Strafe. Aus diesem Grund scheint es angebracht, uns mit dem Gedanken an ein Bewußtsein der Erde wieder zu befreunden, das im Grunde genommen nichts anderes möchte, als mit dem Leben und in Wechselwirkung mit dem Kosmos in Harmonie zu schwingen.

Kapitel 4
Das gesungene Leben

Durch das Wort entzündet sich das Wort,
durch einen Funken erhellt sich die Welt.
So wird das Lied Vers um Vers gestrickt
durch sich ausbreitende, goldene Glieder.
Finnischer Vers[54]

Symbolschöpfung und Sprache

Das WORT entzündet sich am WORT, und aus einem Funken erhellt sich die Welt. Dieser göttliche Funke kreiert goldene, sich weiter und weiter verbreitende Glieder oder Wellen, wodurch die Melodie des Lebens, Vers um Vers gewoben wird. Diese goldenen Glieder sind Archetypen und ein kollektives Erbe der Menschheit. Ein »Archetyp« im Jungschen Sinn ist das »ursprüngliche Modell«, nach dem irgend etwas gemacht ist. *Arché* (gr.) bedeutet »Anfang«, aber es ist ein Anfang noch vor jeder Bewußtwerdung, ein noch flüssiger oder feinstofflicher Reiz *vor* dem Sprung ins Bewußtsein. Für C. G. Jung waren Archetypen urtümliche Bilder und Produkte eines kollektiven Unbewußten, das man auch als eine Art Gruppenseele bezeichnen könnte. Eine Art Protokoll der Entwicklung von Bewußtsein als Ergebnis der Symbolschöpfung der Ahnen bis zum heutigen Menschen, das in unserem Sprachgebrauch mitschwingt, stellen deshalb die Sprachen dar, auch wenn wir uns der verborgenen Bedeutungen nicht mehr bewußt sind. Kybernetiker schätzten, daß ohne das Medium des Austausches und der Speicherung von Erfahrungen durch die Sprache an die zwanzig Millionen Jahre mehr hätten vergehen müssen, bis wir an unseren heutigen Entwicklungsstand angelangt wären. Doch ist das eine rein lineare Betrachtungsweise unserer Geschichte und als solche illusionär. Daß die Menschen, bevor sie sich zunehmend der Sprache bedienten, eine andere Möglichkeit der Speicherung und des Austausches von Erfahrungen besaßen, berichten nicht nur die Mythen – wir werden beim Erbe der Schamanen darauf zurückkommen.

Unterschied zwischen mythischem (1–3) und rationalem Denken (4) anhand der lunaren Symbolik des heiligen Elefanten. (Aus Frank Fiedeler: Die Monde des I-Ging.) Sowohl in China als auch in Ägypten verbanden sich mit dem Wort für Elefant Begriffe wie Elfenbein, Bild, Symbol, träumen und visionieren.

Die Ursprache der Menschheit war lunar orientiert, und wir wiesen auf den Zusammenhang zwischen dem Bezugssystem der Menschen, der Bewußtsein formenden Religion und der Formulierung von Raum und Zeit, der Umwelt, hin. Der Sprache als Ausdruck einer Idee, als sozusagen materialisiertem Klang eines Ideals, kam dabei eine bedeutende Funktion zu. Sprache ist eine Art Bindeglied zwischen Geist und Stoff und wurde deshalb stets als magisches Instrument empfunden. Die Sprachfunktion des Menschen stellt eine genetische Basis dar, und diese Analogie zwischen Sprachschöpfung oder Geist und Genetik oder Form besitzt nach Frank Fiedeler einen unmittelbar funktionalen Sinn, d. h. es gibt eine Rückbindung der Sprachfunktion an die letztlich steuernde Instanz der Gene, die geordnet in der DNA des genetischen Codes allem materialisierten Leben zugrunde liegen. Die aufgezeigten Zusammenhänge zwischen der Aufzeichnung dieser steuernden Instanz der Gene im genetischen Code und kosmischen Zyklen, geordnet in den »Bildern des Himmels«, lassen das Wechselspiel zwischen der Raumzeit und dem Bewußtsein der Menschen deutlich erkennen.

Am Anfang war das WORT, ein Symbol für den göttlichen Ur-Schöpfungsklang, in dem die gesamte Idee der Schöpfung bereits keimte. Dieses »Wort« kreierte den Resonanzkörper Natur. Aufgrund ihrer Entwicklung, die aus einem lunar-geozentrischen Bezugssystem hervorging, erwarben die Menschen in der Folge die Fähigkeit, diesen Klang nicht nur innerlich durch Resonanz, sondern auch äußerlich durch Betonung zu manifestieren, wodurch sie begannen, magisch, »verändernd«, in die Umwelt und ihre eigene Psyche einzugreifen. Durch rituelle Darstellungen, wobei entsprechende Lautsymbole gesungen oder gerufen wurden, reichte man diese Magie weiter, die schließlich zur Basis von Religionen wurde. Verschiedene äußere Gesetzmäßigkeiten, wie Klima und eine sich dadurch verschieden präsentierende Umwelt, führten zu verschiedenen Annäherungen an gemachte Erfahrungen. Den universellen Urkonflikt jedoch, der unser Werden am nachhaltigsten beeinflußte, erzeugten die gegensätzlichen Triebstrukturen der Geschlechter, sobald sie erkannt, d. h. bewußtgemacht worden waren.

Dieser Urkonflikt bzw. Urgegensatz, den es nach seiner Bewußtwerdung, dem »Fall«, mit Hilfe der Religion zu überwinden galt, wurde in der Sprachbildung immer wieder ritualisiert und organisiert. In der Regel gab es bei allen menschlichen Gesellschaften die kollektive Identifizierung mit einer gemeinsamen genetischen Basis, den Ahnen, während der Individualismus, der die Verschiedenheit und gegenseitige Entfremdung der Menschen betont, die Ausnahme darstellt, und eine Art Zuchtergebnis ist, das aus einer jahrtausendelangen Tradition entstand, deren Wurzel in der fundamentalen Verschiedenheit der Ordnung zwischen den Geschlechtern liegt. Dieser Unterschied zwischen beiden bewußtseinsformenden Regelungen zeigt sich anhand der gegensätzlichen Ordnungen – *Endogamie* und *Exogamie*. *Endogamie*, Gruppenhochzeiten, Matriarchat und der Ahnenglaube gehören ebenso zusammen wie *Exogamie*, Einehe, Patriarchat und der Glaube an einen Vatergott. Die neue Ordnung war ein Resultat der Sexualisierung und der damit verbundenen Trennung der Welt in weiblich-männlich, hell-dunkel, gut-böse usw., deren Ursache wir bereits erwähnt hatten.

Mittlerweile erkannte die moderne Forschung wesentliche Bausteine der Evolutionsforschung wie Individualismus, Zuchtauswahl und Überleben des Starken auf Kosten des Schwachen als Irrtümer. Als Antriebskraft der Evolution gilt nicht mehr brutale Konkurrenz im Überlebenskampf, sondern Kooperation, die am Anfang der Entwicklungskette stand, die zu menschlichem Leben und in der Folge zu Kultur und Zivilisation führte. Der Systemforscher Erich Jantsch argumentiert, daß manche auf den ersten Blick schwache Organismen langfristig überlebten, weil sie Teile von Kollektiven waren, während die sogenannten starken, die nie den Trick der Kooperation lernten, zum Abfall der Evolution geworfen und ausgelöscht wurden. »Wirkt zusammen oder geht unter!« lautet die Maxime dieser neuen Verhaltensforschung (Ilya Prigogine), die allerdings in aller Konsequenz erst bewußtgemacht werden muß; die Realität der späten neunziger Jahre dieses ausklingenden Jahrtausends, der globale Wettbewerb, aus dem nur die Starken, also die Finanzkräftigen als Sieger hervorgehen können, sieht leider anders aus.

Am Anfang menschlicher Sozialisierung standen in der Regel mütterlich und kollektiv geordnete Gesellschaften in Form von im Jahreszeitenzyklus eingebetteten orgiastischen Gruppenhochzeiten (Endogamie). Mythen wie die von der Hochzeit von Kanaan und die Geschichtsschreibung, etwa von der Massenhochzeit in dem von Alexander dem Großen eroberten Susa, berichten davon. Irdische und kosmische Fruchtbarkeit, die man durch derartige Rituale *vorbereitete*, ließen sich noch nicht voneinander trennen, allerdings stand die Sexualität beileibe nicht so sehr im Vordergrund wie in unserer heutigen Welt, in der sie sich oft mit Gewalt paart und gewinnträchtig vermarktet wird. Eines der frühesten Tabus der Menschheit war das Inzesttabu zwischen Klanmitgliedern »gleicher Muttermilch«, – das ist ein Ausdruck, von dem sich das Wort Adel ableitet (von *galatea*, gr.). Das Blutband innerhalb des Klan- oder Stammeswesens bestand nur zwischen Mutter und Tochter bzw. der Familie der Mutter, etwa deren Bruder, dem Onkel der Tochter. Die sich daraus ergebenden komplizierten Verwandtschaftsbande zwischen den Klanen regulierte man durch das jeweilige Totemtier, das auch ein Stern(bild) sein konnte, oder wie bei den Aborigines Australiens durch die Songlines der Ahnen. Diese soziale Ordnung beruhte auf der kulturellen Autorität der Mütter, im Mittelpunkt stand das Wohlergehen der Gemeinschaft, des Klans. Dieses gemeinschaftliche Bewußtsein ist vielleicht das herausragendste Kennzeichen matrilinearer Kulturen, weil die Dominanz des Weiblichen stets Hand in Hand mit der Dominanz des Kollektivs einhergeht (C. S. Lewis). Daß eine derartige Ordnung Individualismus nicht ausschließt, sondern ihn vielmehr fördert, erkannte mittlerweile auch die moderne Verhaltensforschung, die dem Prinzip natürlicher Kooperation wieder den wichtigen Rang einräumt – je besser ein Kollektiv zusammenarbeitet, umso individuellere Ausdrucksmöglichkeiten ergeben sich für seine Mitglieder!

Den Übergang zur Exogamie, der Einehe, beschreiben vorgriechische Mythen, in denen das Fest der männlichen Verwandtschaft das Fest der weiblichen Verwandtschaft ablöste. Das Blutband besteht nur noch zwischen Vater und Sohn bzw. dessen Klan oder Familie, das patrilineare Recht der Väter regelte den nun zunehmend in den Vordergrund rückenden Privatbesitz, das Vieh und den notwendig werdenden Weidegrund größerer Herden; Einehe und Privatbesitz wurden zur Basis für die auf den Prinzipien der Keimzelle des Staates, der Familie, und Privatbesitz aufgebauten westlichen Zivilisation. Daß dieser neuen, in unserer Geschichte des Werdens aber jungen Ordnung, die unser heutiges Bewußtsein dominiert, ein jahrtausendelanger Kampf vorausging, ja daß sie nur mit Gewalt, durch Eroberung, durchgesetzt werden konnte, berichtet u. a. ausführlich die griechische Mythologie. Wenn die Selbsterkenntnis des Individuums etwas von der Gemeinschaft Separates und ihr potentiell Entgegengesetztes der der erste Sündenfall war, dann war die Entdeckung des Privateigentums der endgültige Verlust der Gnade, erkannte Ernest Borneman. Denn mit diesem begann die Ausbeutung des einen Menschen durch den anderen, was zur Spaltung der Gesellschaft in einander unterdrückende Klassen führte. Wir scheinen also die Hauptkonflikte, die dem Eisernen Zeitalter zugrunde liegen, dem Abweichen von der Urformierung menschlicher Gesellschaften zu verdanken, der Ausnahme, die wir zur Regel erhoben. Dazu gehören die Sexualisierung der Welt, wodurch es zum Urkonflikt zwischen den Geschlechtern kam, grenzenlose Individualisierung, die wir für Selbstverwirklichung hielten und die zur Abkapselung des einzelnen von der Gemeinschaft und dadurch zur Unfähigkeit, kollektiv zu denken und zu handeln führte, sowie Privatbesitz, der Eroberungsstrategien (Kriege) nach sich zog. Erst heute erkennen wir, daß diese Regelungen nur Ausdruck *einer* Bewußtseinsmöglichkeit unter vielen anderen sind.

Aischylos berichtet davon in der Orestie: Orest, Sohn des Agamemnon und der Klytämnestra, ist des Mordes an der Mutter (ausgeübt aus Rache für den von der Mutter ermordeten Vater) angeklagt. Während zuvor der Mutter- oder Tochtermord, wie etwa die Opferung von Klytämnestras Tochter Iphigenie durch den Vater Agamemnon einer Flaute wegen, als Verstoß gegen die kosmische Ordnung empfunden wurde, gilt nun der Mord an dem Vater, »des Hauses Hort«, als kosmisches Verbrechen. Die Erinnyen oder Rachegöttinnen argumentieren zugunsten Klytämnestras, die Agamemnon mit einer Axt richtete, was an die kretische *labrys* erinnert: »Sie war dem Mann, den sie erschlug, nicht blutsverwandt.« Orest wird freigesprochen, und der Rachemord – Auge um Auge, Zahn um Zahn – legalisiert. Daß Agamemnon, ein Symbol der erobernden griechischen Achäer, der mithalf, Troja zu zerstören, Klytämnestra als Vertreterin der älteren Kultur das »Kind an der Brust« erschlug und sie wegen ihres Reiches zur Hochzeit zwang, zählt in dieser neuen Ordnung nicht mehr, die auf Raub, Mord und Vergewaltigung gegründet ist.[55] Es ist eines Gedankens wert zu berücksichtigen, daß auf diesen gewaltreichen, späteres Bewußtsein prägenden Anfang die europäische Kultur zurückgeht. Aber hinter der revolutionären Neuordnung der Geschlechter verbirgt sich noch viel mehr.

Frank Fiedeler macht auf die durch den Übergang von Endogamie zur Exogamie erfolgte Zerstreuung des genetischen Urgrunds einer kulturellen Einheit, eines Klans, eines Volks, einer Rasse aufmerksam. Auf die genetische Relevanz der auf das Blut der Mutter begründeten Endogamie verweist die von den Gen-Forschern Wilson und Cane entdeckte Tatsache, daß sich der genetische Ursprung aller heute lebenden Menschen nicht auf einen gemeinsamen Urvater, sondern auf eine gemeinsame afrikanische Urmutter zurückführen läßt. Beweise für den Bezug zwischen dem Blut oder der Genetik der Mutter und der Kultursprache und damit der Struktur unseres Bewußtseins, nicht nur entwicklungsgeschichtlich, sondern auch in ihrer aktuellen Funktionsweise ganz unmittelbar zu der molekularen Ursprache des Erbguts, liefern nach Fiedeler die merkwürdigen Übereinstimmungsphänomene bei eineiigen Zwillingen. Bei einem besonders bemerkenswerten Fall in Los Angeles entwickelten die Zwillinge eine eigene Sprache, die jeweils nur der andere Zwilling, nicht jedoch ihre Englisch sprechenden Eltern verstehen konnten. Hierin sieht der Forscher besonders deutlich einen Hinweis auf den genetischen Grundkonsens durch eine endogame Erbgleichheit und auf die Wechselwirkung zwischen genetischer Basis und Sprachsystem. Daß wir zur Zeit als Kollektiv Menschheit einem neuen Sprachsystem entgegengehen, wie es sich in der Entwicklung der elektronischen Medien und der Entdeckung der Genetik durch die moderne Biologie ankündigt, läßt auch von diesem Blickpunkt aus auf grundlegende Veränderungen schließen. Dabei handelt es sich um weitaus mehr als nur um technischen Fortschritt, denn wir befinden uns bereits mitten in einer grundlegenden Auseinandersetzung zwischen humaner Empfindung und technischer Rohheit, deren Ausgang unsere Zukunft bestimmen wird.

Die jeweiligen KulturbringerInnen, von denen die lokalen Mythen der Völker berichten, erschufen ihre Umwelt, indem sie deren Erscheinungsformen benannten, d. h. sie kreierten Bewußtsein, weil sie Erscheinungsformen bedingten. Einmal bedingt wird die geistige Ursache, das viele verschiedene Erscheinungsformen einschließende Bild, das zur Symbolik, dem Wort führte, unbewußt. Nur noch die Wirkung, der begrenzende Name und nicht mehr der grenzenlose Urgrund ist uns bewußt, während sich das ursprüngliche Bild als Archetypus tief im Unbewußten einprägte. Wird in uns eine bestimmte Saite in Form eines Sinnesreizes angeschlagen, bringt es etwas zumeist Undefinierbares zum Klingen. Diesen undefinierbaren Klang nennen wir *Intuition*, von *intueri* (lat.) »ansehen«, »betrachten«.

Heute braust der Klang geschaffenen Lebens als gewaltiges Obertonkonzert durch den Raum, so daß die Fülle die Grundmelodie übertönt. Sich mit dieser reinen Grundmelodie wieder zu verbinden ist die Aufgabe der *Initiation*, von *initium* (lat.), »Anfang, Einführung«. Sie führt im Siebenschritt durch unzählige Oktaven und Obertonreihen hindurch und zum reinen Klang des Makrokosmos zurück, den der Mensch als Mikrokosmos durch Mitschwingen nur innerlich erfahren kann. Erklingt die reine Harmonie der Sphären innerhalb, das stets als unbeschreiblich beschriebene Erlebnis der Erleuchtung, verändert sich durch diesen *Eingriff in die Psyche* die individuelle Grundmelodie, die sich durch Resonanz außen manifestiert. Trifft sie auf Gleichklang, kreiert sie neue Glieder und einen neuen Vers. Hierin liegt die spirituelle Evolution als sich stets höher schwingendes Bewußtsein begründet, und hierin lag die Aufgabe vor- und noch frühchristlicher Mysterien bzw. der aus ihnen hervorgehenden Religion(en).

Töne oder Klänge können verständlicherweise nur durch einen Resonanzkörper hörbar oder erfahrbar werden, ob es sich dabei um ein Musikinstrument oder den menschlichen Körper mit seinen Sprachwerkzeugen handelt. Jeder Klang, ob hörbar, oder weil als Oberton schwingend nicht hörbar, sondern nur als Gesetzmäßigkeit meßbar, erzeugt Grund- oder Schwingungsmuster, die in die Fülle des gesamten Klangkörpers einströmen. Je höher die Obertonschwingungen sind und je häufiger sie auftreten, um so nachhaltiger tönt der Resonanzkörper und erzeugt neue Schwingungsmuster. Das ist eine Erkenntnis der modernen Quantenphysik, derzufolge auch kleine Quantitäten, treten sie nur massig genug auf, zum Sprung in eine neue Qualität, zu einem neuen Klang führen können. Ersetzt man das Wort Quant oder Teilchen durch das Bild eines in einer bestimmten Melodie schwingenden Einzelwesens oder einer Seele, ist der Einfluß von Massemustern oder Bildern, von Symbolen, die vielen Menschen gemeinsam sind, nachvollziehbar. Dabei spielt es keine Rolle, ob diese innerlich empfunden oder nur äußerlich in Form traditioneller Klangrituale, der Sprache, oder durch Bilder geformt werden. Denn im Unterschied zum Wachbewußten bedarf das Unbewußte keiner tatsächlichen Handlung. Es begnügt sich mit der symbolischen Handlung, dem Ritual! Derartiger Muster, die uns unbewußt beeinflussen, bedienen sich alle Religionen und in unserer modernen Konsumgesellschaft die Werbung!

Finden Massenrituale an einem innerhalb des geodätischen Rasters der Erde in einem bestimmten Ton schwingenden Ort statt, wie etwa Gottesdienste der Kelten und nach ihnen die der Christen auf dem »Hügel der Eingeweihten« im heutigen Chartres (Frankreich), oder bei vorkeltischen und keltischen Kulturen im Steinheiligtum von Stonehenge, bei Judentum, Christentum und Islam auf dem Felshügel von Jerusalem, bei den Moslems in Mekka usw., potenziert sich die Resonanz heiliger ritueller Handlungen und vermischt sich mit dem Ton des Ortes – sie *betont* ihn und erzeugt dadurch eine besondere Art von Energie! Erklingt dieser verstärkte Klang in nach besonderen mathematischen Gesetzmäßigkeiten errichteten Bauten, potenziert sich der Klang weiter. So sind beispielsweise die von den »Kindern Salomons«, einer der Bruderschaften der Steinmetze, in Frankreich errichteten gotischen Notre-Dame-Kathedralen derartige Resonanzkörper, und es ist wohl kaum ein Zufall, daß sie, wie Louis Charpentier entdeckte, auf vom Himmel auf die Erde projizierten Orten erbaut wurden, die das Sternbild Jungfrau wiedergeben.[56] Ältere Kulturen errichteten Steinkreise aus Granit oder Dolerit, die stets eisen- oder quarzhaltig sind, in deren Zentrum ein *loadstone* stand, ein Magneteisenstein oder Meteorit, wie im zentralen Aphrodite-Heiligtum auf Zypern, in Troja das Palladium der Athene, von *palta* (gr.), »Dinge, die vom Himmel herabgeworfen werden«, oder wie noch heute in Mekka, die *Kaaba*, der »schwarze Stein«, der »Altar von Himmel und Erde«, der sichtlich immer noch wirkt.

Die Zusammensetzung des Wortes *Ka.aba* ist mittlerweile vertraut. Wie in der *Kabbalah*, (hebr.) »Überlieferung«, nach Reuchlin eine symbolische Theologie, deren Symbolik ursprünglich durch Verkündigung kommuniziert wurde, steht dem ägyptischen *K(h)a*, dem universellen Geist, bzw. *Ka*, dem aus diesem gespeisten Schatten- oder Geistkörper und Zwilling des Fleisch gewordenen Körpers, als Quelle der Verkündigung *Ba*, die Seelenkraft bei. Das ist ein weiterer Hinweis darauf, daß es sich immer um *eine* Quelle, um *eine* Verkündigung handelte, die nur von je nach Volk verschiedenen Verkündern offenbart wurde, bis Verkündigung und Verkünder miteinander verwechselt und letzterer göttlich, aber der Weg zur Verkündigung teuflisch wurde! Im Verlauf unserer weiteren Reise zu den Wurzeln des Bewußtseins wird deutlich werden, daß sich auch Urchristen und frühe Christen der Magie des vervielfachten Klanges bei der Verbreitung ihrer Religion bedienten, die sich dadurch tief sowohl in den individuellen als auch in den geodätischen Seelenraster der Erde einschwang.

Die Lage der Dinge zu kennen ist Voraussetzung, um bewußt handeln zu können. Das wird in der englischen Sprache durch *the lie of the land* ausgedrückt. Die Lage der Dinge zu kennen bedeutet, das geodätische Muster, die *Leylines* oder *Songlines* des Landes, die »Melodie« zu kennen, welche die Landschaft prägte. Verändert man diese Lage der Dinge oder des Landes bewußt oder unbewußt, verändert man die Grundmelodie, aus der die Dinge gewoben sind. Die bewußte Veränderung ist ein schöpferischer, magischer Vorgang, die unbewußte Realität unserer unbewußten Gegenwart.

Um mit der göttlichen Grundmelodie, die all diesen unsichtbaren Geweben zugrunde liegt, in Resonanz zu treten, hinterließen Erleuchtete aller Religionen und Kulturen Beschreibungen ihres Weges zur *Verkündigung*, und dieser *Weg*, das Tao der Taoisten, Buddha, Thot in Ägypten oder der Christusgeist der christlichen Mystik, ist, weil er schon verändert, zugleich das nicht in Worten ausdrückbare Ziel. Es ist nur als Metapher beschreibbar. Derartige Erleuchtete wurden zu großen Seelen, wie man in unserem Jahrhundert den Inder Mahatma Gandhi nannte; *mahatma* bedeutet die große Seele, einen Adepten der höchsten Ordnung. Solche Menschen folgen konsequent dem Weg, wodurch sie selbst zum Weg und zum Ziel werden und dadurch die Welt auf eindrucksvolle Weise verändern, auch wenn es die Welt nicht sofort bemerkt. Sie hinterlassen mehr als nur einen Eindruck, ihren Abdruck, ihr Muster, einen neuen Klang. Indem er sein ganzes Leben gehend und singend der Songline seiner Ahnen folgt, wird ein Mensch schließlich Weg, Ahne und Song, drücken es die Aborigines aus.

Jede Melodie, ob kollektiver oder individueller Art, prägt sich je nach Intensität mehr oder weniger stark in die Seele der Erde ein, unabhängig davon, ob Harmonien oder Disharmonien erzeugt werden. Der wohl schrillste kollektive Mißklang im Bewußtseinsfeld der Erde ist der allen frühen Tabus zuwiderlaufende und durch menschliche Gesetze legalisierte Akt des Tötens im Krieg. Nachweisbar ist er erstmals als Folge des durch neolithische Ackerbaukulturen erzielten Nahrungsmehrwertes, der zum Handel und zur durch ihn nötig werdenden Zahlschrift führte, zur Buchführung; Handel, das geschriebene Wort und Krieg scheinen sich seither nicht mehr voneinander trennen zu lassen. Selbst die kriegerischen olympischen Götter verachteten ihren Kollegen Ares, der das Söldnertum symbolisierte, das durch das sich ausbreitende Kriegswesen nötig geworden war. Wie aus dem Ares-Mythos hervorgeht, ließen die vorgriechischen Athener zuvor Krieg nur zu Verteidigungszwecken zu. Von Ares ist auch ein Mordprozeß überliefert und er wurde freigesprochen. Kriege und das von ihnen untrennbare Söldnertum, Berufsheere und Militär-Regierungen sind uns heute vertraut. Die Spezialisierung auf das Kriegswesen führte über immer perfektere, immer zerstörungskräftigere und immer todbringendere Waffen bis zur heutigen globalen Bedrohung *durch* diese Waffen.

Aus dieser Entwicklung geht hervor, daß sich der Widerstand gegen eine der Gesamtharmonie zuwiderlaufende Melodie, in diesem Fall gegen das uralte Tabu »Du sollst nicht töten«, um so mehr verringert, je mehr sich eines unserer anfangs neuen Verhaltensmuster archetypisch im Bewußtseinsfeld der Erde verdichtet. Aber auch wenn sich derartige Wirkungen fest im Seelenraster der Erde verankerten, so daß es gegenwärtig schier unmöglich zu sein scheint, diesen im wahrsten Sinne teuflischen Kreislauf zu durchbrechen, besteht kein Anlaß zur Resignation. In seinem amerikanischen Gefängnis und kurz vor seinem Tod schrieb der bis heute verfemte einstige »Lieblingssohn« Sigmund Freuds, der Psychoanalytiker Wilhelm Reich, der der unsichtbaren Lebensessenz, einer Orgasmus-Energie, auf der Spur war, prophetische Worte. Nebenbei erstellte Reich ein nicht so neues Konzept des evolutionären Zwecks. Es besteht in der Aufforderung, die Tiefen des eigenen Seins zu erforschen, worin Reich mit einem anderen verstoßenen Lieblingsschüler Freuds, C. G. Jung, übereinstimmt. Die wenigen Menschen, so Reich, die wieder lernten, ohne Angst in ihr innerstes Selbst hinabzusteigen und mit ihm zu verschmelzen, sind die großen Künstler, Poeten, Wissenschaftler und Philosophen, die aus den Tiefen ihres freifließenden Kontaktes mit der Natur innerlich und außerhalb ihrer selbst schöpfen, in höherer abstrakter Mathematik genauso wie in Poesie oder Musik. Sind diese wenigen Menschen, diese Außenseiter, fragt Reich, die Ausnahme der Regel? Oder sind sie die Norm, von der der Rest der menschlichen Rasse abgewichen ist? Ist tatsächlich die Majorität oder Masse die Ausnahme, dann wäre es möglich, durch die größte Anstrengung, die jemals in der Geschichte des Menschen unternommen wurde, die Majorität an den Fluß des natürlichen Prozesses anzugleichen!

Wilhelm Reich (1897–1957) war ein Kind seiner Zeit, Jude, früher Kommunist und Emigrant, der trotz seiner spirituellen Entdeckung mit streng rationalen, wissenschaftlichen Methoden arbeitete. Während seiner frühen Jahre sprach er dem menschlichen Wesen einen freien Willen ab. Wie aus seinen letzten, beinahe unleserlichen Zeilen geschlossen werden kann, wußte er es am Ende seines Lebens besser. Und er weist darauf hin, daß die Blockierung des natürlichen Kontaktes mit dem Selbst und der umgebenden Welt durch die Verschmelzung von Natürlichkeit und Selbstbewußtsein langsam, möglicherweise über verschiedene Jahrhunderte hinwegfallen und schließlich vollkommen von der Oberfläche der Erde verschwinden würde, d.h. aus ihrem Bewußtseinsfeld. Das ist keine Prophezeiung, merkte er an, denn der Mensch und nicht das Schicksal trägt die Bürde der vollen Verantwortlichkeit für das Ergebnis dieses Prozesses.[57]

Eine neue, alte Melodie war erklungen und verwob sich im Netz der Erde mit altbekannten Weisen, die mehr zum Schwingen brachten als nur ein einziger neuer Ton hätte bewirken können. Denn wie sonst wäre erklärbar, daß der verfemte Reich nur 13 Jahre nach seinem Tod in so verschiedenartiger Gesellschaft wie J. R. R. Tolkien, dem ersten »neuen phantastischen Poeten«, Hermann Hesse (»Das Glasperlenspiel«), und Che Guevara (Revolutionär), zum Heros einer junger Generation geworden war, deren Slogan »Make Love not War« den Beginn der Verdichtung eines neuen bewußtseinsverändernden Klangmusters einläutete. Gottes Mühlen mahlen zwar langsam, aber sie mahlen sicher.

Vom Subjektiven zum Objektiven

Jeder schöpferische Akt ist ein magischer Akt, ob wir uns dessen bewußt sind oder nicht. Aber was ist Magie? Bevor die sogenannte Hohe Magie im europäischen Mittelalter popularisiert wurde, wodurch sie zum Werkzeug von Scharlatanen degenerierte und in der Folge verfemt wurde, lag die »weiße« oder »natürliche Magie« in den Händen von Priesterkollegien. Ihre Ausübung setzte eine profunde Kenntnis der Gesetzmäßigkeiten der verborgenen Kräfte der Natur voraus. Magie ist eine Art Technik, die sich bestimmter ritualisierter Handlungen bedient, um mit Hilfe der Weltseele irdische Wirkungen zu erreichen. Wir erkennen, was sich hinter dieser Weltseele verbirgt. Mit ihr kann sich der Magier, der sich zwar äußerer Formeln bedient, letzten Endes nur innerlich in Verbindung setzen – der Wundertäter ist die eigene Geisteskraft.

Nach Novalis ist es das Kennzeichen des magischen Idealisten, Gedanken zu äußeren Dingen sowie äußere Dinge zu Gedanken machen zu können. Im Zuge der Panzerung durch das Ichbewußtsein, durch welches der Mensch den Urgrund seiner eigenen Kraft zu suchen begann, gingen die einst natürlichen magischen Fähigkeiten, auf die man heute nur noch bei Naturvölkern stößt, verloren. Dadurch kam den meisten Menschen der »magische Sinn« abhanden, der sich heute nur noch bei Aborigines körperlich nachweisen läßt, und mußte in der Folge durch technische Hilfsmittel ersetzt werden. Der Mensch wandte sich nicht mehr unbewußt bzw. natürlich nach außen, sondern als bewußtes Einzelwesen, von dem sich, wie es der sumerische *Enki*-Mythos berichtet, die einstigen Gefährten, die Tiere, nun abwandten – von nun an sprachen Mensch und Natur verschiedene Sprachen. Diese Abkehr von der Natur *folgt* auf die Vereinigung *Enkis* mit dem Schoß der Göttin. Die Beseelung des Wildlings hatte also ihren Preis. Das Tier wird zum Menschen, der durch diesen Prozeß seine natürliche Unschuld verliert, aber als ausgleichendes Geschenk steht den Menschen von nun an der Zugang zur Weisheit offen. Wie es T. S. Eliot so wunderbar formulierte, werden wir nicht aufhören, die Dinge zu erforschen, nur um am Ende unseres Forschens an dem Ort anzukommen, von dem wir aufgebrochen waren. Aber zum ersten Mal werden wir fähig sein, diesen Ort, das Paradies, *bewußt erkennen* zu können!

Das einzige wahre Kennzeichen des Unterschiedes zwischen Tier und Mensch ist wohl die Fähigkeit des Menschen, seine Umwelt bewußt zu verändern und schöpferisch zu gestalten. Schöpfung ist die Bewegung von einer original subjektiven Phase, der Vision, zu einer objektiven, dem Gegenstand. Durch das Allgemeine wird der Geist in eine Position der Kraft »von oben« gestellt, wodurch er die unzähligen erfahrenen Einzelerscheinungen kontrolliert. Die westliche Art des ausschließlich rationalen Denkens grenzt die einzelnen Erscheinungsformen, die wir erfahren, durch Verallgemeinerung vom Gesamten, dem Allgemeinen oder Absoluten ab. Das ist eine wertvolle Erweiterung unseres Erfahrungshorizonts und ein nicht zu unterschätzendes Hilfsmittel, aber nicht mehr. Wird das Mittel zum Zweck, verirren wir uns im Auszug, dem Begrenzten, und der Zugang zur Tiefe geht verloren, aus der wir wie aus einer ständig fließenden Quelle immer aufs neue schöpfen können. Hierauf geht die Symbolik der Wasserträgerin zurück. Denn in der wäßrigen Tiefe, die uns unbewußt ist, wohnen nicht nur Ungeheuer, wie man uns einreden wollte, in ihr liegt auch der Goldschatz unserer Märchen und Mythen begraben, der zu heben ist. Diese Heldentaten, von denen die Mythologie berichtet, werden nicht *in der Welt* begangen, wie es mißinterpretiert wurde, sondern, um mit Joseph Campbell zu sprechen, im Reich der Seele erlitten, die es zu läutern gilt, und das ist nur durch Bewußtwerden ihrer Schattenseite möglich. Eine rein objektive Betrachtungsweise der Natur, wie sie innerhalb der traditionellen Wissenschaften als Ergebnis der Rationalisierung der Religionen vorausgesetzt wird, schließt die Einbeziehung sinnlicher Erfahrungen kategorisch aus, die gepaart mit einer genauen Beobachtung der Natur ein Kennzeichen der »weißen« oder »natürlichen« Magie sind. Während der letzten Jahrzehnte erkannte jedoch eine neue Generation von Physikern immer deutlicher, daß ihre Theorien über Naturerscheinungen, einschließlich der durch sie beschriebenen Gesetze Schöpfungen des menschlichen Verstandes sind und nicht Schöpfungen der Natur. In diesem neuen Weltbild wird, – seit Experimente der Quantenphysik aufzeigten, daß sich der Ausgang eines Experimentes nicht von der jeweiligen

Person, die das Experiment durchführt, trennen läßt, – dem einzelnen Menschen wieder ein bedeutender Platz zugeordnet. Der aktive Beobachter, der Mensch, ist in das Experiment – das Leben – wieder mit einbezogen – das Stichwort ist *aktiv*!

Die subjektive Phase der Schöpfung ist die Traumzeit. Der Traum der Erde, der durch unsere Zivilisation zu einem Alptraum zu werden droht, ist der immerwährende Aspekt der Zeit. Seit Einstein tritt die Zeit als nicht von unserer zumeist nur dreidimensional erfahrbaren Welt zu trennender Faktor wieder in unser Bewußtsein. Zugang zu höher schwingenden Welten läßt sich nach metaphysischer Überlieferung nur über die sinnliche Erfahrung der physischen Welt erlangen. Sie stellt das Mittel des Menschen dar, um die Wahrheit, Schönheit und Realitat der metaphysischen, kreativen Kräfte zu erfahren. *Metaphysik* reicht jenseits (*meta*, gr.), also über die sichtbaren Erscheinungen der körperlichen oder physikalischen Welt hinaus und in die »übernatürliche« Welt hinein. Man begriff sie als Wissenschaft, die zum Gegenstand physische *und* psychologische Erscheinungen hat, die durch anscheinend intelligente Kräfte oder unbekannte Fähigkeiten des Geistes hervorgerufen werden. Die Metaphysik vermag dadurch wieder herzustellen, was die Physik abbrach, nämlich die Verbindung zur Weltseele, dank derer, mit Hilfe magischer Techniken wie Einschwingen, irdische Wirkungen erzielt werden können. Deshalb ist es wohl kaum ein Zufall, wie nach mystischer Lehre nichts zufällig geschieht, daß die Sprache der neuen Wissenschaften zunehmend wieder metaphysische Töne anschlägt. So rät einer der führenden Denker der theoretischen Physik, David Bohm, die Wissenschaft solle sich in Zukunft mehr der Kunst annähern, und der Kulturwissenschaftler W.I.Thompson fordert die Verschmelzung von Wissenschaft und Kunst zur *Wissenskunst*. Mehr und mehr Forscher entdecken wieder einen Sinn für Ganzheit und Unteilbarkeit, der im Raum zwischen Vergangenheit und Zukunft liegt, im räumlichen und im zeitlichen Augenblick, dem *Jetzt* und *Hier*, das aus dem Unbekannten, Chaotischen, aus den Tiefen unseres eigenen göttlichen kreativen, feinstofflichen oder geistigen Potentials fließt, das jeder von uns besitzt.

Nach dem Verständnis der Aborigines hinterließen unsere Ahnen nicht nur (symbolische) Fußabdrücke, sie sind auch der Same eines Ortes. Dadurch ist der Ort mit der Erinnerung an seinen Ursprung und mit bestimmten Melodien, d. h. mit bestimmten Schwingungsmustern verbunden. Diese Kraft oder Melodie nennt man den Traum eines Ortes. Dieser Traum schwingt in einer anderen als der sichtbaren Wirklichkeit, und nur wer sich auf ihn einzuschwingen vermag, kann sich über ihn hinausführend mit dem inneren Traum der Erde oder eines Ortes verbinden! Das setzt das Erkennen des jeweiligen Tons, der Grundschwingung oder Grundmelodie eines Ortes voraus; innerhalb dieses Keims pulsiert das gesamte Drama der Schöpfung. Wer sich derart einzustimmen vermag, erfährt im Inneren das Muster oder Wesenhafte dieser Materie sowie in Form von Visionen alle ihre quer durch Raum und Zeit reichenden *möglichen Verwirklichungen*, denn auf dieser Ebene sind Vergangenheit und Zukunft als allgegenwärtiges Potential vereint und von »allem Anfang an« vorhanden. In den »Traum des Samens«, den Keim, vorzudringen erlaubt bei entsprechender Geisteskraft eine Veränderung oder Transmutation der Materie, die einer Zerlegung der Schwingungen der Atome und deren Neuzusammensetzung entspricht. Einer Theorie nach wurde auf dieser spirituellen oder magischen Ebene die frühe Domestizierung von Tieren erreicht.

Wir wissen heute wieder, daß den Aktivitäten des menschlichen Geistes ein endloser Fluß des Unbewußten zugrunde liegt, sowohl individuell als auch kollektiv. C. G. Jung verglich diesen Fluß mit dem Zustand des Träumens. Wie dieses Unbewußte sind auch das universelle Feld der modernen Physik, das diese noch nicht kennt, und die morphogenetischen Felder Rupert Sheldrakes nur durch Wirkungen erfahrbar. Über diese Wirkungen in unserer Welt in die darüber hinausführende unsichtbare Welt, in die Weltseele vorzudringen und über diese weiter in die Universalseele, den *Keim aller Dinge* vorzustoßen, war das Ziel der höchsten Eingeweihten der Mysterien und das ursprüngliche Ziel der Hohen Magie. Deshalb schrieb der Mystiker Agrippa von Nettesheim (16. Jh.), daß die magische Gewalt beim Menschen große Würdigkeit voraussetzt. Um nicht in Sünde wider die Natur zu verfallen, wurden derartige magische Handlungen nur von Eingeweihten, nur von durch Initiationsriten an Leib und Seele Gereinigten und Geläuterten ausgeübt bzw. streng geheim gehalten.

Das Reich der Weltseele entspricht dem kollektiven Unbewußten C. G. Jungs, der Seele der Erde oder der Unterwelt der Mythen, dem Bewußtseinsfeld des Planeten Erde, über das nur Verbindung mit der »Überwelt«, der Universalseele der Mystik oder Jungs universellem kollektiven Unbewußten herstellbar ist. Im Keim jeder Schöpfung ruht das reine »unvorgestellte« Potential von Identität, Polarität, Aufnahme und Erzeugung in Form noch nicht materialisierter Kraft, sowohl von Materie als auch von Geist. *Das* ist das Konzept des weiblichen Urgrunds oder der Matrix der Mutter. Es ist jenes Reich mit dem nur die »Lotsen der fünften Dimension«, im esoterischen Christentum die Engel-Hierarchie, in direkter Verbindung stehen. Bei »primitiven« Religionen stellen die Ahnen das nötige Verbindungsglied zwischen Mensch/Schamane/Priester und den Naturkräften oder Naturgeistern her. Nur ihnen ist es, weil sie ihre »Sprache sprechen«, möglich, Verbindung mit den Göttern oder Schöpfungskräften aufzunehmen, die alleine zur direkten Kommunikation mit dem über und im Kern in allem schwingenden reinen Großen Geist fähig sind. Die Fähigkeit, direkt mit den Göttern Kontakt aufzunehmen, verlor der Mensch durch den »Fall in die Zeit«, weshalb er danach der Schamanen bedurfte, die diese Verbindung ursprünglich für ihr Kollektiv herstellten. Manche Schamanen verfingen sich im Reich der Naturseele und Naturgeister, wodurch der weiterführende Kontakt abgebrochen und aus der »weißen« Schwarze Magie wurde. Daß es sich nicht umgekehrt verhielt, beweist u. a. das Zeugnis der Buschmenschen Afrikas, auf das wir im zweiten Teil des Buches eingehen werden.

In dem jenseitigen Reich noch ungeformter Formen und noch nicht idealisierter Ideale, liegt der Schlüssel zum Verständnis des Wesens des Seins und der Verbindung zwischen Geist und Materie. Wissenschaftliche Methoden, um uns mit diesem Feld der Leere noch unerfüllter Möglichkeiten zu verbinden, gibt es außer Experimenten mit bewußtseinsverändernden Drogen keine, doch belegen Felszeichnungen primitiver Kulturen, daß eine derartige Verbindung nicht nur möglich, sondern gewollt war, und daß sie *am Anfang* unserer Entwicklung, am Anfang der Bewußtwerdung des »modernen Menschen« stand! Man stellte die Verbindung mit Hilfe von *Songlines* oder Totemtieren her, aber Tiere wurden nicht als Götter angebetet, wie das mißverstanden wurde. Nach Auffassung von Aborigines ist der Mensch jeweils eine verschieden proportionale Kombination des *spirits* einer Anzahl von Spezies. Der am stärksten vorherrschende *spirit* eines Tieres wurde zum Totemtier, den man auf die Nachkommen dieses Ahnen oder früher der Ahnin übertrug. Durch Initiation tritt man in den *spirit* der Spezies der zahlreichen Tiere ein, die das Totem einer Person bilden, das eine sich im jeweiligen Tier besonders hervorhebende Schöpfungskraft symbolisiert. Weil man die sichtbare Welt als eine Inkarnation oder Projektion ähnlicher Realitäten empfand, wie sie in einer universellen, spirituellen Sphäre existieren, konnte durch die spirituelle Verbindung mit dem Totemtier Verbindung mit dieser Sphäre hergestellt werden. Mit Hilfe des Symbols Totemtier (oder *Songline*) schwang sich der Mensch sozusagen als Medium, in dem sich der spirituelle Grundton verschiedener Arten verwirklicht hatte, in die spirituelle Sphäre ein, die dadurch auf der Erde verwirklicht werden, in sie »hineingesungen« oder »hineingeträumt« werden konnte. Damit drückte der Mensch im Zustand der Initiation dem Bewußtseinsfeld der Erde seinen eigenen Stempel auf. Je komplexer durch die Entwicklung menschlicher Gesellschaften auch das Seelenleben der Menschen wurde, um so komplizierter gestaltete sich auch ihre Umwelt, so daß das anfangs auf Erden bestehende Paradies, die erste, goldene Welt, zusehends von dunkleren Gestalten, den Verkörperungen von Neid, Mißgunst, Rachsucht usw. bevölkert wurde. Zwar bemühte man sich, diese »Ungeheuer« durch Tabus oder Gesetze innerhalb des Klanwesens zu zähmen, weil sie jedoch, einmal erträumt oder ersungen, im Bewußtseinsfeld eingewoben waren, begannen sie bald ein Eigenleben zu führen.

Ein Beispiel dafür ist die Entwicklung des Wortes *nomos*, »Weide«, aus dem der Nomade hervorging. Zunehmend setzte man diesen Begriff mit »Gesetz«, »gerechter Verteilung«, »das, was durch Brauch zugewiesen ist« gleich. Als die durch Seßhaftigkeit und Eigentum ursprünglichen Weiten in Weiden verwandelt worden waren, rechtfertigte man damit Herrschertum, Privatbesitz und Macht. Zum göttlichen Gesetz erhoben, ging daraus die absolute Gesetzgebung absoluter Herrscher hervor. Diese Entwicklung läßt sich von den indoeuropäischen Eroberungen nicht trennen, wie die Wurzel *os* in *nomos* belegt, die dem ersten nicht mehr mit weiblichen Wertigkeiten besetzten fünften, relativ spät auftretenden Urwort OS entspricht. In seiner Bedeutung ist es bereits viel enger gefaßt als die vier vorangehenden weiblichen Urwörter. Richard Fester weist darauf hin, daß mit Ausnahme des letzten Ur-Wortes ACQ zwischen den einzelnen sechs Urwörtern große zeitliche Abstände gelegen haben dürften, so daß ihre Folge – BA,KALL,TAL,TAG,OS und ACQ – wahrscheinlich die Sequenz ihrer Entwicklung wiedergibt. Diese Untersuchung trifft sich mit anderen Erkenntnissen der Sprachforschung, nach denen es, wie schon ausgeführt, vermutlich keine vorindoeuropäischen Könige gab, sondern Personen mit *mana*, die vom »Brot der Götter« aßen. Aber nicht nur Brot, auch Wein reicht Jesus bekanntlich beim Letzten Abendmahl seinen Jüngern.

Zwischen dem spirituellsten und am dichtesten verkörperten Zustand eines Wesens, dem Wesenskern oder Seelenkern und dem Körper, gibt es nach mystischer Überzeugung Elemente, die in beiden vorkommen. Sie sind der Schlüssel zur Transmutation. Auf spiritueller Ebene stellt diese Verbindung die Seelenessenz her, auf körperlicher Ebene übernimmt diese Aufgabe das Blut, das zwischen dem am vergeistigtsten Zustand, dem Traum des Samens oder dem Keim, und der wahrnehmbaren Welt vermittelt. Der spirituellen Kraft im Blut schrieb man das gleiche Verhältnis zu wie einem magnetischen Feld zu einem Meteoriten. Deshalb erklären Schamanen wie die »Hüter des Tages« vom Hochland von Guatemala, daß sich das Blitzen im Blut, die Erleuchtung auch noch christlicher Heiliger, mit dem Fluß galaktischer Weisheit verbindet. Das Blut, das die Gene trägt, eine Art Verdichtung des hochschwingenden elektromagnetischen »Zwillings«, des Seelenkörpers, birgt eisenhaltige Bestandteile, die man bei Ritualen durch Eisenocker aktivierte.

Der geodätische Raster der Erde, dessen elektromagnetisches Kräftesystem über den eisenkristallinen Kern in ihrem Mittelpunkt – Rheas Wohnsitz – mit den magnetischen Polen verbunden ist, wird als Blutkreislauf unseres Planeten bezeichnet, und dieser Raster steht mit den die Erde energetisierenden kosmischen Kräften, die zur Materialisierung drängen, in dipolarer Verbindung. Auffallenderweise galten für die alten Ägypter, Inder und Maya Meteoriten, aus denen Eisen ursprünglich gewonnen wurde, als göttlich, geschmolzenes Eisen hingegen, das zur Waffenschmiede unerläßlich war, geradezu als Verkörperung des Bösen. Mit der Eisenschmelze kam alles Übel in die Welt, überliefert auch Credo Vusamazulu Mutwa. Bedeutet das nicht, daß der Mensch, der das Wissen um die subtile Wechselwirkung zwischen den Welten verlor, unbewußt eine Transmutation herbeiführte? Anhänger des Sonnenkults opferten Blut für Blut, Eisen für Eisen, aber Blut oder andere Körpersäfte bei Ritualen zu verwenden, gilt der Tradition nach als schwarzmagischer Eingriff. Noch heute zählen die Schmiederituale in Afrika zu den geheimnisvollsten und magischsten. Man nennt sie *Koma*-Rituale. *Koma*, auch *n'goma*, wie in *Sangoma*, *witchdoctor* (Zulu), bedeutet »die große Kuh«, und die Kuh ist ein Symbol für die Matrix der Mutter, die sich in den Blitz verwandeln kann. So gesehen wäre die stetige Abfolge von Kriegen und gewaltsamen Eroberungen unseres Eisernen Zeitalters kein Zufall, sondern das Ergebnis eines Eingriffs in die innerste seelische Substanz der Erde! In ihr ruht nach den Hopi auch als Erbe der Disharmonien früherer Welten der Same epidemischer Krankheiten. Unleugbar ist, daß im Zuge der Entwicklung vom subjektiven Traum unserer Vorfahren zur objektiven »Erkenntnis« des modernen Menschen das nötige ausgleichende Mittel, um den Traum der Erde am Leben zu erhalten, wegfiel. Diese Grundmelodie des Erdentraumes war nach übereinstimmendem Zeugnis der Mythen eine harmonische und konfliktfreie, was schon daran lag, daß Menschen wie die Aborigines Australiens oder die San Afrikas fähig sind, ihre Konflikte auf einer höheren metaphysischen Ebene auszutragen, wodurch eine positive, weiterführende und keine negative, zerstörende Kraft erzeugt wird. Das gleiche Prinzip findet sich in dem buddhistischen Text »Dhammapada«, der als einer der ethisch höchstentwickelten Texte begriffen wird. Seine Weisheit ist schlicht: »Zorn wird nicht durch Zorn versöhnt, Verletzung nicht durch Verletzung geheilt, Haß nicht durch Haß aus der Welt geschafft. Das einzige Heilmittel ist die Liebe.

Zorn dem Zorn, Verletzung der Verletzung, Haß dem Haß entgegengesetzt, wird, verdoppelt aufgrund einer Gesetzmäßigkeit, die wir aufzeigten, zerstörerisches Kraftpotential bis in die Unendlichkeit. Erst Mahatma Gandhi und Martin Luther King brachen in unserem Jahrhundert mit diesem sich seit etwa 4000

Jahren fester und fester im Bewußtseinsfeld der Erde verankernden Verhaltensmuster; beide starben einen gewaltsamen Tod. Dieser Widerspruch zwischen der uralten Grundmelodie der Menschheit und der u. a. im Alten Testament niedergelegten göttlichen Rechtfertigung für Gewalt ist ein Mißklang, der bis heute durch den Traum der Erde schrillt; es gibt keine äußere Hölle und es gibt keinen äußeren Himmel, wir tragen beides, Himmel und Hölle in uns selbst.

Intuition – Die vergessene Magie

Laut Robert Ranke-Graves beruht die poetische Überlieferung Europas letztendlich auf magischen Prinzipien, deren Reste jahrhundertelang ein streng gehütetes religiöses Geheimnis bildeten, das aber zuletzt verstümmelt, entehrt und vergessen wurde. Ursprünglich war jedes gesprochene Wort eine Art Gedicht oder ein Gesang und schloß in sich das weite Spektrum einer Metapher oder einer Erleuchtung ein, so daß es nicht überrascht, daß sich das verlorene Wissen um eine andere Konzeption von Mensch, Natur und Universum in der reinsten Form der Sprache, in der Dichtkunst erhielt. Ihre frühen Interpreten waren Sänger. Das trifft nicht nur auf die höhere Form der Meisterepen etwa irischer Barden zu, welche die geistige Nachfolge keltischer Priesterastronomen, der Druiden, angetreten hatten, sondern auch und heute beinahe vergessen auf unsere Märchen und Sagen, die die Reste früherer mündlicher Überlieferung und Erzählkunst darstellen. Diese beruhte auf dem Prinzip des Reims und der Wiederholung, der Be-Tonung. So kamen Überlieferungen aus der einst magischen und mythischen Gegenwart einer anderen Welt zu uns, die zu Archetypen, zu Grundpfeilern im »Traum« oder »Gesang« der Erde wurden, und die dadurch immer noch etwas tief in uns Verborgenes zum Klingen bringen können.

Harold Bayley greift die Figur von Cinderella oder Aschenbrödel heraus, die uns allen vertraut ist. Man begegnet ihr von den zivilisiertesten bis zu den primitivsten Kulturen. In Salomons Gesängen ist sie die Braut, die *anima.* Als Magier, dessen Weisheit und Gerechtigkeit sprichwörtlich wurde, vereint

S(A)OL.OM.ON in seinem Namen, der wohl ein Titel war, Lichtgeist und Schattengeist, Sonne(Sol) und Mond (On), deren Widerspruch durch das in der Mitte stehende OM oder AUM aufgehoben ist. »Wer mich findet, sagt die Weisheit von sich selbst, findet Leben, jedoch der, der sich gegen mich versündigt, schädigt seine eigene Seele; alle, die mich hassen, lieben den Tod« (Sprüche VIII). Die Braut vereint sich mit dem Bräutigam, sie ist sein lebender Gegenpart, sein Doppel und Spiegel und Echo. Beide sind mit einem Wagen, dem »Wagen des Pharao«, vereint, dem Weg, der das Ziel ist. Die »Heilige Hochzeit« zwischen dem Weiblichen, *anima*, und dem Männlichen, *animus*, zwischen Intuition, dem Unbewußten, und Bewußtsein in Form von rationalem oder Wachbewußtsein, erzeugt jene mächtige Kraft, die den Wagen, die ältere Mondbarke, später den Sonnenwagen vorwärts auf das Ziel zu lenkt. Sie schenkt Inspiration, Erkenntnis und Erleuchtung, Weisheit aus dem unendlichen Schatz des Überbewußtseins der Universalseele. Rationales Wissen alleine blockiert den Zugang zum intuitiven Wissen, zur eigenen schöpferischen Fähigkeit, der Kreativität und wahren Individualität jedes Menschen, zur *anima*, die mit Hilfe von *animus* realisiert bzw. manifestiert, bewußtgemacht werden kann.

Manchmal schläft die Heldin unserer Märchen 100 Jahre lang wie Dornröschen, oder sie ist weiß-rot-schwarz wie Schneewittchen, dem von einer »Hexe« oder »schwarzen Königin« der Todesapfel gereicht wird, weshalb es in ein Reich von sieben Zwergen jenseits von sieben Bergen (insgesamt vierzehn) verschlagen wird, bis ein Prinz, *animus*, die Heldin in ihrem gläsernen (transzendenten) Sarg wachküßt. Nach diesem Kuß vorausgehenden Initiationen, bei denen zumeist Drachen oder Schlangen besiegt werden müssen, d. h. die Ungeheuer der eigenen Tiefe, erhält der Prinz die »Tochter« gemeinsam mit ihrem (jenseitigen) Reich als Lohn usw. Jene Überlieferung jedoch, die in die Bibel in Form der exoterischen Angabe einfloß, die Schlange hätte Eva verführt, worauf diese den Adam becircte, gleichfalls von der verbotenen Frucht vom Baum der Erkenntnis zu naschen, beeinflußte unsere Entwicklung am nachhaltigsten und durch ihre Mißinterpretation am katastrophalsten. Diese Mißinterpretation wird anhand der »Rechten Hand Gottes« deutlich, dem *Dextra Dei*, (Monasterboice/Louth, 10. Jh.), einem symbolischen

Schmuck an der Seite eines monumentalen Steinkreuzes in Irland, die rechte Hand, die eigentlich eine linke Hand sein müßte! Sollte es sich dabei um kein Mißverständnis handeln, wurden die beiden Seiten absichtlich vertauscht, worauf die »Umkehrung« hinweist, die wir erwähnten.

König und Königin berühren einander mit der linken Hand. Die Königin vermählt sich mit ihrem »inneren König«, ihrem animus. Der König wird durch sie initiiert, die Kraft seiner inneren Königin, anima, freizusetzen. Aus der Vermählung wird der schon bekannte Vogel geboren.

In der arisch-indischen Überlieferung hält Shiva, der kosmische Tänzer, in seiner linken Hand eine Flamme, die das männliche Prinzip und das Element der Zerstörung symbolisiert, und in seiner rechten eine Trommel. Nun versinnbildlicht das Symbol des Gefäßes, hier die Trommel, seit uralter Zeit das weibliche Prinzip, und weil in Indien die Frau bis heute als »links« verstanden wird, scheint sich in dieser Überlieferung der »Händigkeit« Gottes die Kenntnis der spiegelverkehrten Gehirnhälften bzw. von Himmel und Erde zu verbergen. Vermutlich wurde die Angabe, weil man den ursächlichen Zusammenhang nicht mehr verstand, wörtlich genommen. Das taoistische *Tao Te King* erlag diesem Irrtum nicht, der Hand in Hand mit der Verteufelung der weiblichen Kraft der Schlange erfolgte. Das wird auch in Dantes »Göttlicher Komödie« deutlich, in der die symbolischen Farben des Mondes, Rot-Schwarz-Fahlgelb(weiß), Schwäche, Unwissenheit und Haß symbolisieren, denen die Tugenden des Heiligen Geistes, Kraft, Weisheit und Liebe, gegenübergestellt werden. Wir erkennen die Verdopplung der Dreifaltigkeit, die sich aus der Trennung von hellem Vollmond und schwarzem Dunkelmond (Sonne), von Göttin und Gott, die ursprünglich in einem kosmischen Vorbild vereint waren, ergab. Weil die Dreifaltigkeit der Göttin als Mutter/Tochter/Sohn innewohnte, mußte sie auch dem sich aus dieser Trinität lösenden Gott zugesprochen werden und das war nur durch Verdopplung zu einer sechsfaltigen Kraft möglich, von der eine Seite nun gut und die andere böse ist. Der Mond, hinter dem sich die lunare Kosmogonie und damit der Zugang zur Gesetzmäßigkeit des Lebensbaumes oder der Weltspindel verbirgt, wurde zur bösen Königin der Nacht und die Schlange zum Schreckgespenst aller Paradiese. Frauen, die man einige Jahrhunderte lang sogar »entseelte«, verbannte die katholische Kirche, bekräftigt 1994 durch den Heiligen Vater für »alle Zeiten« vom Priesteramt.

Im günstigsten Fall geht obige Verkehrung auf ein sprachliches Mißverständnis, die Hände betreffend, zurück. Denn in der englischen Sprache heißt rechts *righthand* und links *lefthand*! Die ursprüngliche Bedeutung von links oder rechts bezog sich tatsächlich auf beide Hände, in deren insgesamt 28 Fingergliedern der lunare Kalender eingeschrieben ist! Die rechte Hand, die in der göttlichen Jenseitswelt, also spiegelverkehrt die linke Gehirnhälfte aktiviert, erwies ihrer göttlichen Zerstörungskraft durch das Feuer alle Ehre, indem sie zur rechtenden Schwerthand wurde. Die linke Hand, beschreibt der kretische Mythos, blieb den Zauberern vorbehalten. Auch Zeus wurde von den *Daktylen*, »Fingern«, belehrt, und noch Pythagoras war von einem daktylischen, also hyperboreischen und somit transzendenten Lehrer in das Mysterium eingeweiht worden. Die Trommel ist ein Hilfsmittel, um in Trance zu fallen und mit der transzendenten Welt Kontakt aufzunehmen.

Daß die Quelle der Offenbarung die Psyche ist, wird heute zumeist anerkannt. Die Verteufelung dieser »Unterwelt« hatte

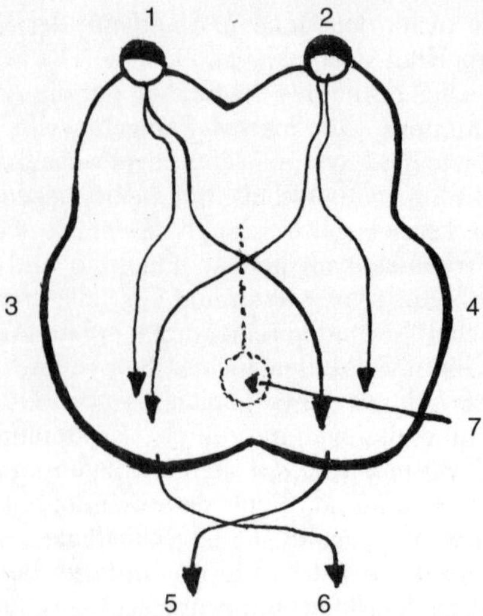

Die Spiegelverkehrung von Körper (Materie) und Geist (Himmel) anhand der beiden Hemisphären des menschlichen Gehirns. 1 und 2 linkes bzw. rechtes Auge, 3 und 4 linke bzw. rechte Hemisphäre, 5 und 6 linke bzw. rechte Körperhälfte, 7 – »drittes Auge« – Zirbeldrüse.

zum Verlust des Wissens um ihre formenbildende Kraft geführt, wodurch dem westlichen Menschen der Zugang zu seinen eigenen intuitiven Kräften genommen wurde. Daß sich dieses Muster fest im Bewußtseinsfeld der Erde verankerte, muß wohl nicht besonders betont werden. Hier stoßen wir allerorten auf mit Angst gepaarten Widerstand, und ihn gilt es so lange geduldig zu überwinden, bis ein neues Muster das alte außer Kraft zu setzen vermag.

Wir leben nicht mehr in Zeiten, in denen Initiationen nur innerhalb von Bruder- oder Schwesternschaften, in unterirdischen Räumen oder Höhlen, welche die Vulva der Erdmutter symbolisierten, in Pyramiden oder Sonnentempeln, alchemistischen Stuben oder kirchlichen und mystischen Gemeinschaften stattfinden. Wir müssen uns auch nicht mit mystischen Praktiken auseinandersetzen, wenn wir das nicht wollen. Weil wir alle Entwicklungsstufen, alle vergangenen seelischen Muster als Summe der spirituellen Evolution der Menschheit unbewußt in uns tragen, ist alles, was zu tun ist, uns ihrer bewußt zu werden. Initiationen erfolgen zunehmend nicht mehr von außen, sondern von innen her, obwohl es zumeist eines äußeren Anstoßes bedarf, eines besonderen Buchs, eines Gesprächs, eines Erlebnisses usw., die etwas tief in uns zum Widerklingen bringen, und wir werden neugierig. Der erste Schritt ist die Bereitschaft, anzuerkennen, daß es etwas wie Intuition gibt, und die Möglichkeiten dieser schöpferischen Kraft zu erkennen. Intuition ist die Vorstufe zur Inspiration, von *in* (lat.) »ein«- und *spirare* – »atmen«; Intuition führt zum »einatmen«, Inspiration zum »ausatmen«.

»Gehet weiter«, sind Buddhas letzte überlieferte Worte an seine Adepten. Vom Samen bis zur Ernte der Früchte liegt ein langer und oft mühevoller Weg, den Samen tragen wir alle in uns selbst, und in ihm ist als Keim das gesamte Drama der Schöpfung enthalten. Worauf es ankommt ist, den im Kristallschloß

Die mystische fünfblättrige Rose. Das Herausfünfen der Rose aus dem Flaschenhals entspricht der aufsteigenden (freigesetzten) anima.

Der Mann im (roten) Mond, lunares Symbol für die Sonne bzw. animus.

der Mythen gefangengesetzten Gott zu befreien, der eigentlich eine Göttin ist, denn in der Beziehung des Ich zum Unbewußten und des Personalen zum Transpersonalen entscheidet sich nicht nur das Schicksal des einzelnen, sondern das der Menschheit. Der Schauplatz dieser Auseinandersetzung aber ist das Bewußtsein.[58]

Teil II

Das Erbe der Schamanen

Sie waren Riesen und hatten auf allen Höhen
Zeichen gesetzt.
Koran, Sure 7,69

Die Ad waren die Nachfahren derer,
die später Noahs Volk wurden.
Koran, Sure 7,69

Kapitel 1
König Arthur

Sir, mein Name ist Yder, Sohn von Nut.
Arthurian Romances[59]

Der Urgrund der Legende

Wer kennt nicht die Sage vom heldenhaften, an einer unheilbaren und stets blutenden Wunde leidenden Fischerkönig, der zwölf Ritter an seiner Tafelrunde versammelte, die Ungeheuer bekämpfen mußten, – zumeist Drachen, die sich auf die Suche nach dem geheimnisvollen Gral machten, und schließlich Arthurs oder Arthus geheimnisvolles Entschwinden auf der Insel Avalon, die vom Nebel der Zeit verschlungen wurde?

Arthur scheint ein keltisierter römischer Name gewesen zu sein, *Artorius.* Manche Forscher leiten den Namen allerdings nicht von der walisischen Form des römischen *Artorius* her, sondern von dem walisischen Wort *Arth Fawr*, »der Große Bär«.[60] Noch heute drehen die Sternbilder Großer Bär und Kleiner Bär die »Mühle« im Kreis. Und insofern ist vorheriger Hinweis aufschlußreich, denn Rhea wohnt auf der Achse des »bewegungslos herumwirbelnden Mühlwerks«, sowohl im Mittelpunkt der Erde als auch auf der Milchstraße. Sie war die »Göttin der Mühle«, die man auch *Eurynome* alias *Cardea*, die »Göttin der Türangeln« nannte, aber auch *Artemis Kalliste* oder *Kallisto*, der in Arkadien der Bär geweiht war.[61] Die Griechen nannten die Große Bärin *Helike*, »die, welche dreht«, und so handelt es sich bei all diesen bärigen Angaben um Symbolik, die sich auf die Weltachse bezieht bzw. auf den nördlichen Polarstern, der früher im Großen Bären stand und heute im Kleinen Bären steht. *Ursa Major*, den Großen Bären, nannte man auch »Schöpferkelle« oder »Wagen«, den man als Arthurs Wagen bezeichnete; *by wag(g)on*, »per Achse«, umkreiste Arthur, wie die Überlieferung besagt, den Pol! Auf den nördlichen Polarstern verweist der Bärenhüter, Arkturos (lat. Bootes), insofern ist der kosmische Bezug sowohl im alten walisischen als auch im römischen Namen Arthurs nicht zu übersehen. Bei den Maya galt *Arkturus* als einer der Hauptvermittler der Energie der mystischen Zentralsonne via Sonnenflecken.

Die mündliche Tradition von Wales ist, weil sie einer alten und zum Untergang geweihten Religion angehörte, nur in Bruchteilen erhalten. In ihr erscheint Arthur als eine Art wilder Jäger, der auf den Wolken reitend die Geister der Toten jagt, sein Gefährte ist *Gwyn-ap-Nudd*, der Sohn von *Nodens*, dem König der Feen und der Unterwelt, eine Abwandlung von *Nott*, der Göttin der Nacht in der nordischen Tradition, die drei Gatten hatte und von jedem einen Sohn, einer davon war *Dag*; denken wir an den die Achtzahl symbolisierenden Zwilling des Eichenheros (Sieben) bzw. an die Nacht, die Göttin, die vom Tag, dem Sonnengott, verdrängt wurde.

Kennt man den kosmischen Aspekt der alten Mythen nicht, erscheint der walisische Olymp äußerst verwirrend. Da gibt es einen *Belinus*, der zu *Belis* wurde, dem König von Britannien und Schwiegersohn der Jungfrau Maria; die Frucht der Bemühung, ältere Götter an die christliche Religion anzupassen, ist nicht zu übersehen; *Belen* heißt Widder, in dessen Sternzeichen die Sonne zum Frühlingspunkt eingetreten war – das Widder-Zeitalter begann, währenddessen indoeuropäische Völkerschaften die Weltbühne eroberten.

Belinus/Belis ist verwandt mit *Bran*, »dem Gesegneten«, der über den Atlantik reiste, und dessen vergrabener Kopf Britannien gegen Invasionen beschützen sollte, – erfolglos wie wir wissen. *Bran* ist der Zwilling von *Belinus*, der ihn verdrängte, die Acht verdrängte die Siebenzahl, der Gott die Göttin. All das führte dazu, die Theorie, Arthur wäre ursprünglich ein keltischer Gott gewesen, nicht als untersuchenswert anzusehen. Eine keltische Gottheit mit einem römischen Namen erschien unwahrscheinlich. Aber gerade diese Unwahrscheinlichkeit, der man in der Praxis allerorten begegnet, weil »Götter ihren Namen kriegen von den Feinden, die sie besiegen«,[62] liefert den Schlüssel zum inneren Kern der Arthur-Legende, der in noch vorkeltische Zeiten zurückweist.

Die Legenden rund um König Arthur sind ein schönes Beispiel dafür, wie einmal in unserem Bewußtsein geformte Muster den Zugang zur inneren Wahrheit verwehren. Auf sie verweist eine keltische Tradition, die dem gegenwärtigen Weihnachtsbaum als Symbol der Festlichkeiten zur Geburt des Heiligen Kindes voranging, der *Kissing Bough* (*bough*-»Zweig«). Auf einem Gestell ordnete man Äpfel, immergrüne Zweige und sieben Kerzen an, darunter hing der Mistelzweig. Der Bezug zum traditionell siebenarmigen Kerzenleuchter der Juden ist deutlich; der überlieferte Brauch, die Mistel mit einer goldenen Sichel von der Eiche abzuschneiden, symbolisiert die »Entmannung« der heiligen Eiche. Die Sichel ist goldfarben und versinnbildlicht den Mond – der Eichenkönig wird von seiner Vision entflammt. Eine Sichel war auch das Attribut der Göttin der Mühle, die das Jahr dreht, und der Apfel, der sich vom »Land der Apfelbäume«, der mythischen Insel *Avalon*, auf der König Arthur begraben sein soll, nicht trennen läßt, stellt eine Art Eintrittskarte ins Paradies der eleusinischen Gefilde dar. Es handelt sich also um die Welt der Toten, durch die der walisische Arthur jagt.

Zwei Werke, die während des 12. Jahrhunderts in Britannien und Frankreich (Gallien) entstanden, formten die König-Arthur-Legende. In Britannien schrieb Geoffrey von Monmouth (Gaufridus Monemutensis, gest. 1155) die »History of the Kings of Britain«, in denen die Prophezeiungen und das Leben von Merlin enthalten sind. Monmouth, der sich auf ein geheimnisvolles »sehr altes Buch, verfaßt in britischer Sprache« als Quelle berief, das er ins Lateinische übersetzte, wurde 1151 zum Bischof von St. Asaph in Nord-Wales gewählt, ein Jahr danach in Westminster zum Priester ordiniert, eine Woche darauf erhielt er in Lambeth vom Erzbischof die nötigen Weihen. Nur zwei Jahre später starb er und nahm sein un- bzw. urchristliches Geheimnis mit ins Grab. Aber vom Heiligen Gral war bei Monmouth noch nicht die Rede. Diesen führte Chrétien de Troyes in der Romanze »Perceval« (um 1182) in Frankreich in die Literatur ein. Wie auch bei Monmouth spielte wiederum als Quelle ein geheimnisvolles Buch eine Rolle. Beide Werke sind, abgesehen von ihrem keltischen bzw. walisischen oder gälischen Kern Sittengemälde ihrer Zeit.

Die erstmals niedergeschriebene keltische Esoterik, denn darum handelte es sich trotz Christianisierung, läßt sich bezüglich Bedeutung und Wirkung am ehesten mit der Niederschrift des

Alten Testaments vergleichen, bei der ebenfalls sehr alte geheime Überlieferungen an die lokalen Gegebenheiten eines Volkes angepaßt wurden. Es überrascht nicht, daß derartigen fundamentalen Werken Örtlichkeiten oder Spuren historischer Ereignisse zuzuordnen sind, sie kreisen sozusagen als »lokales Fleisch« um den Kern im Inneren, um die Essenz der universell gültigen Wahrheit.

Äußerlich bestimmten Kriegsgötter als treibende Kräfte der Weltgeschichte das gewalttätige Geschehen während des Widder-Zeitalters, ob im Gilgamesch-Epos, das den babylonischen Eroberer Sumers heroisiert, ob in der griechischen Ilias, die das Morden, Rauben und Vergewaltigen der Achäer verherrlicht, oder in den Fünf Büchern Mose. Stets wurden gewaltsame Eroberungen fremder Länder und Kulturen aufgrund eines göttlichen Auftrags gerechtfertigt. Im Alten Testament ist etwa zu lesen: »Wenn dich der Herr, dein Gott, in das Land bringt, darein du kommen wirst, es einzunehmen, und ausrottest viele Völker vor dir her, die Hethiter, Girgasiter, Amoriter, Kanaaniter, Pheresiter, Heviter und Jebusiter, sieben Völker, die größer und stärker sind als Du (das hebräische Volk)« (5. Mose 3). Die Siebenzahl verweist auf die Eroberung des inneren Reiches, aber weil Symbolisches mittlerweile wortwörtlich genommen wird, legalisiert der Gottesauftrag nun Mord, Raub und Vergewaltigung. Auf ihn bezog sich schon Mitte des 3. Jahrtausends v. u. Z. der Herrscher von Umma, Lugalzaggisi, im Zusammenhang mit der Zerstörung der sumerischen Stadt Lagasch. »Die Männer haben Brand gelegt, sie rauben Silber, rauben Edelstein, vergießen Blut«, ja Blut vergießen sie und wieder Blut, klagte das sumerische, nicht viel später das ägyptische Volk: »Nirgends kann man (mehr) Ägypter finden.«[63] In der Ilias ist dann von »Hallen«, die »von Blut dampfen«, die Rede. Die himmlische Rechtfertigung menschlichen Versagens verdichtete sich immer stärker und ist unterschwellig die Ursache dafür, daß viele Jahrhunderte später christliche Heilige und die Jungfrau Maria zu Schutzgottheiten plündernder, mordender und vergewaltigender Armeen wurden, die den Reichtum der Erde unter sich aufteilten.

Das »edle Rittertum«, das Chrétien de Troyes schriftlich bekräftigte, der auch die Entsinnlichung der »Hohen Frau« glorifizierte, war ein nötiges Zwischenspiel im Gesamtzusammenhang der Kreuzzüge und der im Mittelalter wiedererwachten »Weiblichkeit«. Der nicht nur diese Epoche dominierende Erfolg von Romanzen ist nicht überraschend, wenn man bedenkt, daß diese eine starke archaische Saite anschlugen – das universelle Drama um Tod und Wiedergeburt des Heroen der Großen Muttergöttin. Außer der Bibel gab es damals kaum Bücher, die Menschen hätten sie, von wenigen Ausnahmen abgesehen, auch nicht lesen können. Unliebsame antike Schriften, die über arabische Übersetzungen zunehmend ihren Weg nach Mitteleuropa fanden, verschwanden in Klosterarchiven und abgesehen von den Herrscherhöfen war Bildung ausschließlich dem Klerus vorbehalten. Dieser stellte gelehrte Betrachtungen darüber an, wie viele Engel auf einer Nadelspitze Platz finden, oder ob ein Kamel durch ein Nadelöhr gehen kann oder nicht.

Die irischen Barden hatten das Erbe der Druiden angetreten und waren vom Wohlwollen der Höfe abhängig. Ihre verschlüsselten mystischen Botschaften verkündeten sie deshalb vorwiegend dem Adel. Im Bewußtsein der Menschen war die Erde zur flachen Scheibe geworden, jenseits deren Ränder Drachen lauern, und die Erinnerung an ganze Schiffsflotten, die von Tyrus (Syrien, Kanaan) bzw. vom Roten Meer, dem Reich der Königin von Saba (Yemen) ausgehend Afrika umrundeten, galt nur noch als Märchen. Aberglaube hatte die verteufelte Hohe Magie der Antike ersetzt, obwohl sich Kirchen- und Adelsfürsten nach wie vor über Alchemisten ihrer Methoden bedienten; der Auftrag lautete: durch Transmutation Gold zu erzeugen. Das »Fleisch der Götter«, wie die Ägypter Gold nannten, dessen materiellem Wert dadurch doppelt rätselhafte Völker wie die von den Spaniern eroberten und vernichteten Kulturen Amerikas nie erlegen waren, obwohl sie es im Überfluß besaßen, war zum Ausdruck nicht mehr geistigen, sondern materiellen Reichtums geworden. Das alte Weltgefäß konnte man nur noch als kostbaren, mit Edelsteinen bestückten Pokal verstehen, der nicht mehr symbolisch das »Blut des Gottes« enthielt, die spirituelle Lebensessenz, sondern (exoterisch) das tatsächlich vergossene Blut eines leiblich geopferten Gottessohnes.[64] Die Welt war äußerlich und innerlich zusammengeschrumpft und eng geworden, das Untere hatte über die Weisheit im salomonischen Sinn triumphiert.

Während der dunklen Jahrhunderte des griechischen Mittelalters, das auf die letzten Invasionswellen indoeuropäischer Völker, der Dorer, folgte, war die verfeinerte »ägaische Kultur« untergegangen. Damit erlosch eine Kultur, die wie von Kreta und Thera her bekannt ist, mehrstöckige Häuser baute, über Gemeinschaftsküchen und Vorratskammern, Bäder und Wasserspülungen verfügte, das Schachspiel kannte, Schiffsflotten besaß und ausgedehnte kulturelle Kontakte und Handelsbeziehungen bis Nordeuropa und vermutlich bis China unterhielt. Für die Griechen war das alles schon Legende: Technische Hochleistungen wie die Hängenden Gärten von Babylon oder die des Wüstenreiches der Königin von Saba; Kolossalbauten wie der Koloß von Rhodos; die Zusammensetzung der »Betonmischung« der Großen Pyramide, die ein modernes Forscherteam zur Aussage veranlaßte, »sie taten es (vor 9000 Jahren) besser« als wir heute;[65] Tunnelsysteme auf dem Felsgrund der Sahara; nur beim Überfliegen aus großer Höhe sichtbare Schlangenmounds und Leylines in Mittelamerika und der Westsahara; die Zeugnisse einer verlorengegangenen Metallurgie präamerikanischer Völker, etwa auch der rostfreien Stahlsäule von Delhi (Indien) usw., all das war entweder bis in unsere jüngste Gegenwart vergessen oder zum Mythos von Weltwundern und sagenhaften Völkern geworden.

Einer der größten Verluste für die Welt, ohne den die europäische Geschichte, die aus dem Schlachtfeld einander ablösender Kriegsherren hervorging, wohl einen anderen Verlauf genommen hätte, war die Zerstörung der Bibliothek von Alexandria. Alexandria war der geistige Knotenpunkt der vorhellenischen Welt und wie noch die Byzantiner wußten, der ursprüngliche Ort christlichen Mönchtums. Das folgenschwere Feuer legten nicht Araber, wie behauptet wurde, sondern fanatische koptische Christen. Durch diesen barbarischen Akt ging unersetzliches Wissen über »die drei Teile der Philosophie der Welt«, wie es in der Hermetik Ägyptens bewahrt wurde, und damit über unsere Frühgeschichte verloren; von nun an wurde Geschichte von den Eroberern, den Herrschenden geschrieben, deren Geschichtsschreibung seither unser Bewußtsein formte.

Beinahe zweitausend Jahre später drängt zunehmend wieder Mystisches in das Bewußtsein der Menschen, wodurch auch immer mehr Christen erkennen, daß die buchstabengetreue Lehre des Christentums nicht mehr viel mit den ursprünglichen Lehren des Juden *Joshua, des Nazareners*, zu tun hat. Doch die Geheimlehre des Christentums enthält wie die Esoterik anderer Hochreligionen auch im Kern die universelle Wahrheit, die es wieder ans Licht, ins Bewußtsein zu bringen gilt. Das Schlachten heiliger Kühe ist immer ein schmerzlicher Prozeß und nur dann gerechtfertigt, wenn er nicht um des Schlachtens willen geschieht. Im Grunde genommen ähnelt unsere heutige Situation derjenigen am Ausgang des europäischen Mittelalters, auf das eine Renaissance erfolgte, die sich jedoch, weil geistiges Wissen nur einer Elite zugute kam, nicht wirklich tief niederschlagen konnte. Bestrebungen, die Religion zu reformieren, gingen vermutlich auf den Orden der Tempelritter zurück. Neun (!) französische Ritter hatten ihn 1118 »zu Ehren der Heiligen und Ruhmvollen Jungfrau Maria« gegründet, 1314 verbrannte der letzte Großmeister auf dem Scheiterhaufen und 1369 bannte Papst Clemens V. den Orden. Offensichtlich waren Templer im Heiligen Land auf unliebsame Wahrheiten gestoßen. Sie lehnten nicht nur den Kreuzigungstod Chisti ab, angeblich verehrten sie neben ihm auch Baphometh und feierten den Sabbat. Und hier schließt sich der Kreis, denn Baphometh tritt in den Quellen zur Arthur-Legende als *Bal* bzw. *Bran* auf. Er ist der Siebte, der von seinem Zwilling, dem Achten, *Belis* oder *Belinus*, verdrängt wurde!

Der Kult des *Bran* scheint aus der Agäis importiert worden zu sein. *Bran* trug den königlichen Purpur, heißt es in einer alten Gedichtsammlung,[66] d. h. er sah die »purpurrote Dame« und war in das innerste Mysterium des »von sieben Schleiern Verborgenen« eingeweiht, wie das christliche Mysterium auch noch im Clemensbrief (1. Jh.) genannt wurde. Schließlich ist *Bran* der keltische Name für den alten Krähengott, der unter verschiedenen Namen als Apollon, Saturn, Kronos und Asklepios, dem Heiler, bekannt war. Sein Kult hing mit einem als Widder oder Stier abgebildeten Donnergott zusammen, den man Zeus, Tantalos, Jupiter, Telamon oder Herakles nannte. Im Beth-Luis-Nion-Alphabet war *Bran* die Erle geweiht, die in der Odyssee als erster von drei Bäumen der Auferstehung erwähnt wird. Die Erle stand für den Konsonanten *f*, ein altes Symbol für den Erleuchteten, den »Starken«, dessen Einweihung u. a. auf einem »Hügel der Starken« erfolgte, dem *Lieu des fortes* auch der *Car-Nuten* (Kelten), auf dem sich heute die Notre-Dame-Kathedrale von Chartres erhebt. Im Etruskischen steht *f* für die Acht, d. h. der durch sieben Stufen Initiierte, für den die Göttin ihre sieben Schleier ablegte, verwandelt sich in den Achten, in die Sonne.

Es ist kein Zufall, daß dieser Mythos wieder in das Bewußtsein der Menschen trat. Auf einer tiefen Ebene hatte sich die Große Göttin erneut zu regen begonnen, worauf der Patriarch wie stets zuvor zu seinem Schwert, in diesem Fall zum Scheiterhaufen griff, auf dem die »Weiblichkeit« verbrannte. Durch das äußere, neue Gewand schimmert dennoch das aus Sicherheitsgründen beinahe bis zur Unkenntlichkeit verschlüsselte Mysterium der Antike hindurch, sofern man nicht dem Irrtum erliegt, den Christus-Vorläufer Arthur (Arthus) als Verkünder zu sehen, sondern als Sinnbild für die Verkündigung!

Der Fischerkönig ist der alte »Versteckte«, früher im Zeichen des Stieres (Minos), dann des Widders (Belen), nun in neuem energetischen Gewand, weil die Sonne um 167 v. u. Z. in das Sternbild Fische eingetreten war. Die (exoterische) Überlieferung der Geburt eines Jesuskindes etwa 160 Jahre später ist auf diese energetische Wiedergeburt aus einem avatarischen Kraftzentrum zurückzuführen.

Wie man sich den Erkenntnissen der modernen Biochemie, Physik, der theoretischen Mathematik und der Systemwissenschaften nur annähern kann, wenn man den Sprung vom linearen zum nichtlinearen und holistischen Denken vollzieht, eröffnen sich ebenfalls die Querverbindungen bzw. Rückkopplungen in Mythos und Geschichte nur, wenn man sich dieser neuen Denkmethode bedient. Wir wollen deshalb versuchen, im Zeitraffer noch etwas tiefer in den schier undurchdringlichen Dschungel der Vermischung prähistorischer Kulturen vorzudringen, denn in diesem Dickicht verbirgt sich die Lösung des Rätsels Arthur.

Die gemeinsame Wurzel der Weisheit von Sumerern, Babyloniern, Hebräern, Griechen und Kelten geht aus den griechischen Wörtern für Buch und Bibel hervor, die sich von »Die tiefe Weisheit von Byblos« ableiten. Hesekiel, ein hebräischer Prophet (Altes Testament), der als Gefangener in Babylon lebte (597 v. u. Z.) und wie Pythagoras die alexandrinischen Essener entscheidend beeinflußte, setzte die Weisheit von Byblos mit der von Tyrus gleich. Tyrus im antiken Phönikien oder Kanaan, heute Syrien, war ein frühkretisches, Byblos im heutigen Libanon ein phönikisches Handels- und religiöses Zentrum. Von Tyrus aus wurde nach alter Überlieferung Europa durch einen Stier, den Minos, nach Kreta entführt. Kreta war Anfang des zweiten Jahrtausends von frühen »Hellenen« erobert worden, die wahrscheinlich das König/Heroen-Priestertum eingeführt hatten; diese Eroberung spiegelt sich im Theseus-Mythos wider. Das ist bedeutsam, weil der Mythos von der Geburt des göttlichen Kindes auf die ägäisch/ägyptisch/afrikanische Kultur zurückweist.

Nach Eva Meyritz war die vorgriechische Bevölkerung libyo-kuschitisch bzw. berberisch-kuschitisch. Die Kuschiten waren Äthiopier, die selbst mit libyo-berberischen und negroiden Völkern vermischt waren, die Berber (Barbaren) Völkerschaften am Atlas in Nordafrika. Aus Vermischungen von Kuschiten mit Minoern oder Minäern gingen die Phöniker hervor; auf sie scheint sich Herodot bei »Phönikern« zu beziehen. Die Minoer oder Minäer hatten vor der Explosionskatastrophe auf Santorin um 1500 v. u. Z. die ägäischen Inseln verlassen und sich mit hellhäutigeren kleinwüchsigen Eroberern aus dem Osten vermischt. Aus diesem bunten Völker- und Rassengemisch entstanden auch die Vorfahren der Kelten, die Danäer, die wiederum als Nachfahren libyscher bzw. nordafrikanischer Hyperboreer angegeben sind. Auf ihre ältesten Spuren stößt man in Kleinasien.

Danäer trafen um die Mitte des zweiten Jahrtausends, also vor den Kelten, in Britannien ein. Der »Trojaner« Brutus in Monmouths' »History«, der auf Wanderungen eines Stammes von Kleinasien nach Griechenland, Italien und über Nordafrika und Westeuropa nach Britannien verweist, scheint ein Danäer gewesen zu sein. Als deren Ahne ist Adamos, der Rote, genannt, woraus auch der Ursprung von Adam hervorgeht, das Symbol der ersten Menschen im hebräischen Mythos, das in das Alte Testament einfloß. Auch alle Araber, als deren Vorfahren gemeinhin die Phöniker angesehen werden, sind bis zum Propheten bereits Vermischungen verschiedener Völkerschaften oder Stämme. Antar, der vorislamische Held der Araber, ist durch seine Mutter ein Mischling und seiner Abbildung nach rein afrikanisch. Zwischen den frühen Hebräern und Arabern scheinen die

Sabäer, Sabiner oder Minäer vermittelt zu haben, die das nötige Glied in der Kette sein könnten, das eine ferne, prähistorische Vergangenheit mit kretisch-ägäischen, ägyptischen und mesopotamischen Kulturen verband. Vereinfacht formuliert stehen Sabäer, das Volk der Königin von Saba im heutigen Yemen, dessen Ursprung neuen Untersuchungen zufolge in die Ägäis zu »König Minos« verweist, mit all jenen Völkern in Verbindung, die sich »Rote« nannten, wie Kuschiten (Äthiopier), Phöniker, die ihren Namen von *phönissa*, der »Roten« oder »Blutigen«, ableiteten, Philister, »die Roten«, deren Vasallen jüdische Stämme waren, und die Ama Khoi, »die roten Menschen«, Khoi-San-Kulturen in Afrika. Im siebten Jahrhundert eroberten Araber das nördliche Afrika und vermischten sich mit der einheimischen, bereits hin und her vermischten Bevölkerung, woraus die heutigen Äthiopier hervorgingen. Daß bereits die prähistorische Bevölkerung Ägyptens vermischt war, geht aus altägyptischen Quellen hervor.[67]

Die moderne Forschung erkennt heute dieses Vermischungskarussell antiker Völker an, weshalb sie zur Erkenntnis kam, daß es etwas wie den Begriff reinrassig nicht gibt. Die Reinrassigkeit arischer Völker, die sich von allem Anfang an mit allen von ihnen eroberten Völkern oder Stämmen vermischten, ist also ein künstlich kreierter Mythos, der wohl entstand, um die Vorherrschaft einer »Herrenrasse« und deren Privileg zur Unterdrückung »minderer Rassen« zu rechtfertigen. Diesem rassischen Vorurteil widerspricht auch die Tatsache, daß man im asiatischen Raum auf den brachzyphalen, kurzköpfigen Menschentyp stieß, der bis dahin als mit den Kelten verwandt galt, nur daß es sich dabei um Angehörige einer negroiden Rasse handelte, die man bis dahin ausschließlich dem langköpfigen Typus zugeordnet hatte![68] So beginnt sich ein weiteres, tief im indoeuropäischen kollektiven Unbewußten eingekerbtes Muster, eine »Wahrheit« zunehmend als Irrtum herauszustellen. Natürlich vermischten sich nicht nur das Blut der Völker oder Stämme, sondern auch deren Kultur und Religion.

Eine besondere Rolle spielte dabei der Sabäismus, der das Hebräertum entscheidend prägte, auf dessen Überlieferungen das Christentum zurückgeht. Die Ursprünge des Sabäismus verweisen auf eine mythische »zweite Rasse« dunkelhäutiger Riesen, die in prähistorischer Zeit den Mittelmeer-Raum bevölkerten. Sie setzten ihre »Zeichen« auf Berghöhen und erbauten Heiligtümer in den Bergen Afrikas, Europas, am Kaukasus und in Asien.[69] Wir werden sehen, daß sich aufgrund dieser dunkelhäutigen Riesen, die auf eine erste, ausgestorbene Rasse roter Riesen folgte, ein Rätsel der irischen Mythologie lösen läßt, das den Schlüssel zum vorchristlichen Arthur-Mythos in sich birgt.

Die Riesen der zweiten Rasse oder Welt, mit deren Religion der Sabäismus verglichen wird, betrieben Kosmologie und Metallurgie und galten als große Magier, im Zentrum ihrer Religion stand der Kosmos. Vermutlich sind sie die *Ad* oder Atlanter, Nachfahren der »Ersten Ad« oder Vor-Atlantoi, von denen der Koran berichtet. Denn es heißt im Koran in Sure 53, Vers 50: »Die Ersten Ad kennt niemand außer Gott« (14,9), denn »nichts blieb von ihnen übrig« (69,8) »als ihre Wohnungen« (29,38). »Die Ad waren Riesen« (7,69), und hatten auf allen Höhen Zeichen errichtet, (sie) wohnten in Burgen und herrschten wie Tyrannen« (26,128–130). »Und die(se) Ad waren die Nachfolger derer, die später Noahs Volk wurden!« (7,69). Noahs Volk waren die Chaldäer, West-Semiten, unter deren Herrschaft Babylon seine letzte Hochblüte erreichte.

Von Chaldäa kam der hebräische Abraham, das Symbol für einen Stammesbund, der sich mit erobernden indoeuropäischen Völkerschaften verbündete, gegen Ende des dritten Jahrtausends nach Hebron, wo sich das religiöse Zentrum der Danäer befand. Von der darauffolgenden Eroberung Ägyptens durch hellhäutigere »mindere«, aber »mutige« Menschen im 17. Jahrhundert v. u. Z. berichtete der ägyptische Geschichtsschreiber Manetho.[70] Vom Gilgamesch-Epos über das Alte Testament und die Homerischen Epen bis zu Geoffrey von Monmouths Arthur müssen alle Eroberer immer gegen Riesen oder Giganten kämpfen, die stets das Böse verkörpern, und auffälligerweise immer ein *drittes Auge* besitzen, das Zyklopenauge.

Nach ägyptischen Quellen weisen die Spuren der Minäer oder Sabäer, deren Kosmologie auf diese mythische Riesenrasse zurückgehen soll, über die Ägäis nach Nordafrika und weiter in den Sudan, nach Nubien, wo sich die ältesten Hinweise auf die ägyptische Kultur finden. Die Wörter »nubisch« und »negroid« sind identisch, und die Nubier gelten als Ahnen der meisten negroiden Völker. Ägypter und Kopten gingen aus Mischungen zwischen hellhäutigeren Menschen verschiedener klimatischer Zonen und »Nubiern« hervor; Kopten waren die ersten Christen.

In der Bibel gilt *Cham* oder *Ham* als »Ahnherr der Neger«. In Hebron, dem »ersten Jerusalem« der Hebräer, wurde aus Abram *Abra.ham*, so daß *Ham* oder *Cham* bzw. *Khan* in Asien wie Herakles oder Hephaistos, der Schmiedegott (gr.), ein Titel der in die Hohe Magie Eingeweihten gewesen sein dürfte. Als *Chams* »Söhne« sind Ägypten und Kanaan, das spätere Phönikien, heute Syrien, Kusch, Äthiopien, und das Goldland Pu(n)t, vermutlich der heutige Yemen, genannt. *Cham* geht auf die gleiche Wortwurzel wie *Kal.i* (Indien) oder *Kar* (Kreta) zurück, auf die KALL-Gruppe, und damit auf das zweite von Richard E. Fester entdeckte Urwort, dessen Variationen stets mit Frau oder Mutter in Zusammenhang stehen, wie etwa in *Kan'dake* (ägypt.), der Pharao-Mutter.

Nimrod, Sohn des Kusch, begründete Babel, überliefert die Bibel; das Piktogramm *kush* bedeutet »rot«, wurde aber auch für »Neger« verwendet. Nach babylonischer Tradition gründeten ihre Stadt jene, die aus der Katastrophe der Flut gerettet wurden. Sie waren die Riesen und sie bauten den Turm (Eupolemus). Die Mondgöttin der Babylonier war *Danu* bzw. *Dam-Kina*, die »rote Erde«, Mutter auch der *Tuatha de Danaan*, Vorfahren der Kelten und Nachfahren der transzendenten Hyperboreer, die nach Nordafrika (Libyen) verweisen. *Danu* ist bis heute der geheime Name der Sanusi, der Hohepriester der Erdmutter in Afrika. Nach all dem ist es keinesfalls überraschend, daß sich *Yder* in Chrétien de Troyes Romanze »Erec und Enide« als Sohn der vermännlichten *Nut* (Ägypten) bezeichnet, denn *Yder* ist nur ein anderer Name für *Ythr*, und Ythr bedeutet *Ut*. So können wir nach dem Versuch, in das Chaos der verwirrenden Zusammenhänge zwischen prähistorischen und historischen Kulturen vorzustoßen, die Art des Gefährten von Arthur erkennen: Gwyn-ap-*Nudd*, mit dem er in einer der ältesten walisischen Quellen durch die Wolken jagend den Geistern der Toten nachspürt. Diese Angabe gibt Aufschluß über das »Wie« der Jagd. »Wonach« der Arthur-Vorläufer jagte, geht aus dem Heilkreis der Schamanen hervor, den die vier Söhne von Isis' und Osiris' Sohn Horus bilden – es ist jene Kraft (Horus), die nach Plutarch die Umdrehung der Sonne bewirkt, die Kraft der mystischen Zentralsonne.

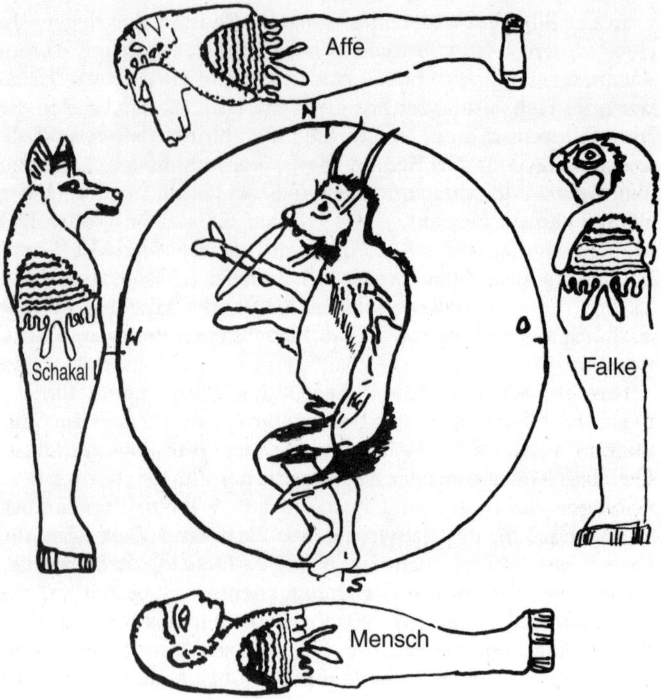

Der Schamane tanzt den Traum wach. Seine Ziegenattribute verweisen auf den Abstieg in die Unterwelt.

Der Fischerkönig

Aus dem Drachen sollen sieben Löwen kommen,
durch Ziegenhäupter verunstaltet.
Die Prophezeiungen des Merlin

Auch Arthurs Stammbaum ist aufschlußreich. Als seine Mutter wird die mit Gorlois verheiratete Ygerna angegeben, zu der sein Vater Utherpendragon in Liebe entbrennt. Im Namen des Gorlois, bei Monmouth Herzog von Cornwall, verbirgt sich die Wortwurzel *gor* wie im Namen der Stadt Gordion im Osten Phrygiens (Kleinasien), deren »Knoten« Alexander »löste«. Daß die allererste Schrift aus Knotenschnüren bestand, wie sie auch bei den Inka üblich war, bestätigt eine Überlieferung zum chinesischen I-Ging. Alexanders »intellektueller Triumph« bestand darin, den »Knoten«, der den Zugang zum Mysterium bildete, (symbolisch) mit seinem Schwert zu durchschlagen, d. h. er eignete sich das mystische Wissen nicht durch Initiationen, sondern durch Eroberung an. Damit triumphierte die physische Macht über mystische Erkenntnis; die Phrygier, um deren religiöses Geheimnis es sich handelte, bezeichnete Lucius Apuleius im »Goldenen Esel« als »die ersten unter den Menschen«.

Das Wort *Gordion* entspricht dem kretischen Wort *karten* für »Kuh«, und auch die Wortwurzel *go* für Ziege, wie in *goat* (engl.), oder in San *goma*, »Heilerin«, klingt hier an, und damit indirekt die lunare Mitte, die dem Kind, dem ziegenköpfigen Dionysos, das Leben schenkte. Auf einer Ziege reitend stellte man in Sizilien den »unsterblichen Arthur« dar. Im Griechischen hat das Wort *geryon* keinen Sinn, aber bei den Basken, deren Sprache Escuara in vorindoeuropäische Zeiten verweist, hieß *garion* »guter Weizen«; die Himmelskönigin war immer auch Gerstengöttin. Auf der roten Insel Erythreia tötet der griechische Herakles den dreiköpfigen Giganten Geryon und stiehlt dessen »rotes Vieh«. Drei gigantische Brüder spielen auch im kretischen Gründungsmythos die bedeutende Rolle und das Haupt eines von seinen Brüdern erschlagenen Riesen soll am Olymp begraben sein.

Das alles deutet darauf hin, daß Gorlois, mit dem Arthurs Mutter »verheiratet« war, ein Symbol für die sagenhafte Riesenkultur ist, in deren Besitz sich das religiöse Geheimnis befand,

d. h. die Mutter Arthurs ist die Göttin, zu der Arthurs Vater in Liebe entbrennt. In diesem 12. Jahrhundert entdeckte man nicht nur die Heilige Jungfrau wieder, durch schriftlich niedergelegte Romanzen institutionalisierte man auch die bis dahin nicht in den Mythen vertretene »romantische Liebe« auf irdischer Ebene. Das Bewußtseinsmuster »Verliebtsein«, jenes uns in Höllenqualen stürzende oder in den »siebten Himmel« katapultierende Gefühl, das wie ein Blitz einzuschlagen vermag, ist im Grunde genommen die Projektion der eigenen unerfüllten Seite, *anima* oder *animus*, auf den gegengeschlechtlichen, durch dieses Gefühl zu »Gott« erhobenen Partner. Es führt in den Bereich jener 10 000 oder mehr Voltladungen hinein, in dem sich kein sterblicher Mensch auf Dauer unbeschadet aufhalten kann, weshalb wir, sofern wir Verliebtsein nicht in Liebe umwandeln können, prompt vom Himmel auf die Erde hinabstürzen. Daß dieses Gefühl der Liebesverzückung mit jenem Organ des Menschen in Zusammenhang steht, das mit dem »dritten Auge« verbunden ist, der Zirbeldrüse, in der Hormone und Enzyme als Ausdruck unserer Gefühle ausgeschüttet werden, belegt, mit welchem »Blitzen im Blut« wir es hier zu tun haben. Daß die Frau des Gorlois und Mutter Arthurs, *Ygerna*, die »Mutter der Götter« versinnbildlicht, wie die »ersten« unter den Menschen, die Phrygier, die Göttin nannten, deutet auch der Name der Todesgöttin *Gorgo*, an, das Schlangenmonster der Griechen. Ihr abschreckendes Symbol diente dazu, das Mysterium vor Unbefugten zu schützen. Der mythische Mann entbrannte also nicht in Liebe zu einer irdischen, sondern zur himmlischen Frau, der Göttin.

Uther, Arthurs Vater, besamt in diesem patriarchalen Mythos Ygerna, aber die Vereinigung gelingt ihm nur mit Hilfe des Magiers Merlin. Als verkörperter Gorlois kann er in ihr Schlafgemach vordringen. Die Parallele zu diversen Beischlafabenteuern griechischer Götter, die der Göttin in angenommener Gestalt beiwohnen, ist nicht zu übersehen – auch der griechische Göttervater Zeus verwandelt sich in einen Bullen, um die »Weiße Kuh« (Europa, Kreta) zu vergewaltigen usw. Es gab auf Kreta vor dem Stierkult einen Ziegenkult, und insofern deutet der Mythos in vorminoische Zeiten bzw. auf die Zeit vor dem Eintritt in das Stier-Zeitalter und vermutlich auf einen älteren Tierkreis als den zwölfteiligen Zodiak zurück: Eine Ziege säugte Zeus, ihr Name war Io (Mond), die Rom begründenden Zwillinge Romulus und Remus wurden von einer Wölfin gesäugt usw. Stets handelt es sich bei derartigen tierischen Ammen um die Göttin in einer ihrer vielen symbolischen Gestalten.

Stilisiertes Fresko-Fragment aus Mykene. Drei kretisch-mykenische »Ta-Urt-Dämonen«, dargestellt als Ziegen. Ta Urt war ein Name der Todesgöttin, Ta duat die Unterwelt (ägypt.).

Der spätere Name von Arthurs Vater, Utherpendragon, eigentlich *Ythr ben drgwn,* bedeutet »Drachenhaupt« und *Ythr = Ut.* Denken wir an den ägyptischen Namen der Sphinx *arq ur* – »groß« oder »Haupt«, auch »Silber«, »Mond« bzw. die lunare Mitte, und *arq* »vollenden«, »beenden« –, so können wir den Großen Zyklus, den Zodiak, erkennen, den man auch als Gürtel der Göttin symbolisierte.[71] Eine der zwölf Arbeiten des Herkules besteht darin, sich diesen Gürtel anzueignen! Der Titel Drachenhaupt bedeutet wohl dasselbe wie der Titel Großschlange (Hyperboreer) und ist ein Symbol für Transzendenz, weil sich der Heros nur transzendent mit der Göttin vermählen konnte. Monmouth erwähnt auch zwei goldene Drachen, die Uther »errichtet«, bevor er »König« wird, ein roter und ein weißer Drache sind genannt; Hügel (Isis) und Tal (Osiris) bzw. die weiße Lilie und die rote Rose, Lichtgeist und Schattengeist und deren Vermischung sind deutlich erkennbar. Die heilige Hochzeit, die auch Uther mit der Göttin vollzog, wodurch er zu Utherpendragon wurde, wie der hebräische Abram zu Abra.(c)ham usw., war die unerläßliche Voraussetzung für die Wiedergeburt aus dem Geist. Diese »zweite Geburt« symbolisiert die Geburt von Arthus(r)! Auch werden, wie Geoffrey Ashe beklagt, in walisischen Legenden vor-arthurische Charaktere stets von verwirrenden Trinitäten begleitet. Verwirrend sind sie nur deshalb, weil diese Trinität irrtümlicherweise dem Christentum als Errungenschaft zugeschrieben wird.

Es kann vermutet werden, daß es sich bei Uther oder Ythr ursprünglich um die gleiche symbolische Figur wie bei seinem »Sohn« Arthur handelt, um einen *Chris.tus*-Vorläufer wie Orpheus oder Dionysos. In einer matrilinearen Ordnung der Geschlechter war Arthur vaterlos, weshalb die patriarchalen Mythographen eines Vaters bedurften. Obwohl es Hinweise auf einen historischen und nicht sehr bedeutenden König Arthur gibt, wie es Hinweise auf einen historischen König Odysseus auf Ithaka gibt, ist Artus(r) mit Sicherheit um vieles älter als dieser. Das trifft auch auf den Gral, die Tafelrunde, und die Insel Avalon zu, die zu »erobern« Diana *(D.anu)*, die Göttin, Brutus auffordert, um ein Reich zu errichten, das noch »jenseits der gallischen Länder« und noch »hinter dem Nordwind« liegt, wie Monmouth überliefert. Damit ist das Sternbild *Corona Borealis* gemeint, die Schlangenkrone, die im Energiekleid des Menschen das siebte Kronenchakra bedeutet, von dem aus Erleuchtete strahlen. In diese Corona Borealis, die zur Zeit des mittsommerlichen Heroen-Opfers noch hinter dem Nordwind (Borea) aufsteigt, versetzte nach griechischem Mythos die Göttin ihren Heros. Als jenseits des Nordwinds liegend gab man auch das Reich der Hyperboreer, der Großschlangen oder Drachenhäupter an. Daß man die Corona Borealis, auch die »nördliche Krone«, die in der nördlichen Hemisphäre im Sommer östlich des Arkturus aufsteigt, im Altertum die Kretische Krone nannte, weil sie in alter Zeit einer kretischen Göttin, der Gemahlin des Dionysos geweiht war, verweist wiederum auf einen Ursprung der Symbolik im ägäischen Raum. Es geht um ein Reich, das nicht von dieser Welt ist und nicht in dieser Welt zu erobern ist, sondern um das Reich, den Tempel, der im Inneren errichtet werden muß, um den »Christus in Dir«, die Errichtung des *Neuen Jerusalem.* Daß es sich bei dem mysteriösen Schloß Tingeltangel, selbst wenn ein historisches Gebäude als Vorlage für die Dichtung gedient haben soll, um das spiralartige Kristallschloß der Mythen, kosmischerseits um die Kretische Krone, handelt, wo der verborgene Gott, Janus, Apoll, Jahwe etc. »versteckt« ist, ist deutlich. Auch Monmouth erwähnt Janus im Zusammenhang mit König Lear, dem William Shakespeare ein so eindrucksvolles literarisches Denkmal setzte. Cordelia, eine von drei Schwestern, ist keine andere als die »Göttin der Türangeln«, Cardea, die Weiße Göttin in ihrer Trinität – die »Mühle«. Sie bestattet ihren Vater in einer Untergrundkammer unter einem Fluß, die dem zweigesichtigen Janus geweiht war, also in der Unter- oder Jenseitswelt.

Es fällt auf, daß Arthur nicht wie sein Vater Uther einen Bruder, Aurelius Ambrosius, sondern eine Schwester, Anna, hat, die an einer Stelle nicht als seine Schwester, sondern als Schwester von Aurelius Ambrosius genannt wird. Das ist eine Verwirrung, die verständlich wird, wenn man Aurelius Ambrosius' Bruder Uther mit Arthur gleichsetzt, dessen andere Seite diese Anna ist, seine *anima*; *an* wie in *D.anu* bedeutete in Sumer »Himmel«. Aus all dem ergibt sich der Schluß, daß Arthur oder Uther oder *Ythr*, wie ursprünglich Jahwe, die »weibliche« Seite der Gottheit bzw. die Göttin symbolisierte, *Au(r)el.ius* Ambrosius die männliche. Auch daß Monmouth die »dunkle Mordred« einmal als Schwester seines Onkels, Aurelius Ambrosius, und einmal als Schwester Arthurs angibt, ist wohl kein »Irrtum«, wie es interpretiert wird, sondern ein Resultat der Verwirrung, die durch den Verlust der Kenntnis der alten matrilinearen Bedeutungen geradezu entstehen mußte. Mordred wird als Heilerin und Hexe beschrieben, Hexe, *witch* (engl.) kommt von *wicche*, »wissen«, und so symbolisiert Mordred die alte Weise, die Göttin in ihrem Todesaspekt. Konsequenterweise entspricht die dunkle Schwester Arthurs der nordischen *Mordgug*, der Göttin und Hüterin des Eingangs zur Unterwelt, aus der traditionellerweise die Materie strömt bzw. der Heros wiedergeboren wird. Gemeinsam mit *Heimdall*, dem Bewacher der Götter, der die helle Seite der Göttin übernommen hatte, regiert *Mordgug* exoterisch das runische *Hagal*-Muster, das jedoch spirituell von *Urd*, der ältesten Norne dirigiert wird!

Mordred stiehlt Arthur die Scheide, in die er sein Schwert nun nicht mehr stecken kann, d. h. die Königin der Nacht entzieht sich nach der Umkehrung dem rein männlich gewordenen Gott oder Helden, wie sich die hebräische Lilith, Adams »erste Frau«, Adam entzieht. Von nun an muß das Schwert, das in keine Scheide, in kein Gefäß mehr gesteckt werden kann, in einem Stein verschwinden. Und dieser Stein ist »ooch, genannt der Gral«, schrieb Wolfram von Eschenbach. Das einstige Symbol des urweiblichen Weltgefäßes wird zum ursprünglich aus ihm hervorgegangenen männlichen Symbol, dem phallusartigen Stein, zur künstlichen Scheide, in der das Schwert nun so lange ruht, bis es einem prophezeiten Helden gelingt, es aus dem Stein zu ziehen, der nur dadurch »König« werden kann.

Auch Apoll, den »Kuhhirten« von Delphi, nannte man den »Stein«, wie Osiris, der »dunkle Gott«, durch einen phallusartigen Stein dargestellt wurde. Das Sinnbild des Steines für den Erlöser erhielt sich auch in der christlichen Folklore: So erwähnt ein rumänisches Weihnachtslied Christus als den »aus dem Stein Geborene(n)«. Der leuchtende Gral war vom leuchtenden Stein verdrängt worden, den Wolfram von Eschenbach *lapis exilis* nannte. *Exilis* bezieht sich nach Franz Rolf Schröder auf das wechselnde Gesicht des heiligen Steines, was dahingehend interpretiert wurde, daß nur eine wahrhaft »kuische Jungfrau« (keusche Jungfrau) ihn tragen kann. Die Jungfrau steht hinter dem Stein, das schon, doch symbolisiert sie keine irdische Jungfrau, sondern die Göttin, und das wechselnde Gesicht des Steines bezieht sich vermutlich auf *Bluestones*, die im Zentrum alter Steinkreise standen und ihren Namen eben dieser Eigenschaft verdanken. Der Magier Merlin stattete sie bei Monmouth mit der heilenden Tugend des Blutes aus.

Man ist versucht, an dieser Stelle zu fragen, ob in all diesen verborgenen Bedeutungen, die Frauen noch lange Zeit gekannt haben müssen, das nur als irrational zu bezeichnende Moment für die Ablehnung alles Weiblichen verborgen liegt, auf die man bis heute im dogmatischen Christentum stößt. In der »Pistis« klagt Maria Magdalena, »ich habe Angst vor ihm (zu sprechen), weil er das weibliche Geschlecht haßt«. Der Frauenfeind ist kein anderer als der Apostel Petrus, und Maria Magdalena nahm nach dem Zeugnis der in ihrem Versteck der Zerstörung entgangenen essenischen Schriftrollen eine weitaus wichtigere Stellung ein als eine »Sünderin« und »Hure«. »Sprach der Christus wirklich allein zu Dir (Maria) und nicht offen zu uns? Müssen wir auf Dich hören? Achtete er Dich höher als uns?«, klagt Petrus. Diese Klage klingt nach Eifersucht wegen eines direkten, inneren Zwiegesprächs mit Gott, im Gegensatz zu einer äußerlich verkündeten Botschaft. Daß fanatische Urchristen selbst nicht vor Mord zurückschreckten, ist heute bekannt. Nur wenige Jahre nach der Zerstörung der Bibliothek von Alexandria wurde die neoplatonische Philosophin und Mathematikerin Hypatia, eine Griechin, auf dem Weg zu einer Vorlesung im Museion Alexandrias von koptischen Mönchen buchstäblich zu Tode gehackt. Die Wahrheit, die als Gotteslästerung galt, war für die noch junge Kirche existenzbedrohend und wurde zum absoluten Tabu – an die 2000 Jahre lang. Aber »frauliches Denken« war, wie aus dem in Nag Hammadi gefundenen Text der »Dreifaltigen Proteinuoia« hervorgeht, von Ur-Gnostikern, für die das Wesen Gottes noch weiblich und männlich war, und Christus aus einer Jungfrau, dem Heiligen Geist, geboren war (Philippus-Evangelium), als Bestandteil des göttlichen Denkens, das sich in jedem Geschöpf bewegt, sogar hervorgehoben worden. In frühen gnostischen Dokumenten findet sich keinerlei Hinweis auf die spätere *anima*-Feindlichkeit der Kirche, ja Frauen waren die ersten Priester (Schamanen) gewesen und spielten im Gnostizismus noch eine tragende Rolle. Erst die hierarchische und mosaische Kirche und der Islam schlossen Frauen von Anbeginn an vom Priesteramt aus.

Absicht des Christus war es nach Meinung des syrischen Verfassers des Philippus-Evangeliums, Adam und Eva wieder miteinander zu vereinen, und diese Vereinigung galt als Sakrament, als heilige Handlung. Konsequenterweise empfand man die körperliche Vereinigung zwischen Mann und Frau nicht wie später als geistfeindlich, sondern vielmehr als heilsnotwendig, weil der Mensch nicht in erster Linie körperlich, sondern geistig orientiert sei. Das bedeutet, daß die Hochzeit zwischen Selbst und Ich, zwischen *anima* und *animus*, in diesem Leben verwirklicht, im Inneren vollzogen werden soll und keinesfalls einer kirchlichen Hierarchie überlassen werden darf. All diese »christlichen Gedanken« wurden, als um das Jahr 200 Schriften für das Neue Testament ausgewählt wurden, für ketzerisch erklärt. Danach war es nach dem Willen der Anti-Ketzerschrift »Adversus Valentinianos Tertullians«, die sich dadurch konsequenterweise gegen das Wirken Jesus von Nazareths stellte, der Frau nicht erlaubt, in der Kirche zu sprechen, noch war es ihr erlaubt zu lehren, zu taufen, zu opfern, oder Anspruch auf irgendeine Funktion zu erheben, – vom priesterlichen Amt ganz zu schweigen. Seither ist so gut wie jedes frauliche Bild aus der orthodox-christlichen Tradition verschwunden.

Von Riesen und Zwergen und vom Diebstahl eines Schweines

Der dritte war Trystan, Sohn von Tallwch, der die Schweine von March, Sohn des Meirchion, hütete, während der Schweinehirt eine Botschaft an Essyllt überbrachte, in der Trystan um ein Treffen bat. Nun unternahmen es Arthur und Marchell und Cai und Bedwyr ihn zu überfallen, aber es gelang ihnen nicht, auch nur ein Mastferkel in ihren Besitz zu bringen, entweder als Geschenk oder als Kauf, weder durch Betrug, Gewalt oder Diebstahl.[72]

Diese »seltsamste aller Geschichten« rund um Arthur, die von der Arthusforschung wegen ihrer scheinbar primitiven Aussage zumeist als irrelevant abgetan wurde, ist so seltsam nicht – nur derart verschlüsselt, daß sie den Zugang zum mystischen Kern des Mythos viele Jahrhunderte lang erfolgreich verwehrte. Gerade in dieser äußerlich so profanen Legende verbirgt sich der nötige Hinweis, um den »gefangenen Gott« freizusetzen.

Schweinehirten wie in der Odyssee der blinde Eumaos, den Odysseus nach seiner Rückkehr (aus der Unterwelt) nach Ithaka sofort aufsucht, sind im Mythos ein Symbol für Seher, also Schamanen-PriesterInnen. Kuhhirten wie Apoll dienten der Weißen Göttin, Schweinehirten ihrem dunklen Aspekt. Aufschlußreich sind auch Legenden aus Sizilien und Wales, auf die R. S. Loomos hinwies, denen zufolge Arthur als übernatürliches Wesen fortlebte. Nicht nur der sizilianische Arthur ritt auf einer Ziege, nach einer walisischen Legende auch ein »Pygmäenkönig«, der dem Konzept des unsterblichen Arthur ähnelt.[73] Der Held eignete sich nicht ein Schwein, sondern die Ziege des Königs an. Im Mittelalter war die Ziege ein Symbol der Unzucht, was sich auf den Dionysos-Kult und die orgiastischen Riten der Demeter bezieht. Die ältesten Mythen rund um Arthur berichten von Zwergen und Riesen, letztere bezeichnet die irische Überlieferung als *Fomhoire*, von Ranke-Graves als »Geißenköpfe« übersetzt, – denken wir an die ziegenköpfigen *Ta-Urt*-Dämonen aus Mykene.

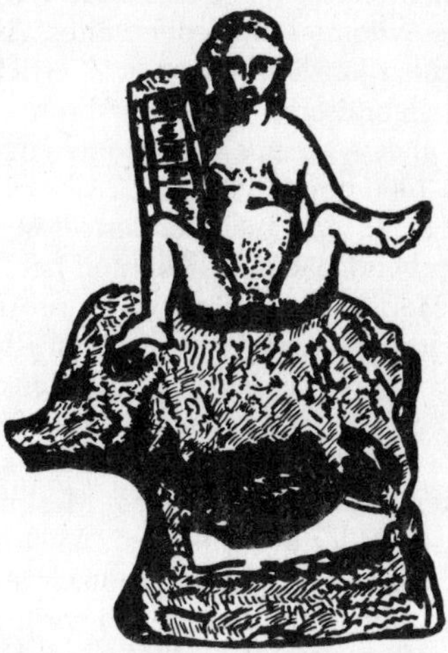

Isis auf einem Schwein, sie trägt die mystische Leiter. Die Exponierung des Genitalien symbolisiert Geburt bzw. Fruchtbarkeit. Um welche Fruchtbarkeit es sich handelt, deutet die Leiter an, ein wichtiges Symbol bei San-Felszeichnungen als Sinnbild für Trance.

In einem Beitrag zu dem 1984 im Stift Zwettl (Österreich) stattgefundenen Kongreß »Keltisches Bewußtsein«, verwies die Südafrikanerin Brenda Sullivan auf Legenden ostafrikanischer Stämme, die von »Einfüßlern« berichten, die vor langer Zeit von Äthiopien in den Süden Afrikas gewandert waren.[74] Diese Einbeinigkeit ist auch ein Schlüssel zur Entzifferung der Symbolik des Schweinediebstahls eines sagenhaft fernen Arthur, wie wir im folgenden erkennen werden.

Nicht nur Arthur ist als Möchtegern-Schweinedieb überliefert, in einer anderen Legende stiehlt der erfolgreichere Gwydion ebenfalls ein Schwein. Gwydion ist wohl der Begleiter Arthurs, Gwyn, Sohn von Nodens, dem wir schon begegneten, sein »Zwilling«. Gwydion, der als Sohn des Don, der vermännlichten »Mutter« der *Tuata-de-Danaan* und Vorfahren der Kelten *(D.anu)* angegeben ist, stiehlt Pryderi, dem »Herrscher der Afrikaner«, das »heilige Schwein«. Erinnern wir uns – Danäer kamen Mitte des zweiten Jahrtausends v. u. Z. vor den Kelten über Irland nach Britannien. Stonehenge und andere Großstein- oder Erdwallbauten wie Avebury sind jedoch älter. Avebury wurde gegen Ende des dritten Jahrtausends v. u. Z. errichtet, um diese Zeit wanderte ein hebräischer Stamm (Abram) von Chaldäa nach Hebron, die älteste Anlage von Stonehenge datiert man heute auf zwischen 3000 und 2000 v. u. Z.

Auf »Afrikaner« stößt man auch bei den ältesten irischen Legenden als erste Eroberer nach der Flut, und bei Monmouth erzählt der Magier Merlin, der bei der Geburt Arthurs eine so wichtige Rolle spielt, dem König Aurelius von Riesen, die einst vor vielen Jahren, »von den entferntesten Enden Afrikas« kommend, die Inseln bewohnten, wo sie mitgebrachte Bluestones, die heilende Kräfte besaßen, am Berg Kilareus in Irland in einem Kreis aufstellten.[75] Über die Herkunft Merlins gibt ein Rätsel aus dem »Hanes Taliesin« Aufschluß. In ihm beantwortet Klein Gwion die Frage König Maelgwyns nach seiner Herkunft: »Erster Oberbarde bin ich bei Elphin, und mein Herkunftsland ist die Region der Sommersterne. Idno und Neinin nannten mich Merddin, einst werden alle Könige mich Taliesin nennen.«[76] Der berühmte Sänger Taliesin, nur noch »Klein Gwion«, führt also seine Herkunft auf den großen Merlin zurück, sichtlich auf einen Titel der in die Hohe Magie Eingeweihten, die ihren Ursprung in der Region der Sommersterne hatten, im südlichen Mittelmeerraum oder in Nordafrika. Merlin schafft dem Mythos nach Bluestones mit der »Tugend des Blutes« nach Britannien, die aus Irland vom heiligen Berg Kilareus stammen, wo sie von Riesen, kommend aus dem entferntesten Ende Afrikas errichtet worden waren. Ihre Tugend schließt sich aus der heilenden Kraft der Steine. Bluestones erwähnt auch der sumerische Mythos, allerdings nicht als heilende, sondern als aus dem

»Untergeschoß der Erde« stammende »Steine, die Unheil bringen«. Des Rätsels Lösung scheint bei den Wanderungen der »Einfüßler« von Äthiopien in das südliche Afrika zu liegen, denn auch in Südafrika, für Sitchin das »Untergeschoß der Erde« im sumerischen Mythos, gibt es Bluestones; im Westtransvaal kann man auf einer Farm noch einen Steinkreis mit einem polierten Riesenstein im Zentrum sehen; auf den Zweck des Polierens derartiger Steine kommen wir noch zurück. Spuren alter Steinkreise finden sich vom südlichen Afrika bis in die Kalahari und nach Credo Mutwa über die großen Seen bis nach Nordafrika, wo man ihnen etwa in Marokko begegnet.

Der irische Mythos besagt, daß die »Geißenköpfe«, die riesenhaften *Fomhoire*, immer *ein* Schwein bei sich trugen. Sie waren also keine Schweinehirten, worauf die Betonung des »einen« Schweines verweist. Die afrikanische Überlieferung kennt die irischen *Fomhoire* als *BaFumi*. Sie kamen aus der untergehenden Sonne, dem Westen, und hielten einst, lange vor einer Eroberung durch »Phöniker«, von der der Bantu-Mythos gleichfalls berichtet, das ganze südliche Afrika besetzt. Der Beschreibung nach wiesen sie auffallend keltische Bräuche auf, die teils noch heute in Ritualen praktiziert werden. Sie nannten sich »Kinder der Sonne« und trugen stets ihre heiligen Blasebälge mit sich, die sie »Verschlinger« oder »Schwein« nannten, weil sie glaubten, daß die Sonne einen mächtigen Feind habe, der sie zu verschlingen drohe. Es gab rote und schwarze *BaFumi*, aber die roten versklavten die schwarzen – sie waren Riesen. Als sie im heutigen Swaziland oder Tongaland verschwanden oder ausstarben, übernahmen die Könige der einwandernden Swazi (Bantu) ihren Totennamen *dhalamani*.[77] Vermutlich sind die erst kürzlich entdeckten »rein hebräischen« Bräuche der Lemba (Bantu) in Zimbabwe und Südafrika auf diese »roten Riesen« zurückzuführen, die Lemba selbst leiten ihre Herkunft wie die Äthiopier vom Volk der Königin von Saba und dem hebräischen König Salomon her![78] Aber hebräische oder besser sabäische Bräuche, die Kenntnisse der hermetischen Mystik Ägyptens und damit der Hohen Magie der Antike widerspiegeln, besitzen auch andere Bantu-Völker im Süden Afrikas. Das zeigt die Arbeit des Psychologen B. F. Laubscher auf, der Xhosa-Brauchtum studierte und als Freimaurer die entsprechende Symbolik erkannte.[79] Daß

Hebräer und Kelten in vielem ein gemeinsames Brauchtum besaßen, ist heute bekannt, und daß der mythische Moses die Esoterik Ägyptens kannte, geht aus den Fünf Büchern Mose hervor. Wie die irischen *Fomhoire* ihren gigantischen Steinkreis auf dem Berg Killareus in Irland errichteten, erbauten auch die sagenhaften Riesen einer »zweiten Rasse« ihre Heiligtümer auf den Bergen Afrikas, Asiens, Europas und im Mittelmeer, also in der Region der Sommersterne, die Merlin als seinen Herkunftsort angibt! Auch an der südlichsten Spitze des amerikanischen Kontinents, in Patagonien, stößt man auf Spuren riesenhafter Menschen.

Die *Ad*, wie sie der Koran nennt, errichteten gigantische Schmelzanlagen, sie waren also Schmiede wie die afrikanischen *BaFumi* und die irischen *Fomhoire*, die auf Überlebende der großen Flut hinweisen. Sowohl bei den *BaFumi* Afrikas als auch bei den irischen *Fomhoire* klingt die Wurzel *fer* an, die immer mit Eisen in Verbindung steht, woraus *fro* wurde (*frogg*, »Frosch« und *froh*) und sich das englische Wort *fire* (Feuer) entwickelte, auch *furnace*, »Schmelze«, usw.; *Fro* war ein Name des All-Vaters im nördlichen Europa. Man verglich die Religion dieser sagenhaften Riesen, Schmiede und Magier mit dem Sabäismus, der wiederum mit der ägäischen Kultur in Verbindung stand und auch die Hebräer stark beeinflußte. Wenn man die Existenz dieser sagenhaften Riesenkultur akzeptiert, an die »gar nichts mehr erinnert« außer ihre »Zeichen«, die sie auf die Berge setzten, dann fällt so manches fehlende Puzzle unserer prähistorischen Geschichte ins richtige Bild.

Nicht nur die afrikanischen und irischen Riesen waren Schmiede, auch die Zyklopen im griechischen Mythos. Ihre Vorfahren sind als die »ersten Kinder der Erde« angegeben und zumeist als drei Brüder überliefert. Ihr heiliger Blasebalg symbolisierte das »heilige Schwein«, das Gwion erfolgreich stahl und Arthur erfolglos zu stehlen versuchte. Schmiede sind im Mythos die größten »Zauberer«, worauf auch der Titel der eroberten Ägypter »Großschlangen« für Eingeweihte oder *Hephaistos* (gr.), ein Schmiedegott, verweist. Bei den Dogon Westafrikas hat eine derartige Großschlange den Zyklus von zwei *sugoi* erreicht, das sind zweimal 50, also 100 Jahre, und wir erkennen das Hekat bzw. das *Ut* – 100 lunare Monde entsprechen etwa acht Sonnenjahren. *Sugar* ist bei den Basken, deren mythischer Vorfahre der Riese *Thu.bal* war, der Name der die mondbekrönte *Mari*, »Geist«, begleitende Großschlange, die eine Bleibe hat, »die die Erde umschließt«.[80] *Sugar* erinnert an *As-Ar* oder *Us-Ar*, an Osiris, den »Gott des Todes« in Ägypten, dessen ältestes Symbol das Auge *(Ut) und* das Isis-Zeichen, der »Thron« oder »Sitz«, war, d. h. Lichtgeist (Hügel) und Schattengeist (Tal) sind zwar schon voneinander getrennt, können jedoch ihren Widerspruch noch im Weltgefäß (Isis) auflösen. Das deutet auf eine Zeit vor Umkehrung und Richtigstellung der Namen zurück. Bei den afrikanischen *BaFumi* hingegen gilt der »Verschlinger«, der Mond, bereits als Feind der Sonne!

Als Totemtier der *BaFumi* ist der Eber angegeben. Ein Wildschwein ist das Totemtier des Stammes von Afrikas vielleicht letzter Regenkönigin, Modjadji V., der »Königin des Tages« im nordöstlichen Transvaal (Südafrika), deren Reich sich am Kreuzungspunkt des alten ägyptischen Hauptmeridians und des südlichen Wendekreises (Steinbock) befindet. »Sie, der gehorcht werden muß«, gilt noch heute als große Magierin.[81] Das Wildschwein war auch das Totemtier der heute in alle Winde verstreuten Gananwa vom Blauberg oder der Matala vom Magkabeng (Südafrika), die nach Angabe Mutwas rein keltische Bräuche besaßen. Die herausragende Stellung des Wildschweins bei keltischen Druiden ist aus der »Asterix-Welt« hinlänglich bekannt, und nicht zuletzt ist der Eber auch als Totemtier von König Arthur überliefert. Das alles bedeutet, daß sich Arthur oder einer seiner Vorläufer das Totemtier der sagenhaften Riesenkultur eines anderen Weltzeitalters durch Diebstahl, also Eroberung aneignen wollte, das in seinem geheimen Namen das sakrale Geheimnis des Kalender-Alphabets, den magischen Namen *der Kraft Gottes,* enthielt.

Die noch heute im Koma-Ritual initiierten »Schmiedegötter« Afrikas, ein Privileg der Könige, sollen sich unsichtbar machen können und zu solch übernatürlichen Taten fähig sein, wie sie Dr. Johanna Wagner, die eine Eingeweihte geworden war, von jenen berichtet, »die so aussehen wie jemand, aber möglicherweise etwas ganz anderes sind«. Koma bezieht sich wie erwähnt auf die Große Kuh, also auf die Matrix der Mutter als lunare Mitte, auf den Geist der Sonne bzw. die mystische Zentralsonne.

Und damit dringen wir zum Kern des Mysteriums des heiligen Schweines vor. Es ist das Mysterium der Zahl 13 und der mit diesem Symbol verbundenen dimensionalen Lücke, durch die sich Großschlangen wie Schmiedegötter mit der jenseitigen spirituellen Welt in Verbindung setzen konnten, *aus der* sie ihre Hohe Magie bezogen.

Das Mysterium des dreizehnten Mondes

»Je fünf Eber und fünf Keiler« heißt es im I-Ging, denn jeweils fünfmal im Monat kann man die ab- und die zunehmenden Mondsicheln sehen, die zur hellen Vollmond- bzw. zur runden Schwarzmondscheibe führen.

Europäische Mythen berichten vom Tod des Heros der Großen Muttergöttin durch einen Eber. Derartige Opfertode sind vom syrischen Halbgott Tammuz, von Osiris, auch von einem Namen des kretischen Zeus (!), von Ankaos von Arkadien, Karamor von Lydien und vom irischen Helden Diarmuid überliefert. Totemtiere wie Eber oder Wildschwein waren stets tabu, »heilig«, aber auch »verboten«, d. h. sie durften nicht verzehrt werden. In Ägypten wurde dieses Tabu an einem Tag im Jahr aufgehoben, am Neujahrstag, an dem man das Fest des Eberkopfes beging. Auf europäischen Speisezetteln erinnert noch der weihnachtliche Schweinskopf daran, auch das Schwein mit dem Kleeblatt, einem Symbol der Mondtrinität, das wir immer noch zu Neujahr als Glückssymbol verschenken. Nach Jesaja kannten auch die Kanaaniter von Jerusalem diesen Brauch, und in Wales und Schottland war er noch bis in die jüngste Zeit bekannt.

»Einfüßler«, berichten die Mythen, zogen von Äthiopien in das südliche Afrika und offensichtlich nicht nur dorthin. Diese Einfüßigkeit der Riesen steht wie das überlieferte Hinken, wie es auch vom »Irrfahrer« Odysseus berichtet ist, mit den Schmiedemysterien in Verbindung. Auch Chrétien de Troyes erwähnt die Einbeinigkeit im »Perceval« bei dem Fährmann, der zum Schloß des Fischerkönigs übersetzt. Der Schamanen-Priester oder Schmied überquert die Schwelle, die das Leben, die hiesige Welt, von der Unterwelt, der Welt der Toten oder Ahnen, trennt. König Arthur trägt ebenfalls dieses Kennzeichen des »verletzten

Heilers«, er leidet an einer unheilbaren Hüftwunde wie Odysseus eine Hüftwunde besaß und wie Jesus einen Lanzenstich in die Seite erhielt. Diese Hüftwunde sah man als ein Anzeichen für Unfruchtbarkeit, also Keuschheit (Entmannung) an, doch ist ersteres eine Interpretation der Körperfeindlichkeit der katholischen Kirche, und letzteres stammt aus einer Zeit, als Symbolisches bereits wortwörtlich genommen wurde. Der Mythenforscher Joseph Campbell entmystifiziert diese Wunden als symbolische Durchbohrung des dritten Chakras, dem Sitz der Egokraft, weil die dort noch wohnende Aggression nicht nach außen gerichtet werden darf, um die Welt zu missionieren, sondern nach innen, auf sich selbst gerichtet werden soll. Dadurch kann sie transformiert und geläutert in »höhere Gefühle« umgewandelt werden. Darauf bezieht sich wohl der von Jesus überlieferte Ausspruch, Handlungen sollten dazu dienen, »nicht, um dem Bruder den Splitter aus dem Auge zu ziehen, sondern um sich selbst den Balken aus dem eigenen zu entfernen« (Matthäus 7,3-5). Nach Thompson ist die unheilbare, weil immer wieder blutende, aber nicht tötende Wunde der »verletzten Heiler« der Mythen ein Sinnbild für die Vulva der Großen Mutter. Sie symbolisiert die Matrix, die lunare Mitte oder den Mutterschoß, in den der Heros zurückkehren muß, um transzendent zu werden und erleuchtet wiedergeboren zu werden, auferstehen zu können – danach ist er zu »Wundertaten« fähig.

Der Psychologe Stephen Larsen ortet am Anfang der europäischen Kultur den verkrüppelten Heros unserer Mythen, der die Egokraft über die Psyche stellte, wodurch wir seither nur noch einseitig sind, eben verkrüppelt. Die symbolische Verstümmelung, die den Heros ursprünglich gegenteilig »weiblich« machte, schöpferisch, Leben gebend in einem metaphorischen Sinn, wie es im ursprünglichen Wesen der Männer-Rituale lag, scheint bereits bei bronzezeitlichen Schmiederitualen mißverstanden und als körperliche Verstümmelung praktiziert worden zu sein – kein Aborigine entmannt sich, um »weiblich« zu werden! Den kosmischen Zusammenhang stellen die Dogon bei den männlichen Beschneidungsritualen her, wenn sie von der verstümmelten Herrschaft des Sirius über die Weiblichkeit Yasigins berichten; Sirius nimmt hier die Stelle der Sonne im Sonnenkalender ein. Weil sie ihre heilige Sigui-Stammeszeremonie, die Zeremonie der »Großschlange(n)«, die man Sigui-Feiern nennt, in Zwillingspaaren begehen, um nicht vom System der Dopplung abzuweichen, die das Kennzeichen des auf 64 Hexagramme erweiterten I-Ging ist, verweist diese Praktik auf das Zeitalter der Schmiede, Magoi und/oder Halbgötter der Mythen. Die spätere Verstümmelung der weiblichen Klitoris, wie sie noch heute in Afrika üblich ist, besitzt nur noch den irdischen Bezug, die Frau zu »entmännlichen«. Vice versa geriet die männliche Beschneidung zur »Entweiblichung« des zukünftigen, auf das Töten dressierten Kriegers. Zu Herodots Zeiten waren Ägypter und die Kolcher am Schwarzen Meer die einzigen bekannten Völker, die Beschneidungen praktizierten.

Wie alt die Symbolik des Schweines als Sinnbild für die Unterwelt ist, aus der der Hohe Magier seine Kraft bezog, zeigen Sprache und Kunst auf. Das Wort *phorkus* (gr. »Schwein«) und *orcus*, die Unterwelt, sind verwandt; *parkai*, eine Variation von *porcus*, war ein Titel der »Drei Schicksalsgöttinnen«; *orc* heißt im Irischen Schwein, und der *Orcades* oder *Orkneys* ist der Wohnsitz der Todesgöttin, die bei den Kelten manchmal durch ein schwarzes Schwein symbolisiert wurde, während ein weißes Hirschkalb den Lichtgeist versinnbildlichte, der wie Dionysos, oder wie immer der Heros hieß, aus der Unterwelt, dem Schattengeist, der runden Dunkelmondscheibe als »Versteckter« und als sich im Vollmond spiegelnde Sonne wiedergeboren wird. Ranke-Graves beschreibt in »Die weiße Göttin« eine paläolithische Felszeichnung bei Cogul (Nordost-Spanien) aus der Aurignac-Periode. Sie zeigt einen »jungen Dionysos« mit riesigen Genitalien, dem neun Frauen, die ihn in Form eines Halbkreises im Uhrzeigersinn umtanzen, die Gesichter zuwenden. Die bekleideten Frauen tragen kleine konische Hüte wie Jahrtausende später Zauberer oder Magier. Die Gesichter der Frauen werden von einem jungen Mädchen bis zu einer Alten immer älter, und die Älteste, die das Gesicht eines Neumondes hat, tanzt *entgegen* dem Uhrzeigersinn (siderischer Mondlauf)! Dazwischen sind drei »kräftige Frauen mit goldenem Haar« zu sehen, eine davon in einem kurzen, aufwendigen »Festkleid«. Sie symbolisieren die Triade des jungen, alten und vollen Mondes, das alte Weib ist das älteste Mitglied der Altmond-Trias. Vor dem ältesten Mitglied der Neumond-Trias befindet sich ein schwarzes Schwein, und im Vordergrund, hinter dem Rücken der Vollmond-Trias, springt ein Hirschkalb ohne Geweih davon, auf dem eine kleine Figur balanciert, von Ranke-Graves als die entweichende Seele des Dionysos, einer mächtigen Gottheit in Palästina, identifiziert.

Ähnliche Symbolik verbirgt sich im von Chrétien de Troyes in »Erec und Enide« vom Hof König Arthurs überlieferten »Kuß des weißen Hirschen«. Dieser ist ein Braut- und zugleich ein Todeskuß, denn es ist das Privileg des sich opfernden Königs, des Initiierten, von *animus*, die Braut, die Göttin, *anima* zu küssen, d. h. kraft der Liebe, die bekanntlich Berge zu versetzen vermag, mit ihrer Weisheit zu verschmelzen. Hier enträtseln sich die diversen Erweckungsküsse unserer Märchen, auch wird ersichtlich, daß sich daraus, weil Symbolisches wörtlich genommen und mißverstanden wurde, die Tradition des erzwungenen Privilegs der ersten Nacht der Braut im Bett des Herrschers herleitet. Auch der Judaskuß, der Kuß des »Zwillings« oder Geistkörpers, der Jesus in den »Tod« führte, sollte wohl in diesem Licht gesehen werden.

Der »Feind der Sonne« ist der dreizehnte (siderische) Mond, der die Sonne »verschlingt«, weil der volle Mond seinen Höchststand auf der Himmelsleiter einnimmt, die Sonne ihren niedrigsten, und wir erkennen die Symbolik der solaren Jakobs- oder Himmelsleiter. Versinnbildlicht durch das profane Schwein bzw. den heiligen Blasebalg der Schmiede oder Magoi, ist der dreizehnte Mond ein Sinnbild für die Kraft des »Versteckten«, wie man auch Thot in Ägypten nannte. In ihm verkörpert sich der »Christusgeist«, eine über sieben Dimensionen oder Chakren hinausschwingende achte Obertonkraft, die alleine mit Gott, der reinen und antimateriellen Kraft des Großen Geistes, in Verbindung treten kann. Daß eine derart hochschwingende Kraft nicht körperlich erfahren, sondern nur außerkörperlich reisend empfunden werden kann, leuchtet ein.

Ob es sich um die zwölf Ritter von König Arthurs Tafelrunde handelt, um die zwölf Ratgeber des Phäakenkönigs Alkinoos (Odyssee), um Odysseus' zwölf Gefährten oder die zwölf Gefährten des nordischen Helden Thorkill, mit denen er in das Totenland *Ut.gard* reist, um die zwölf Genossen des keltischen Eichenkönigs, die zwölf Stämme der Hebräer (plus Ismaël) oder um die zwölf Frauen der Könige der *BaFumi* (Bantu), aber auch um die zwölf Raben in unseren Märchen und nicht zuletzt um die zwölf Apostel beim Letzten Abendmahl von Jesus Christus, immer sind es die zwölf Monde des synodischen (Sonnen-)Kalenders, die Tierkreiszeichen bzw. die Gesamtheit der Kräfte des »Erdkreises«, die in den Obertonreihen der zwölf Quinten Pythagoras' anschwingen, plus dem darüber hinausschwingenden dreizehnten siderischen Mond. Auf dieses Mysterium bezieht sich auch eine runde Tafel in Winchester Castle (England), die als Abbild von König Arthurs sagenhafter Tafel gilt. In ihrem Zentrum ist die fünfblättrige Rose dargestellt, und rundherum sind die 12 Namen der Ritter angegeben. An der Spitze der Runde thront Arthur als dreizehnter. Durch den »Tod« der in die Unterwelt entweichenden Seele, dank der Kraft der Dreizehn, die den Zugang zur achten avatarischen Kraft, Thot in Ägypten, Krishna in Indien, Christus usw. bildet, symbolisiert durch das profane Schwein, wird der Gott, der »Christus in Dir«, in der Psyche des Menschen, der sich »herausfünft« aus dem Geist, aus dem Tod wiedergeboren. So symbolisiert das Schwein die Kraft, welche die Idee der Gottheit beinhaltet (Basken), die Kraft der »Säule«, die die Weltkugel trägt (Atlas), den »Strahl des Auges« (Ägypten), den »Blitz«, der den Stein zu spalten vermag (Maori) oder die »Kuh« ihre Hülle zurückstreifen läßt (Hindu). Es ist die Kraft der im Symbol der Zahl Dreizehn gebündelten Energie, die über den Klangraum der Zwölf hinaustönt, in den die Zeit in Form einer siebenfachen Oberton-Spirale und »etwas mehr« einfließt, die Kraft der achten Oktave, deren Maß das *Ut* ist. Denn auf der Solartonleiter wie sie im heiligen Tzolkin der Maya überliefert ist, ist der 13. Ton der einzige, der eine deutlich hörbare Oberton-Matrix, d. h. eine *dimensionale Lücke* kreiert. Dadurch ist die Zahl 13 ein Symbol für die wichtigste Lichtdatenwelle, für *das Medium von Verlagerungen zwischen zwei verschiedenen Dimensionen*, das Tor zum Himmel, die Einflugschneise für die Reiserouten der Götter, denen wir in den folgenden Abschnitten begegnen werden. Welcher Mittel sich die Eingeweihten früherer Kulturen bedienten, um dieses gewaltige Werk, das sozusagen den physischen Tod überlistet, durchzuführen, wird anhand des Erbes der Schamanen deutlich werden. Aus diesem Grund opferte man Hekate, der Todesgöttin, Schweine, war der blinde

Seher in Ithaka ein Schweinehirt, und versuchte im walisischen Mythos ein Arthur-Vorläufer das »heilige Schwein« einer älteren Kultur zu stehlen.

Anhand dieser archaischen Symbolik entschlüsselt sich auch ein auf den ersten Blick als unsinnig erscheinender Brauch, der tief in die dunkelste Seite der europäisch-christlichen Seele blicken läßt: In Deutschland zwang man Juden, öffentlich den Anus eines bisweilen, aber nicht immer künstlichen Schweines, zumeist eine auf Marktplätzen errichtete Statue, zu küssen! Diese öffentliche Demütigung spiegelt die folgenschwerste Konsequenz der Mißinterpretation mystischer Überlieferungen durch das dogmatische Christentum wider, und die dadurch ausgelöste Blutspur zieht sich quer durch die Jahrhunderte. Mitte unseres nun ausklingenden Jahrhunderts, nahe dem Ende des ersten fünftausendjährigen Zyklus des *Kali Yuga*, der um 3 200 v. u. Z. begann, erreichte sie ihren wohl kaum noch zu überbietenden Höhepunkt. Die Unkenntnis und der Mißbrauch mystischer Symbolik führte zur Verurteilung einer ganzen Rasse, der »Semiten«, durch eine »arische Herrenrasse«, die diese Symbolik nicht einmal selbst hervorgebracht, sondern von eben diesen Völkern übernommen und verkehrt hatte. Aus der mystischen Angabe des Zwillingskusses, der zum Opfertod von Jesus führte, zogen buchstabenversessene Glaubensfanatiker jahrhundertelang den vollkommen irrealen Rückschluß, das jüdische Volk wäre für die Kreuzigung des von Christen zum Gottessohn erhobenen Juden verantwortlich gewesen. Mit Joseph Campbell kann man im Lichte unseres heutigen Wissens nur bestürzt fragen, was ein derartiger stammesgebundener Buchstabenglaube im Zeitalter der interkulturellen, globalen Strömungen der Welt außer Leid und Schmerz noch zu geben hat. Vordergründig ist es die historisch nicht belegbare Kreuzigung dieses bestimmten Juden, tiefergründig der durch Trennung und Umkehrung künstlich betonte und sich dadurch bis in die Unendlichkeit potenzierende archaische Urkonflikt zwischen den beiden Urkräften. Sofern er nicht durch das Isis- und spätere Christus-Prinzip der Vereinigung und Auflösung der Gegensätze ausbalanciert wird, muß er sich zerstörerisch auswirken. Denn es handelt sich dabei um den einzigen wirklichen Urkonflikt von Feuer (Ego) und Wasser (Seele), der sieglos bleiben muß, weil ein »Endsieg« des einen über das andere nur im Chaos völliger Auflösung enden kann. So gesehen war der Holocaust am jüdischen Volk, aber auch an den bis heute »weiblichen« Zigeunern nur ein Vorspiel dessen, was die Menschheit erwartet, falls sie nicht umdenkt – ein nachdrücklicher, mit Millionen Menschenleben und entsetzlichem Leid bezahlter Hinweis auf die Art von Kräften, mit denen wir es hier archetypisch zu tun haben. Wir tragen sie in unserer eigenen seelischen Tiefe. Nicht anerkannt und deshalb nicht erlösbar, müssen wir sie, um ihre urtümliche Kraft, die uns innerlich zerreißen würde, loszuwerden, nach außen, auf unsere Umwelt projizieren. Jenseits des rational Erfaßbaren und vernünftig Erklärbaren baute sich die Gott im Bewußtsein der Menschen ausschließlich zugeschriebene »männliche« Kraft des Feuers beständig auf. In der Psyche entspricht sie der Kraft Typhons (Ägypten), des »Ich will um jeden Preis«, der archetypischen Kraft, Leben zu nehmen, also Hekates Kraft, die für die das Leben bedrohende zerstörerische Seite der Schöpfungskraft steht. Daß dieses Vorspiel zur Apokalypse das deutsche Volk der Dichter und Denker traf, ist kaum ein Zufall, weil sich in der deutschen Seele die *ratio* als »Gott« am nachhaltigsten verdichtete.

Johann Wolfgang von Goethe warnte durch Mephisto: »Es war die Art zu allen Zeiten durch Drei und Eins und Eins und Drei Irrtum statt Wahrheit zu verbreiten (Faust I).« Die Kraft der feurigen Drei, der Verdichtung des dritten Chakras am Anfang der Entwicklung zum »modernen Menschen«, *homo sapiens*, Sitz der Egokraft, in der auch Bosheit und Aggression bereitliegen, mündet – weil das »vernünftige Denken« nicht mit der Inspiration der »wäßrigen« Zwei (zweites Chakra), dem schöpferischen Denken oder Fühlen, verschmolzen wird, wodurch es zur Läuterung kommt und sich dem »neuen Ego« oder Bewußtsein die Höherentwicklung durch Verdichtung der Herz- oder Liebeskraft (viertes Chakra) eröffnet, *weil gerade das* im Zuge unserer Entwicklung seit dem Widder-Zeitalter zunehmend unmöglich gemacht wurde –, in einer archaischen Sonnenkultbewegung, in der diese ganze Entwicklung erstmals mit aller Kraft kulminiert! Die menschlichen Talente, Technik und Organisation (drittes Chakra), ursprünglich das nötige Hilfs- und Antriebsmittel der Menschen, um die eigene Art, das Leben zu erhalten, werden noch vor dem Höhepunkt eines natur- und menschenfeindlichen technischen Zeitalters, das jegliche Weiblichkeit durch die Jahrhunderte hindurch erfolgreich im Keim erstickte, zu Hilfmitteln einer perfekten, industrialisierten Tötungsmaschinerie, deren Zweck es ist, »unwertes Leben« *zu nehmen.* Die Kraft des männlichen Ur-Prinzips, Rheas oder Hekates Todesprinzip, wird mit aller Macht freigesetzt. Der Erzfeind, dem die Endlösung gilt, ist der Semit, der Vertreter einer älteren, ursprünglich lunarweiblichen Kultur, der sich ironischerweise am Anfang des geschichtlichen Auftretens der Schlächter mit eben diesen verbündete, um gerade diese Weiblichkeit zu verdrängen – oder sollte es in einem größeren kosmisch-zyklischen Zusammenhang gesehen nicht »gerade«, sondern »weil« heißen? Die angestaute Kraft des Todesaspekts bricht im Bestreben der zwangsweisen Opferung einer ganzen Rasse aus. Was dieses Trauma in der Seele der Erde zukünftig anrichten wird, bleibt abzuwarten. Der arische Traum vom Anbruch des »Goldenen Zeitalters«, dem Tausendjährigen Reich, ist die Umkehrung des visionären Versprechens der Errichtung des himmlischen Reiches auf Erden, das *nur* im Inneren errichtet werden kann, so lange bis es sich im Außen widerspiegelt. Veräußerlicht und nicht auf Liebe oder Kraft, sondern auf Gewalt und Macht begründet, muß die Vision in ihr Gegenteil umschlagen – in die Hölle auf Erden.

Die sumerische oder hebräische Lilith oder Lizulu, die »Frau der Ewigkeit«, Hüterin der »sieben Tore der Schöpfung« oder der »sieben Feuer der Gerechtigkeit«, trennt die materielle Welt von den hellen, bronzenen Ebenen und den Kristallwäldern von Tura-ya-Moya, wo die Götter geboren werden. Vor den tausend Augen des Großen Geistes tanzt sie ihren ewigen Tanz (Bantu). Bei den Hindu ist Lila, »das göttliche Spiel«, die kosmische Tänzerin. Sie (Es) ist die Dämonin und »Verschlingerin«, die über den Trümmern jeder Zivilisation tanzt, die es vermeidet, sich mit ihrer anderen schöpferischen Seite auseinanderzusetzen.

Der Name des durch das heilige Schwein symbolisierten dreizehnten Mondes, des »Verschlingers« der Sonne und damit des Lebens, das Symbol für die Kraft der noch hinter der Sonnenkraft stehenden Energie einer »Zentralsonne«, die Kraft des Chaos, die »Idee der Gottheit«, *Al*, später *El*, war seiner absoluten Heiligkeit oder Magie wegen bei den Kelten, und ist noch heute bei Bantu-Kulturen nur höchsten Eingeweihten bekannt. Er darf seiner Magie wegen niemals ausgesprochen werden. Er wurde nicht ein-, sondern vieltausendstimmig betont und verstärkt durch die magischen Symbole der doppelten Sonnenrune und des Mühlschaufelrades der Rhea, der Swastika, dem Symbol für die Kraft des im menschlichen Sinn zerstörerischen, weil umpolenden *aktiven Prinzips der Schöpfung.* Symbole sind nicht bloße Wirkungen, sie sind zugleich auch Ursachen. Ihr Mißbrauch, ob bewußt oder unbewußt herbeigeführt, kann in den Untergang führen, aber ihre richtige Anwendung vermag das Tor zum Himmel zu öffnen und Erleuchtung zu schenken, wodurch latent Zerstörerisches in Schöpferisches transformiert werden kann. Deshalb war ihr Gebrauch Menschen vorbehalten, die durch die Mysterien zu »Göttern« geworden waren, weil die dafür nötigen Initiationen einen inneren Läuterungsprozeß bewirken, der Machtmißbrauch durch magische Handlungen ausschließt.

Am Hof König Arthurs

Belinus und *Brennius* (*Bran*) kämpfen bei Monmouth um das Königreich, beide sind als Söhne von Dunvallo (*Danu*) angegeben, und der Diebstahl des Schweines ermöglicht den Sieg des einen Zwillings, *Belinus*, über den anderen, *Bran.*

Auf den älteren *Bran* verweist eine Legende von *Brans* Seereise zur Insel der Freude (Elysium) und zur Insel der Frauen, bei der er unterwegs *Manannan* trifft. Dieser wohnt in einem Palast auf dem Meeresgrund, wo er dem aufgrund des »süßen Gesanges« eingeschlafenen *Bran* das Fleisch seiner »unsterblichen Schweine« vorsetzt und ein »Unsterblichkeitsbier« reicht. Davor aber erscheint *Bran* eine Frau in seltsamem Gewand, die ihm ein Lied in »fünfzig Vierzeilern« über das »Land der Äpfel« vorträgt, in das *Bran* mit einer Schar von »dreimal Neunen« aufbricht. Auf dieser Reise begegnet er dem »göttergleichen Mann«, der auf einem Triumphwagen über das Wasser auf ihn zukommt – *Manannan*; der Triumphwagen entspricht dem Wagen des Pharao in Salomons Gesängen oder Arthurs Wagen, und die fünfzig Vierzeiler, welche die Göttin *Bran* im Traum vorträgt, wie sich dem Hebräer Jakob im Schlaf die Himmelsleiter zeigte, beziehen sich auf die fünfzig Mondviertel und die lunare Kosmogonie, auf den formenerzeugenden Urkalender der Menschheit. *Manannan* trägt dem dank der süßen Gesänge schlafenden *Bran* nun »dreißig Vierzeiler« vor, und das ist ein Hinweis auf den solaren Kalender.

Das ägyptische Jahr (360 + 5 Tage) war nach Übernahme des assyrischen Kalenders in drei Jahreszeiten von je 120 Tagen geteilt, also in »dreißig Vierzeiler«. Die dreimal neun der Schar *Brans*, die Zeitdauer des siderischen Monats, beschreiben die dreimal neun Tage der Initiation, wie sie noch Pythagoras in Rheas Höhle Dikte bei Knossos auf Kreta absolvierte, womit *Brans* Seereise eindeutig als Initiationsreise eines Sakralkönigs ausgewiesen ist, für den sich der »Knoten«, das im siderischen sakralen Kalender-Alphabet-Geheimnis verborgene Mysterium des magischen Gottesnamens löste. Von den hermetischen Mysterien Ägyptens ist bekannt, daß der Adept dem Gott begegnete, wie Adepten der Eleusinischen Mysterien zuvor der Göttin begegnet waren. Auch davon berichtet obiger Mythos, aber die Göttin befindet sich bereits in weiter Ferne, in den tieferen Schichten des Unbewußten, die sich nur noch im Traum äußern können. Die Lichtgestalt, die sich dem Initiierten am Höhepunkt des Mysteriums offenbart, erscheint jeweils in der Form, die der Psyche des Reisenden entspricht – das Sehen der Gottheit mit Form ermöglicht die Öffnung des sechsten Chakras. Hier wird von einer Kultur berichtet, die *Bran* durch lange Zeit hindurch symbolisierte, weil sie noch die Göttin, aber auch schon den Gott kannte, dennoch mögen diese Menschen auch tatsächlich über den Atlantik gereist sein, denn Angaben im Mythos sind immer mehrdimensional und weisen sowohl kosmische, psychologische als auch geschichtlichte Fakten auf. Festzustehen scheint, daß *Bran* (*Bal*) aus dem Urgrund einer lunaren Kosmologie hervorging, die sich in obiger Legende im Übergangsstadium zum Sakralkönigtum befand, wodurch *Bran* einen Zwilling erhielt, *Bel.inus*, der ihn schließlich verdrängte.

Dieser *Belinus* (*Beli,Bel*) veränderte, wie Monmouth berichtet, die Gesetze seines Vaters. Was durch diese Veränderung verlorenging, kann man Chrétien de Troyes' Beschreibung des Hofes von König Arthur entnehmen, an den Erec, ein »Ritter aus einem anderen Land«, kommt.

Es gab zwei Throne aus Gold und Elfenbein, kunstvoll geschnitzt, auf der einen Seite befand sich die Form eines Leoparden und auf der anderen die eines Krokodils. Der Leopard ist das Symbol des weiß-schwarz gefleckten Himmels, *an* im alten China (Vollmond) wie in *Bran*, und bezieht sich auf die Vermischung von Schatten- und Lichtgeist; das Krokodil war eines der Sinnbilder für das Totenreich, auch für den Polarstern. »Vier Feen« weben die Kleidung Arthurs und seiner von Chrétien de Troyes kaum erwähnten Königin (4 x 2). Eine stellt darin die Geometrie dar, wie sie das Ausmaß des Himmels und der Erde, ohne irgend etwas zu übersehen, vermaß, ihre Tiefe und Höhe, Länge und Breite; und sie überblickt das Meer, um seine Weite und Tiefe zu vermessen, und so vermißt sie die ganze Welt. Die zweite verschreibt sich der Darstellung der Arithmetik. Klug zählt sie der Zeit Tage und Stunden, jeden einzelnen Tropfen des Meeres, jedes Sandkorn und alle Sterne in ihrer Ordnung, die volle Wahrheit über sie wissend und wie viele Blätter es in den Wäldern gibt; niemals täuschte sie sich in den Zahlen. Die dritte porträtiert die Musik, deren ganzes Vergnügen in der Harmonie liegt: Gesang (Ton) und Diskant (polyphone Musik), während die vierte »die beste der Künste« darstellt. Ihr Gegenstand war Astronomie. Unschwer sind die vier Himmelsspitzen, die »vier Söhne« der hebräischen Mystik zu erkennen, hier »Feen«, die Eins sind und Sieben werden.

Daß die exoterische Beschreibung eines derartigen Hofes, die mit der Realität der Höfe des europäischen Mittelalters ebensowenig zu tun hatte wie Homers Schilderung vom Phäakenpalast mit der kriegerischen Welt des Achäers Odysseus, die Phantasie ganzer Dichtergenerationen beflügelte, überrascht nicht. Etwas tief im kollektiven Unbewußten Versunkenes wurde nachhaltig zum Klingen gebracht. Das Wort »Hof« bedeutet nicht zufällig auch *Aureole* oder *Aura*. Genauso wie Homers Phäakenpalast gehört Arthurs »Hof« einer im kollektiven Unbewußten versunkenen, aber in einer anderen Dimension gegenwärtigen Kultur an, mit der nur außerkörperlich reisend Kontakt aufgenommen werden konnte – mit dem Hof des historischen Arthur, den Monmouth als »Stadt der Legionen« bezeichnete, hat er ganz und gar nichts zu tun. Auf diese rätselhafte Kultur verweist auch die bei Monmouth so auffallend nebenbei erwähnte Königin Arthurs, Guineveres. Sie wird als Tochter eines Riesen angegeben, dessen Name *Ogyr Vran*, »Bran der Böse«, war. *Ocur*, von Ogyr, geht vermutlich auf die gleiche Wurzel wie *orcus* zurück und war ein Name des lateinischen Todesgottes, weshalb Ogyr wie der Zyklop, »kreisförmig«, bei Odysseus zum menschenfressenden Riesen wurde, oder *Acca* im römischen Herkules-Mythos sowie *Akko* (gr.) zum Kinder verschlingenden Schreckgespenst. Das alles waren Titel der Demeter in ihrem männlichen Todesaspekt als Schwarzmond/Sonne oder »Schattengeist«, Hekate als »Verschlingerin«. Bevor man den Vollmond als Verschlinger der Sonne verstand, was der Symbolik der solaren Himmelsleiter entspricht, »verbrannte« der volle Mond im Feuer der Sonne (I-Ging), aber die Wurzel *Ak* (c,g) bezieht sich immer auf »groß« oder »mächtig« wie in *Kar* oder *Kali* oder dem *Zodi.ak* und dem *Akh*, der Universalseele der Ägypter, so daß damit nicht der Himmelskörper Sonne, sondern die »Zentralsonne«, das Herz des Universums als Geist oder *spirit* der Sonne gemeint war.

Bran, der vom Guten zum Bösen wurde, ist nicht nur als Vater der Königin, der Frau von Arthur, auch als Vater des ersten Barden *Gwion* (Merlin) überliefert! Berücksichtigt man all das, kann kein Zweifel daran bestehen, daß sich im Arthur-Mythos die Überlieferungen einer sagenhaft fernen Kultur erhielten, die jeweils an die eigene lokale Geschichte eines Volkes angepaßt wurden, in diesem Fall der Gallier und/oder Britonen, wodurch der König immer irdischer und immer kriegerischer wurde. Als ältester bekannter Name Britanniens ist *Albina*, »die Weiße«, angegeben. In ihrem Dienst standen *Bran* und seine vorkeltische, vermutlich ägäisch/afrikanische Kultur.

William Blake brachte den Ursprung der König-Arthur-Mythen auf den Nenner, daß Geschichten von König Arthur die Handlungen des Giganten *Albion* seien, in dessen Namen sich noch das *Al* der Basken für die Kraft der Idee der Gottheit andeutet, sowie die Wurzel *brh* für Transzendenz wie bei den Hyperboreern als Ahnen der Danäer und der Kelten. Später wurde, wie bei den Hebräern *Al* zu *El*, aus Albion *El.phin*, dessen erster Oberbarde Merddin oder Merlin (*Gwion*) war. Er ist der männliche Elfenkönig, die ältere *Al.bina*, die Weiße, die Feenkönigin; als Feen bezeichnen sowohl Iren als auch die Maori Neuseelands Menschen einer untergegangenen Rasse.

Die Suche nach dem Heiligen Gral

BEVOR ich ein Ritter werde,
wünsche ich König Arthur zu dienen.
»Erec und Enide« von Chrétien de Troyes

Das Wort *Gral* stammt aus dem Altfranzösischen und heißt »Schüssel«. In eine »Schüssel« taucht nach Matthäus 26,23 nun nicht mehr überraschend auch Jesus, der Dreizehnte, gemeinsam mit seinem »Zwilling« ein! Derartige Zwillinge sind im Mythos Stellvertreter, und es fällt auf, daß der Name Seths, der in Genesis 4,25 genannt wird, »denn Gott hat mir einen anderen Nachkommen (Seth) gegeben«, nicht nur Licht bedeutet, sondern auch als Stellvertreter interpretiert wurde. Eine Seite des göttlichen Geistes, ein »Zwilling« (Seth, Sonne bzw. Schattengeist), »verriet« den anderen (Christus, Vollmond, Lichtgeist), die »männliche« die »weibliche« Seite, die ihn geboren hatte.

In Ägypten symbolisierte man Isis durch ein Gefäß mit Wasser, Osiris durch einen großen Phallus oder Stein, Sinnbild für die sich im Zustand der Ekstase aufrichtende *Djéd-Säule.* Als erleuchteter König, der dadurch zum »Gott« wird, nahm der Pharao auf dem Thron, in Isis' Schoß Platz. Osiris' Symbol war das Auge, ursprünglich ein Symbol der Kraft von Nephtys (Hekate), Isis anderer dunkler und zerstörerischer Seite. Dieses »Auge« steigt jeweils herab, wenn eine Welt untergeht. So befindet sich neben der Hieroglyphe der Hekate bisweilen die sich aufbäumende Uräus-Schlange, deren Kraft sowohl Leben als auch den Tod bringen kann. Das ist so beim ägyptischen *Ré* oder *Rá*, oder dem *Odu* der Bantu, Partner *Amaraves*, der »Roten«, oder beim Auge *Ninurtas*, der Großen Muttergöttin Sumers, denn die »Schlange«, die ständig am Lebensbaum, an der Welt der geschaffenen Materie nagt, wie es im keltischen Mythos heißt, die energetische Kraft der zyklischen Zeit, kann sich aufbäumen und Auflösung, den Tod bringen. Mächtig ist auch die Essenz des Grals, so mächtig, daß ihn nur der Geläuterte, Reine, der Initiierte oder Eingeweihte zu (er)tragen vermag. Schon der babylonische *Enki* tauchte in dieses Gefäß ein, in den Schoß, die Vulva der Göttin. Sechs Tage und sieben Nächte lang währt seine Vereinigung mit der Frau, die »ihren Schoß auftut«. Nicht zufällig ist man an die Schöpfungsdauer der Genesis erinnert, denn hier wird in mystischer Sprache die Befruchtung der Materie durch den Heiligen Geist, die Essenz des Grals, beschrieben.

Die Zeitdauer der Vereinigung zwischen der Göttin und dem »Tier«, *Enki*, das dadurch zum Menschen wird, entspricht der Yoga-Übung des Schlafes der Hindu. Der Yogi beobachtet, wie sein Körper in einen hypnagogischen Zustand, in eine Art totengleiche Starre verfällt, um mit wachem Geist auf der Astralebene aufzuwachen, von der aus er auf den physischen Körper herabblicken kann. Gelingt es ihm, auch diesen feinstofflichen Körper abzulegen und sich zu den höheren Ebenen der spirituellen Bereiche aufzuschwingen, ist das Ziel, transzendent zu werden erreicht. Obwohl die außerkörperliche Reise der Adepten der Mysterien zumeist auf drei Tage, die Frist aller Auferstehungen, beschränkt bleibt, scheint die Periode von sechs Tagen und sieben Nächten die äußerste Zeitspanne zu sein, während der der physische Körper verlassen werden kann, ohne daß Rückkehr unmöglich wird. Der Babylonier Gilgamesch versucht sich an dieser nur den höchsten Eingeweihten möglichen Übung, zu der ihn »der über alles Weise«, *Ut.na.phishtim*, auffordert, der Atlantis noch kannte, wie es im Gilgamesch-Epos heißt. Er ist ein Weiser wie *Laotse*, der alte taoistische Meister unbekannten Ursprungs, auf den das Werk »Dschuang Tse« zurückgeht, das gemeinsam mit dem *Tao Te King* bedeutendste und älteste schriftliche Werk des Taoismus. Nach Marcel Granet reicht der hochgeistige Taoismus bis auf die Bruderschaften der Schmiede zurück. Ein Name von Laotse war »Alter Dan«! Vermutlich verbirgt sich hier *Bran*, dessen Mutter *Danu* war, die babylonische und afrikanische Mondgöttin, Mutter auch der *Tuatha de Danaan*, der Vorfahren der Kelten, sowie des dreizehnten, verschollenen Stammes der Hebräer! Gilgamesch, der »starke Mann, der (ewiges) Leben will«, wie *Utnaphisthim* amüsiert bemerkt, schläft während der Reise ein und schnarcht. Von nun an sind den Menschen, abgesehen von den Adepten der Mysterien, die Reiserouten der Götter versagt. Einen Schlaf, »dem Tode am nächsten vergleichbar«, schläft auch der griechische Proto-Held, der »Städtezerstörer« Odysseus. Wie Gilgamesch verzichtete er zugunsten weltlicher Freuden auf das innere Reich. Es ist nicht zu übersehen, daß diese Entwicklung offenbar bereits vor Beginn unserer eigenen historischen Geschichte stattfand, denn derartige Proto-Helden sind Archetypen, die eine spätere Welt formen!

Sieben Tage und Nächte lang währt auch der Verkehr des Zwillingsbruders von *Marduk*, des babylonischen *Nergal*, mit *Ereschkigal*, der Todesgöttin und Schwester der sumerischen *Inanna* (Mond), die zuvor selbst in die Unterwelt hinabstieg und nach drei Tagen wieder auferstand. Nach dem Durchschreiten von sieben Toren und einer von *Nergal* erzwungenen Hochzeit übergibt ihm *Ereschkigal* die »Tafel der Weisheit«. Alle diese Heroen oder Adepten tauchten in das Gefäß, in den »goldenen Raum« der »ewigen Quelle des Geistes des Tales« ein oder versuchten es, denn »kehrt die wahre Lebenskraft einmal in den Raum gelben Goldes zurück, geht das Licht spiritueller Erleuchtung niemals mehr aus« (Tao Te King).

»Neutrale Engel«, die die »Empörung Luzifers« nicht mitmachten, brachten gemäß einer alten Legende, die Friedrich Ranke aufschrieb, den Gral auf die Erde, um ihn zu bewachen, und kehrten schließlich in den Himmel zurück. Bei den südafrikanischen San war es ein Kästchen, das eine von einem Mann gefangene »Sternenfrau« auf die Erde brachte; es enthielt alle Schätze des Himmels. Als der Mann das Kästchen gegen den ausdrücklichen Wunsch der Sternenfrau öffnete, war es – für ihn – leer. Er konnte den himmlischen Schatz, die weibliche Seele, nicht (mehr) erkennen, und wie die hebräische Lilith den Adam, verließ die Sternenfrau der San den Mann und ward niemals wieder auf Erden gesehen. Der Heilige Gral, das Gefäß auch salomonischer Liebesweisheit, ist von allem Anfang an auf Erden und wurde den Menschen nur zunehmend unbewußt, weshalb die reine Botschaft der Verkündigung immer wieder von erleuchteten Propheten »neu« verkündet wird.

»Die Frage ist der Heiler, die Antwort ist die Wunde.« Die Frage, die der Legende nach der gralsuchende Perceval dem verletzten Fischerkönig nicht stellt, würde sein Mitleiden, seine Barmherzigkeit ausdrücken, reine Liebe. Diese Liebeskraft, die andere Seite der zerstörerischen Schöpfungskraft, ist die goldene Essenz des Heiligen Grals, die der Möchtegernritter erkennen und sich aneignen muß, bevor er ein zur Tafelrunde zugelassener Ritter wird! Eignet sich der Held durch Diebstahl wie in den

Mythen, oder durch Gewalt wie der mythische *Nergal* oder der historische Alexander das Mysterium an, ohne die nötigen Initiations- oder Läuterungsstufen zu durchleiden, verbleibt nur das äußere Gesetz, das Gewand, das mißbraucht und in Macht bzw. reinen Wissensdurst und Forschungsdrang verkehrt wird. Und das, berichten die Mythen übereinstimmend, führte die Menschheit bereits mehrmals in den Untergang. Der Zugang zur inneren Kraftquelle ging dadurch verloren, der Gral ist unauffindbar entschwunden.

Erec, der Held der Romanze »Erec und Enide«, unterzieht sich der Suche nach dem Gral. Nach zahlreichen als Abenteuer beschriebenen Initiationen – natürlich auch einem Kampf gegen Giganten und der Versuchung durch äußere Verlockungen, eine Parallele zu Odysseus' Irrfahrten – kehrt er zu seiner Königin Enide zurück und versichert ihr nun ewige Liebe und Treue. Jetzt ist er bereit für die heilige Hochzeit. Erst danach schlägt ihn König Arthur zum Ritter.

Das mythische Schwert, das sich vom Stein, aus dem der Sonnen-Licht-Gott der Vernunft geboren wird, nicht trennen läßt, verwehrt – wie seine irdische Verkörperung, die Waffe als Mittel für das äußere Ausleben innerer Aggressionen – wird es nicht dazu verwendet, *symbolisch* mit Hilfe des Geistes, der höheren Vernunft, die es versinnbildlicht, innere Verstrickungen zu durchschneiden, den Zugang zu dieser Art von Liebesweisheit, zu Arthurs Hof, zum Christusgeist. Das ist ein Kampf, den jeder und nach buddhistischer Überzeugung nicht nur im Verlauf *einer* Inkarnation in sich selbst austragen muß. Die aus ihrem Dornröschenschlaf erweckte Göttin im gläsernen, spiegelverkehrten Spiralschloß der Mythen wird dadurch befreit, und die Kraft des Heiligen Grals, Überbewußtsein, kann erfolgreich daran gehen, die »Nebel« zu vertreiben, die das Paradies unseren neugierigen Blicken entziehen. Hierin liegen Sinn und Zweck der Suche nach dem »goldenen Raum des Tales«, dem Gral, d. h. jenseits unserer Triebe und Begierden, ja noch jenseits unserer Fähigkeit zur Vernunft, aufgrund unseres eigenen bewußten Bemühens wieder heil(ig) zu werden.

Kapitel 2

Leylines und Prozessionsstraßen

So sprach der Herr:
Haltet ein auf den Wegen und seht und fragt nach den alten Wegen, wo ist der richtige Weg, und geht ihn, und Eure Seelen werden Frieden finden.
Jeremias VI,16[82]

Die Straßen des Belinus und der Berg Meru

»Es kommt eine Zeit, da wird der Berg, auf dem der Tempel des Herrn steht, alle anderen Berge überragen. Alle Völker streben zu ihm hin.« (Jesaja,2,2) In der englischen Version dieses Zitates heißt es: »The mountain of the Lord's house shall be established on the top of the mountains, and shall be exalted above the hills; and all the nations shall flow unto it.«

Das von John Michell verwendete englische Zitat weist einen feinen Unterschied zur offiziellen deutschen Übersetzung auf, denn der Berg des Tempels oder der Berg des Hauses des Herrn oder Königs wird auf dem Gipfel der (aller) Berge errichtet werden und sich von dort aus über die Hügel erheben. Das ergibt nur Sinn, wenn man berücksichtigt, daß der Berg ein uraltes mystisches Symbol für die Pyramide ist, das älteste Sinnbild der *Is.is*, in dem sich die Kraft, die durch Überschneidung von zwei Zyklen freigesetzt wird, versinnbildlicht. In diesem Punkt ist der Wohnsitz der Kraft des ES, der absoluten Einheit (Gott), »des Einen, dessen Name unbekannt ist«, wie Pythagoreer und Ägypter Gott verstanden, weder Herr noch Dame, sondern die (das, der) Geist-Selbsthafte, der große und namenlose Geist. Wie, weshalb und wozu dieser »Berg« auf dem Gipfel der Berge errichtet werden soll, wollen wir versuchen in den folgenden Abschnitten zu enträtseln. Zu diesem Haus Gottes, das die Energien bündelt, die über die Hügel hinausstrahlen, werden die Nationen, die Völker, fließen. Sie flossen und fließen unbewußt auch heute, sofern die alten Kraftlinien und ihre Zentren nicht durch die unbewußten Eingriffe des modernen Menschen außer Kraft gesetzt sind.

Alfred Watkins, der als einer der ersten die alten geraden Straßen des südlichen Britanniens erforschte, schrieb, daß Ley-Menschen, Astronomen-Priester, Druiden, Barden, Zauberer, Hexen, Handleser und Einsiedler ein Faden alter Weisheit und Kraft miteinander verband, wie immer diese auch degeneriert waren. Sie alle verbanden sich mehr oder weniger bewußt und mehr oder weniger gekonnt mit einem Faden, der innerhalb des energetischen Seelenrasters der Erde fest eingewoben ist, wodurch sie ihre Kräfte kanalisieren und auf jenen Punkt bringen konnten, in dem alle Kraft wohnt.

Die alten geraden Straßen Britanniens schreibt der Mythos König Belinus zu, dem wir als Sieger über *Bran* begegneten. In Wales standen sie unter dem Schutz von *Elen*, der Göttin des Sonnenuntergangs. Einer alten Legende nach träumte Maxen, Herrscher von Britannien, von einem geheimnisvollen Schloß und einer wunderschönen Frau, denken wir an *Bran's* »Traum«, er sucht und findet beides, heiratet die Frau, und (H)*Elen* erbaut die Straßen. Aber die »Straße des Maxen« ist nur an einem Tag im Jahr sichtbar. Es ist unschwer zu erkennen, an welchem: an dem einen Resttag im lunaren Kalender mit 13 Monden zu je 28, insgesamt 364 Tagen und einem Resttag, an dem der König den Opfertod starb. Maxen, der Eroberer, erbaute mit Hilfe *Elens* die Straßen. Die Römer errichteten ihre auffallend geraden Straßen also auf bereits vorgegebenen Wegen. Sie wußten noch um die Wissenschaft von Kraftfeldern und Kraftlinien (Geomantik) auf der Erdoberfläche, die den geomagnetischen Raster der Erde widerspiegeln, der unter die Erdoberfläche bis zu ihrem Mittelpunkt und über die Hügel hinaus in das Bewußtseinsfeld der Erde führt. Messungen der Architekten M. Mettler und H.H. Stahlin in der ehemaligen römischen Siedlung Augusta Raurica, heute Kaiseraugust bei Basel, ergaben, daß alle Kultstätten nach zwei mit der (Meß-)Rute deutlich meßbaren Netzgittern ausgerichtet waren. An Orten besonderer Kraft, die Kreuzungspunkte der Strahlengitter darstellen, entstanden die nach geomantischen Kräften ausgerichteten Städte und Tempelanlagen der Antike. Erbaute man weder Städte noch Tempel, errichtete man an Strahlungsorten natürliche Steinpyramiden wie es die Khoi-

Khoi in Südafrika taten. Wer einen derartigen Kreuzweg passierte, fügte einen Stein hinzu. Diese uralten Heiligtümer sind als *Mal* bekannt und gelten als Vorläufer der Pyramide.

In den neunziger Jahren des vergangenen Jahrhunderts war William Henry Black nach fünfzig Jahren der Erforschung von »geraden Linien«, die Orte und Landmarkierungen in Britannien miteinander verbanden, mit dem Ergebnis seiner Studien an die Öffentlichkeit getreten. Ihm folgten F. J. Bennet, Montague Sharpe und schließlich Alfred Watkins, der den Ausdruck *Leylines* prägte. Unter der Leitung des Chemikers Don Robins beschlossen schließlich junge Amateur-Paläontologen, dem Phänomen der Straßen des Belinus mit modernsten Geräten auf die Spur zu kommen. Diesem Entschluß ging einer jener Zufälle voraus, die oft zu großen Entdeckungen führen. Ein Naturfreund, der während der Nacht Fledermäuse beobachtete, hatte festgestellt, daß sein irrtümlich nicht ausgeschaltetes Meßgerät ausschlug, als er an einem 4000 Jahre alten Steinkreis vorüberging. Es folgte eine systematische Vermessung von Steinkreisen, das *Dragon Projekt*, das dank dem Zeugnis modernster Geräte einer skeptischen Wissenschaft erstmals beweisbare Fakten präsentieren konnte. So wurde etwa nachgewiesen, daß von den Steinkreisen zur Zeit des Sonnenaufgangs, besonders in der Periode der Tagundnachtgleichen, auffallend starke Ultraschallwellen ausgehen, und daß die natürliche Radioaktivität zunimmt. Die Äquinoktien lösen offensichtlich eine Art Verstärkungseffekt aus, während im Inneren der Steinkreise vollständige, ultrasonatische Ruhe herrscht! Das gleiche Phänomen erwähnt Ranke-Graves von dem mit der Arthur-Legende verbundenen Avebury, einem von hundert Säulen umgebenen Erdheiligtum, das er als *Bran*-Heiligtum annimmt! Ist im Innersten des Steinkreises der Erdmagnetismus vollkommen aufgehoben, verringert sich die magnetische Erdstrahlung zum Zentrum hin in Form von sieben spiralförmigen Ringen, und ausgehend vom Hauptstein im Zentrum wird ein nur durch Infrarotphotografie erkennbarer »Lichtstrahl« sichtbar! Wir können hier nicht im Detail auf die faszinierenden Ergebnisse der Untersuchungen des Dragon Projekts eingehen, das seinen Namen vom chinesischen Symbol für Erdstrahlen, dem »Drachen« bezog, und derartige Phänomene inzwischen auch in anderen Ländern und Erdteilen untersuchte;

»Places of Power« von Paul Devereux, Leiter des Projektes, geht darauf ausführlich ein.[83]

Die Straßen der *Elen*, an deren Kreuzungspunkten Steinkreise errichtet wurden, verweisen auf den von *Belinus* verdrängten *Bran* oder *Brennius*, dem nach seiner Vertreibung »im Exil« zwölf Ritter verblieben waren. Die hundert Säulen von Avebury sowie die ursprüngliche Anlage von Stonehenge, die vor dem Eintreffen der Kelten entstand, verweisen auf die Kenntnis des ägyptischen Hekat, »Hundert«, bzw. auf das heilige Udjat. An *Bran* bzw. diese rätselhafte Kultur erinnern gewisse Namen, in denen immer die traditionellen Mondfarben Rot, Weiß und Schwarz enthalten sind, auch Wortwurzeln wie *Cöd* oder *Cole, Dod, Merry* und *Ley. Cerridwen*, »die weiße Sau«, ein anderer Name der Hekate, auch *Hen Wen*, »die alte Weiße«, ist in einem Mythos die Kulturbringerin, die den Magier *Coll ap Collfrwr*, einen der »drei mächtigen Schweinehirten der Insel Britannia«, derart beflügelte, daß er in Britannien Weizen und Gerste einführte. Ganz Wales beschenkte sie mit Korn, Bienen und Ferkeln. Die in diesem walisischen Mythos überlieferte Schlachtung des magischen weißen Ebers, der für den Magier Arzt, Musiker und Botschafter (Sänger, Dichter) zugleich war, was bedeutet, daß die Göttin wie die delische Mondgöttin *Brizo* als Quelle der Inspiration den Heilern, Schmieden und Dichtern vorstand, deutet den Religionswechsel an; *Belinus* verdrängt *Bran*, die Acht, der Sonnengott der Eroberer die Sieben, die Göttin, worauf durch *Belinus* die Veräußerlichung der Straßen *Elen(a)s* erfolgte. *Brizo*, die hyperboreische Göttin von Delos, der Geburtsstätte Apolls, gilt trotz Christianisierung als St. Birgit oder St. Brigid bis heute als Schutzheilige von Glastonbury. In der Folge wurden die einst unsichtbaren, für den Eingeweihten an nur einem Tag im Jahr sichtbaren Straßen *Elen(a)s* zu Prozessionsstraßen, noch später marschierten auf ihnen die Soldatenkontingente einander ablösender Eroberungsarmeen.

Be-Wegen wir das Land, bewegen wir es, d. h. wir verändern es, wodurch wir in The *lie (ley) of the Land*, in »die Lage der Dinge« eingreifen! Das Wort *ley* bezieht sich vermutlich auf das walisische Wort *Ilan* (Elan) und bezeichnet eine »heilige Einfriedung«; bei afrikanischen Kulturen ist es bis heute der Rinder-Kraal, der das geodätische Zentrum der Dörfer bildet. *Dodman* war nach Alfred Watkins etymologischen Untersuchungen ein frühes englisches Wort für den prähistorischen *Ley-Man*, und man wird an das Erdheiligtum Dodona auf der westlichen Peloponnes Griechenlands erinnert, dem wir als Bestandteil einer Orakeloktave im Mittelmeer-Raum wiederbegegnen werden. *Dod* und *Tod* verweisen auf die Todesgöttin oder den Todesgott. Tatsächlich stehen prähistorische Erdbauten in Britannien, z. B. Barrow nahe Hull, die in Form eines geflügelten Kreises angelegt sind, mit *cneph*, dem geflügelten Kreis Ägyptens in Beziehung *Navestock*, ein in Essex gebräuchlicher Name, bezieht sich darauf. Der *dodman* war offensichtlich der zum Sakralkönig werdende Heros, der, als er verlernte zu »fliegen«, die Routen der Götter begehen und Wege und Straßen anlegen mußte, um sich mit der Kraft der Ahnen noch verbinden zu können. Hier findet sich auch ein Hinweis auf frühe Christen. Eusebius, Bischof von Cäsarea (260–340 n. Z.) wies darauf hin, daß die Apostel den Ozean zu Gestaden, die Britische Inseln genannt werden, überquerten, und der heilige Augustin informierte Papst Gregor um das Jahr 600, daß es im Westen Britanniens eine »königliche Insel« gäbe, auf der die ersten Neophyten Christi eine Kirche vorgefunden hatten, die »nicht von Menschenhand« gebaut worden war. Irland galt in der Antike als traditionelles Fluchtland ägyptischer Priester, und so ist anzunehmen, daß alexandrinische Neophyten über Irland nach Britannien gekommen waren, um die wahre christliche Verkündigung vor jenen religiösen Fanatikern zu bewahren, welche die Lehre Paulus' angenommen hatten und deren Missionsreisen in die nichtjüdische Welt etwa in den Jahren 46–58 begannen.[84]

Neophyten, von *neophtythos* (gr.), bedeutet »neuge-pflanzt«, ein Novize oder Kandidat für die Mysterien. Neophyten hatten die Proben der Elemente zu bestehen, sie passierten das Feuer, den Gott; das Wasser, den göttlichen Geist; die Luft, den »Atem Gottes«; und die Erde (Materie) in von der Materie aufsteigender Reihenfolge. Danach empfingen sie, sofern sie erfolgreich waren, das heilige Mal – den Buchstaben Tau oder ein Kreuz und ein T, das – nicht überraschend – auch ein Christussymbol war.

Ein anderes »christliches Symbol«, das Radkreuz, findet sich in Mol Walbee, heute Llowes, auf dem »Stein der Gigantin«. Dabei handelt es sich um das Sonnenrad, wie es auch Abbildungen in Hindu-Tempeln zeigen. Derartige Räder symbolisieren den Erdenraum, den Zodiak, mit dem Kreuz von Polar- und horizontaler Achse und als Speichen die erst acht, später zwölf Monate, also die Gesetzmäßigkeit der »Bilder des Himmels«. Das auf den inneren Kosmos umgesetzte Lebensrad nennt man im Buddhismus *Samsara*; es ist das Rad der Illusion, der Welt der Sinne, die es im physischen wie im emotionalen Sinn zu transzendieren gilt, indem man vom Natürlichen, der sichtbaren Welt, ins Übernatürliche, in die unsichtbare geistige Welt hinüberschreitet. Man kannte diese Räder auch als Glücksräder, unser Roulett geht darauf zurück und auch die schon erwähnte Rundtafel in der Halle des Schloßes von Winchester, die vom Chronisten Hardyng um 1450 erstmals als Arthurs Tisch erwähnt wird, und die einer Theorie nach als Glücksrad für Heinrich III. (1207–1272) angefertigt wurde. Ob Arthurs Tisch oder Tafelrunde, Zodiak oder Glücksrad, alles bedeutet dasselbe, denn die sakralen Kalender-Alphabete waren wie das »Buch der Wandlungen«, das I-Ging, immer auch Orakel, die trotz aller Ordnung das Chaotische in sich einschlossen.

Nach Harold Bayley symbolisieren das aus dem Kreis herausgelöste Kreuz, das sich zum rein christlichen Symbol entwickelte, in der lateinischen Sprache drei Buchstaben, die das Wort *LVX* bilden, »Licht«, das man in Form eines Sechssterns schrieb. Daraus entstand das christliche Symbol. Das »Kreuz der Erlösung«, die »Krone des Lichts« und der »Kreis der Vollendung« waren vereint, letzterer hatte seine Flügel verloren und war vom geflügelten Kreis, wie ihn Ägypter, das prähistorische Britannien und noch christliche Neophyten kannten, zum in sich geschlossenen Kreislauf geworden; der geflügelte Kreis ist ein Sinnbild für die Spirale, wie man sie für »Hundert« (Hekat(e)) in Ägypten schrieb.

Bleibt die rätselhafte Angabe der »nicht von Menschenhand« erbauten ersten »christlichen« Kirche. Sie war im Bienenkorbstil errichtet, wie er von Afrika her bekannt ist. Geisthäuser in Uganda, die Weißen Häuser, in denen der *spirit* der Ahnen wohnt, ähneln mit ihren zwei geriffelten Säulen auffallend frühen sumerischen Tempeln, und wir erkennen die Symbolik der zwei Säulen im auf 64 Hexagramme erweiterten I-Ging, die zwei Säulen der Jakobsleiter oder auch die zwei Säulen des Palastes von Salomon sowie die zwei Säulen des Herkules, jenseits derer *Atlantis* liegen soll.

Das erste Paradies, das erste Tabernakel, der erste »Berg«, befand sich auf einem verlorenen Berg im Süden. Still wie eine heilige Kuh steht der Polarstern, und darunter erhebt sich der Meru, der »Himmelsberg der Götter«, überliefern die Hindu. Nach Diodor entstand die ägyptische Zivilisation aus der nubischen (Sudan), deren Zentrum *Meröe* war, und nach alten ägyptischen Quellen kamen die Ahnen aus dem Herzen Afrikas, von der Insel *Mero*; »Länder des Amam« nannten die Ägypter die Länder der Ahnen, die »Erde der Götter«. Für Hindu, Tartaren, Mandschu und Mongolen gilt der Berg Meru, in dessen Spitze der Geist wohnt, als Wohnort der Trinität Brahma-Vishnu-Shiva, und in Indien ist er als »Heiliger Berg« bekannt, dessen drei Gipfel aus Gold, Silber und Eisen zusammengesetzt sind; Gold ist das traditionelle Metall der Sonne, Silber das des Mondes, und Eisen, das Gold der Schmiede, steht hier wohl für die Lebensessenz. Auch das Gilgamesch-Epos erwähnt den mysteriösen Berg: Utnaphischtim gibt Gilgamesch im Schlaf Anweisungen, wie er über das sumpfähnliche Gewässer des Todes nach Atlantis reisen könne. Am Nordende dieses Gewässers läge der Berg Meru, der so hoch aus den Fluten ragte, daß Utnaphischtim auf ihm die Flut überleben konnte. Bei all diesen Angaben ist der Bezug zu den Himmelsspitzen und zur Polar- oder Weltachse im Zusammenhang mit dem geheimnisvollen Berg Meru nicht zu übersehen, der sich wie Atlantis oder die Ahnen jenseits der Sonnenwenden befindet, d. h. jenseits unserer Raumzeit oder Wirklichkeit.[85]

Rätselhafte, sich miteinander und über die Hügel hinweg verbindende, auffällig gerade Linien oder Straßen, sind mittlerweile weltweit bekannt, und stets stehen sie mit Völkern in Zusammenhang, deren Ursprung unbekannt ist, mit Überlieferungen von Riesen und Zeugnissen von Megalith-Kulturen. Mexiko, das alte *Anahu-ac*, war ursprünglich von Riesen bewohnt, erfuhr auch der spanische Eroberer Cortez, und in Peru deutet der Name *Pachachmac* für das höchste Wesen und den Schöpfer des Universums durch die dreifache Betonung der Wurzel *ac* auf ein Äquivalent zu *Trismegistos* oder den Dreifachen Großen Hermes (ägypt. Thot). Besonders eindrucksvoll sind die Prozessionsstraßen der Azteken, die ihrem Sonnengott die Herzen ihrer Gefangenen opferten – das Herz galt als Sitz der Sonnenkraft.

Zu den geraden Linien, nach denen diese Prozessionsstraßen angelegt scheinen, bemerkte der geomantische Forscher Stephen Skinner, daß sie ungünstig seien, weil sie als geheime Pfeile fungieren, die Dämonen zu dem Ort hinleiten oder Konzentrationen von *ch'i* aufheben. Das liegt daran, daß sie, wie wir sehen werden, nicht von dieser Welt sind.

Das Land und der König

Es gibt eine Jungfrau in dem edlen Haus, sie übertrifft alle Frauen Irlands, sie tritt vor, mit gelbem Haar, schön und von mancherlei Gaben. Ihre Rede mit jedem Mann in der Reihe ist schön, ist wundervoll, und einem jeden bricht das Herz vor Sehnsucht und Liebe zu ihr.[86]

Das Land wird nach dem Verständnis indoeuropäischer Kulturen als passiv empfangend, also weiblich verstanden, das vom aktiven Männlichen befruchtet wird. Wir sahen jedoch, daß man das Leben, die mit der Sonnenkraft, ursprünglich der Neumond-Sonnenkraft, dem Schattengeist, in Zusammenhang stehende Materie einst als männlich und sterblich und den die Materie befruchtenden Lichtgeist als weiblich verstand. Eine Neunheit gebar die Achtheit in Form zweier polarer Vierheiten, diese Achtheit verdrängte ihren Ursprung und trat als Sonnengott die Macht an, die sich im Sakralkönig und später in der absoluten Herrschaft weltlicher Könige verkörperte, die irdische Reiche errichteten, die sie zumeist mit Gewalt in Besitz nahmen. Das Land *gehörte* nun jemandem, dem König, inklusive aller seiner Lebewesen, lange Zeit auch inklusive der Menschen. Daß derlei nicht im Bewußtsein der Menschen verankert sein muß, belegen u. a. San-Kulturen. Für sie ist das Bedürfnis, Land, einen Baum, ein Tier oder gar einen Menschen besitzen zu wollen, unverständlich, weil alles geistiger Natur ist und niemand etwas Geistiges besitzen kann. Auch als die zu Amerikanern gewordenen Europäer den letzten indianischen Völkern das Land ihrer Ahnen abkaufen wollten, stießen die »jüngeren Brüder« auf Unverständnis. Diese Menschen liebten das Land, aber nichts darauf gehörte ihnen, nichts, das mit den Götzen der westlichen Zivilisation, Gold oder Geld hätte erworben werden können. Nach dem Verständnis von Aborigines oder Maori gehört das Land – falls überhaupt jemandem – den Ahnen, die es bewegten, indem sie es ersangen. Das Land ist sozusagen vom Geist der Ahnen besetzt, und diese Art von Besitz wird durch weitergereichte Beschwörungsformeln oder *Songlines*, durch rituelles Begehen der Wege bekräftigt, damit das Land und das Strömen seiner energetischen Kräfte weiterwirken können. Die Frage der Identität, die Frage »WER bin ich«, ist im Bewußtsein von Aborigines mit dem Wissen »WO bin ich« verbunden, das die volle Kenntnis des Ortes und seiner »Melodie« einschließt. Die Zäune des weißen Mannes ersticken die Musik des Landes ebenso wie Kleidung die Musik des Körpers erstickt, sagen Aborigines, weshalb Adoranten auch in Ägypten und auf Kreta immer nackt abgebildet sind.

Könige und weltliche Beherrscher sind, wie bereits aufgezeigt, ein relativ junger Bewußtseinszustand der zivilisierten Welt. Alle mußten Schlangen oder Drachen bekämpfen, auch der berühmte Drachentöter, der heilige Georg. Die Wortwurzel *ge* bezieht sich immer auf die Erde, George (engl.), von *ge.urge*, deutet auf jemanden hin, der der Erde etwas aufdrängt – *urge* –, was Zwang inkludiert oder, positiv interpretiert, Stimulanz. Erinnern wir uns an das Schlangenmonster, die *Gorgo*, und an die Riesennamen von Giganten, die wie ihr Name besagt, Kraft aus der Erde zogen (von *gigenes*, gr.). »Der Drachentöter« eroberte das Land bzw. seine Strömungen und zwang ihm seine Macht oder Kraft in Form der »geraden Straßen« auf, wodurch er Land und Seele, die Lage der Dinge veränderte. Wie, wird bald deutlich werden (siehe Kapitel »Das siderische Pendel«). Weil wir verlernten, den im Mythos eingeschlossenen Begriffshorizont zu verstehen und mythische und mystische Angaben wortwörtlich nahmen, schließen wir von alten Überlieferungen heidnischer Riten darauf, daß der Heroskönig auf verschiedene Arten, zumeist von »wilden Frauen«, zerrissen wurde, um im Rhythmus der Jahreszeiten die Erde mit seinem vergossenen Blut zu befruchten. In diesem bereits patriarchalen Mythos liegt die Ursache für die Überlieferung der Besamung des Landes durch den König bzw. durch sein Blut.

Wir verwiesen auf den Zusammenhang zwischen Blut, Seele, Lebensessenz, Eisen und Kosmogonie sowie auf die Sinnbilder Drache bzw. Schlange. Schamanen und Schmiede, in denen sich seit jeher die Sonnenkraft symbolisierte, galten als Meister des Feuers. Der erste Schmied, der erste Schamane und der erste Töpfer waren Blutsbrüder, besagt ein jakutisches (sibirisches) Sprichwort, das bereits eine nur noch männliche Welt berücksichtigt, jedenfalls waren die ersten Töpfer Frauen. Wie Schamanen standen Schmiede mit dem Gewitter, dem Ackerbau und der Ziege in Beziehung. So ist *Daentsien San* (China) ein Gott des Gewitters, der dem tibetischen *Dam-ca*n(!) entspricht, dem »göttlichen Schmied«, aber auch dem walisischen *rDorje-legs(pa)*, der auf einer Ziege reitet wie Arthur in der Tradition Siziliens oder ein Zwergenkönig in Wales. Ein anderer Schmied ist der mythische *Deukalion*, eine Art griechischer Noah, der wie Pyrrha, die »Rote« und Muttergöttin der Philister, die Flut überlebte. *Deukalion* warf, um die Welt neu zu bevölkern, die »Knochen seiner Mutter« hinter sich. Nach Mircea Eliade stellen sie die unzerstörbare Wirklichkeit dar, die Matrix, aus der eine neue Menschheit hervorgehen würde.

Einst empfand man die Erschaffung der Erde und des Lebens als Ergebnis eines weiblichen Keims, in dem sich Elemente miteinander verbanden. Diese erste lebende Zelle war aus der Erde geboren und vom Himmel durch Wind, männlich, und Wasser, weiblich, befruchtet worden. Aus dieser Vereinigung entsprang der Same, der den Drachen erzeugte, besagt der chinesische Mythos. Jedes Jahr findet im Rhythmus der kosmischen Zyklen der Jahreszeiten der gleiche schöpferische Prozeß statt, ohne den es kein Leben, keine Fruchtbarkeit geben würde. Ihn bekräftigte man mit Hilfe des Rituals, wodurch man auf der psychischen Ebene den natürlichen Prozeß durch einen spirituellen Impuls bekräftigte und vorbereitete.

Der Keim trägt alles, vom Samen bis zur Frucht, als Idee bereits in sich, er ist das Symbol für die göttliche befruchtende Kraft, die in sich dreifaltig ist und sich am Überschneidungspunkt zweier dipolarer Zyklen, deren Wesen es ist, daß die jeweiligen »Elemente« gegenpolig geladen sind, siebenfaltig manifestiert. Diese Symbolik findet sich auch bei den Maßen von Stonehenge und der Großen Pyramide oder in der Anlage rund um

Glastonbury in Avalon eingeschrieben, wo jeweils eine Überlappung von zwei Kreisen erkennbar ist, wie John Michell deutlich macht.[87] Im Punkt dieser Überlappung, auch dem frühchristlichen Erkennungszeichen Fisch oder Mandorla, wohnt die Leben in Tod oder Tod in Leben transformierende Kraft, die Quelle jeglicher Kraft. Bei den Ägyptern symbolisierte Anubis, der Hundsstern Sirius, bzw. das Siriussystem diesen Punkt, den »horizontalen Kreis«, der die helle Welt der Isis und die dunkle Welt der Nephtys voneinander trennt. In der Überlappung dieser beiden Zyklen blitzt der Keim auf, dem die ganze Schöpfung entspringt, der Quantensprung, der durch die Verbindung zweier großer Netzwerke auch ein neues Bewußtsein zu erschaffen vermag, und es wird deutlich, daß eine versunkene Kultur um diesen Kraftpunkt wußte und ihn rituell benutzte, aber wozu?

Ré oder *Rá* war der Name der Ägypter für den Geist der Sonne, auch bei proto-indoeuropäischen Sprachen stößt man bei den Worten für König und allem mit dem Königlichen Verbundenen stets auf diese Wortwurzel, die sich wie in *rex* (lat.) auch bei der Meßstange findet, *regula* – ein gerades Stück Holz, *rectitudo* – Geradheit; *roi* (franz.) – Recht, und *droit* – rechts; *right* (engl.) – rechts, richtig, *Regel* und *Reich*; *real* (span.), *royal* (engl.), *roial* (franz.) – königlich usw. Geradheit, Königtum, rechts, das Recht, Abstammung, Erbrecht, das Blutsband stehen also mit dem Königtum in Verbindung, unterschwellig mit der Sonnenkraft. Das ist auch beim Wort *Rind* der Fall, beim *Ren*-Tier und im deutschen Wort *Ricke* für das weibliche Reh, Symbol des weißen Hirschkalbes ohne Hörner der Aurignac-Menschen. Wie das sagenhafte weiße Einhorn verbirgt es sich im Dickicht der Bäume, d. h. im Kalender-Alphabet-Geheimnis, in der Überlappung zweier Zeitzyklen. Das Einhorn ist schon ein patriarchales Symbol und verweist auf die Übergangszeit, als aus der weißen transzendenten oder hyperboreischen Mondgöttin *(Elen)* ein weißer oder transzendenter Sonnengott *(Belen)* wurde.

Um über das diesseitige und das jenseitige Reich herrschen zu können, mußte sich der Heros das Gold der Götter aneignen, *mana*. »Wären Cadbury und Dolebury Dolmen, ganz England wäre von Gold durchpflügt«, besagt ein altes Sprichwort in Britannien. Alte erdmagnetische Plätze, zumeist Mounds, in denen mysteriöse Könige begraben sein sollen, bergen sagenhafte

Goldschätze, die allerdings nicht gehoben werden dürfen, weil sie mit der Welt der Toten, den *Dodmen*, in Verbindung stehen. Ein Topf Gold ist auch am Ende des Pfades der Götter vergraben, dem Regenbogen. Das Ende des Regenbogens ist die andere Seite des Sonnenlichts, das sich im Regenbogen in das siebenfache Farbenspiel des Lichtspektrums bricht – die andere Seite des Sonnenlichts liegt jenseits der sieben Farben oder Töne, der Initiationen, die der Heros, der König werden möchte, durchschreiten muß; jenseits des sichtbaren Lichts liegt das unsichtbare Licht, die Dunkelheit, bzw. ein Licht, das mehr ist als Licht, jenseits des aktiven männlichen Prinzips liegt das passive weibliche und als scheinbares Paradox schöpferische Prinzip! Um den Schatz zu heben, muß der Held in ein anderes, immer fremdes Land ziehen, in die Unterwelt oder das Jenseits, den Drachen bekämpfen, der den Goldschatz bewacht, und das Monster, sein Ego, töten. Zum Lohn erhält er die schöne Jungfrau und ihr Reich und wird zum Herrscher; und wenn sie nicht gestorben sind, dann leben sie noch heute, weil sie unsterblich geworden sind.

Obwohl man in den Märchen und Mythen meist bereits auf die Sexualisierung oder Teilung der Welt stößt, inkludieren alte Sprachen dennoch noch einen Begriffshorizont. So ging es auch bei der Befruchtung des Landes durch den Heros ursprünglich nicht vordergründig um den körperlichen Akt, die Zeugung, sondern, ausgedrückt in der Sprache unserer Tage, um eine qualitative morphologische Klassifizierung als Ergebnis und Ausdruck der Erfahrung einer mystischen Sympathie mit der Welt. So empfand man etwa die künstliche Befruchtung von Obstbäumen, die bereits vor Hebräern und Arabern praktiziert wurde, nicht als gärtnerischen Kunstgriff, sondern als magisches Ritual, das den Anstoß zur Fruchtbarkeit der Pflanzen gab; die sexuelle Beteiligung des Menschen in Form orgiastischer Riten im Jahreszeitenrhythmus war darin mit eingeschlossen. Wie in der modernen Kernphysik der Forschende immer Anteil am Ausgang des Experiments hat, empfanden sich die Menschen durch ihre eigene Fruchtbarkeit in den Prozeß der Fruchtbarkeit von Erde und Kosmos integriert. Es ist einsichtig, daß dabei weder dem einen noch dem anderen Prinzip der Vorzug gegeben werden konnte, weil nur ihre Vermischung alle Entwicklungen bedingt. So waren die Juden davon überzeugt, daß das Pfropfen der Obstbäume nur gelingen konnte, wenn es rituell durchgeführt und zu einer bestimmten Konjunktion von Mond und Sonne vorgenommen wurde. Als man die damit verbundenen orgiastischen Riten verbot, wurde es auch zum Tabu, Zitronen von gepfropften, künstlich befruchteten Bäumen zu essen.

Aber so primitiv, weil orgiastisch, wie derartige Riten nahelegen, waren sie nicht. Das zeigt sich deutlich anhand der uralten chinesischen Wissenschaft *Feng Shui*. Den Strom des Drachen, der auf zweierlei Arten erfolgt, *yin* und *yang*, negativ und positiv, weiblich und männlich, was jedoch keinerlei Wertigkeit inkludierte, symbolisierte man durch einen weißen Tiger und einen blauen Drachen. Man wußte und weiß in China noch heute, daß gewisse Teile der Erde jeweils unter dem besonderen Einfluß bestimmter planetarischer Konstellationen stehen, welche durch »Linien«, die durch das Erdfeld laufen, dem Erdkörper vermittelt werden. Abgesehen von lunaren und solaren Einflüssen bezog man die fünf in der Antike bekannten Planeten, Jupiter, Mars, Venus, Merkur und Saturn, sowie deren jeweilige Konstellationen in das ganzheitliche Kraftbild mit ein.

Wir vermessen das magnetische Feld der Erde mit Hilfe der Astronomie und dem Gebrauch eines magnetischen Kompasses. Offenkundig bedurften die Menschen des Hilfsmittels Kompaß erst, nachdem sie ihren eigenen »magnetischen Sinn« verloren hatten, und vermutlich verbirgt sich hier auch die Bedeutung vom »Stein des Herkules«; so nannte man den Südpol! Kompasse im alten China zeigten jedenfalls die Südrichtung an, was bedeutet, daß man sich magnetisch nach dem Südpol und nicht wie heute nach dem Nordpol orientierte. Wie alt der Kompaß ist, belegt eine chinesische Chronik, datiert auf 2600 v. u. Z. Im »Poli Wen Yun« ist der Kompaß als eine aus dem Osten (von China) gekommene Errungenschaft bezeichnet.

Stärke und Richtung der erdmagnetischen Strömungen verändern sich je nach Sonnen- und Mondphasen. Der Mond und sein Wandel wirkt sich auf diesen unsichtbaren Fluß genauso aus wie auf die Gezeiten der Meere. Bei vollem Mond kommt es, wie schon erwähnt, gegen Mittag zu einem bemerkenswerten Anstieg magnetischer Aktivität, dem eine ruhige Periode gerade vor Sonnenuntergang folgt. Zum exakten Neumondpunkt öffnen sich die »Poren der Erde«. Die Sonne wirkt sich durch den etwas über elfjährigen Zyklus der Sonnenflecken, dem »Einatmen« und »Ausatmen der Sonne«, sowie durch einen täglichen Rhythmus auf das Magnetfeld der Erde aus, das auch anderen Einflüssen, inklusive der lunaren Zyklen, unterliegt. Akzeptiert man, wie man das zunehmend wieder tut, die Einflüsse von Sonne und Mond auf den Biorhythmus der Erde und ihrer Lebewesen, ist es nur natürlich anzunehmen, daß ein ähnlicher Einfluß von Planeten oder entfernten Sternen ausgeht, insbesonders von Fixsternen. So wies der Astronom Fred Hoyle darauf hin, daß alle unsere Vorstellungen von Raum und Geometrie restlos ungültig würden, wenn die fernen Teile des Universums verschwinden würden, und schon der Grieche Platon sagte: »Gott ist ein Geometer!«

Eine rätselhafte frühe Kultur scheint ihre eigenen, uns noch unbekannten Methoden zur Vermessung dieser Strömungen besessen zu haben. Darauf deuten u. a. in Schweden gefundene Schiffssetzungen hin, das sind große Ovale aus aufgestellten Steinen in Form eines Schiffes. Alle weisen nach Südwesten. Auch Gräber rund um Cardiz, dem antiken Tartessos, sind zumeist nach Südwest ausgerichtet. Weshalb zeigen sie gerade diese Richtung an? Vermutlich stehen sie mit dem Stern Arkturus in Verbindung, der nicht nur als »Bärenhüter« auf den nördlichen Polarstern verweist und auf die Kretische Krone, die Corona Borealis, sondern zur Zeit der Sommersternbilder südwestlich auch in direkter Linie auf das Sternbild Jungfrau und dessen hellsten Stern, Spica. Arthur stand zur Zeit der Sommersterne im »Dienst der Jungfrau«, d. h. im Schnittpunkt zwischen den »Kreisen« des nördlichen und des südlichen Himmelspols, wie Merlin aus der Region der Sommersterne stammte!

Steinsetzungen in Britannien geben Fußabdrücke wieder, und von den *BaFumi* der Bantu-Mythologie ist überliefert, daß ihre Könige den Fuß auf einen Stein setzten und sagten: »Ich nehme in Besitz!« Der Hinweis auf einen kosmologischen Bezug des »Fußkultes« ergibt sich wiederum aus den Kommentaren zum I-Ging, denn man deutete die Schattenseite des Mondes, dessen Hohlform, die Innenseite des Mondgefäßes, auch als die Fußstapfen eines großen Menschen, der dort oben auf der Oberseite des Sternenzeltes über den Himmel schreitet. Das ist ein deutlicher Hinweis auf den siderischen Kalender mit seinem auf die Erde einströmenden dipolaren Kräftefluß.

Die Metapher der Hopi für den nächtlichen Sternenhimmel war »Blütenall«, und die Schmetterlingsmädchen kamen aus den Blüten, den »Blumen der Erde« hervor. Weil das Blütenall den Sternenhimmel bedeutet, entspricht es auch wieder der Erdmaterie, erklärt James Powell, und Frank Fiedeler betont, daß die irdische Materie, weil sie in des »großen Menschen« Fußstapfen wandelt, durch die Informationsspur des himmlischen Weges geprägt oder befruchtet wird. Es war diese Art von Befruchtung, die ursprünglich im Mittelpunkt der Rituale des das Land befruchtenden Königs stand.

Caitlin Matthews schrieb in »Arthur and the Sovereignty of Britain«, daß nur jene Eroberer, welche die ihnen Macht gebenden Embleme und ihre Mystik aus dem tiefen, mythischen Netzwerk des Landes beziehen, erfolgreich waren. Die Göttin der Herrschaft ist der *genius loci*, der Geist der Erde unter uns. Das bedeutet, daß der Geist, besser gesagt der *spirit* des Königs mit dem *spirit* des Landes verbunden sein muß. Will er seine Macht antreten, muß der künftige König deshalb Hochzeit mit dem Land bzw. mit dessen *spirit* feiern. Darauf bezieht sich »Echach Muigmedoin«, eine altirische Ballade: Gemeinsam mit seinen (vermutlich zwei) Brüdern, muß der Held Niall, ohne sich dessen bewußt zu sein, mehrere Prüfungen bestehen, bevor er den Thron besteigen kann; Thron heißt im Keltisch-Irischen übrigens *rig-damma*, worin sich bereits die nötige Vermischung andeutet! Unter anderem fordert ihn eine häßliche Alte, die einen Brunnen hütet, auf, sie zu küssen und mit ihr zu schlafen. Als einziger überwindet sich Niall, und die Alte wird eine wunderschöne junge Frau, die sagt: Das Königtum gehört mir, o König von Tara, ich bin die Herrschaft; »Tara« war der Titel irischer Herrscher, denn die Seele des Landes, die mit dem Wasser, der Quelle verbundene Kraft des Weiblichen, Leben zu geben, ist der wahre Herrscher des Landes, ohne den der Sakralkönig, die Kraft des Männlichen, Leben zu nehmen, einst nicht herrschen konnte und durfte.

Daraus geht hervor, daß der Heros nur durch das nötige Opfer, den Tod seines männlichen Ego, symbolisch seiner »Männlichkeit«, über die Göttin, das Land und die Lage der Dinge herrschen durfte. Indem er die ihm ureigene »aktive Kraft«, Leben zu nehmen, das eigentliche Prinzip der »männlichen Schöpfungskraft« der »niederen Welt«, in die höhere »weibliche«, metaphysische und passive Kraft, geistiges Leben zu geben, umwandelte, wurde er fruchtbar, zum »König«. Das kommt der Umpolung gleich, die man in der Mystik »Umdrehen der Energie« nennt. Umgesetzt auf die magische Herrschaft über die Seele der Erde bedeutet das, daß der König nur durch Verstümmelung der erdmagnetischen weiblichen Kräfte imstande ist, dem Land und der Lage der Dinge seinen individuellen mächtigen Stempel aufzudrücken! In dieser Umkehrung vom Dienen zum Herrschen lag die Hohe Magie der »Schmiede« und der darauf folgende Machtmißbrauch begründet.

Das siderische Pendel

Nach dem Machschen Prinzip hat Materie nur deshalb Trägheit, weil es im Universum noch andere Materie gibt. Rotiert ein Körper, erzeugt seine Trägheit Zentrifugalkräfte, aber diese Kräfte treten laut Fred Hoyle nur auf, weil der Körper relativ zu den Fixsternen rotiert. Eigenschaften materieller Objekte können demnach nur als Wechselwirkung zwischen ihnen und der übrigen Welt verstanden werden, und diese Wechselwirkung reicht bis weit in das Universum hinaus, bis zu den fernen Sternen und Spiralnebeln.[88] Vieles weist darauf hin, daß eine frühere Kultur das Mittel besaß, die Schwere oder Dichte der Materie aufzuheben, sie ist die Wurzel der Leichtigkeit, besagt das Tao Te King; das setzt Transformation, Umwandlung, also Umpolung voraus.

Besondere Aufmerksamkeit schenkte man Sonnen- oder Mondeklipsen (Finsternissen), und wir wissen heute, daß der physikalische Einfluß einer Eklipse auf die Erde in dem Effekt liegt, den sie auf den terrestrischen Magnetismus ausübt. Während der totalen Mondeklipse, die entsteht, wenn der Mond in den Erdschatten tritt, der mit seinem Kern 1400000 Kilometer weit in den Raum reicht und nur bei Vollmond stattfindet, also dann, wenn sich der Mond am weitesten außerhalb der Erdbahn um die Sonne befindet, verringert sich die magnetische Aktivität auffallend. Hier gibt es einen 56-Jahre-Zyklus, der etwa in Stonehenge eingeschrieben ist, denn man konnte derartige Eklipsen exakt vorherbestimmen. Ein Großteil der astronomischen Informationen, die zu sammeln Stonehenge gebaut worden zu sein scheint, könnte sich nur auf die Vorhersage lunarer Eklipsen bezogen haben, bemerkt John Michell. Daß man der totalen Mondfinsternis nicht nur im vorkeltischen Britannien besondere Aufmerksamkeit schenkte, bezeugt der gigantische Schlangenmound in Ohio. Die Mondeklipse führt zu einer plötzlichen Unterbrechung des gleichmäßigen Flusses der terrestrischen Strömungen des »Drachen« und war wohl aus diesem Grund sehr gefürchtet – oder sehr gefragt.

Stellen wir klipp und klar fest: *Anzeichen in der universellen Mythologie sowie die nach astronomischen Kriterien aufgestellten Steine bei megalithischen Formationen, deuten auf eine prähistorische Wissenschaft hin, deren Zweck es war, eine Verschmelzung zwischen Erdmagnetismus und kosmischer Energie, zwischen der Schwere und der Leichtigkeit zu erzeugen, zu kontrollieren und zu lenken.* Eine Verschmelzung, die uns noch unbekannt ist, die jedoch zweifellos mit dem polaren Magnetismus in Zusammenhang steht. Giganten zogen Kraft aus der Erde, etwa anhand der vier Steine nahe Old Radnor (Powys Radnor), von denen es heißt, sie gingen jede Nacht zum Hindwell-Teich, um zu trinken. Woraus diese Steine tranken ist deutlich: aus dem, was (alles) unter der Erde ist, das ein Edikt Moses' verbot »anzubeten«. Andere Steine »tanzten« zur Zeit des vollen Mondes während Mittsommer täglich zu Mittag, wie etwa die Wassersteine in Wrington (Avon) oder die Neun Steine oder Nine Maidens in Belstone Common (Devon) – denken wir an den mittäglichen Effekt auf den Erdmagnetismus besonders bei Vollmond, auf den die Neunzahl verweist.

Feng Shui nennt man auch die Wissenschaft von der Wechselwirkung der beiden Drachen oder Schlangen bzw. der beiden polaren Seiten des einen Drachen oder der einen Schlange in China. Sie verbindet terrestrische und kosmische Strömungen zu einem Gesetz, das einst nicht nur in China, sondern weltweit praktiziert wurde. *Feng Shui* geht wohl auf die frühe Erscheinungsform des Himmelsgottes *Fu-hsi* zurück, auf jenen »Dämon«, dessen Kopf auf der chinesischen Grabkeramik abgebildet ist, welche die Meton-Periode wiedergibt, den Zyklus von

Sonnen- und Mondzeit, der alle möglichen Abwandlungen, die Vielfalt der Erscheinungskonstellationen von Sonne, Mond und Sternen in einem kosmischen Ordnungsmuster kombiniert. In diesen Zyklus war die *durch den Dämon* befruchtete Erde eingebunden. Diese prähistorische Keramik zeigt eine katzenartige Vorderansicht mit zwei Hörnern, die mit »Durchflußlöchern« versehen sind, sie bedeuten die Sonne. Die beiden Hörner symbolisieren den zunehmenden und den abnehmenden Mond links und rechts von der Sonne (Neumond), die Durchflußlöcher beziehen sich auf den Glauben, die zwei Mondhälften regulieren das Abfließen des »Wassers«, durch das sich die trockene Tagwelt aus der wasserüberfluteten Nachtwelt heraushebt. Die Rückseite des Dämonenkopfes zeigt die Schlange, die Nachtwelt (Vollmond). Dieser Dämon ist vermutlich nur eine andere Form der mythischen Personifizierung von *yang* und *yin* bzw. *ch'ien* und *k'un*, nachdem Schattengeist und Lichtgeist voneinander getrennt und später verkehrt worden waren. Ein Relief im Wuliang-Tempel in Shantung zeigt das ursprüngliche Doppelwesen oder Ur-Paar *Fu-shi* und *Nu-kua*. Beide Figuren besitzen menschliche Oberkörper und schlangenartige Unterleiber und sind in dreifacher Erscheinungsform dargestellt:
in einfacher Verschlingung und einander zugewandt;
in doppelter Verschlingung und voneinander abgewandt;
voneinander getrennt und in verschiedenen Stellungen,
Fu-shi aufrecht und *Nu-kua* liegend.

Nach Fiedeler symbolisieren sich hier die drei Entwicklungsstufen des Subjekts, wie sie sich auch in den drei Zustandsformen des *Möbiusbands* darstellen, auf dessen Gesetzmäßigkeit man in der Chaos-Forschung stieß: das einfach gewendete Band, dessen Seiten fließend ineinander übergehen; das doppelt gewendete Band mit seinen zwei voneinander geschiedenen Kehrseiten; und das zweigeteilte Band, das die Ebene der Individualität bedeutet. Vom Doppelwesen Mann-Frau, einst als Zwilling Rücken an Rücken aneinandergewachsen, berichtet auch ein Bantu-Mythos, bei paläolithischen Funden entspricht es den androgynen Figurinen, die in Europa während des Jungpaläolithikums entstanden.

Das Doppelwesen (die Gesamtheit der 64 Hexagramme) hält in den Händen Zirkel und Winkelmaß, die bis heute Symbole

Auszugsweise Wiedergabe des Reliefs mit dem chinesischen Ur-Paar Fu-shi und Nu-kua als Doppelwesen.

der Freimaurer sind. Sie waren auch die Insignien der Baumeister der französischen Gotik, der »Kinder Salomons«; manchmal findet sich bei Abbildungen auch der Hammer als Sinnbild der Großbaumeister. Der Zirkel, im Englischen auch »Kreis«, *circle*, war ein Attribut der mythischen Schmiede und das Zeichen ihrer magischen Kraft, der konzentrische Kreis, die Spirale, das Hekat, »Hundert«. Diese Symbolik findet sich besonders eindrucksvoll in Nordafrika (nahe Tanger) und auf Malta, aber auch in Australien und Asien, und in Europa vorwiegend im Westen und auf den Britischen Inseln, im nördlichen England und Schottland sowie auf Kreta.

Der geodätische Raster der Erde und das mit ihm in wechselweiser Wirkung und Durchdringung stehende Himmelsnetz lassen sich vom ursprünglichen Doppelwesen Mensch als kulturerzeugendes Wesen nicht trennen. Die Muster des Lebens sind in morphogenetischen Feldern gespeichert und abrufbereit, und der Anstoß zu einer das Leben in eine neue Richtung dirigierenden Veränderung tritt jeweils dann auf, *bevor* eine Veränderung nötig wird! Es ist also leicht nachzuvollziehen, daß eine nötige Veränderung um so stärkerem Widerstand begegnen wird, je fester eingewoben ein nicht mehr weiterführendes kulturelles Verhaltensmuster in die Seele der Erde oder in die individuelle Seele des Menschen ist; und aufgrund der Wechselwirkung zwischen innen und außen wird sich dieser Widerstand, sofern er nicht innerlich überwunden wird, äußerlich manifestieren müssen, um die nötige Veränderung zu erzwingen. Anhand des Untergangs von Catal Hüyüc in Südostanatolien, der mit Jericho bislang ältesten bekannten Stadt (etwa 8000–4500 v. u. Z.), wird deutlich, wie die Jenseitsbezogenheit einer im Mystizismus erstarrten Kultur der Mütter den Bezug zur Realität verloren hatte, wodurch sie dem sich ankündigenden Konflikt zwischen einer weiblichen Kosmogonie und dem durch Erfindungen wie Pflug, Viehzucht und Mehrwerterzeugung (Handel) wachsenden Selbstverständnis der Männer nicht genügend Aufmerksamkeit schenkte; die Stadt war dadurch zum Untergang verurteilt. Heute, an die 6500 Jahre nachdem Catal Hüyüc unzerstört aufgegeben und verlassen wurde, steht nicht nur eine Stadt, sondern die Menschheit am entgegengesetzten Ende eines extrem ausschlagenden Pendels; ein Pendel kann nur in Harmonie hin- und herschwingen, wenn es von einem in sich selbst ruhenden Mittelpunkt aus schwingt.

Daß die absolute Mitte eines perfekten und in alle Ewigkeit fortschwingenden Pendels, das *perfectum mobili* der Alchimie oder Alchemie, aufgrund irdischer Gesetzmäßigkeiten nur an einem bestimmten Punkt zumindest theoretisch aufgehängt werden kann, nämlich in der Himmelsmitte, dem heutigen nördlichen Himmelspol – auf den die im Mittelpunkt der Erde entspringende Verlängerung der Erdachse verweist –, bezeugt, wie ausgeklügelt die alte Kosmogonie oder Wissenschaft um den Gesamtzusammenhang zwischen Kosmos und Erde-Mensch war. Die esoterische Tradition nennt das *Pendulum*, mit dessen Hilfe auch erdmagnetische Strömungen geortet werden können, »siderisches Pendel«.

Seit sie sich einseitig aus dem Urgrund einer weiblichen Keimkraft herausgelöst hatten, versinnbildlichten Sohn, Heros, Sakralkönig und schließlich der weltliche Herrscher das »Gerade«, das in Form von vollkommen geradlinigen Prozessionsstraßen auch in die Lage der Dinge hineingetrimmt wurde. Das Gerade war zum ausschließlichen Rechten geworden, nach dem es sich von nun (auszu)richten galt, aber in der Natur unserer dreidimensionalen Welt gibt es keine vollkommene Geradlinigkeit. Der Weiße Tiger und der Blaue Drache schwingen einander ergänzend durch bergige Einschnitte und über die Hügel und Berge, wobei der männliche Fluß höheren Routen über steile Berge folgt und der weibliche vorwiegend entlang niedriger Hügelketten fließt.

Die ideale Proportion des Landes gibt die chinesische Wissenschaft von den Erdströmungen mit $^{3}/_{5}$ *yang* und $^{2}/_{5}$ *yin* an. *Yang* ist das Gerade und *yin* das Krumme, aber daß die Herrschaft des Geraden über das Krumme eine Illusion ist, erkannte die Topologie, ein Zweig der theoretischen Mathematik. Man entdeckte, daß sich in einem gummiartigen (dimensionslosen) Raum die Formen verzerren, d. h. gerade Linien werden zu Kurven, Kreise zu Dreiecken oder Quadraten, das einzige, was sich auch bei beliebiger theoretischer Verzerrung der Linien nicht zerstören läßt, ist eine Kreuzung der Linien. Das bedeutet: Eine Kreuzung von Linien bleibt auch im dimensionslosen Raum eine Kreuzung von Linien. Ihre Kraftzentren errichtete eine rätselhafte versunkene Kultur an Kreuzungen von *Leylines.*

Innerhalb ihres eigenen Flusses sollen sowohl das Männliche als auch das Weibliche gewisse Charakteristika der gegenteiligen Kraft enthalten, rät das *Feng Shui.* Gewisse Linien sind planetarischer Art, und ihre Symbolik liefert den Schlüssel zur Verträglichkeit; Jupiter steht für Holz und die Farbe Gelb; Mars für Feuer und Rot; Venus für Metall und Blau; Merkur für Wasser und Weiß, und Saturn für Erde und Schwarz. Metall (Venus) und Erde (Saturn) harmonieren, Metall (Venus) und Feuer (Mars) erzeugen einen Mißklang. Venus (Metall) verträgt sich mit Saturn (Erde), aber nicht mit Mars (Feuer) usw.; hier beginnt sich so mancher mythologische Kampf zwischen den Göttern zu enträtseln.

Die Kraft des Geraden ist also eine dämonische Kraft, die durch die Kraft des Runden oder Krummen ausbalanciert werden muß. Man hatte erkannt, daß gerade Linien die günstigen Einflüsse eines friedvollen, abgeschlossenen Ortes, wie sie den Heiligtümern der *Ele(a)n* entsprachen, zerstören. Sie bringen aggressive Strömungen in friedvolle Landschaften. Dieser dämonischen Linien bediente sich der Magier im Zentrum der Linien. Der subtile Schaden, den nicht nur unsere die Landschaften zumeist schnurgerade durchziehenden Zäune, besonders auch unsere Autobahnen anrichten, selbst wenn sie dann und wann von Abfahrten »aufgelöst« werden, ist so gesehen unabsehbar.

Weil sie im Grunde genommen nicht von dieser Welt sind, das wird noch deutlich werden, verlaufen die Linien des Drachenflusses gerade durch das Land, aber örtlich, irdisch, sollte ihr Verlauf durch eine Anzahl sanfter Kurven ausgeglichen werden, wie etwa das Beispiel linearer Muster und Ausrichtungen der *tumuloi* bei der Kreuzung der Straßen in Winterbourne nahe Stonehenge zeigt. Ersteres geschah anfangs noch, doch später überwogen die geraden Straßen, die zu prunkenden Prozessionsstraßen irdischer Könige geworden waren. Solange das Geheimnis der Straßen des *Belinus* den Vertretern der christlichen Religion noch bekannt war, bedienten auch sie sich dieser magischen Kraft. Das bedeutet, daß das Christentum die spirituelle Kontrolle des Landes übernehmen konnte, weil es seine Sakralgebäude auf den alten Kraftzentren und ausgerichtet nach *Leylines* errichtete. Als Beispiel verweist John Michell auf Stonehenge und das sechs Meilen entfernte Old Sarum, die mit der zwei Meilen entfernten Salesbury Kathedrale durch *leylines* verbunden sind, die weiter bis zum Clearbury-Ring führen.

Das Wissen um die geomagnetischen Gesetzmäßigkeiten der Erde, um die »Konstruktion des Kosmos«, sowie um die Widerspiegelung in der formenbildenden Seele der Erde ging verloren, je mehr sich die Religion(en) veräußerlichten, überlebte jedoch in symbolhafter Form auch außerhalb Chinas. Ein Beispiel dafür ist die kabbalistische Angabe, daß *Bel.zebiel*, der zum Belzebub, zum Teufel wurde, das Tabernakel erbaute: Er wußte um die Kombination der Buchstaben, aus denen Himmel und Erde geformt worden waren. Die alte Symbolik verbirgt sich auch im Wort *Eureka*, dessen zahlensymbolischer Wert 534 sich auf das Verhältnis des rechten Winkels der Dreiecke mit den Seitenlängen 5:3:4 bezieht, dem wir als Gesetz der kosmischen Oktaven begegneten. Im Zuge dieser Entwicklung begann das »Pendel« zunehmend nur noch nach einer, als einzig rechter Richtung verstandenen Seite auszuschlagen; heute steuert es auf den unvermeidbaren Umschwung zu, der sich, je stärker sich der Widerstand gegen diese Gesetzmäßigkeit äußert, um so katastrophaler wird auswirken müssen.

Heilige Orte, auf deren rätselhafte, zumeist gewaltlose Aufgabe man immer wieder stößt, wurden verlassen, weil sich astronomisch-erdgeomantische Wechselwirkungen verändert hatten. Ein Beispiel dafür ist die Verlagerung von Stonehenge nach Old Sarum und schließlich zu jenem Ort, an dem die Kathedrale von Salesbury errichtet wurde. Je häufiger christliche Heiligtümer an Orten nur deshalb entstanden, weil sich dort einmal ein heidnisches Heiligtum befunden hatte (und alle heiligen Stätten des Christentums wurden einst an derartigen Orten errichtet), um so schwächer wurde der Einfluß der Kirche auf die Lage der Dinge. Proportional dazu nahm die gewaltsame Missionierung zu. In der Kenntnis eines uralten geomantischen Gesetzes – das mit Hilfe der Erzeugung einer uns noch unbekannten Energiequelle, die jedenfalls mit dem Erdmagnetismus in Zusammenhang steht, magische Wirkungen erzielte –, lag der Schlüssel zum Erfolg des Königs über das Land, den die Alte-Junge-Frau nach der heiligen Hochzeit zum Herrscher von *Tara* machte. *Ut.tara* ist die »erhabene oder höchstgelegene Gegend«, *ut.tarayanaa* (sanskr.) der »nordische Weg«, zu dem die »Pfade des Nordens« leiten. Im Mysterium von *Ta Mari*, der »Erde als Magnet des Himmels« oder »Anziehung kosmischer Energie«, verbirgt sich das Werkzeug zu irdischer magischer Macht – zum Frieden oder zum Krieg, zur Erhöhung oder zum Untergang. Die Menschen wählten bereits mehrere Male letzteres, so berichten die Hopi vom Krieg der Atlanter gegen die »Dritte Welt«, Kasskara, das im Pazifischen Ozean gelegen haben soll. Die Schiffe der Atlanter flogen im magnetischen Feld und führten Krieg mit Hilfe der magnetischen Kraft. Dann aber drückte jemand auf einen falschen Knopf, und die Welt ging unter. Die uns unbewußt gewordene Kraft *Maris*, die zwei Seiten hat, eine schöpferische und eine zerstörerische, die Kraft der Erde als Magnet des Himmels, mit der wir heute unbewußt ständig experimentieren, löste den Weltenbrand aus, durch den die Erste Welt unterging; die Vereisung, durch die die Zweite Welt zugrunde ging; und die Flut, der die Dritte Welt oder Erde zum Opfer fiel. Es ist die Urkraft der Urmatrix, zu der die »geraden Straßen« direkt hinleiten. Sie verbanden sich einst zum gewaltigen Klang von vom Himmel auf die Erde projizierten Orakel-Oktaven, in deren strategischen Zentren sich noch heute prähistorische Erdheiligtümer befinden.

Kapitel 3
Geodätische Erdheiligtümer

Wir werden ihnen unsere Zeichen
an den Horizonten und innerhalb
dieser so lange zeigen, bis sie erkennen können,
daß das die Wahrheit ist.
Koran 41, 53

Die geodätische Oktave

Nach mystischer Tradition wurde die Erde zur Zeit einer früheren Zivilisation in Dreieckabschnitte aufgeteilt, und ihre Dimensionen exakt vermessen und aufgezeichnet. Gemäß einem Artikel im »Kurier« (Österreich) vom 6. 7. 1998 stießen die Raumplaner Walter Felber und Roland Fabro mitten in den österreichischen Alpen auf ein mysteriöses Netz trigonometrischer Figuren, auf ein Stonehenge in der Obersteiermark. Sie entdeckten 57 künstlich errichtete Punkte, ausgehend von einem Hügel im obersteirischen Irdning, auf dem jahrhundertelang der Galgen stand, von dem u. a. ein Netz gleichschenkliger und rechtwinkliger Dreiecke vermessen worden zu sein scheint. Rund um den Berg Grimming finden sich auffällige geometrische Figuren, und man entdeckte, daß die Sonne am 21. Juni am Heidenkogel in Alt-Irdning genau über dem Kulm, einem Berggipfel steht und daß sie bei ihrem Untergang hinter dem Grimming verschwindet. An manchen dieser Punkte funktioniert der Kompaß nicht. Die siebenundfünfzig Punkte sind in Dreiecken verbunden, fünfzehn davon liegen auf zwei einander überschneidenden Kreisen mit dem gleichen Durchmesser(!). Die Steirer, die 1997 zufällig bei Vermessungsarbeiten auf diese mysteriöse Konstruktion geodätischer Linien stießen, sind deshalb davon überzeugt, daß sie etwas mit Gestirnsbeobachtungen zu tun haben und daß es sich bei dem Netz von Dreiecken um ein ausgeklügeltes prähistorisches Vermessungssystem handelt, wie man es auch u. a. in Stonehenge oder auf dem Hügel der Kathedrale von Chartres entdeckte. Anhand dieser Spuren einer dreiecksmäßigen Vermessung des Landes durch eine vorkeltische Kultur überrascht es nicht, daß das alte Maß »Morgen« oder *acre* (engl.) eine Myriade Millionstel des Quadrats der Polarachse der Erde angibt. Den Schlüssel zur Vermessung der Erde in Form von Dreieckabschnitten liefert der Himmel. Ein deutlich erkennbares Dreieck bilden etwa auf der Milchstraße Daneb im Schwan (Cygnus), Wega in der Leier (Lyra) und Atair im Adler (Aquilla), das sogenannte Sommerdreieck östlich des Herkules. Auch zwischen Sirius im Großen Hund, Procyon im Kleinen Hund, und Beteigeuze im Orion ist ein solches Dreieck klar erkennbar. Beteigeuze (Osiris' Stern) war einer der fünfzig Sterne des Sternbildes Argo, der Argonauten, deren »Sage« die Griechen übernahmen und für ihre lokalen Eroberungszüge verwendeten. Die Zahl 50 verweist, wie die fünfzig Jahre der Sugoi-Zeremonie bei den Dogon oder die Anzahl der Priesterinnen der Danäer im vormykenischen Argos, auf die fünfzig Mondviertel, mit denen man das Jahr vor der Verdopplung vermaß. Deshalb heißt es auf einer babylonischen Inschrift: »Die göttliche Sieben ist Fünfzig.«[89] Weil die Zahl 50 scheinbar nichts mit der Sieben zu tun hat, deren Potenz 49 ergibt, gilt diese Inschrift der Forschung als rätselhaft – die Oktave des siderischen Jahres entspricht fünfzig Mondvierteln des synodischen Jahres, wobei ein Siebtel übrigbleibt, und so handelt es sich hier um eine Angabe zum Urkalender der Menschheit, auf den wir stießen – so einfach ist das. Das bedeutet auch, daß man dieses prähistorische Vermessungssystem erst dann wirklich nachvollziehen können wird, wenn man die Gesetzmäßigkeiten dieses uralten Kalenders der Menschheit wieder berücksichtigt. Frank Fiedeler wies darauf hin, daß in China der Sternenhimmel die Große Flut symbolisierte. Sein gesamter Umkreis, die Große Zone des Lichts, der Zodiak, wird durch die Zahl 50 dargestellt, die fünfzig Mondviertel der synodischen Wochen des Sonnenjahres. Deren Verdopplung ergibt hundert – Hekat(e). Deshalb sind auch fünfzig Argonauten überliefert, die man auch Minyer nannte, wodurch sich wiederum ein Hinweis auf die Minäer bzw. Sabäer und die sagenhafte Riesenkultur ergibt.

Als einen der Argosterne bezeichnete Richard Hinckley Allen einen der babylonischen Tempelsterne, der mit *Ea* oder *Ia* verbunden war. *Ea* ist ein akkadischer Name des sumerischen *Enki*, dem wir bereits als von der Himmelskönigin befruchteten Sohn der Erdmutter begegneten. Eridu, die südlichste aller sumerischen Städte, galt als seine irdische Wohnstätte, sein Gegenstück am Himmel müßte also auffindbar sein. Einer aufgeschlossenen und experimentierfreudigen Forschung, die anhand alter geodätischer Erdheiligtümer und mythischer Angaben mit Hilfe moderner Computertechnik das alte Sternbild Argo rekonstruieren könnte, würde sich vermutlich so manches Rätsel unserer Vergangenheit und auch unserer Zukunft erschließen. Aratus von Solo (+245) schrieb, die Argo, von der heute nur noch das Steuerruder Canopus in der südlichen Hemisphäre bekannt ist, befände sich »ganz und gar« am Himmel, so daß eine Rekonstruktion dieser uralten himmlischen Ordnung möglich sein sollte, nach welcher die Erde einst in Dreieckabschnitten vermessen wurde.

Enki warnt im Gilgamesch-Epos den Weisen *Utnapischtim*, der Atlantis noch kannte, selbst aber schon auf eine spätere, zur Zeit des babylonischen Proto-Helden Gilgamesch bereits versunkene Kultur zurückweist, vor der Flut. Wie der spätere biblische Noah schickt Utnapischtim von seiner Arche Vögel aus, um trockenes Land zu finden. Bei den Griechen galt Dodona als Landeplatz. Im Deukalion-Mythos landet der Held mit seiner Arche auf den Berggipfeln einer nicht näher bestimmten Umgebung, und Noah wählte vermutlich den Ararat; Dodona und der Ararat liegen auf demselben Breitengrad!

Dodona in Epirus auf der griechischen Peloponnes war ein Orakelheiligtum der Erdgöttin Dione mit der heiligen Eiche, der Vorgängerin des keltischen Eichenkultes. In Dodona soll Athene ein Stück Eichenholz in den Bug oder in das Heck der Argo eingesetzt haben, d. h. in Dodona wurde ein auf einen bestimmten Stern ausgerichtetes Erdheiligtum begründet. Fünfzehn Kilometer südwestlich davon liegt ein anderes Erdheiligtum, Ionaninna, das auf 1300 v. u. Z. datiert wird; die Verlegung eines Vermessungspunkts aufgrund veränderter geodätischer Voraussetzungen ist deutlich erkennbar. Metsamor, einige Meilen westlich von Eschmiadziui in Sichtweite des Ararat und des Alagoz, war in prähistorischer Zeit, vor etwa 5 000 Jahren ein wichtiges astronomisches Zentrum. Das sogenannte Observatorium von Metsamor war, lange bevor die Hebräer in die Geschichte eintraten, bereits mit »kabbalistischen Zeichen« bedeckt.[90] Man schätzt, daß die armenische Piktogrammschrift (Bildschriftzeichen) bis in die Jungsteinzeit zurückgeht, und weiß, daß Georgien in prähistorischer Zeit mit kupferverarbeitenden Zentren in Mitteleuropa in Verbindung stand (nach Prof. David Land und Dr. Charles Burney). Setzt man im ägyptischen Theben einen Zirkel an, dann liegen Dodona und Metsamor auf demselben Kreisbogen!

Dem Mythos zufolge wurde Theben (Taïba), das als Nabel Ägyptens galt, von Herakles begründet, den die Ägypter *Son* oder *Chon* nannten, *Cham* oder *Ham*, der biblische »Ahnherr der Neger«. Nach Diodor kam er in der Flut um! Als sich Herodot nach dem griechischen Herakles erkundigte, verwies man ihn jedenfalls nach Ägypten.[91] Aber das geodätische Zentrum des alten Ägypten war nicht Theben, sondern Behdet, das Alexander der Große nach dem Steuerruder der Argo in Canopus umbenannte.

Der alte ägyptische Hauptmeridian teilte Ägypten genau in zwei Hälften und verlief parallel zur Erdachse(!) von Behdet/Canopus am Mittelmeer durch die dem Nildelta vorgelagerte Orakelinsel Pharos.[92] Auf Pharos befand sich der größte Mittelmeerhafen der Antike, denn Handel und religiöse Stätten ließen sich damals noch nicht voneinander trennen.[93] Der zweite Kreuzungspunkt lag am zweiten Katarakt des Nil in Oberägypten. Nach Livio Catullo Stecchini legte man Städte und Tempel absichtlich in Abständen vom Wendekreis oder vom Hauptmeridian an, die sich in vollen Zahlen und einfachen Brüchen ausdrücken ließen. Das prähistorische Behdet lag unweit der Nilmündung, und Memphis, die erste Hauptstadt des vereinten Ägyptens, auf dem Hauptmeridian genau 6 Grad nördlich vom Wendekreis des Krebses. Jedes dieser geodätischen Zentren stellte sowohl geographisch als auch politisch einen »Nabel der Welt« dar, den ein jeweils aufgestellter *omphalos* symbolisierte, der symbolische Hinweise auf Meridiane und Parallelkreise gab, jene geheimnisvollen Schriftzeichen, auf die man immer wieder bei derartigen Steinen stößt. Von ihnen waren Richtung und Entfernungen zu anderen »Nabeln« abzulesen. Im ägyptischen Theben stand der Stein im Hauptraum des Amuntempels exakt im Kreuzungspunkt von Meridian und Parallelkreis; und der Tempel lag dort, wo Ägyptens Ostachse den Nil kreuzte, auf einem Parallelkreis (25.42.51 Grad Nord), der genau zwei Siebtel der Entfernung vom Äquator zum nördlichen Pol markiert!

In den Abmessungen Ägyptens fand die *maat*, die kosmische Ordnung, ihren Ausdruck, weshalb der Pharao Echnaton zum prädynastischen System von Behdet zurückkehren wollte, um zu beweisen, daß nicht Theben Ägyptens wahres geodätisches Zentrum war, sondern Behdet. Daß er als jener Pharao gilt, der den Einen Gott installieren wollte, stellt keinen Widerspruch dar, insofern, weil der Pharao ja die alte Ordnung wiederherstellen wollte. Das deutet darauf hin, daß das Achet-Aton Echnatons der wahre Nabel Ägyptens gewesen wäre, auf (heute) 27 Grad 45 Minuten nördlicher Breite lag es in der Mitte zwischen dem nördlichsten Punkt, Behdet, und der Südgrenze Ägyptens bei 24 Grad 00 Minuten Nord.

Versucht man das Sternbild der Argo auf die Erde zu projizieren, wie es Robert Temple tat, das Steuerruder Canopus auf jene Stadt in Unterägypten gerichtet, die einst seinen Namen trug, Behdet, den Bug auf Dodona an der Peloponnes gerichtet, und dreht das »Boot« um diesen Fixpunkt, so daß der Bug, der vorher gen Dodona gerichtet war, nun nach Metsamor am Ararat hindeutet, während das »Steuer« auf Canopus/Behdet gerichtet bleibt, erhält man einen Winkel von genau 90 Grad! Von Behdet/Canopus bis zum Großen Katarakt ist Ägypten sieben Breitengrade lang; daraus ergibt sich eine geodätische Oktave, die Robert Temple wie folgt rekonstruierte:

8. Dodona

7. Delphi

6. Delos

5. Kythera oder Thera

4. Omphalos (Thenai) bei Knossos auf Kreta

3. Paphos, Kap Gata oder Kition an der Südwestküste Zyperns

2. Tritonsee (Sahara) in Libyen

1. El Merg (Barka)

Dodona liegt genau acht Breitengrade nördlich von Behdet, und genau sieben Breitengrade im Norden von Behdet befindet sich Delphi, wie Livio Stecchini erkannte. Obige Orte sind jeweils einen Breitengrad voneinander und jeweils eine volle Zahl von Breitengraden von Behdet entfernt. In den sieben Breitengraden, über die sich Altägypten der Länge nach südwärts erstreckte, verbergen sich die sieben Vokale des Herakles zugeschriebenen irischen Ogma-Sonnengesicht-Alphabets, die sieben Saiten der Lyra Apolls bzw. die sieben Intervalle der Oktave, die eine achttönige Reihe darstellt, also die Oktave des siderischen Jahres, die fünfzig Mondvierteln des synodischen Jahres, unseres Sonnenkalenders entspricht. Jedes Intervall, jedes dieser acht Erdheiligtümer, die miteinander eine Orakel-Oktave bildeten, besaß seinen eigenen Nabel der Erde.[94]

Bei den religiösen Feiern in Delphi trug man laut Godfrey Higgins in Prozessionen ein Boot von riesiger Größe umher, das halbmondförmige Gestalt hatte und an beiden Enden gleich geformt war. Man nannte es *omphalos* bzw. *umbilicus* oder bezeichnete es als das Schiff Argo. Denken wir an die Mondsymbolik des Zweigehörnten, der Sonnen- oder Neumondseite des Dämonenkopfes der neolithischen Grabkeramik Chinas, welche die Meton-Periode wiedergibt (vgl. Abb. S. 70). Die zwei Mondhälften regulieren das Abfließen des Wassers, über das die Argo, was »weißschimmernd« bedeutet, durch den Nachthimmel segelt, um die trockene Tagwelt, die Sonne, aus der wasserüberfluteten Nachtwelt herauszuheben.

Eine gerade Linie vom ägyptischen Theben, auf dem das Heck der Argo mit dem Steuerruder Canopus aufliegt, läuft, wenn man die Argo verlängert, während der Bug in Dodona bleibt, durch das Gebiet von Omphalos und Knossos auf Kreta. Die Linien, die Theben (Ägypten) mit Dodona (Peloponnes) und Metsamor (Ararat) verbinden, bilden ein gleichschenkliges Dreieck. Eine Linie von Behdet nach Dodona führt durch die Vulkaninsel Thera, auf der man mit Akrotiri ein faszinierendes Zeugnis der prähistorischen agäischen Kultur ausgrub, auf die dieses Vermessungssystem zurückzuweisen scheint. Und verlängert man diese Gerade nach Süden, gelangt man nach Mekka, dem zentralen Heiligtum des Islam! Auch ein durch das Erdheiligtum Aia am Schwarzen Meer gezogener Kreisbogen führt, wenn man mit dem Zirkel in Behdet ansetzt, durch Mekka. Hebron ist ebenfalls mit dieser Oktave verbunden.

Ismaël errichtete das geodätische Zentrum Mekka und sein Bruder Jakob, der die Himmelsleiter sah, Bethel. Wie? Indem er am Morgen den Stein nahm, auf dem er geschlafen hatte, ihn als Steinmal aufstellte und Öl darübergoß, um ihn zu weihen. Er nannte die Stätte *Bethel*, Haus Gottes (vgl. Genesis 28/18,19). Daß es sich dabei um ein älteres Heiligtum handelte, deutet der frühere Name der Stätte an, *Lus.* An diesem Ort, an dem Jakob »schläft«, lagen die Steine einfach so herum (vgl. Genesis 28,11)! Im Schlaf öffnete sich Jakob der Himmel, und er erfuhr das Geheimnis der später nach ihm benannten Himmelsleiter, das heißt, er wurde in einem älteren Steinheiligtum in das Mysterium eingeweiht, übernahm es von einer älteren Kultur und gab dem Ort einen neuen Namen; er selbst benannte sich in Is.ra.el um; *Israel*, von *Isaral* oder *Asar* (hebr.), der Sonnengott, wird gedeutet als »Gott möge sich als Herrscher erweisen«, auch »Gott strahlt« und »gegen Gott kämpfen«;[95] einen neuen Namen erhält anläßlich der »zweiten Geburt« jeder in die Mysterien Eingeweihte.

Das Ritual des Polierens derartiger stehender Steine mit Öl, wie es in obigem Bibelzitat anklingt, ist auch von den Priesterinnen der Aphrodite von Paphos auf Zypern, auch einem dieser geodätischen Heiligtümer überliefert, in dessen Zentrum ein Meteorit stand, und auf Madagaskar gilt es noch heute als Bestandteil der Frauenmysterien. Im traditionellen Afrika erfolgte das Polieren des Zentralsteines mit Hilfe von Diamantensplittern, dem Fett der Elandkuh (einer großen Antilopenart) und der rauhen Haut von Krokodil oder Nilpferd. Durch diese Wärme erzeugende Reibung erweckte man die Steine zum Leben, d. h. man aktivierte ihre heilende Kraft. Um welche Kraft es sich dabei handeln könnte, die nicht nur heilen, sondern auch zerstören kann, wie es der sumerische Mythos berichtet, werden wir noch untersuchen.

Projiziert man den Neigungswinkel der beiden Pyramidengänge der Großen Pyramide von Gizeh auf die Fläche der Landkarte, verweist nach Peter Lemesurier eine Linie des Dreiecks nach Bethlehem, in dem etwa 2500 Jahre später die Geburt Christi angesetzt wird!

Aber nicht nur der Mittelmeer-Raum wurde derart vermessen. Anhand anderer Zeugnisse, besonders in Britannien, dessen prähistorisches geodätisches Zentrum *Carnac* war – ein Name, der sich nun leicht entziffern läßt, besonders wenn man bedenkt, daß die Kelten Car-Nuten waren –, weiß man heute, daß entlang des nördlichen Parallelkreises die Grundlinie mit 45 Grad 12 Minuten Nord an der Nordküste des Schwarzen Meeres markiert war. Sie begann an der Donaumündung, lief quer über die Krim und endete am Fuß des Kaukasus; im Mythos spiegelt sich diese Verbindung vom Mittelmeer bis zum Kaukasus in Sagen von einäugigen Riesen wider. Ganz Rußland konnte derart längs dreier Meridiane, die den drei Achsen Ägyptens entsprachen, über eine Distanz von 10 Grad bis zu 55 Grad 12 Minuten nördlicher Breite vermessen werden. Den Dnjepr verstand man als symmetrisches Gegenstück zum Nil, der zwischen den gleichen Meridianen strömt, Schlüsselpositionen am Dnjeprlauf setzte man mit entsprechenden Schlüsselpositionen am Nillauf gleich, und Ortsnamen wie Amur, Don (Danu, Danube, die Donau) übertrug man auf Rußland.

Verbunden mit den Erdheiligtümern, die an geodätischen Kreuzungspunkten errichtet wurden, war ein Baumcode, dem wir bereits im altirischen Beth-Luis-Nion-Alphabet begegneten: Dodona mit der Eiche, Delphi mit Lorbeer, Delos mit der Palme, der Tritonsee mit der Zeder, Kolchis am Schwarzen Meer mit der Weide, usw. Hebron, das sich auf der gleichen Breite wie Behdet befindet, stand mit dem Sant-Baum in Verbindung, einer wilden Akazie »von der Art mit den goldenen Blüten und scharfen Dornen«. Aus einem derartigen »brennenden Dornbusch« spricht Gottes Stimme – das Orakel! Diese Bäume symbolisierten die heiligen Vokale der Kalender-Alphabete, d. h. sie waren die Jahreszeiten-Säulen des Kalenderjahres, in deren Dickicht sich der geheimgehaltene unaussprechliche Name der Kraft Gottes verbarg.

Das wohl berühmteste Beispiel für die Heiligkeit der Vokale ist das E von Delphi. E steht für die Zahl Fünf, deren griechischer Name EI »wenn«, »du bist«, lautet. Nach W. N. Bates hatte das delphische E seinen Ursprung in einem minoischen Zeichen, das man später auf Delphi übertrug, und weil man es nicht mehr verstand, verknüpfte man es mit Apoll. Der Buchstabe war 1913 am alten Nabel Delphis im Apoll-Namen entdeckt worden.[96] E steht im ägyptischen, phönikischen, griechischen und lateinischen Alphabet stets an fünfter Stelle, der Vokal symbolisierte den Schlüssel zum Licht, Apoll, *nicht* das Licht selbst. Den Schlüssel zum Licht der Sieben stellt die Öffnung des fünften Chakras dar, in dem die »Stimme Gottes« vernehmbar ist, die im Inneren des Menschen und nicht aus einem Dornbusch spricht. Der Schlüssel zum Licht der Sieben bezieht sich bei obigem Zitat auf das alte Orakelheiligtum Hebron, die Machpelah-Höhle, in der man den Orakelkopf von Adamos, dem Roten, dem Heros der Danäer, verwahrte. Untrennbar mit der Fünfzahl verbunden war die Zahl Zwei, das Symbol für die duale Manifestation der in sich dreifaltigen göttlichen Einheit; die Fünf gilt als Zahl des Menschen und ist ein Sinnbild für die geistige Wiedergeburt im »Menschen der Sieben«. Sie war durch den Triumph der feurigen Acht unmöglich geworden, weil der Weg über die Fünf führt, über das Zentrum spirituellen Bemühens, das Sich-Herausfünfen sowohl von Hindu als auch Pythagoreern. Dieses Sich-Herausfünfen symbolisierte Apoll ursprünglich in Delphi.

Es gibt also unübersehbare Hinweise darauf, daß eine rätselhafte Kultur mit Hilfe des Sternbilds Argo den dank Mondlauf und Polarachse in »Bilder« geordneten nächtlichen Sternenhimmel in Form von Dreiecksabschnitten vermaß und an geodätischen Kreuzungs- oder Knotenpunkten Steinkreise mit leitenden Steinen im Zentrum errichtete. Der Astronom Gerald Hawkins nennt sie Steincomputer! Die Steinkreise waren auf jeweils andere Konstellationen, bestimmte Planeten und Sterne, ja sogar Kometen ausgerichtet, deren Kreisläufe in bezug zum Erden- oder Jahreslauf man vermaß. Ihre sich bisweilen überschneidenden Kräfte oder Energieimpulse wurden symbolisiert, mit Zeichen und Namen versehen. Als man den ursächlichen Zusammenhang nicht mehr kannte, mißinterpretierte man sie als von den jeweiligen Bewohnern dieser Lokalität verehrte Gottheiten. Von den prähistorischen Vermessern und Architekten gibt es außer den Steinsetzungen selbst kaum Spuren. Von Stonehenge ist heute bekannt, daß die größte Aktivität zwischen ca. 3500 und 1200 v. u. Z., jedenfalls vor Eintreffen der Kelten in Britannien stattfand, aber es gibt kaum Hinweise darauf, wer diese astronomischen Architekten waren oder wie sie lebten. Man versteht sie heute als sanfte Ackerbauer und Vegetarier, die der Astronomie, dem Frieden und ökologischer Harmonie ergeben waren.[97] Rätselhaft wie sie selbst blieb bislang auch der Zweck der Botschaft, die sie künftigen Generationen hinterließen, denn daß es sich um eine Botschaft handelt, die erst Menschen der Zukunft verstehen können, wird heute von immer mehr Forschern vermutet. Im folgenden wollen wir versuchen, diese Botschaft zu entschlüsseln.

Die Straßen der Toten und das Labyrinth

Die geraden Prozessionsstraßen stellen verkörperte *Leylines* dar. Man stößt weltweit auf derartige gerade Linien, am ausgeprägtesten vielleicht bei den *In.ka*, »(Be)Herrschern des *Ka*«; *Ka* nannte man in Ägypten den astralen oder mentalen Geistkörper, der den physischen Körper begleitet bzw. formt. Sowohl östlich als auch westlich der Anden, durch Zentralamerika und Mexiko, inklusive der Halbinsel Yucatan, finden sich die »geraden Linien«; jene von Peru enthalten die berühmten *Nazca-Linien*. Auffallenderweise gibt es an all diesen Orten eine halluzinogene Droge (Banisteriopsis), dank derer sich Schamanen der südamerikanischen Regenwälder noch heute mit der »übernatürlichen Welt« in Verbindung setzen, um Kontakt zu den Ahnen herzustellen.

Auch das in Kröten enthaltene Bufotenin erzeugt ein Gefühl des Durch-die-Luft-Fliegens, ist also eine Droge, die zu veränderten Bewußtseinszuständen führt. Entmystifiziert sich hier womöglich die Angabe unserer Märchen, wonach die Prinzessin einen Frosch (oder eine Kröte) küßt, der oder die sich in einen strahlenden Prinzen verwandelt? Der Schamane (Prinz) bedient sich der Droge, und Ursache und Wirkung werden gleichgesetzt, wie das in den Mythen geschieht. Die Kröte, die in keiner Hexenküche fehlen darf und später vielleicht mit dem irrtümlich ein Krönchen tragenden Frosch verwechselt wurde, sitzt am Brunnenrand, dem Zugang zur Quelle. Von der Prinzessin oder *anima* wachgeküßt, verwandelt sich die Kröte in den schönen Prinzen, den künftigen König, der nun dank der heiligen Hochzeit *mana* besitzt; auffallend ist jedenfalls das Wort *wench* (engl.) für »Kröte«, ein archaischer Ausdruck für ein Frauenzimmer, auch die Hure, von *huri* (arabisch), »Frau«. Der giftige Fliegenpilz diente gleichfalls dem ursprünglich sakralen Zweck, »fliegen« zu können, und vermutlich verschenken wir aus diesem

Grund noch heute dieses Symbol zu Neujahr als Glücksbringer. Denn daß diese Art des Fliegens *froh* macht, deutet auch die Wortwurzel *fer* an, wie auch in *frogg* (engl.) für »Frosch«. Wie erwähnt steht sie immer mit Eisen bzw. den mythischen Schmieden in Verbindung, und das ist ein deutlicher Hinweis darauf, daß der Gebrauch der Droge auf sakrale Männerbünde zurückgeht; San bedienen sich der Droge nur dann, wenn ihr *num*, ihre spirituelle Energie klein bleibt und nicht »kochen« will.[98]

Pilzstein, Guatemala. Aus dem phallusartigen Stein hervorgehende »Göttin«. Dies ist ein Mahlstein, wie er bis heute zur Zubereitung der heiligen Pilze verwendet wird.

Am besten erforscht sind zur Zeit die »geraden Linien«, die »geraden Straßen« und Erd- bzw. Steinheiligtümer in Europa. Analysen von Megalithanlagen im Mittelmeer-Raum, in Frankreich, Britannien und Irland ergaben, daß ihnen allen ein gemeinsames Prinzip, und auch wenn sich ihre Erbauer in lokale Volksgruppen aufsplitterten, eine gewisse kulturelle Gemeinsamkeit zugrunde lag. Die meisten der Steinringe sind sorgfältig in einer allen gemeinsamen Längeneinheit angelegt, bei vielen ist das 2.72 Fuß, ein Maß, das man deshalb ein »Megalith-Yard«

nannte. 1979 und 1982 bei den Rollright-Steinen in Britannien mit einem Geigerzähler durchgeführte Messungen ergaben ein Maßprofil um ein Niveau von zweiundzwanzig Perioden pro Minute mit sowohl »kalten Stellen«, d. h. mit ungewöhnlich niedrigen Strahlungen nahe dem *Kingstone* (Hauptstein), sowie »heißen Stellen« in einigen Bögen des Steinkreises. Bei letzteren schnellten die Werte der Beta-Strahlen in Fünf-Minuten-Signalen um mehr als das Zweifache des Ausgangsniveaus an! An Orten in Cornwall, die höhere Eigenwerte besitzen, um die vierzig Perioden pro Minute, stieß man hingegen auf Stellen, die sich weit unter dem Ausgangsniveau befanden. Derartige kalte Strahlungsstellen fanden sich im Zentrum eines der vielen Steinkreise dieses Landes, woraus Don Robins schloß, daß man bei solchen Orten auf Schutzräume gegenüber bestimmten Energiefeldern gestoßen war, doch um welche es sich dabei handelte, ist nicht gewiß. Sie scheinen auch kosmische Strahlen abzuwehren, und das läßt auf sphärischen Schutz schließen. Es ist, als ob diese Kreise Löcher in der Landschaft erzeugen! Charles Brooker brachte dieses Phänomen auf den Punkt, indem er feststellte, daß die Steinkreise magnetische Schutzräume darstellen, eine Art steinzeitliche Faradaykäfige. Viele dieser Orte befinden sich auf Hügeln oder Plateaus mit weitem Horizont, und es ist bekannt, daß neolithische Erdbauten mit derartigen Hügeln durch *Leylines* verbunden sind. Wo es keine natürlichen Erhöhungen gab, legte man künstliche an: *Mounds*, die zumindest teilweise mit Totenritualen in Verbindung standen. Der Schluß liegt nahe, daß derartige »Löcher« in der sichtbaren Landschaft Stätten sind, an denen sich die unsichtbare Spiegelwelt der Anti-Welt mit unserer Welt überschneidet! Diese Anti-Welt nannte man das Land der Toten.

Alle Mythen berichten von einem Fluß, den die Seelen der Toten überqueren müssen, und wir stoßen auf einen Fährmann und einen Hüter der Schwelle, der den Tod vom Leben, das Bewußtsein vom Unbewußten, die verschiedenen Dimensionen voneinander trennt. Die auffällige Beziehung zum Tod, auf die man vordergründig bei alten Kulturen stößt, ist besser formuliert die Beziehung der Lebenden zu den Ahnen bzw. deren Geist oder *spirit*. Das ist ein Konzept, wie Paul Devereux vorschlägt, das diese Geister mit einer Art von Geradheit verbindet, wie sie sich in der natürlichen Welt der Lebenden nicht findet. Diese geraden Linien, von denen manche als Prozessionsstraßen benutzt wurden, verbinden als *Reiserouten der Götter* die Welt der Lebenden mit der Welt der Toten oder der Geistwelt, die sich zur unseren wie das Rechte zum Linken, also spiegelverkehrt verhält. Das ist ein Kennzeichen auch des Verhältnisses der Welt der Materie zum »Schattenreich«, wie auch moderne Physiker die Welt der Antimaterie nennen![99]

Gewisse Knotenpunkte im geodätischen Raster der Erde scheinen Fluglöcher in diese andere Welt zu sein, jene »Löcher«, die Steinkreise unter gewissen Voraussetzungen in die Landschaft hineinzeichnen. Wie der *Map Stone* am Eingang zur *Verlorenen Stadt* der Taironas in der Sierra Nevada de Santa Maria aufzeigt, fertigte man sogar Landkarten dieser Reiserouten in das Land der Toten an; in dieses Gebiet zogen sich die Kogi-Indianer als Vertreter der präkolumbianischen, voraztekischen Kultur zurück. Nur ihre *Mama's*, die Seher, können sich mit anderen Welten verbinden, berichten sie. Der *moro* wird jeweils bei Geburt ausgewählt und von Anfang an trainiert, um sich auf *aluna* einzuschwingen, die Lebenskraft, die »Intelligenz des Seins«, die Mutter, die war, bevor alles erschaffen wurde. SIE ist die geistige Welt, die alle Materie widerspiegelt. Dank *aluna* können sich die *Mama's* mit den »Vätern und Meistern der Welt« in Verbindung setzen, mit den Ahnen, also mit dem Reich der Archetypen, den universellen Strukturen im kollektiven Unbewußten der Menschheit. Sehen die *Mama's* auf einen Felsen, sehen sie diesen Felsen, aber sie sehen auch den geistigen Felsen; sie sehen den Fluß, aber sie sehen auch den geistigen Fluß. Sie sehen den Traum, wie es Aborigines ausdrücken, der die jeweilige Materie träumt oder singt. Anders formuliert sehen sie die Gesamtheit der Erinnerung des Wassers oder des Felsens usw., den Keim, dem diese Schöpfung entsprang.[100] *Mama's* versuchen die Eintracht zwischen der geistigen Erde und der körperlichen Ebene aufrechtzuerhalten, um den unsichtbaren Energiefluß zu gewährleisten, der durch den unbewußten Eingriff des jüngeren Bruders, des weißen Mannes, unterbrochen wird! 1990 brachen die Kogi ihr Schweigen und gaben bis dahin geheimgehaltenes Weisheitsgut bekannt, um den jüngeren Bruder mit Hilfe seines weltweiten Kommunikationsmittels

Fernsehen auf die entstandenen Gefahren aufmerksam zu machen.[101]

Die *Mama's* müssen in einer Welt wandeln, die nur für das innere Auge sichtbar ist, in der Welt von *aluna*. Die steinernen Pfade der Ahnen sind Zeichen der spirituellen Wege, die sie in einem Raum begingen, den wir nicht verstehen. Mit den materialisierten Wegen stimmen sie nicht überein, weil es sich dabei um Linien des Denkens handelt und nicht um Linien am Boden. Aber es gab Punkte, an denen sich die zwei Welten zu treffen pflegten.

Diese Punkte sind die *Kreuzungspunkte der Leylines*, von denen der Volksmund in ländlichen Gegenden noch heute glaubt, daß es an ihnen spukt. Daß an solchen Orten bisweilen Magnetisch-Außerordentliches vorgeht, belegen zahlreiche Angaben von Erscheinungen oder von Erfahrungen übernatürlicher Kräfte. Wie die Straßen der Toten, der Ahnen, in die Landschaft, die Lage der Dinge und damit in das Bewußtseinsfeld der Erde hinein»geflogen« wurden, wird im Kapitel »Reiserouten der Götter« veranschaulicht werden.

Anfangs wurden die Straßen der Toten im Sinne einer alten geodätischen Wissenschaft durch das Runde ausbalanciert, wie auch am Beispiel von Rosaring, der rituellen Prozessions- und Begräbnisstraße verstorbener Wikingerkönige ersichtlich ist; inmitten der bronzezeitlichen Grabhügel befindet sich ein vermutlich wesentlich älteres Steinlabyrinth. Derartige Labyrinthe gibt es zu Hunderten entlang der Küsten der Baltischen See. Eine Theorie besagt, daß sie den Geist der Toten davon abhalten sollten herumzuwandern. Wie von der *Troja*, einem Labyrinthtanz, bekannt ist, der im alten Griechenland und in Italien um Gräber und während Begräbnissen getanzt wurde, verband man sowohl Tanz, Ort und Design mit einer Art »supernatürlicher« Beziehung, die wir heute mit dem Besitz von *mana* ausdrücken würden (W. F. J. Knight), also mit jener spirituellen Essenz, die sich Herrscher einst aneignen mußten, indem sie die spirituellen Routen, die Straßen der Toten beflogen, d. h. sie stießen außerkörperlich reisend in andere Dimensionen, ja in eine dimensionslose Welt vor. Ohne diese läuternde, weil bewußtseinserweiternde Reise, die sie zu visionären Kulturbringern machten, durften sie nicht herrschen!

Auch die nordeuropäischen Reiterkulturen kannten einen solchen Tanz, einen Pferdetanz, der mit Totenritualen in Verbindung stand; Demeter wurde auch pferdeköpfig dargestellt. Ein griechischer Mythos überliefert gleichfalls einen derartigen Tanz, den Kranichtanz in Delphi, der von Theseus, der Kreta eroberte, nach Delphi gebracht worden sein soll. Bei den !Kung-San in Afrika war und ist es der Straußenvogeltanz, der *num* zum Kochen bringt, wonach *kia* erreicht wird, die geistige Ekstase. In diesem ekstatischen Trancezustand sind San zu allerlei Tätigkeiten fähig, zu denen sie normalerweise nicht in der Lage sind. In ländlichen Gegenden Britanniens tanzte man einen Kranichtanz bis in die jüngste Zeit, und noch in den christlichen Notre-Dame-Kathedralen Frankreichs war ein Labyrinthtanz bekannt. Das letzte sichtbare Beispiel dafür befindet sich in der Kathedrale von Chartres, einem der prähistorischen Kreuzungspunkte von *Leylines.*

»Vulven«-Labyrinth. Symbol der Hopi für die Große Mutter Erde.

Labyrinth auf kretischer Münze.

Hopi-Symbol, vergleiche dazu Abb. rechts.

Ziel dieser rituellen Tänze war es, symbolisch in den Mittelpunkt des eigenen seelischen Labyrinths hineinzutanzen. So ist von den hermetischen Mysterien Ägyptens bekannt, daß der Tanz in das Zentrum des Labyrinths den Abstieg der Seele durch die geistigen, mentalen oder astralen (planetaren) Sphären bis zum Erdpunkt, der fleischlichen Inkarnation symbolisierte. Die einzelnen Kreissegmente stellen die Sphären der Planeten und deren psychische Einflüsse dar, welche die zur Geburt, zur Verkörperung strebende Seele aufnimmt. Das Erreichen des Zentrums, in dem – wie Abbildungen von Kreta und Mykene zu entnehmen ist – der Neumond stand, symbolisierte diese Geburt bzw. die Wiedergeburt. Vom Punkt Null an, dem »Auge« im Inneren des Labyrinths oder Steinkreises, bei dem bei bestimmten kosmischen Konstellationen, zu denen diese Tänze stattfanden, magnetische Stille herrscht, beginnt der Rückweg der Seele. Auf dem Lebensweg durchschreitet sie wiederum die astralen Sphären, die Welt der Begierden und Triebe, die es im Siebenschritt der Initiation zu läutern gilt – die siebenfache Spirale des abnehmenden bzw. zunehmenden Erdmagnetismus innerhalb der Steinkreise. Diesen Rückweg tritt die Seele normalerweise nach dem Tod des Körpers an. Ist sie gereift, können ihr die Planeteneinflüsse nichts mehr anhaben, ist sie es nicht, muß sie sich neuerlich inkarnieren, um die dunklen Flecken auf dem Seelenkleid auszumerzen, bzw. der Adept oder Neophyt wurde zu den höchsten Weihungen nicht zugelassen. Adepten, Neophyten oder Schamanen starben dabei keinen körperlichen, sondern den Initiationstod, um aus dem Geist wiedergeboren zu werden; ihr höchstes Ziel war es, göttlich zu werden und nicht mehr als Mensch geboren zu werden.

Bevor man Tempel errichtete, befanden sich die doppelgehörnten Altäre oder Schreine im Freien, zumeist auf Bergspitzen, den Abstoßungspunkten der Seelen zu ihrer Reise auf den »geraden Straßen« in die Welt der Toten. Auch Moses ist als Zweigehörnter überliefert, in der Wüste errichtete er einen doppelgehörnten Schrein. Der Doppelgehörnte ist der Magier, der um die Gesetzmäßigkeiten des Weltgefäßes weiß – erinnern wir uns an die zwei Hörner der zunehmenden und abnehmenden Mondsichel links und rechts von Sonne-Neumond bei der chinesischen Grabkeramik, die die Meton-Periode und damit das

»Gesetz der Erde« darstellt oder an die (dazu spiegelverkehrte) *labrys* (siehe Abb. S. 68). Gewisse rituelle Praktiken und bewußtseinsverändernde Drogen, die erstere abgelöst zu haben scheinen, erleichterten die Reise.

Nach dem endgültigen Untergang der prähistorischen ägäisch-afrikanischen Kultur verlagerte sich das Geschehen zusehends nordwärts, vielleicht auch deshalb, weil die Schwingungsachse der Erde, welche die Polarachse kreuzt, wie der Zeiger einer Uhr immer näher auf die Polarachse zurückte. Der innere Horizont verschob sich, das Kreuz wurde zum X und einer unbekannten Größe und nähert sich jenem Nullpunkt (12 Uhr), an dem Polar- und Schwingungsachse ineinander verschmelzen, und das ist nach allem Vorangegangenen jener Punkt, der in das Chaos, in die Nulldimension führt.

Die Konstruktion der universellen mythologischen Überlieferung, der Bau ritueller und heiliger Wörter, die auf kabbalistischen Prinzipien basieren, und die Zeugnisse prähistorischer »Steincomputer« lassen den Schluß zu, daß in unserer fernen Vergangenheit versucht wurde, den Menschen der Zukunft eine Nachricht zu übermitteln. So gesehen scheinen die alten geodätischen Heiligtümer weit mehr zu sein als nur einstige Erleuchtungszentren oder astronomische Observatorien. Das eindrucksvollste Beispiel dafür ist die Große Pyramide von Gizeh, deren verschlüsselte Botschaft bei der prophezeiten Apokalypse eine bedeutende Rolle zu spielen scheint.

Kapitel 4
Das Vermächtnis der Großen Pyramide

Wenn wir das Unerwartete nicht erwarten,
werden wir es niemals finden.
Heraklit

Der Fels in der Brandung

Die wichtigste Botschaft der Großen Pyramide von Gizeh ist vermutlich ihre Lage. Sie ruht nicht nur im Mittelpunkt Ägyptens, nicht nur im Zentrum des 30. Meridians oder Längengrades, der im Verlauf seiner Nord-Süd-Richtung mehr Land und weniger Meer als jeder andere absolviert, und nicht nur im Mittelpunkt der Kreuzung zwischen 30. Längen- und Breitengrad – dem ägyptischen Null-Meridian. Sie liegt genau im Mittelpunkt der gesamten Festlandmassen der Erde. Geodätisch gesehen ist hier der wahre Nabel der Erde, der auf den Nabel des Himmels, auf den Polarstern ausgerichtet war.

Ein Drittel der Entfernung vom Äquator zum Pol ruht dieses steinerne Rätsel verschlüsselter Botschaften in der libyschen Wüste wie ein Fels in der Brandung, und das ist wörtlich zu verstehen, denn ihre nach Untersuchungen von Petrie (1882) und Cole (1925) mit an die 7500 Fuß festgelegte Länge ergibt das kabbalistische Buchstabenäquivalent des griechischen Wortes *ta petra*, »der Fels«. Umbrandet vom geodätischen Meer des Landes, bietet die Lösung des Rätsels dieser Pyramide nicht nur den Zugang zur äußeren, sondern auch zur inneren formenerzeugenden Welt, vorausgesetzt man kann akzeptieren, daß der geodätische Raster der Erde so etwas wie verdichtetes (unbewußtes) Bewußtsein darstellt. Wir sind nur so lange geistig stabil, als wir uns in unserer eigenen Mitte, in unserem eigenen inneren Nabel befinden, wie die Erde nur so lange stabil bleiben kann, als sich die auf sie einwirkenden Kräfte im Lot befinden. Was geschieht, wenn sich dieses Kräfteverhältnis verändert? Stellt die Große Pyramide in sich selbst eine Art Korrektiv dar? Das mag phantastisch klingen, aber es gibt deutliche Hinweise, die in diese Richtung weisen.

Der Große Atem, das *Es Selbst*, wie die Ägypter diese Pyramide nannten, ist die eine aus sich selbst existierende Wirklichkeit, die unaufhörliche Bewegung des Universums im Sinne eines grenzenlosen allgegenwärtigen Raumes, und dieser Raum ist die einzige mentale und physische Darstellung des *Etwas*, des *Einen Alles* auf dieser Erde, besagt die mystische Überlieferung. Wir nennen dieses *Etwas* Gott.

Über das Rätsel der »Geistselbsthaften« ist viel geschrieben worden, weshalb wir hier nicht im Detail auf ihre Gesetzmäßigkeiten eingehen wollen und können, nur so viel: Die Pyramide, die am Anfang unserer Geschichte bereits erbaut worden war oder wurde, besitzt mindestens den doppelten Umfang des Empire State Buildings in New York und das Dreißigfache von dessen Maßen. Kein Bauwerk unserer Zeit ist exakter nach den vier Himmelsrichtungen ausgerichtet, in denen die Reiter der Apokalypse, die vier avatarischen Kräfte, Aufstellung genommen haben, kein Mauerwerk und dessen Außenverkleidung ist trotz der Beschädigung durch die Araber, die sich als erste gewaltsam Zugang ins Innere der Pyramide verschafften, kunstvoller gefügt. Bedingt durch die Präzession, die Kreiselbewegung der Erde um ihre Achse, weist die Nord-Südachse der Pyramide gegenüber der Polarachse heute eine Abweichung von nicht ganz fünf Bogenminuten auf. Genau auf dem Scheitelpunkt eines Quadranten plaziert, der sich mit dem Nildelta deckt, stimmen die vorliegenden Daten der Pyramide mit mathematischen Relationen zwischen bestimmten Dimensionen der Pyramide und den geophysikalischen Daten der Erde sowie mit astronomischen Daten über ihre Umlaufbahn überein. Die der Pyramide zugrundeliegende Maßeinheit beträgt genau den zwanzigmillionsten Teil der Polarachse der Erde. 365,242 derartige Maßeinheiten ergeben die Seitenlänge der viereckigen Basis der originalen Pyramide, das entspricht der Anzahl der Tage des tropischen Sonnenjahres. Auch die Anzahl der Tage im Sternenjahr, jene tatsächliche Zeit, die die Erde braucht, um die Sonne einmal zu umkreisen, sowie die Zeit, welche die Erde benötigt, um an den gleichen Punkt ihrer elliptischen Umlaufbahn um die Sonne zurückzukehren, das sogenannte anomalistische oder orbitale Jahr, sind in ihren Maßen eingeschrieben.

Der Überlieferung nach wurde die Botschaft des *Hermes Trismegistos* (Thot) in 36 525 alten Weisheitsbüchern niedergelegt, und das ist eine Zahl, die mit dem Umfang der Pyramidenbasis, ausgedrückt in Pyramidenzoll, genau übereinstimmt! Alles in allem scheint die Pyramide ein exaktes mathematisches Abbild des Planeten Erde innerhalb des zeiträumlichen Geschehens widerzuspiegeln – aber das ist immer noch nicht alles.

In ihr war nie ein Pharao bestattet worden. Als sich im neunten Jahrhundert die arabischen Arbeiter auf Anweisung des Kalifen Al-Mamun als erste Zugang in die bis dahin jungfräuliche Pyramide und ihre »Königskammer« erzwangen, fanden sie zwar einen Steinsarkophag vor, der allerdings deckellos und leer war. Alten Überlieferungen zufolge war die Große Pyramide ein Einweihungstempel. Vielleicht war sie es, doch war und ist sie mit Sicherheit noch viel mehr. Nach dem Protokoll einer am 30. 6. 1932 stattfindenden Seance-Sitzung des berühmten Sehers und Heilers Edgar Cayce sind in der Pyramide alle Zeugnisse der Priester bzw. Weisen seit den Anfängen bewahrt, bis in jene Epoche, da sich die Lage der Erdachse ändern wird und die Widerkunft des Großen Eingeweihten in diesem und in anderen Ländern in Erfüllung jener dort niedergelegten Weissagungen Wirklichkeit wird. Nach Cayce ist in der Pyramide jeder Wandel im religiösen Denken der Welt an den verschiedenen Wegen aufgezeichnet, auf denen die Seele sie von der Basis bis zur Spitze oder vom offenen Grab und von dort aus zur Spitze durchläuft.[102]

Das würde bedeuten, daß sich in ihren Maßen und deren Verhältnissen zueinander der Schlüssel zum Öffnen der Tür zum kollektiven Unbewußten oder Bewußtsein, der Seele der Erde als Spiegelbild des Himmels, der »geistigen Erde« der Hopi verbirgt! Mittlerweile wurden die magnetischen Absonderlichkeiten innerhalb der Königskammer, wo körperliches Leben nicht zerfällt, Gegenstand der Forschung, und die symbolische Sprache der Pyramide, die Maße ihrer Kammern und Gänge, deren jeweilige Farbe und die Richtung ihrer Wendungen von der Grube im Felsgrund, dem »offenen Grab«, bis zu ihrer Höhe ist mit Hilfe des Codes, wie er im Ägyptischen Totenbuch enthalten ist, teilweise entschlüsselt worden.

Daß in der mathematischen Sprache der Großen Pyramide das »Gedächtnis der Erde« kodiert ist, ist jedoch nur nachvollziehbar, wenn man akzeptieren kann, daß der an den magnetischen Polen des Planeten verankerte geodätische Raster der Erde so etwas wie die manifestierte Grundstruktur ihres Bewußtseins darstellt, das in einer Höhenlage schwingt, die unsere Begrenzungen von Zeit und Raum, Vergangenheit und Zukunft (die Prophezeiungen) nicht kennt. Aber selbst dann bleibt das wichtigste Stück Pyramide ein bislang unlösbares Rätsel: ihre Spitze, die fehlt. Wurde sie von den Arabern entfernt? War sie der Pyramide absichtlich nicht aufgesetzt worden? Kann es sein, daß sie den Zugang zu einem zweiten Netzwerk bietet, das durch Kopplung mit dem Netzwerk geodätischer Raster der Erde einen Energieimpuls erzeugt, der die Eigenschaften des Raumes zu verändern vermag? Entmystifizieren sich dadurch die mystischen Angaben vom »Berg«, der auf dem »Berg Gottes« errichtet werden soll, und vom »Felsen der Rettung«, symbolisiert durch die Zahl 144? Das ist nach Argüelles die Zahl der harmonikalischen Lichtfrequenz für jeden Pol; 288 ist die Zahl der harmonikalischen Lichtfrequenz der Erde.

Erinnern wir uns – Erkenntnisse der reinen Mathematik, die in vollständiger Abstraktion gewonnen wurden, belegen, daß aus der Zusammenkopplung zweier großer Netzwerke die Eigenschaften der Orientierung im dreidimensionalen Raum aus den gegenwärtigen Beziehungen der Netzwerke hergeleitet werden können, daß also die Eigenschaften des Raumes nicht vorgegeben, sondern ein Ergebnis der kooperativen Wechselwirkung zwischen Quantensystemen sind. Ein solches Netzwerk oder Quantensystem ist der geodätische Raster, ein zweites der himmlische Sternenraster. Zeit entsteht in einem materiellen System durch die Phasenkopplung der Materie in diesem Raum. Die Zeit und ihre Zyklen stellen einen nichtlinearen Prozeß dar und eine nichtlineare Rückkopplung kann aus der einfachsten Aktivität ein ganzes Feuerwerk von Komplexität erstrahlen lassen, weil sich Rückkopplungsschleifen in Knoten verbinden, die miteinander ein Netzwerk ergeben. Atome werden durch elektromagnetische Wechselwirkungen, durch Schwingung zusammengehalten, so daß das Leben ein Kollektiv von Schwingungen darstellt und kollektive Schwingungen erzeugen Grenzzyklen, die um vieles stabiler und anpassungsfähiger sind als eine Ansammlung individueller Schwingungen. Auch Sinnesreize, wissen wir heute, werden in Wellenformen umgewandelt, und der Erinnerungsspeicher Gehirn reagiert auf Impulse mit Grenzzyklen, wobei jeder lokale Bereich eine Schwingungsamplitude annimmt, die durch das Ganze bestimmt ist.

Einer der stärksten Impulse geht vom Riechzentrum aus, das, wie Robin Baker nachwies, mit dem magnetischen Organ, dem »dritten Auge«, der Zirbeldrüse in Verbindung steht. Experimente von Freeman und Skarad ergaben, daß das Grenzzyklen-Gedächtnis für einen bestimmten Geruch vermutlich im chaotischen Untergrund, dem fraktalen Muster des gesamten Riechzentrums holographisch (ganzheitlich) gespeichert ist, und EEG-Aufzeichnungen von Gehirnrhythmen zeigten regelmäßige Phasenkopplungen, die bei einer Anzahl von Frequenzen vorkommen. Ist es möglich, lautet deshalb die Frage, daß globale und lokale Rhythmen in fraktaler Form vorhanden sind und sich in den immer kleineren Bereichen des Gehirns wiederholen?

Das wesentliche Kennzeichen der Pyramidenmaße ist, daß sie Fraktalen enthält, »irrationale Zahlen« wie die Quadratwurzel aus zwei. Und es gibt deutliche Hinweise darauf, daß, ausgehend von einem geodätischen Nabel an geodätischen Knotenpunkten, Erdheiligtümer in Form von geodätischen Oktaven errichtet wurden, die in sich Fraktale sind! Derartige Knotenpunkte sind allem Anschein nach durch ein Netzwerk von *Leylines* miteinander verbunden, die das Gerüst des geodätischen Rasters der Erde widerspiegeln. In geodätischen Knotenpunkten stellte man Leitsteine auf, die bei bestimmten Konstellationen die rhythmische Frequenz ihrer Schwingung verändern. Das deutet auf regelmäßige Phasenkopplungen hin, wie sie auch bei Gehirnrhythmen gemessen werden, die sich bei einer Anzahl von die Sinne reizenden Frequenzen nachweisen lassen! Trifft diese theoretische Annahme der Forschung zu, dann spiegeln sich globale und lokale Rhythmen also in fraktaler Form in den immer kleineren Bereichen des Gehirns wider. Und das Bewußtseinsfeld der Erde, das alle »Erinnerungen« der Evolution, sowohl vergangene als auch zukünftige speichert, ist über die magnetischen Pole im geodätischen Raster verankert, und diese Verkörperung des Gedächtnisses oder Geistkörpers der Erde spiegelt sich im individuellen Seelenkörper in Form des kollektiven Unbewußten wider, das über die Sinne reizende Frequenzen Gehirnrhythmen erzeugt, die unser Bewußtsein formen!

Daß Gehirn und Gene nur den *Ausdruck* der Seele oder Psyche darstellen, nur Wirkung sind und nicht Ursache, bezeugen vom Neurologen Carl Lashley durchgeführte Experimente mit Ratten. Diese wurden auf die Durchquerung eines Labyrinths trainiert, danach entfernte Lashley operativ verschiedene Teile des Gehirns, um den Sitz des Gedächtnisspeichers zu finden. Er fand ihn nie. Das Gehirn ist das materialisierte Organ der Gesamtheit der Erinnerungen des evolutionären Bewußtseins, dessen überwiegender Teil uns eben unbewußt ist. Deshalb zog die moderne Forschung den metaphysischen Schluß: Das Leben schafft sich selbst die Bedingungen für seine Existenz!

Gemäß dem 1987 im »Scientific American« zusammengefaßten Ergebnis der neurophysiologischen Gedächtnisforschung läßt sich das visuelle Gedächtnis durch sechs Gehirnbereiche und deren Rückkopplungen verfolgen. Inzwischen erbrachte eine ganze Reihe von Forschern den experimentellen Beweis dafür, daß das Gehirn mit *nichtlinearer Rückkopplung* arbeitet. Etwa ließen unbekannte Gerüche bei Versuchstieren Ausbrüche chaotischer Aktivität erkennen, treten diese Gerüche allerdings mehrere Male auf, verdrängen allmählich erkennbare, geordnete Wellenmuster die chaotischen Ausbrüche – Ordnung, die alleine nur linear meßbar ist, tritt im Chaos auf. Daß zuviel Ordnung nicht wünschenswert ist, belegt die Erkenntnis, daß Opfer der Schizophrenie genau an zuviel Ordnung leiden, was zu einem massiven Einbruch von Chaos in Form von epileptischen Anfällen führt. Umgesetzt auf die in unser lineares System hineingezwungene Erde bedeutet das, daß ihre Energien ermüden, müssen sie zu lange domestizierende Prozesse unterstützen; das ist auch die Erkenntnis sogenannter primitiver Kulturen. Offenkundig benötigen die Energien der Erde das zur Weiterentwicklung nötige Chaos ebenso wie unsere Gehirne, die paradoxerweise außer Ordnung geraten, sind sie zu sehr geordnet. – Aber immer mehr Forscher erkennen, daß die Natur in sich ein großes Paradoxon ist, ein großer Widerspruch in sich.

Daß oben ist wie unten und sich im Mikrokosmos der Makrokosmos widerspiegelt, ist eine uralte mystische Erkenntnis. Auch die Arbeiten von Prigogine, Margulis und Lovelock weisen auf »konische Dimensionen oder Koevolution in der Natur« hin, in der sich die »Mikro- und Makro-Skalen«, das Kleinste und das Größte gemeinsam entwickeln. Man erkannte, daß kollektive Schwingungen stabile und anpassungsfähige Grenzzyklen erzeugen, die Schnittstellen zwischen Ordnung und Chaos sind.[103] Schlägt zufälliges individuelles Verhalten dann in kollektives Verhalten um, wird Phase an Phase aneinandergekoppelt und ein Grenzzyklus erreicht – es kommt zum Einbruch von Chaos, zum Quantensprung. Und so stellt sich die Frage: Kann die Große Pyramide, die das Netzwerk Erde, das uns unbewußte kollektive Bewußtsein oder planetare Gedächtnis der Erde symbolisch widerzuspiegeln scheint, in dessen »Keim« alle möglichen Entwicklungen von Anfang an enthalten sind, eine Art Transformator sein, um der Menschheit bei dem vor ihr liegenden Quantensprung in ein »Neues Bewußtsein« behilflich zu sein? Das würde allerdings die Zusammenkopplung mit einem zweiten großen Netzwerk bedingen. Der bewußte Sprung in das Chaos scheint jedenfalls von uns gefordert, um zukünftig als Art überleben zu können. Daß diese Notwendigkeit, bevor sie tatsächlich unausweichlich ist, rechtzeitig und immer stärker in unser Bewußtsein tritt, zeigt sich anhand global entstehender Netzwerke, deren Motto »Global denken, lokal handeln« ist. Sie sind an kein Land und keine gesellschaftliche Hierarchie mehr gebunden. Im Schlagwort *Globalisierung* klingt diese Notwendigkeit bereits an, auch wenn die Mittel zur Umsetzung zur Zeit noch altbewährten Machtmustern entsprechen, die es zu überwinden gilt. Beispiele für derartige Netzwerke sind *Amnesty International*, die *Coalition of Concerned Scientists* sowie *Tranet*, ein Netzwerk für angepaßte oder alternative Technologie mit der Vision eines vieldimensionalen Netzwerks in Form einer künftigen »Weltregierung«, das jedem einzelnen Mitglied vielfältige Wege freistellt, mit denen es für sein Wohlergehen sorgen und dennoch zugleich an der Kontrolle globaler Angelegenheiten teilnehmen kann. Zwischen den einzelnen Knoten bestehen Verbindungen, aber es gibt kein wirkliches Zentrum, denn jedes Mitglied ist autonom und zugleich die Ganzheit. Kein Teil ist von irgendeinem anderen abhängig, betont William Ellis, der Gründer von *Tranet*, es gibt keine Bürokratie mehr, die das Handeln erzwingt oder gar Konformität herbeiführt. Diese visionäre Art von Globalisierung gilt es meiner Meinung nach anzustreben.

Die all diesen Entwicklungen wissenschaftlicherseits zugrunde liegende Chaos-Theorie kam zu dem Ergebnis, daß es keine Abkürzung gibt, d. h. das Schicksal eines komplexen Systems läßt sich nur in Echtzeit verfolgen, weil uns Vorhersagen auf eine Zukunft fixieren, die vielleicht gar nicht eintritt! Diese Echtzeit oder wirkliche Zeit stellt die Grenze zwischen Ordnung und Chaos, zwischen Bekanntem und Unbekanntem, Vergangenheit und Zukunft dar. Im Keimprinzip der Matrix aber liegen alle, auch die noch ungeschöpften und noch unkreierten zukünftigen Möglichkeiten bereit. Was also, wenn das Geheimnis der Großen Pyramide darin besteht, der mathematische, symbolische Ausdruck des Großen Atems selbst zu sein, des ES SELBST, wie es ihr Name (*Ta chut*) nahelegt, und damit das manifestierte Symbol des grenzenlosen und allgegenwärtigen Raumes, der *tatsächlichen Echtzeit*, die in sich ja zeitlos ist? Könnte sie dann nicht ein technisches Hilfsmittel zu einer Abkürzung darstellen, um den Prozeß des nötigen globalen Umdenkens derart zu beschleunigen, daß er noch rechtzeitig abgeschlossen ist, bevor uns veränderte kosmische Einflüsse in eine Katastrophe stürzen?

Auch diese Möglichkeit ist als Prophezeiung überliefert! Denn im Buch Daniel (II,14) heißt es: »Das Evangelium vom Reich wird in der ganzen Welt verkündet und zum Zeugnis für alle Völker werden, und dann wird kommen das Ende…eine große Drangsal…wie dergleichen nicht gewesen ist seit Anfang der Welt bis jetzt und nicht mehr sein wird.« Aber es heißt auch, »…und würden jene Tage nicht abgekürzt werden, würden keine Menschen gerettet werden; doch um der Auserwählten willen werden abgekürzt werden jene Tage!«

Vorausgesetzt obige Annahme trifft zu, dann kann die Pyramide nur dann effektiv arbeiten, wenn ihr wie einer Rakete die nötige Raumkapsel das fehlende Pyramidon aufgesetzt wird. Und genau darauf scheint sich eine weitere christliche Prophezeiung zu beziehen. In Matthäus 21,42 erwähnt Christus den »Stein, den die Bauleute verwarfen«, der zum »Eckstein« geworden ist. Es gibt nur *ein* Bauwerk, das einen Haupteckstein hat, besser gesagt einen Kopfstein, wie es richtigerweise auch in einer

Übersetzung heißt – die Pyramide. Und es gibt nur eine Pyramide, deren Kopfstein fehlt! »Wer bist Du, großer Berg?«, ist im Buch des Zacharias (4,7-10) zu lesen, »vor Serubbabel sollst Du zur Ebene werden! Er wird den Giebelstein ans Licht bringen unter dem Jubel: Wie schön ist er!«

Ser.apis war ein Name des Osiris, einer der Argo-Sterne im Sternbild Orion, *apis* ist der heilige Stier, und *Ba.bel*, »Turm« oder »Säule«, ein Symbol für die Polar- oder Weltachse. Die Prophezeiung scheint zu besagen, daß ein bestimmter Stern die »Säule« aktiviert und den Giebelstein zum Strahlen bringt, was sich nur darauf beziehen kann, daß es sich dabei um eine Art von Licht handelt, das jenseits der Frequenz des Sonnenlichts schwingt. Orion und die Plejaden, die im Sternbild Stier zu sehen sind, werden auch von Hiob (Job) als Auslöser einer Katastrophe des Untergangs der Erde genannt! »Suche ihn (Gott)«, sagt Amon zu Hiob, »der die sieben Sterne (die Plejaden) erschuf und Orion.« Und Hiob ergänzt, »er, der Arkturus, Orion und die Plejaden machte«. Den Arkturus bezeichneten die Maya ja als Hauptverteiler der Energie der »Zentralsonne« via Sonnenflecken.

Vorhersagen mögen nicht eintreffen, weil sie visionäre Zukunftsschauungen sind und sich die damit verbundene Zukunft aufgrund winziger Veränderungen innerhalb eines Netzwerks verändern kann, doch gibt es offensichtlich auch hier Knotenpunkte, wie das Zutreffen bestimmter Vorhersagen belegt. Trifft folgende zu, dann werden wir die Lösung des Geheimnisses des fehlenden Pyramidons bald kennen. Nach Edgar Cayce' Voraussicht werde die Botschaft der Großen Pyramide noch vor Ende des 20. Jahrhunderts vollends entziffert werden. Irgendwo zwischen Sphinx und Nil werde eine Halle der Aufzeichnungen zur rechten Zeit entdeckt werden.[104]

Sprechende Steine und Solitonen

Sowohl im Mythos als auch bei den steinernen Zeugnissen von Megalith-Kulturen begegnet man also den Spuren einer uns noch unbekannten Wissenschaft, in deren Mittelpunkt der Erdmagnetismus stand. Untersuchungen mit modernsten Geräten zeigen, daß »Steincomputer« nach mathematisch-astronomischen Gesetzmäßigkeiten errichtet wurden, deren Leitsteine anfänglich Eisenmagnetsteine, Meteoriten waren, später zumeist Dolerit, jedenfalls stets Steine, die Eisen oder Quarz enthalten und die bei speziellen Konstellationen besondere Resonanzen erzeugen. So bestehen die ältesten Heiligtümer in Oberägypten aus Granit, der bei allen Tempelbauten Verwendung fand. Das ägyptische Wort dafür ist *mat.* Die betreffenden Hieroglyphen stehen vor einem Determinativum, das eine Art Vase oder Gefäß darstellt; das Wort beschreibt auch Traum, Erkenntnis, Imagination und Empfängnis. Weil ein Ort nicht von seinem ursprünglichen »Ton« getrennt empfunden wurde, findet sich das Determinativum von Granit auch beim ersten Namen von Oberägypten, *Abu,* »Elefant«. Auch der Name von Apoll, den man ebenfalls den »Stein« nannte, wird von manchen Forschern von der Wurzel *ab* hergeleitet, auf die auch der Apfel als Eintrittskarte ins Paradies eleusinischer Gefilde zurückgeht.

Wiederum vermögen Erkenntnisse der modernen Forschung Aufschluß über die Art der mit Ort und Material in Verbindung stehenden spirituellen Energie zu geben, die in all diesen Bedeutungen mitschwingt. Steine in alten Orakel-Heiligtümern »sprachen« oder »sangen«, d. h. sie tönten oder schwangen in bestimmten Frequenzen, die sich manchmal aufgrund besonderer äußerer Einflüsse veränderten, wie das Dragon-Projekt nachwies. Die wesentliche Frage ist: War es unbekannten Tonkünstlern unserer Vergangenheit möglich, bestimmte Töne in das Netzwerk Erde einzuschwingen? War es, formuliert in der Sprache unserer Tage, ihre Absicht, mit Hilfe bestimmter Knotenpunkte Phasenkopplungen herzustellen, die zu Grenzzyklen, an die Schnittstellen zwischen Ordnung und dem formenerzeugenden, schöpferischen Chaos führen? So unwahrscheinlich das klingen mag, genau das scheint geschehen zu sein.

Angefangen von den kleinsten Teilchen in den Atomkernen, schwingt alle Materie auf bestimmten Wellenlängen. Die einfachste Form, die eine Welle oder Schwingung annehmen kann, ist eine sogenannte Sinuswelle. Jede Sinuswelle wird durch ihre Frequenz, die Anzahl der Schwingungen pro Sekunde charakterisiert. Die Frequenz stellt also das Maß der Sinuswelle im Verhältnis zu Raum und Zeit dar. Mehrere Sinuswellen erzeugen eine komplexere Gestalt, etwa fügt ein elektronischer Musiksynthesizer die Ausgangssignale verschiedener reiner Sinuswellen zusammen, die alle verschiedene Frequenzen haben. Ist an der anfänglichen Wechselwirkung zuviel Energie beteiligt, bricht die Welle und erzeugt eine Turbulenz, bei zuwenig Energie löst sie sich in nichts auf. Bei einem bestimmten Betrag von Energie ist die Rückkopplung zwischen den einzelnen Sinuswellen derart, daß sich eine stabile komplexe Welle herausbildet, eine sogenannte solitäre Welle oder ein Soliton. Die solitären Wellen bleiben durch Rückkopplung miteinander verbunden, ihre Geburt erfolgt im Grenzbereich eines bestimmten Energiebereichs!

Eine solitäre Welle besitzt eine hohe Fortpflanzungsgeschwindigkeit, so hört man etwa in großer Distanz den Befehl, der dem Abschuß einer Kanone vorausgeht, nach dem Kanonenschall, der sich in Form einer solitären Welle blitzartig ausbreitet. Solitäre Wellen gibt es in der Atmosphäre, deren Dichte mit ihrer Hilfe richtig berechnet werden konnte. Sie kommen auch im Wasser vor, und es ist heute bekannt, daß sie, erreichen sie eine bestimmte Höhe, die Richtung von fließendem Wasser umkehren können! Ein Soliton von wenigen Zentimetern oder Dezimetern Höhe vermag nach einer längeren Strecke, die eine derartige Welle mit gewaltiger Länge absolviert, zu einem sogenannten *Tsunami* mit einem dreißig Meter hohen Wellenberg anwachsen, der am Festland große Verwüstungen anrichtet.

Derartige Wellen gibt es auch innerhalb der schwingenden Gitter der Metalle, in denen sich Elektronen bewegen – das Gitter selbst stellt ein stabiles Muster von Atomen dar. Wird Energie etwa in Form von Wärme auf das Metall übertragen, beginnen die Atome zu vibrieren, und weil alle Atome durch das Gitter aneinandergebunden sind und kollektiv schwingen, erzeugen sie eine einzige »Note«. In einem Gitter gibt es viele verschiedene Schwingungsarten, und zu jeder gehört eine charakteristische

Energie oder Note. Eine Grundidee der Thermodynamik besteht darin, daß, teilt man alle Wärmeenergie einer ganz bestimmten Gitterschwingung zu, sich die Energie nach dem Gleichverteilungsprinzip bald ausbreitet und auf alle anderen Noten des Gitters verteilt. Auf diese Art ließe sich eine bestimmte Art von Energie, ein bestimmter Ton erzeugen.

Bislang rein rechnerische Experimente, die in den 50er Jahren von Fermii, Ulam und Pasta durchgeführt wurden, ergaben für unsere Betrachtung Faszinierendes. Die Forscher arbeiteten mit Soliton-Schwingungsmodellen. Sie führten einem Mode Energie zu und erwarteten, daß das Experiment aufzeigen würde, wie diese Energie den Zwängen der Thermodynamik folgt und sich auf die anderen Moden verteilt. Um mathematisch für die Aufteilung der Energie zu sorgen, mußte man entsprechend der Wechselwirkung zwischen den Moden einen kleinen *nichtlinearen* Term einführen, weil die Energie in den Moden ansonsten nicht von der einen zur anderen Note übergehen könnte. Das Experiment ging jedoch nicht wie erwartet aus, sondern zur Überraschung der Experimentierenden *beherrschte* dieser winzige Zusatzterm das ganze System und verwandelte es von einem linearen Gitter in eine Arena für Solitonen: Auf Kosten aller anderen begann ein Mode Energie zu gewinnen, die sich im folgenden abwechselnd in dem einen oder anderen Mode zusammenballte. Erst nach 30000 Schritten der Gleichung (!) versammelte sich der »Ton« wieder im ersten Mode! Die Konzentrierung der Energie hing nicht von der Stärke der nichtlinearen Wechselwirkung ab, denn sogar mit äußerst schwacher Kopplung verhielt sich das System in dieser Weise. Die Experimente zeigten, daß beim Rendezvous von zwei Solitonwellen keine Trennung der einen von der anderen Welle sichtbar wird, dennoch gehen beide völlig unversehrt auseinander hervor, so als ob es in dieser nichtlinearen Kopplung eine Art Gedächtnis gäbe, wodurch sich die Wellen nach erfolgter Vereinigung wieder ihrer früheren Form bedienen! Der daraus zu ziehende Schluß war, daß das nichtlineare Gitter eine Art Erinnerungsvermögen aufweist, die sein lineares Gegenstück nicht besitzt!

Diese Hinzufügung eines kleinen, nichtlinearen Terms in diesem Computerexperiment abstrakter Mathematik ist von Interesse für uns, ein theoretisches Gebilde, das unabhängig von der Stärke der dadurch erzeugten nichtlinearen, fraktalen Wechselwirkung zu einer Konzentration von Energie führt, die eine Arena von Solitonen erzeugt, in der trotz ursprünglich verschieden schwingender Teile *eine bestimmte Note* oder Energie auf Kosten der anderen mächtig anschwillt. Liegt hierin das Geheimnis der verlorenen Technik einer früheren Kultur? Besaß diese ein derartiges kleines, nichtlineares Zusatzmittel? Alles, was wir wissen ist, daß diese Kultur irgendwie mit dem Erdmagnetismus arbeitete, wodurch sie offensichtlich einen bestimmten Ton in einem Steinkreis oder Erdheiligtum aktivierte. Dieser bestimmte Ton war nach mystischer Überlieferung der »Ton« eines Sterns innerhalb einer bestimmten Konstellation, auf den der an einem Kreuzungspunkt im geodätischen Netz der Erde errichtete »Steincomputer« ausgerichtet war; »Töne« nannten die Maya auch die Tage. War es Menschen unserer Vergangenheit möglich, eine bestimmte Schöpfungskraft, einen bestimmten Gott oder *logoi* zu aktivieren?

Heute wissen wir, daß auch ein Magnetfeld Solitonverhalten zeigt. Normalerweise kann es leicht ein Stück Metall durchdringen, bei jenem Punkt jedoch, an dem sich das Metall bei der kritischen Temperatur in einen Supraleiter verwandelt, wird das Magnetfeld plötzlich am Eindringen gehindert, und – der Supraleiter wird zum Soliton! Im Zentrum der vom Dragon-Projekt vermessenen Steinkreise herrscht unter gewissen konstellaren Voraussetzungen magnetische Stille, was nach Obigem bedeutet, daß der Hauptstein, der durch rituelles Polieren oder Reiben die kritische Temperatur erreicht, zum Supraleiter und Soliton wird, in den das Magnetfeld nun nicht mehr eindringen kann! Dehnt man das Magnetfeld jedoch stärker und weiter aus, entstehen plötzliche solitonenartige magnetische Wirbel, die geradewegs in den Supraleiter eindringen. Das bedeutet: Ein Soliton dringt in ein anderes ein! Und so stellt sich die Frage, ob eine rätselhafte Kultur über das Mittel verfügte, Steine nicht nur über das in ihnen enthaltene Metallgitter in Supraleiter zu verwandeln, wodurch sie zu einem Soliton werden, sondern ob sie auch das Magnetfeld so verstärken und weiter ausdehnen konnten, daß ein zweites Soliton, etwa der »Ton« des exakt zu diesem Zeitpunkt auf den Hauptstein weisenden Sterns, in den selbst zum Soliton gewordenen Supraleiter eindringen konnte? Und was geschieht, wenn ein Soliton in ein anderes eindringt?

Das Kennzeichen eines Solitonendurchgangs ist, daß sich Licht und Materie in eine nichtlineare Wechselwirkung begeben! Kristalle wie Diamanten, Quarz und Steinsalz sind lichtdurchlässig, andere Festkörper reflektieren alles auf sie fallende Licht, d. h. alles eindringende Licht wird von den Atomen absorbiert, wodurch die aufgenommene Energie in atomare Schwingungen übergeht, in Wärme. Will man Licht durch einen undurchlässigen Stoff hindurchzwingen, heizt man dessen Oberfläche auf. Ist das auf den Festkörper fallende Licht besonders intensiv, gebündelt wie etwa in einem Laserimpuls hoher Energie, wird der Körper plötzlich transparent, also unsichtbar, und der Lichtimpuls läuft ohne Absorption durch den Körper hindurch! Konnten die Erbauer der »Steincomputer« derart hohe, gebündelte Energien erzeugen? Weist vom Hauptstein der Steinkreise nicht noch heute, auch ohne das rituelle Polieren ein »Lichtstrahl« himmelwärts, der nur mit Hilfe von Infrarotfotografie sichtbar wird? Bedeutet das, daß diese Steincomputer programmiert wurden, um auch ohne Zutun des ignorant gewordenen Menschen zu wirken, sobald sich der Stein zu »erinnern« beginnt?

Die Forschung erkannte, daß der Lichtstrahl, der sich durch ein zuvor undurchlässiges System bewegt, danach kein echtes Licht mehr ist, sondern ein neues Wesen, eine Kombination von beidem, von Materie und Energie, eine Emanation, wie man ihr auch bei der Spaltung des Uraniumkerns begegnet, also etwas neues Wesenhaftes, das in sich dreifaltig ist! Der Lichtimpuls, der ohne Absorption durch einen Körper hindurchläuft, diesen transparent macht, wonach sich der Körper wieder seiner alten Form erinnert, birgt in sich wohl das Geheimnis um die Transzendentwerdung des Dreizehnten der Mythen oder das Geheimnis um das Unsichtbarwerden von *Magoi*, auf das man immer wieder in den Überlieferungen stößt; das ist ein deutlicher Hinweis darauf, daß eine derartige Technik einst praktiziert wurde. Vielleicht liegt hierin auch das Geheimnis des Kopfsteines der Großen Pyramide verborgen, was allerdings bedeuten würde, daß die Pyramide selbst zum Supraleiter wird! Heißt es nicht, daß Hermes (Thot), bevor er in den Himmel zurückkehrte, einen Bannspruch über die heiligen Symbole des Kosmos verhängte? »O heilige Bücher (deren Anzahl im Pyramidenmaß vorhanden ist), unsichtbar werdet, unauffindbar für jeden, dessen Fuß die Weiten dieses Landes betritt, bis der Himmel geeignete Werkzeuge für euch hervorgebracht hat, die der Schöpfer Seelen nennt.«

Experimente zeigten, daß der heftige Schlag auf das Ende eines Metallstabes die mechanische Energie in Form eines Solitons ungestört zum anderen Ende des Stabes laufen läßt. Moses »zog« mit Hilfe eines Stabes in der Wüste Wasser aus einem Felsen, d. h. er besaß den »Zauberstab«. Das erinnert an Untersuchungen der in Steinkreisen erzeugten Energie, wonach sich die molekulare Zusammensetzung des Wassers veränderte, also handelt es sich um eine Art von Energie, die bewirkt, daß sich Wasser an seine ursprüngliche Form erinnert. Nach diesem Prinzip arbeitet bereits Johann Gander, der Magnetfelder erforschte und hochfrequente Energien eines Magnetgenerators auf Wasser übertrug. Sein dank eines »Wiederbelebungsgerätes« belebtes Wasser findet zu seiner ursprünglich reinen Schwingung zurück. Faszinierenderweise konnte ein Experiment der Forschergruppe »Cooperativa Nuova« im »Wunderwasser« von Medjugorje sieben Schwingungen nachweisen, wie sich innerhalb der Steinkreise die magnetische Erdkraft innerhalb von sieben Spiralen verringert! Nach Yuan und Lake, die Solitonen auf dem Ozean untersuchten, ist die Meeresoberfläche so stark moduliert, daß sie genaugenommen die Erinnerungen an alle früheren Strukturen in sich trägt, in den riesigen Solitonwellen tritt die »Erinnerung des Ozeans« an die Oberfläche, ja im Soliton fokussiert die gesamte Erinnerung des Ozeans! Daß das Phänomen des Erinnerungsvermögens nichtlinearer Gitter etwas mit der Bildung eines Solitons zu tun hat, ergab auch die Analyse des Fermi-Pasta-Ulam-Modells. Man erkannte dort auch, daß sich das Soliton nicht aus Wasser oder Luft bildet, sondern aus Energie und daß es sich in Form *einer* kohärenten Welle durch das *ganze* System bewegt!

Natürliche Systeme welcher Art auch immer werden von Energietälern angezogen und von Energiebergen abgestoßen, besagt das Prinzip der Wissenschaft vom zweiköpfigen Drachen bzw. der erdmagnetischen Strömungen in China, von Isis-»Hügel« und Osiris-»Tal«, von Schattengeist und Lichtgeist. Ein hoher Berg wirkt als eine Art Abstoßungspunkt, und ein solcher hoher Berg, ja *der* »hohe Berg« schlechthin, ist die Große Pyramide. Besagt nicht ein griechischer Mythos, daß während der Schlacht der Giganten ein Riese von einem hohen Berg aus in den Himmel sprang? Verbirgt sich hier ein Hinweis auf die rätselhafte »Ebene«, zu der der »große Berg« nach der Prophezeiung im Buch Zacharias »vor Serubbabel« werden soll? Weiter heißt es: »Denn wer etwa den Tag der bescheidenen Anfänge verachtete (wohl des Christentums, das sich noch nicht verwirklichte), der wird noch mit Freude den Schlußstein sehen in der Hand Serubbabels« (4,7–10).

Kapitel 26 bei Jesaja bezeichnet den Herrn als »ewigen Fels«, der Fels ist die Pyramide, der wahre Stein der Weisen, den man auch *lapislazuli* nannte, in Sumer und Ägypten ein Symbol für den Sternenhimmel! Mit Serubbabel ist vermutlich die auf eine bestimmte Konstellation »programmierte« Pyramide gemeint, der bei einer Verlagerung der Erdachse eine entscheidende Rolle zuzukommen scheint. Sie wurde auf das »Tor der Götter«, *Ba.Bel* bzw. seinen »Turm«, übertragen, was vielleicht auf das Epos der Schöpfung, einen babylonischen Text, zurückzuführen ist, mit dem die Hebräer konfrontiert wurden. Nach diesem wurde der »erste Torweg der Götter« von diesen selbst gebaut. »Bauet den Torweg der Götter ... Laßt ihn aus Ziegelsteinen machen. Sein *schem* soll am vorgezeichneten Ort stehen.«[105] Der »Turm«, das Symbol für die »Säule« oder den »Strahl des Auges« *(Ut),* konnte in Babel nicht mehr gebaut werden, weil das Wissen schon verlorengegangen war, und es ist zu vermuten, daß es sich dabei um jene Energiesäule handelt, die das Quadrat der Polar- oder Erdachse bildet, worauf jedenfalls das Maß *acre* (Morgen) hinweist; *ak* ist überall dort enthalten, wo höchste göttliche Kraft in Form des großen, reinen Lichts angesprochen wird, Licht, das mehr ist als Licht; *arq ur* nannte man die Sphinx, auf deren Bezug zum Sternenhimmel wir bereits eingingen.

Ta-Chut hieß die Pyramide, *Utu* war der sumerische Name des babylonischen Gilgamesch und *Utu/Schamach* war dasjenige der »feurigen Schiffe«, das bei den Fahrten zur Himmelswohnung der Götter die leitende Stellung einnahm, in die nach sumerischer Königsliste *Etana*, der Dreizehnte(!), »zum Himmel aufstieg«! Auch besagt der Text: »Laßt uns einen *schem* machen, denn wir werden vielleicht zerstreut in alle Länder.« Die Sumerer bzw. deren Vorfahren, wie immer sie sich nannten – sie selbst bezeichneten sich als Schwarzköpfe –, wurden in alle Länder zerstreut. Ist die Große Pyramide ein derartiger rätselhafter *schem*?

Frei von Zerfall, heißt es im »Augenstern des Kosmos« zu Hermes' (Thots) Vermächtnis, ewig und unzerstört von der Zeit, durch der Unversehrbarkeit heiligem Zauber geschützt, sollen die mit einem Bannspruch belegten »Heiligen Bücher« bestehen bleiben. Die gemeinsame Symbolik von Sumerern, Ägyptern und Hebräern ist ebensowenig zu übersehen wie der Bezug zur Polar- bzw. Erdachse, um so mehr als der mit Netz und Lichtstrahlen kämpfende sumerische *Nin.Ur.Ta* (Marduk) gegen *Zu* kämpft, weil dieser sich die »magische Tafel der göttlichen Geschicke« aneignete. *Nin.Ur.Ta* kämpfte im Auftrag von *Ea*, der den »südlichen Weg« darstellte, *Enki* den nördlichen, eine Entsprechung zur taoistischen Überlieferung von den Kaisern des nördlichen und des südlichen Meeres – der »Kaiser des südlichen Meeres« hieß *Shu (Zu!)*. Das bedeutet, daß die Kraft des Südens gegen die Kraft des Nordens kämpfte, und in dem Fakt, daß *Zu*, der Herrscher des Südens, den Herrscher im Norden besuchte, wo er sich die göttlichen Formeln aneignete, die danach aufgehoben waren, ist die Umpolung des magnetischen Erdfeldes angesprochen! Daß *Serubbabel*, vor dem der Berg zur Ebene werden soll, zu Ende führt, was mit der »Göttin der Gründung« und der Flut (!), der ägyptischen Hathor begann, geht aus einem Beinamen von *Utu*, sumerisch für Gilgamesch (!) hervor: *Babbar*, »Strahlender«; die Ähnlichkeit zu *Seru(Utu)-Babel* im Buch Zacharias ist jedenfalls auffällig. Der »Vollender« schließt ab, was unter Hathors Aufsicht begann, aber der Vollendung geht ein Kampf gegen das Chaos und eine damit in Zusammenhang stehende Umkehrung der polaren Kräfte voraus; bei den Kelten deutet der Lichtpfeiler *Tyr*, vermutlich ein Symbol des nördlichen Polarsterns bzw. der Polarachse, in die gleiche katastrophale Richtung, um so mehr als man ihn auch *Zuir* nannte *(Zu)*. Nicht zu übersehen ist jedenfalls, daß die Mythen übereinstimmend von einem Ereignis in unserer Vergangenheit berichten, dem wir jedoch immer wieder als Prophezeiung in der Zukunft begegnen! Und der Großen Pyramide scheint dabei eine Schlüsselrolle zuzukommen.

Weltuntergang oder Weltrettung?

Die Bahn jedes periodischen, also zyklischen Systems muß im Phasenraum, einem mehrdimensionalen Raum, mit dem die Bewegungen des Systems beschreibbar sind, immer wieder zum gleichen Punkt zurückkehren – denken wir an ein Pendel. Die einander widerspiegelnde Welt von Ordnung und Chaos wird durch einen Anziehungspunkt verbunden, den die Forschung Attraktor nennt, das ist ein Gebiet im Phasenraum, das eine magnetische Anziehungskraft auf ein System ausübt und dieses anscheinend ganz in sich hineinziehen will. Verdeutlicht am graphischen Symbol der Spirale werden alle Ereignisse spiralförmig in die Nulldimension, in den Mittelpunkt hineingesaugt bzw. laufen zyklisch auf diesen Punkt zu; in der Mystik ist dieser Attraktor die »Zentralsonne«, für die Physiker ist es ein Schwarzes Loch im Mittelpunkt unserer Milchstraße.

Phasenraumbahnen meiden abstoßende Punkte wie etwa einen hohen Berg und laufen in die Anziehungspunkte, die Energietäler oder Ebenen hinein! So wird ein Pendel, auf das etwa ein Quarzkristall elektrische Impulse ausübt, nicht in einen festen Punkt hineingezogen, sondern in eine zyklische Bahn im Phasenraum; auf diesem Prinzip beruhen die Planetenbahnen. Werden zwei vorher voneinander unabhängige Zyklen miteinander verknüpft, vergrößert sich der Phasenraum, was man einen »Torus« nennt. Jeder der beiden Zyklen schwingt in einer bestimmten Frequenz; ergibt das Verhältnis der Frequenzen zweier gekoppelter Schwingungen eine irrationale Zahl, dann wird der Punkt, der das kombinierte System im Phasenraum darstellt, um den Torus herumwandern und sich dabei nie wieder selbst treffen. Dadurch entsteht ein System, das sich nie wiederholt. Ein derartiger wie oben beschriebener Attraktor ist die Zeit als zyklische Energieform. Deshalb formulierte Nobelpreisträger Ilya Prigogine die alte, neue Theorie, Zeit stelle die Achse der Welt dar. Diese Achse begriff man einst als lunare Mitte, die es erlaubte, den zyklischen Fluß zweier entgegengesetzt auf die Erde einströmender Zeitrichtungen zu vermessen. Nach Obigem ist das die Voraussetzung dafür, daß ein System nicht in sich selbst zurückläuft, wie das beim Symbol Kreis der Fall ist, dessen Durchmesser oder Achse, die fraktale Zahl *pi*, in die Unendlichkeit verweist.

In einem leeren Raum sind alle Richtungen gleichberechtigt, die Symmetrie wird nur dann gebrochen, wenn man in diesem potentiell leeren Raum einen Magneten wie die Erde anbringt. Der Magnet Erde zeichnet die Nordrichtung als eine besondere Richtung aus, und die Richtung anderer Magneten im Raum läßt sich nur in bezug auf diese messen. Komplexe Systeme wie die Erde verleihen demnach der Zeit eine Richtung! Während der Kreis, dessen Achse die Zeit ist, wenn auch anfang- und endelos, doch immer wieder als gerade Linie in sich selbst zurückläuft, liegt das Geheimnis unserer Existenz nicht in diesem solaren Symbol, sondern in Kurven, mit denen man über die Endlichkeit »hinauszählen« kann.

Stellen wir den Raum durch einen Kreis dar, stellt dieser im Grunde genommen eine endliche, eindimensionale Linie von Punkten dar, die in sich nulldimensional sind. Daß es auf einer Linie eine unendliche Anzahl von Punkten gibt, entdeckte Georg Cantor schon im 19. Jahrhundert. Entfernt man das mittlere Drittel einer Strecke, und nimmt aus den verbleibenden zwei Linienstücken wiederum das mittlere Drittel heraus, und setzt diesen Prozeß bis ins Unendliche fort, ist das Ergebnis ein sogenanntes »Diskontinuum«, eine staubartige Punktemenge. Die fraktale Dimension dieses Cantorschen Staubes, den Benoit Mandelbrot mit den Lücken verglich, die entstehen, wenn Milch beim Kochen gerinnt, liegt halbwegs zwischen einer Linie, die in sich eindimensional ist, und einem Punkt, der Nulldimension.

Ende des 19. Jahrhunderts hatte ein anderer Mathematiker, Debois Reymond, eine Kurve konstruiert, die sich auf so komplexe Weise hin- und herwand, daß sie die ganze Ebene des Papiers ausfüllte, auf dem er sie zeichnete. Wiederholt man den gleichen Schritt auf kleinerer Skala immer wieder, dann entsteht eine Kurve von beachtlicher Komplexität mit einem ungeheuerlich hohen Detaillierungsgrad. Für Mandelbrot liegt in diesen »monströsen Kurven« das Geheimnis des Messens aller Irregularitäten der wirklichen Welt. Die Reymondsche Kurve besitzt die fraktale Dimension Zwei, weil sie so viele Windungen macht, daß sie jeden Punkt in der Ebene erreicht! Obwohl sie sich in dieser extrem komplexen Weise ständig selbst zu berühren scheint, kommt es dennoch nirgends zur Überschneidung. Neue Analysen des Universums ergaben eine fraktale Dimension, die irgendwo zwischen Eins und Zwei liegt; 1,618 ist die fraktale Dimension des Goldenen Schnitts, auf den man bei der Oktavenordnung stößt.

Wie I-Ging, Hekat, die pythagoreische Skala und der Tzolkin der Maya, liefert auch die moderne fraktale Geometrie ein Maß der Veränderung, des Wandels, ja ein Abbild der Qualitäten des Wandels, weil jeder Teil eines Fraktals in sich ein Bild des Ganzen enthält, das ständigem Wandel unterliegt. Dieser Wandel, dessen kosmisches Urbild die »Bilder des Himmels« sind, scheint in Form von Steinkreisen und Erdheiligtümern nicht nur vermessen, sondern allem Anschein nach auch dank einer uns unbekannten Technik, Solitonen nach Wunsch zu erzeugen, gelenkt worden zu sein. In einer Solitonwelle sind die nichtlinearen Korrelationen zwischen positiver und negativer Rückkopplung einander so genau entgegengesetzt, daß die Wellen unverändert bleiben und sich durch den Raum fortbewegen. Greift der Mensch, ob bewußt oder unbewußt in dieses Gesetz ein, indem er etwa die Landschaft verändert, Flüsse trockenlegt, künstliche Gewässer anlegt, Wälder rodet, Rohstoffdeponien ausbeutet usw., verändert sich das Maß der ursprünglichen Energie, wodurch die Welle entweder zusammenbricht und ihre Wirkung verliert, oder sie ihren Effekt verstärkt und Turbulenzen erzeugt. Demnach scheint der Schlüssel, der zur Lösung des Rätsels einer verlorenen Art von Energieerzeugung führen könnte, zugleich der Schlüssel zur Lösung des Rätsels vom Untergang der Erde zu sein, an den sich die Erde, entsprechend aktiviert, »erinnern« könnte!

Die moderne Kernenergie benützt Energie, die bei der Spaltung des Urankerns frei wird; das Prinzip der Kernfusion hingegen beruht darauf, die Kerne miteinander zu verschmelzen. Kerne von Wasserstoff oder einem seiner Isotope werden auf so hohe Temperaturen geheizt, daß ihre Geschwindigkeiten ausreichen, um sie beim Zusammenstoß aneinanderzubinden. Dieser Zusammenstoß erzeugt Helium und setzt eine große Menge Energie frei. Zur Kernfusion benötigt man ein Plasma extrem hoher Temperaturen, ein Meer frei beweglicher Kerne und die Methode, dieses Plasma bei Temperaturen von mehreren Millionen Grad zusammenzuhalten. Der Prozeß ist technisch äußerst kompliziert und bedarf eines gigantischen Aufwandes.

Kannte eine ältere Kultur eine andere Methode, Solitonen zu erzeugen? Löste sie dadurch möglicherweise den Untergang der Erde aus?

Solitonen schaffen es, durch eine Energiebarriere von einem System in das nächste hindurchzutunneln; die Computerberechnungen ergaben, daß sie geradewegs zwischen den Atomen der Grenzschicht des Plasmas hindurchtunneln, um auf der anderen Seite verlustlos anzukommen. Das bedeutet: Diese Art von Energie zerstört die Zusammensetzung der Materie nicht, sie durchdringt sozusagen nur ihre mit Antimaterie gefüllten Lücken! Darüber hinaus nimmt die Energie bei ihrem »Durchgang« nicht ab, vielmehr entsteht etwas Neues, nämlich Licht, das etwas mehr ist als Licht!

Zwischen den Polen eines elektrischen Geräts etwa herrscht eine Spannung der Nuancen vor, und es ist diese Spannung, die den Strom fließen läßt. Ersetzen wir das elektrische Gerät durch den Magneten Erde, durch den ein bipolarer Strom elektromagnetischer Energien fließt. Angenommen die »Steincomputer« werden, weil sie auf eine bestimmte zukünftige Konstellation und damit auf ein Netzwerk programmiert sind, schlagartig alle zu Supraleitern, wodurch ihre magnetische Durchlässigkeit plötzlich abgeschaltet wird – in der Sprache des Mythos ist das wohl die Ausschaltung der Zeit, auf die man bei den Überlieferungen vom Untergang der Erde stößt –, dann wird daraufhin das Magnetfeld der Erde, welches das Bewußtseinsfeld unseres Planeten widerspiegelt, mit Hilfe eines im Zentrum der erdmagnetischen Strömungen befindlichen Transformators, der Großen Pyramide, mit der alle diese Supraleiter durch Lücken – *Leylines* – innerhalb des von Pol zu Pol reichenden geodätischen Netzwerkes verbunden sind, durch »geeignete Seelen« zum exakten kosmischen Augenblick stärker und weiter ausgedehnt. Durch dieses »nichtlineare Zusatzmittel« entstehen magnetische Wirbel, die geradewegs in all diese Supraleiter eindringen, die Solitonen verschmelzen mit dem anderen Soliton, das durch sie hindurchtunnelt, und pflanzen sich, weil perfekt ausbalanciert, als gewaltige Energiewelle über die ganze Erde fort – die Erde wird selbst zum Soliton, und der Fluß der Zeit kehrt sich um! Die Steine beginnen zu singen, prophezeien Mythen der Berber vom Atlas, wenn die »Weiße Dame« *(Tamazirt)* erwacht!

Nach der Durchtunnelung, der Überquerung einer »Brücke aus Licht«, von der die Mythen berichten, erfolgt, ohne daß die Form, die Erde, der Mensch, zerstört wird, die Erinnerung des durchfluteten Objekts Erde oder Mensch an die ursprüngliche Gestalt. Weil das von diesem Licht, das mehr ist als Licht, von diesem Bewußtsein, das mehr ist als Bewußtsein, durchflutete geodätische Netzwerk der während dieses Prozesses sichtbar werdenden Lichtkörper der Erde ihr Bewußtseinsfeld ist, spiegelt sich der neue Klang, die neue Note, nun im höher schwingenden Bewußtsein der Erde und des menschlichen Lebens wider; – auch Nervenimpulse werden auf eine Art transportiert, die als Solitonen bezeichnet werden, diese lösen Rhythmen in unseren Gehirnen aus, die in fraktaler Form die globalen und lokalen Rhythmen, die »Lage des Landes«, die »Lage der Dinge«, widerspiegeln. *Ein neuer Himmel und eine neue Erde, ein neues* (kollektives) *Bewußtsein* schwingen danach in einer vierdimensionalen Welt; zurück bleibt, auf einer anderen Höhenlage, in einer anderen Dimension, eine Erde, die wie das nicht für diesen Prozeß bereite Leben unterging. Beschreiben die Mythen nicht gerade das?

Der sumerische *Enlil* beschwörte seine Nachfahren: »Öffnet die alten Lagerhäuser der Väter und Vorväter! Holt hervor die alte Kupferlanze, mit der der Himmel von der Erde getrennt ward.«[106] Und der babylonische Gilgamesch träumte vom Untergang der Erde: »Was ich sah, war ganz erschreckend! Der Himmel kreischte, die Erde zitterte. Tageslicht verging, Dunkelheit kam. Es blitzte, Flammen schossen auf. Die Wolken schwollen, es regnete den Tod. Dann verschwand die Glut, das Feuer erlosch. Und alles Niedergefallene wurde zu Asche.«[107] In der ägyptischen Überlieferung bringt die Arche, die *Argo*, Isis und Osiris über die Wasser der Großen Flut, bei den Hindu sind es *Isi* und *Iswara* – *argo* bedeutet »weißschimmernd« und *ishu* »Pfeil«, auch »Lichtstrahl«!

Das alles mag für den ausschließlich rational geschulten Menschen der westlichen Welt phantastisch klingen. Aber es ist nicht phantastischer als das theoretische Modell einer Weltuntergangsmaschine, deren Möglichkeit P. H. Frampton von der Kalifornischen Universität bedachte. Erzeugt man Solitonen, erzeugt man reine Energie, Licht, das mehr ist als Licht. Durch die Vereinigung von Laserimpulsen extrem hoher Energie könnte ein einziges sogenanntes »Instanton« erzeugt werden, das ist ein Ausdruck aus der Quantenphysik für eine Vakuumblase aus einem anderen, tiefer schwingenden Universum. Käme ein derartiges Instanton in unser Universum oder würde auch nur in der Größe eines einzigen Elementarteilchens erschaffen, es dehnte sich nach nur einer Sekunde 300 000 Kilometer weit aus und enthielte in seinem Inneren einen Dampf von Elementarteilchen. Die katastrophale Folge wäre, daß das Universum zu kochen und sich in Dampf aufzulösen begänne; auch im menschlichen Blutkreislauf ist eine injizierte Vakuumblase tödlich.

Die erste Welt verbrannte, überliefern die Mythen, und löste sich in Dampf auf. Im nordischen Mythos ist Muspelheim das Land des Feuers, der »in Flammen aufgegangene Süden«. Und die ältere Edda überliefert vom Untergang der ersten, goldenen Welt, »Feuer rast, Hitze lodert, und hohe Flammen setzen den Himmel selbst in Brand«.[108] Ob Erinnerung oder visionäre Voraussicht, die Warnung ist jedenfalls nicht zu übersehen. Einmal gedacht, im geistigen Bereich kreiert, mit Namen versehen und dadurch belebt, ist die »Killerluftblase« als Weltuntergangsmaschine ab nun im Bewußtsein der Erde verankert, aber allem Anschein nach haben wir ihr eine Weltrettungsmaschine entgegenzusetzen – *uns selbst*!

Erinnerungen an die Zukunft?

Was ist, ist längst schon gewesen,
was sein wird, längst war es da,
und Gott spürt das Vergangene auf.
Salomon, Sprüche 3:1,2,15

Zeit ist ein zyklischer und kein linearer Prozeß, besagt das Erbe alter Kulturen, sofern es diesen Begriff für sie überhaupt gab, eher als zyklischen Kreislauf, von dessen gemeinsamer Quelle Zukunft und Vergangenheit ausgehen und sich stets im gegenwärtigen Augenblick treffen und vereinen. Im flüchtigen Augenblick der Gegenwart konzentriert sich die Kraft der Zeit als Summe aller Vergangenheiten und aller möglichen Zukünfte – Gegenwart ist die Summe der Vergangenheit, und Zukünftiges geht immer der Gegenwart voraus. Berücksichtigen wir das nicht, erliegen wir der Illusion, daß sich hier ein lineares Muster ablesen läßt, in dem die Schicksalsfäden der Vergangenheit nahtlos im Netz der Zukunft verflochten sind. Daß dem nicht so ist, belegen die Rätsel in der Geschichte der Entwicklung des Lebens.

Wir bezeichnen die Lücken in einem ansonsten scheinbar geradlinigen Gewebe als »missing link«, weil es an einer bestimmten Nahtstelle allem Anschein nach kein verbindendes Glied zwischen einer Lebensform oder Richtung und einer anderen gibt. Derartige Nahtstellen weisen auf Einbrüche von Chaos, auf nichtlineare Prozesse hin, die offensichtlich allein anscheinend Vorgegebenes radikal verändern und in eine vollkommen andere Richtung führen können.

Zeit entsteht in einem materiellen System durch die Phasenkopplung der Materie in einem bestimmten Raum. Negieren wir den Raum, wozu nur die abstrakte Mathematik fähig ist, ergibt sich die Erkenntnis, daß die Eigenschaften des Raumes nicht vorgegeben, sondern ein Ergebnis kooperativer Wechselwirkungen zwischen Quantensystemen sind. Wir bzw. unser Bewußtsein ist die Reflexion des Raumes, in dem wir uns befinden, den unser Bewußtsein kreiert, besagt die mystische Überlieferung, so daß wir uns selbst unseren eigenen Himmel oder unsere eigene Hölle erschaffen. In dieser Erkenntnis liegt die Möglichkeit zur Transformation, denn das Gebot dieser kosmischen Stunde der Menschheit scheint weder Evolution zu sein noch Revolution, sondern die plötzliche Umwandlung von einer Form in eine andere, wie es auch der Name des letzten uns hinterlassenen, dreizehnten Zyklus im Katun 19 der Maya besagt, der Lamat-Zyklus von 1992–2012 n. Z., »Baktun der Transformation der Materie«. Während dieses Zyklus sind die höher entwickelten DNS-Lebensformen der Erde einer ständigen Beschleunigung ausgesetzt.

Laut den Maya durchläuft die Erde seit Mitte des 3. Jahrtausends v. u. Z. einen Synchronisationsstrahl, der unseren Planeten und das Leben auf ihm offenkundig durchtunnelt, es handelt sich dabei wohl um ein Soliton. Der Wissenschaftler Brian Swimme, dessen Fach die mathematische Physik ist, weist im Vorwort zu Argüelles »Maya Faktor« darauf hin, daß der Wissenschaft nie ein derartiger Strahl bekannt war, wie ihn die Maya beschrieben haben, daß die Physik jedoch vor nicht allzulanger Zeit darauf stieß, daß wir in vielerlei Hinsicht von durch die Galaxie schießenden Strahlen beeinflußt werden. Diese Strahlen werden von der gegenwärtigen Astrophysik, die von einer eigenorganisierenden Dynamik der Galaxie spricht, als Dichtewellen beschrieben, die durch die Galaxie jagen und die galaktische Evolution beeinflussen. Die Wahrnehmung eines derartigen galaktischen Strahls war der modernen Wissenschaft deshalb unmöglich, weil sie sich auf das Materielle konzentrierte, das heißt, daß wir uns auf einen Bewußtseinsmodus beschränkten, der niemals zur Wahrnehmung des galaktischen Strahls der Maya führt. Das beginnt sich nun zu ändern.

Der galaktische Synchronisationsstrahl der Maya entspricht vermutlich dem Strahl des Auges, dem *Ut*, dem Maß der Gottschlange, die durch die Finsternis tanzt *(Dogon)*, dem wir allerorten begegneten und das mit jenen Gesetzmäßigkeiten zusammenhängt, die wir uns bemühten als Erbe einer alten Kultur aufzuzeigen. Erinnern wir uns: Vier Paare sind die Wurzel für Ursprung und Zivilisation (Evolution), 2 x 4 = 8. Sowohl bei *Dogon* als auch im alten Ägypten (Libyen) stand 80 für 100 oder 800 für 1000 (!), so daß das Maß des Strahles Thot (Hermes) ist bzw. das »fehlende Vierundsechzigstel« im Hekat, die achte Oktave des Tones C in der pythagoreischen Skala, die sieben Oberton-Zyklen durchlief, bzw. die Zahl des Christusgeistes, 888, welche der zehnten Position im Maya-Kalender entspricht. Dieser »Strahl« ist der Messias, der offensichtlich jeweils am Ende eines kosmischen Zyklus freigesetzt wird, wenn die Evolution eine jener Verzweigungsstellen erreicht, an denen es zu einem chaotischen Einbruch kommt, weil der Baum des Lebens voll ist, wodurch sich das Leben, auf subtilerer Ebene das Bewußtsein, höherschrauben kann bzw. muß – jedes Ende ist ja zugleich ein neuer Anfang. Das Wort *Messias* bedeutet »der Gesalbte«. Gesalbt waren die vom Christusgeist erleuchteten »Könige«, Ursache und Wirkung sind gleichgesetzt. Sichtbar ist der Messias nur denjenigen, deren sechstes Chakra entwickelt ist, in dem die Gottheit mit Form erkennbar ist, für alle anderen sind nur die Wirkungen erfahrbar. Dieser Messias (Christus), bei den Hindu die achte avatarische Kraft (Krishna), erinnert an *Sipapu*, den die

Hopi als energetischen Tunnel oder Durchgang beschrieben, der die verschiedenen Welten miteinander verbindet; bei den Maya ist *Kuxan Suum* der Lebensstrang, der die Verbindung zum galaktischen Herzen und zu anderen Sternensystemen und Planeten herstellt. Nur das Christentum setzte das Erscheinen des von Propheten aller Religionen am »Ende der Welt« erwarteten Messias in unserer unmittelbaren Vergangenheit an!

Für Maya und Ägypter war das, was wir Zeit nennen, eine Funktion des Prinzips harmonikalischer Resonanz, der wir auch als Basis des I-Ging bei der Meton-Periode als Gesetz der Wechselwirkung zweier dipolarer Zeitflüsse begegneten, deren durch Zahlenverhältnisse ausdrückbare Gesetzmäßigkeiten sich in der DNA, dem genetischen Code, als Ausdruck des Bauplans aller gegenwärtigen Lebensformen widerspiegeln. Die Geschichte unseres Systems kristallisiert sich in Verzweigungssystemen, erkannte die Chaos-Forschung, und zwar an jenem Punkt, an dem eine lineare in eine nichtlineare Entwicklung umschlägt. Alles deutet darauf hin, daß wir zielstrebig einer derartigen Verzweigungsstelle entgegenleben. An ihr eröffnet sich für einen flüchtigen Augenblick lang ein Fenster auf das Ganze. Ein solcher Blick kann, sind wir unvorbereitet, grauenerregend und zerstörend sein, weil sich die »Büchse der Pandora« öffnet, sind wir jedoch vorbereitet, kann er im wahrsten Sinn des Wortes wunderbar sein, dann wir erkennen das Mysterium der Schöpfung. »Ihr ward Staub, nun werdet ihr Geist, unwissend werdet ihr weise«, schließt die Prophezeiung des sufischen Mystikers und Dichters Dschelal ed-Din Rumi (1207–1273).[109]

In einer Solitonwelle sind die nichtlinearen Verbindungen zwischen positiver und negativer Rückkopplung der Systeme so genau entgegengesetzt, daß die Welle unverändert bleibt und sich linear durch den Raum fortbewegen kann. In der Rückkopplung der Erde jedoch schiebt die »positive Rückkopplung« gelegentlich das ganze System ein Stückchen vorwärts in einen neuen Bereich, so daß Evolution stattfindet. Als vor etwa 2,2 Milliarden Jahren Sauerstoff in die Atmosphäre der Erde sickerte, überwand das damalige Leben die Krise, die es bedrohte, indem nicht die alte Ordnung wiederhergestellt wurde, was auch unmöglich war, weil Sauerstoff nach wie vor vorhanden war, sondern weil sie sich durch Anpassung an den Wandel weiterentwickelte. Ein mörderischer Eindringling wurde so zu einem mächtigen Freund, woraus die moderne Forschung den tröstlichen Schluß zog, daß das Leben in sich selbst erfindungskräftig sei.

Eine Verzweigungsstelle war erreicht worden, dank derer es dem Organismus Erde gelang, in eine höhere Ordnungsform zu entkommen, weil er eine auf Sauerstoffnutzung gestützte Lebensform entwickelte. Sollten wir, die wir uns gerne bereits als Krone der Schöpfung bezeichnen, nicht zur gleichen überlebenswichtigen Großtat fähig sein wie unsere fernen Vorfahren, die Bakterien? Derartige Verzweigungsstellen führen durch entsprechende Verstärkung entweder zur Stabilisierung, zur Ordnung, oder in das Chaos, in den Untergang, der neuem Leben Platz macht. Sie stellen so etwas wie eine Chronik der Wahlentscheidungen des Lebens von der Urzelle bis zu unserer heutigen Gestalt dar. An jedem dieser Knotenpunkte gab es im Fluß der Zeit viele verschiedene Zukunftsmöglichkeiten, und das Leben entschied sich kollektiv für eine bestimmte Richtung, wodurch alle anderen möglichen Richtungen verschwanden; was sich diesem Prozeß nicht unterzieht, stirbt aus.

Negative Rückkopplungsschleifen regeln, positive verstärken. Indem ein System wie die Erde durch positive Rückkopplungen an den Verzweigungsstellen den gewählten Weg stabilisiert, gibt es den Umweltbedingungen, die im Moment der Bifurkation (Verzweigungsstelle) vorhanden sind, körperliche Gestalt. Die auf diesen Entwicklungssprung folgende Zukunft ist irreversibel, der Sprung ist sozusagen der Keim dieser neuen Welt. Auch wenn danach in der Gegenwart stets die Vergangenheit rekapituliert wird, erweist sich der Fortgang der Zeit als nicht meßbar. Allerdings vermaß eine vergangene Kultur eine Zeit, die vor ihr lag, um auf Ereignisse hinzuweisen, die jenseits unserer Vorstellung von Raum und Zeit liegen und somit zeitlos sind – das Chaos läßt grüßen.

Die moderne Forschung begreift den Menschen zunehmend wieder als offenes System, weil er wie das Leben selbst die Eigenschaft zur ständigen Selbsterneuerung besitzt. Diese Eigenschaft liegt im Grenzbereich, am komplexeren Ende des Spektrums Leben. Derartige Strukturen haben ihre jeweils einzigartige Geschichte, aber es ist die Geschichte ihrer Umgebung und aller anderen selbsterschaffenden Systeme. Individualität, lautet der daraus abgeleitete Rückschluß, ist deshalb eine Illusion, weil sie Teil eines kollektiven Vorgangs ist, an dessen Basis die Rückkopplung und nicht die Abkapselung steht! Je größer die Autonomie eines Organismus ist, um so mehr Rückkopplungsschleifen benötigt dieser in sich selbst und in seiner Beziehung zur Umwelt, woraus folgt, daß das Einzelwesen, das Individuum, etwas Abstraktes ist, eine Kategorie oder ein Begriff. Die Natur tendiert jedoch dazu, das zu entwickeln, das über alle engen Kategorien oder Begriffe hinausgeht. Die Sicherheit stabiler, dauerhafter Regeln, die wir uns selbst als Fundament unserer sozialen Ordnungen erschufen und auf denen wir unsere Zukunft errichten möchten, ist für immer dahin, formuliert deshalb Ilya Prigogine. Nicht nur der hochgepriesene Individualismus des westlichen Menschen beruht auf einem Mißverständnis, auch unser Verständnis von Zeit und Raum und damit unser Bewußtsein hat mit der Wirklichkeit einer vieldimensionalen Welt, mit der wir zunehmend konfrontiert werden, nicht viel zu tun. Alles in allem scheint ein beträchtlicher Irrweg hinter uns zu liegen, dessen Bewußtwerdung allerdings der nötige Energieimpuls sein könnte, um die Menschheit als offenes, selbsterschaffendes System an einer bevorstehenden Verzweigungsstelle der Evolution »positiv rückkoppelnd« in eine Zukunft hineinzukatapultieren, die sie selbst in diesem Augenblick gestaltet. Wie es der Philosoph Daisetz Suzuki formulierte, erfüllt der (westliche) Mensch, der glaubt, die Natur beherrschen zu können, gerade dadurch das Gesetz der Natur – wodurch er seinen eigenen Untergang herbeiführt! Das ist deshalb so, weil Unsymmetrie im Wesen der Natur liegt, weshalb moderne Physiker sagen, Gott wäre Linkshänder. Die meisten für das Leben wichtigen Moleküle sind nämlich »linkshändig«, und diese »subatomare Linkshändigkeit« entstand deshalb, weil ein weit vom Gleichgewicht entferntes Chaos, in dem neue Moleküle geschaffen werden, einen Energieunterschied rasch verstärkt und deshalb die »göttliche Linkshändigkeit« auf die Ebene der organischen Moleküle hinlagert. Das Wesen Gottes wird jedoch von allen Mysten als absolute Symmetrie, d. h. als absolute Harmonie beschrieben. Auf die Ursachen des sich gesetzmäßig immer rascher potenzierenden Ungleichgewichts wiesen wir bei der Außerkraftsetzung der nötigen Wechselwirkung innerhalb des »molekularen Urkalenders« hin. Um seinen Auswirkungen zu entgehen, die gesetzmäßig ins Chaos führen, entwickelte man jene Philosophie, die im Taoismus ihre reinste Ausdrucksform fand. Das bedeutet, daß nur ein inneres, seelisches Gleichgewicht das äußere Chaos vermeiden bzw. dessen zyklische Einbrüche, wie sie im Wesen des Gesetzes des Erde liegen, abschwächen kann.

Ein komplexes System wie unsere Erde und das Leben auf ihr trennt sich von der reversiblen, also veränderbaren Zeit durch etwas, das man »unendliche Entropiebarriere« nennt, d. h. Vorgänge, die in der umgekehrten Zeitrichtung ablaufen, werden unendlich unwahrscheinlich. Und doch kannten Kulturen wie noch heute die Hopi-Indianer und Schamanen aller Völker Möglichkeiten, diese Barriere zu durchbrechen, indem sie die subjektive Achse im Inneren »entlangfahren«, wodurch die äußeren Grenzen des objektiven Universums mit der inneren subjektiven Achse verschmelzen. Dieser mystische Zeitort liegt entweder unmittelbar unter der Oberfläche der jetzigen Erde oder unmittelbar darüber, d. h. unmittelbar jenseits unseres normalen Wachbewußtseins und dessen Schwingungen, dem Beta-Rhythmus mit 13–30 Zyklen/Sekunde, im Alpha-Rhythmus von 8–13 Zyklen/Sekunde. Dieser im Gehirn meßbare Schwingungsbereich entspricht dem tiefen Trance- oder Meditationszustand. Dem *diese* Achse entlang Reisenden gelingt es, die unendliche Entropiebarriere der physikalischen Welt zu durchbrechen, weil der Hüter der Schwelle, der die beiden einander entgegengesetzen Zeitströme voneinander trennt, ausgeschaltet ist und sich dem außerhalb der physikalischen Welt Reisenden das »Auge des Himmels«, eine Art dimensionale Lücke, als innerer Kraftpunkt eröffnet.

Daß die Irreversibilität der Zeit nicht durch die Physik gefunden werden kann, ist heute bekannt. Entweder muß sie durch die Metaphysik entdeckt werden, oder sie ist etwas, das wir selbst zur Natur hinzufügen müssen (Prigogine). Links und rechts, Vergangenheit und Zukunft, das sind Begriffe, die wir erfanden, um uns im Raum zu orientieren; in einem leeren Raum aber sind alle Richtungen gleichberechtigt, und die Symmetrie ist nur dann gebrochen, wenn man in diesem potentiell leeren Raum einen Magneten wie die heutige Erde anbringt. Das komplexe System Erde verleiht der Zeit eine Richtung und bricht dadurch die Symmetrie, die es der Zeit erlauben würde, rückwärts genausogut wie vorwärts zu laufen.

Das Wort »Entropie« steht für das Chaos, mit dessen Ausbruch das Universum begann und die Materie in einem geordneten Zustand zurückließ. Allmählich veränderte die Materie diese anfängliche Ordnung und erschuf dabei die Strukturen im Kosmos. Das Chaos besitzt sowohl positive als auch negative Macht, d. h. es teilt sich, sobald es sich manifestiert, in zwei Richtungen, die keine unvereinbaren Gegensätze sind, sondern Spiegelbilder voneinander darstellen. Die positive Macht dient dazu, die negative Macht derart zu kompensieren, daß insgesamt doch etwas Positives herauskommt.[110] Dieses Chaos ist jedoch keine »zufällige Suppe« und keinesfalls passiv, vielmehr im Gegenteil äußerst aktiv. Weil Zukunft unbestimmbar ist, weil sie der Zufälligkeit, der Schwankung und Verstärkung unterliegt, was darauf beruht, daß Systeme jenseits gewisser Schwellen der Komplexität in unvorhersehbare Richtungen laufen und dadurch ihre Anfangsbedingungen verlieren, die sich wegen der nicht zu überschreitenden Schwelle durch Umkehrung nicht wiederfinden lassen, stellt Prigogines unendliche, die Ordnung vom Chaos trennende Entropiebarriere ein »Unbestimmtheitsprinzip« dar. Der Bedeutung nach verglich man seine Entdeckung mit Einsteins Erkenntnis, daß Menschen oder Botschaften niemals die Lichtbarriere überwinden können, also sich niemals schneller als Licht bewegen können.

Wir messen Zeit mit Hilfe des Lichtweges, und die Physik ging davon aus, daß sich einmal getrennte subatomare Partikeln mit Lichtgeschwindigkeit voneinander fortbewegen. Demgegenüber besagt das Einstein-Podolski-Rosen-Paradox, daß Dinge, die einmal miteinander in Kontakt waren, auch dann noch weiter aufeinander einwirken, wenn sie längst voneinander getrennt sind.[110] Mittlerweile gelang der experimentelle Nachweis dieses theoretischen Paradoxes. Das am Institute d'Optique Theorique et Applique bei Paris durchgeführte Aspect-Experiment wies nach, daß direkte Wechselwirkungen nicht nur zwischen zwei voneinander sehr weit entfernten subatomaren Partikeln erfolgen, sondern daß das Signal zwischen beiden schneller als Licht reisen muß. Daß Atome und Moleküle keine Zeit brauchen, um von einer Dimension in die nächste zu reisen, worauf auch Sheldrakes morphogenetische Felder hinweisen, war die Erkenntnis David Bohms. Das kann (nach Bohm) bedeuten, daß es Informationen gibt, die schneller als das Licht reisen können, oder es kann bedeuten, daß unsere Vorstellungen von Raum und Zeit in einer Weise geändert werden müssen, die wir noch nicht begreifen.[112] Als einer der führenden Vordenker der theoretischen Physik stieß Bohm in gnostische Denkbereiche vor, weshalb er von »Nachdenkern« als Einzelgänger eingeordnet wird; die ihm zugewiesene Bezeichnung *maverick*, »Einzelgänger«, bedeutet sinnigerweise auch »herrenloses Vieh ohne Brandzeichen«. Mittlerweile untermauerte die Theorie John Gribbins, das Universum sei von einem wissenden elektromagnetischen Feld erfüllt, dessen Erscheinungsformen nur als Photonen oder Lichtteilchen sichtbar sind, weil sie aus diesem Feld entfernt wurden, die Theorien Bohms und die alte mystische Überlieferung vom Leben aus dem Tod, der Materie aus der Antimaterie, der »Geistwelt«.

Das Tempo wissenschaftlichen Informationsgewinns steigert sich derart auffallend, als ob die Zeit selbst es eilig hätte, uns noch rechtzeitig in die richtige Richtung zu führen. Wir gewinnen in die Struktur der Materie immer tiefere Einblicke, die von verantwortungsvollen Wissenschaftlern auch zunehmend in allgemeinverständlicher Sprache artikuliert werden. Diese Sprache der »neuen Wissenschaften« bedient sich wieder zunehmend der Symbolik und dringt so wieder in metaphysische Bereiche vor. Für Paul Davies bilden die letzten Bausteine der Materie, die langsam offenbar werden, eine Welt von erstaunlicher Ordnung und Harmonie. Sie sind das Kennzeichen der Materie, die geordnet und vermessen werden kann, ihrer Schöpfung jedoch liegen chaotische Gesetzmäßigkeiten zugrunde. Und so ist es, als ob uns die dreidimensionale Welt und ihre Ordnung noch einmal, bevor sie sich höheren und neuen geistigen Bereichen zuwendet, ihre Wunder vor Augen führen möchte. Nach A. Frank ist die geistige Revolution bereits in vollem Gange, und es ist auch schon abzusehen, wohin sie sich bewegt, nämlich in eine neue Kosmologie, in der sämtliche Ereignisse im ganzen Weltall (wieder) wechselseitig miteinander verknüpft sind. Der äußere Kosmos dieser »Neugnostiker« ist im wesentlichen derselbe wie der einer materialistischen Weltanschauung, – mit dem einen epochalen Unterschied: Er wird zunehmend (wieder) als geistbeseelt empfunden.

Die Regenbogenschlange in ihrem Doppelrhythmus als zwei Zwillingsschlangen. Aborigines. Arnhemland, Australien.

Vielleicht verliert auch Prigogines unendliche Entropiebarriere in absehbarer Zeit ihre Gültigkeit, und wir werden erkennen können, daß Zeit auch rückwärts fließen kann, wodurch die Tage jünger werden, um in jenem Zeitpunkt zu münden, an dem die Schlange sich in den eigenen Schwanz beißt und die Zukunft in die Vergangenheit zurückkehrt, um zur Gegenwart, dem Zentrum der Zeit zu werden. In diesem Nullpunkt setzt das Bewußtseinsfeld der Erde alle seine Erinnerungen frei, die »Toten« erstehen auf, die entweder zu ewigem Leben erwachen oder zur Schmach und zu ewigem Abscheu der anderen (Daniel 12,1–2). Der Ballast nicht weiter zielführender, weil zerstörerischer Muster oder Archetypen wird über Bord geworfen, worauf die Herstellung der Balance zwischen »links« und »rechts«, den beiden Skalen der Waage, erfolgen kann. Das scheint die nötige Voraussetzung für einen Neubeginn, für eine neue gereinigte Welt, für einen neuen Himmel und eine neue Erde zu sein, wie sie die Offenbarung des Johannes (20, 2–6) prophezeit.

Den Gesetzen harmonikalischer Frequenzen gehorchend, sucht sich die galaktische Energie Strukturen, die sie resonatorisch erwidern kann, Wesen, die aufgrund ihrer seelischen Entwicklung für einen bewußten Aufschwung des Lebens bereit sind. Der letzte Zyklus des Maya-Kalenders steht mit der »Rückkehr der Maya« in Verbindung, mit *mayet* (ägypt.), der »universellen Weltordnung«. Die Wiederkehr bedeutet die Wiederbefruchtung des planetarischen Feldes mit archetypischen, harmonikalischen Erfahrungen aus dem planetarischen Ganzen. *Schambhala*, das Reich der Archetypen des evolutionären Gesamtzyklus, eine Art PSI-Bank der Erde, das globale Gehirn oder die *Nus*-Sphäre der Ägypter, deren polare Resonanz den äußeren Strahlungsgürteln zugeordnet ist, wird zunehmend sichtbar, d. h. bewußt, und diese äußeren Strahlungsgürtel schwingen im gleichfrequenten Bereich wie der Alpha-Rhythmus in einem menschlichen Gehirn, das sich in tiefer Trance befindet!

Der gegenwärtige Durchgang der Erde durch einen Synchronisationsstrahl entspricht einer Drehung gegen den Uhrzeigersinn, einer Linksdrehung, während wir die Richtung des Zeitflusses, Rheas Mühlschaufelrad, rechtsdrehend messen. Diese Zeit läuft sozusagen nicht nach vorne, sondern zurück, bis es im Nullpunkt, dem »Auge«, zur Umpolung des Erdfeldes kommt, dem ein Torkeln der Erde vorausgeht. Wie sehr die Erde torkelt, bzw. wie gewalttätig sich dieser synchronisierende Prozeß für das Leben auf der Erde auswirkt, liegt nach übereinstimmender Angabe bei uns selbst. Versteht man die Erde als lebenden Organismus, als ein Konglomerat aus Schwingungen, die mit den Schwingungen des Kosmos in wechselweiser Wirkung stehen, wird verständlich, daß das elektromagnetische Gesamtfeld der Erde durch unsere Radar-, Fernseh-, Radio- und Mikrowellenverstrahlungen – von radioaktiver Verstrahlung durch H-Bomben-Versuchen ganz zu schweigen – gesättigt ist; und weil dieser Wellensalat bis in die entferntesten Teile des Universums abgestrahlt wird, beeinflussen wir dadurch auch das schwingende Gleichgewicht des gesamten Kosmos. Argüelles gibt allerdings zu bedenken, daß, wenn es die Absicht des Maia-Faktors ist, uns auf den Weg zur Transformation der Materie zu bringen – durch das Auge des Hurrikans hindurchzugehen und uns auf die Ebene der Gegendrehung, die allein Geschichtliches, also Geschehenes zu transzendieren vermag, bewußt einzulassen, bevor diese Gegendrehung tatsächlich erfolgt –, dann gehört es zu dieser Absicht auch, uns sicher durch all das hindurchzuleiten! Ohne Transzendierung der Vergangenheit als nötiges nichtlineares Zusatzelement rasen wir zielstrebig auf die lineare Abfolge aller Katastrophen zu, die unsere eigenen Handlungen kreier(t)en!

Der zwölfte Planet

»Planet NIBIRU: die Querstraßen des Himmels und der Erde soll er besetzen. Oben und unten dürfen sie nicht durchquert werden; sie müssen auf ihn warten. Planet NIBIRU: Planet, der am Himmel glänzt, er nimmt die Mittelstellung ein; ihm sollen sie Ehre zollen. Planet NIBIRU: Er ist der, der unermüdlich mitten durch Tiamat quert. Sein Name sei Durchquerender – er, der die Mitte einnimmt.«[113] Zecharia Sitchin nennt Nibiru den zwölften Planeten, weil Tiamat mit einem explodierten Planeten unseres Sonnensystems in Verbindung zu stehen scheint.

Gemäß den Aufzeichnungen der Sumerer, die für diesen mysteriösen Planeten sogar Ephemeriden-Tabellen besaßen, reicht seine Umlaufbahn nur zeitweise in unser Sonnensystem hinein und führt ihn immer wieder zum Ort der »Himmelsschlacht« in unserem System zurück, dorthin, wo Tiamat früher war. – Tiamat wird als Symbol für das Chaos angesehen.

In der Mitte der die Sonne umrundenden Planeten Merkur, Venus, (Mond), Erde, (Mond), Mars, Jupiter und Saturn, Uranus, Neptun und Pluto, zwischen den Umlaufbahnen von Mars und Jupiter, befindet sich der Asteroidengürtel, in dessen Bahn die

Forschung eine nichtlineare Lücke entdeckte, eine Stelle, die sich chaotisch verhält.

Voraussetzung dafür, daß unser Sonnensystem stabil bleibt, ist u. a. die Bedingung, daß die »Jahre« zweier untersuchter Planeten nicht in einem linearen Verhältnis zueinander stehen wie 1:2, 1:3, 2:3 usw. Um in ihren Bahnen stabil zu bleiben, müssen sich Planeten quasiperiodisch verhalten, d. h. sie müssen sich im Phasenraum immer wieder ein wenig anders um den Torus winden, ohne sich je zu schließen. Der Torus ist jenes Gebilde, das sich ergibt, wenn zwei miteinander gekoppelte Zyklen einander sozusagen im Kreis herumschleppen. Wie bei zwei schwingenden Pendeln, die miteinander gekoppelt sind und wechselwirksam sind, vergrößert sich der Phasenraum, und die Grenzzyklen, d. h. die durch die beiden Planeten erzeugten Umlaufbahnen, werden miteinander verknüpft; es entsteht ein ringförmiges Gebilde, das die Mathematiker Torus nennen. Bemerkenswertes geschieht, wenn die Planetenjahre zufällig in einem einfachen Verhältnis zueinander stehen, denn dann läuft die Bahn des Systems um den Torus in sich selbst zurück, was bedeutet, daß mit jedem Umlauf die Wirkung einer Störung durch einen dritten Planeten verstärkt wird, und sei diese nur so groß, wie sie etwa eine Fliege bewirken würde. Wie bei einer positiven Rückkopplung in einem Verstärker, in dem sich kleine Ursachen zusammenballen und zu einem gewaltigen Kreischen führen, kommt es zu einer Resonanz. Mathematische Berechnungen ergaben, daß sich in einem derartigen Fall die Oberfläche des Torus im Phasenraum aufbläht und platzt! Der betroffene Planet wird nach wie vor von dieser Oberfläche angezogen und versucht sie zu erreichen, dabei beginnt er chaotisch herumzuzappeln, bis schließlich seine Bahn aufreißt und er in den Raum hinausgeschleudert wird – der Einbruch des Chaos in die scheinbar geordnete Welt des Kosmos ist perfekt; sinnigerweise bedeutet das aus dem Griechischen stammende Wort Chaos »klaffende Leere«.

Glücklicherweise stößt man in unserem Sonnensystem auf ein derartiges einfaches Verhältnis positiver Rückkopplung nur genau an jenen Stellen, wo die »Jahre« von Jupiter und einem Asteroiden ein solches Verhältnis bilden würden. Falls sich zwischen Jupiter und Mars also einst ein Planet befand, muß sich etwas am Verhältnis von Jupiter zu der von diesem besetzten Bahn verändert haben; nach einer Theorie verlor Mars dabei seine Atmosphäre. In die Asteroidenbahn zwischen Jupiter und Mars soll die Bahn des mysteriösen Nibiru hineinreichen, die unser Sonnensystem mit einem anderen, unbekannten System verbindet. Die englischen Wörter für »sprengen«, *blast*, *bliss*, *blush*, auch *bless*, »segnen«, gehen auf das »Feuer des Bel«, *belaze*, zurück, *Bel* war ursprünglich *Bal*, und *Bal* ist im brahmanischen Mythos als jener Stern genannt, der zum Untergang des Weißen *Mu* führte, das im Pazifik angesiedelt wird. Rette uns, *Ra.Mu.*, flehten die Menschen, als der Stern *Bal* dorthin fiel, wo heute nur noch Meer ist. Vergeblich, *Mu* ging unter.

Nach mesopotamischen Texten erreicht Nibiru die fernen Regionen des Weltalls, er sieht alle Teile des Weltalls, und ist, weil ihm seine Umlaufbahn das Umkreisen aller anderen erlaubt, als Monitor aller Planeten beschrieben. Er hält ihre Bänder, also ihre Umlaufbahnen, fest und macht rings um sie eine Schlinge, eine Ellipse. Ist Nibiru der mysteriöse Planet X, dessen Entfernung der amerikanische Astronom Joseph L. Brady mit 8 654 000 000 Kilometer errechnete? Der Planet, auf dessen Vorhandensein man aufgrund einer ansonsten unerklärlichen Wirkung auf die Umlaufbahn gewisser Kometen schließt, soll ungefähr so groß wie Jupiter sein, in den die Erde 1300mal hineinpassen würde. Für seine Bewegung um die Sonne werden 1800 Jahre angesetzt, das wäre ein halber Nibiru-Zyklus, den die Babylonier mit 3 600 Jahren angaben. Astronomen schließen auch aufgrund der bescheidenen Größe des bislang als am erdfernsten gedachten Planeten Pluto auf einen anderen, noch unbekannten und noch ferneren Planeten, weil Pluto nicht die Ursache für die beobachteten Unregelmäßigkeiten in der Umlaufbahn des Neptun sein kann. Falls Nibiru so groß wie Jupiter ist und seine Bahn ihn zwischen Jupiter und Mars bringt, erklärt sich die Angabe der Sumerer, er sei so hell, daß er sogar am Tag gesehen werden könne. Sichtbar bei Sonnenaufgang, verschwindet er bei Sonnenuntergang, bei seinem Erscheinen ist er als dunkelrot beschrieben, er teilt den Himmel in Hälften und steht als Nibiru. Unser Sonnensystem verlassen haben soll Nibiru übrigens um die mit Christi Geburt angesetzte Zeit. Sein sumerisches Sinnbild ist der Achtstern, der mit dem Messias in Verbindung gebracht wird.

Propheten aller Kulturen und Zeiten sahen die Wiederkehr eines Sternes oder Kometen als Anzeichen für eine abermalige Begegnung mit Vertretern des himmlischen Königtums, und diese Wiederkehr steht stets mit einer Verlagerung der Erd- oder Polarachse in Zusammenhang. So heißt es in Jesaja 24,17–20 zur Prophezeiung vom Ende unseres gegenwärtigen Zeitalters: »Die Grundfesten der Erde erzittern, und am Ende der Zeit wird die Erde Verblichene wieder gebären« (Jesaja 26,19), d. h. der Lichtkörper der Erde, ihr Gedächtnis wird sichtbar, und die »Toten« werden an diesem »jüngsten Tag«, der Nullstunde eines neuen Zyklus auferstehen, der im Chaos beginnt.

In Markus 14,13 ist der Mann, der die Jünger zum Haus des endzeitlichen Mahles führt, als einer, der einen Wasserkrug trägt, beschrieben. Deutungen beziehen den Wasserträger im allgemeinen auf das Wassermann-Zeitalter. Ägyptische Hinweise auf den Ursprung dieses ältesten bekannten Sternbildes (!) lassen auf einen Zusammenhang mit Canopus schließen, auf das Steuerruder der heute verkehrten Argo, jenen Fixstern in der südlichen Himmelssphäre, den Sirius, der die Argo heute nordwärts zieht, an Bedeutung abgelöst hatte. Wie später Sirius stand auch Canopus mit der »Jungfrau« in Verbindung, deren Name Athanesius Kircher als Diana *(Danu)* angibt. Wasserträger waren im Orient traditionellerweise Frauen, und auch die Erwähnung der Samariterin oder Wasserträgerin, auf deren Bitte Jesus mit seinen Jüngern die Weiterreise nach Galiläa für zwei Tage unterbricht, deutet auf das hohe Alter dieser Überlieferung hin, die vermutlich zur Zeit des Nazareners Jesus bereits eine sehr alte Prophezeiung war. »Du aber verbirg die Schauung; denn sie gilt fernen Tagen«, kann man im Buch Daniel (8,25–26) lesen. Dem Text (Daniel 12,1–1) ist auch zu entnehmen, daß »in jener Zeit« Michael auftritt. Nun ist Michael einer der Erzengel, der »Atem des Geistes des Erlösers, der am Ende der Welt den Antichristen bekämpfen und vernichten wird, wie er es mit Lucifer am Anfang tat« (heiliger Thomas). Michael gilt als einziger »weiblicher« Erzengel, die Schriftrollen vom Toten Meer erwähnen »ihn« als Prinzen des Lichts, die Essener setzten ihn mit dem Engel der Erde gleich, der den Körper regeneriert, und daß damit nicht der physische, sondern der Geistkörper gemeint ist, ist deutlich. Klar geht auch hervor, daß jene »zu ewigem Leben« erwachen, die Vollkommenheit durch eigene Anstrengung erlangten, daß es also nicht das Verdienst eines äußeren Retters oder Messias sein kann.

In Daniel 12,6–13 findet sich sogar ein Hinweis darauf, *wann* das alles geschehen soll. »Wie lange dauert es noch bis zum Ende dieser ungeheuerlichen Dinge«, lautet die Frage, und die Antwort: »Eine Zeit, zwei Zeiten und eine halbe Zeit.« Gewöhnlich wird die Angabe als $1 + 2 + \frac{1}{2}$ oder dreiundeinhalb Mal gedeutet. Bezieht sie sich auf dreieinhalb Zyklen des Nibiru, denen die Sumerer so große Aufmerksamkeit schenkten? Das wären 12 600 Jahre. Nach Edgar Cayce' Tranceangaben begann der Bau der Großen Pyramide im Jahr 10 490 v. u. Z. und dauerte hundert Jahre. Daß die Pyramide früher als angenommen entstand, scheinen jedenfalls Reste von Muschelkalk in ihrem Fundament anzudeuten; das Nildelta lag bis ca. 3000 v. u. Z. unter Wasser. Aufgrund von Bodenkernuntersuchungen setzten 1971 schwedische Wissenschaftler das Ende der Periode der Umkehrung des Magnetfeldes der Erde mit etwa 12 400 Jahren v. u. Z. an(?). Hathor-Isis war die Göttin der Gründung *und* der Flut, und »Vollendung« ein Titel des sumerischen *Nin.Urta*, der gegen *Zu*, die magnetische Kraft des Südens, kämpfte, die zur Kraft des Nordens wurde. Jedenfalls scheinen die Legenden oder Prophezeiungen mit dem *ante portas* stehenden Wassermann-Zeitalter zu tun zu haben, das nach dem Institute Geographique National im Jahr 2010 beginnen soll; 2012 findet nach den Maya die Synchronisation der Erde mit dem Kosmos statt. Das alles ergibt nur dann Sinn, wenn sich mit diesem Zyklus ein Großes Jahr schließt, das sogenannte Platonische Jahr, die Absolvierung aller zwölf Tierkreiszeichen im Verlauf von jeweils etwa 25 200 Jahren. Teilt man 25 200 durch die Zahl des Nibiru-Zyklus 3 600, erhält man die Zahl Sieben, die Anzahl sieben durchschrittener Intervalle der Oktave, wonach ein neuer Zyklus, eine neue Oktave beginnt. Oder beziehen sich die dreieinhalbmal Zeiten auf die Symbolik der, wenn unerweckt in dreieinhalb Windungen »schlafenden« *Kundalini,* deren Aktivierung zum Erkennen des Messias führt, dessen Erscheinen mit dem Ende der Welt in Zusammenhang steht, also beziehen sie sich auf das Ziel des Vollkommenen Menschen der Sieben und auf eine individuelle Anstrengung?

Laut Richard H. Allen bezeichnete man das Sternzeichen Wassermann im »Mythos der Schöpfung« als *Shabatu,* »Fluch des Regens«. Für eine Verbindung des Nibiru-Zyklus mit dem Sternbild Wassermann spricht auch die mesopotamische Überlieferung: Wenn der Planet des Himmelsthrons an Helligkeit zunimmt, wird es Regen und Überschwemmungen geben. Erreicht Nibiru seine extremste Sonnennähe zwischen Jupiter und Mars, werden die Götter Frieden bescheren, Sorgen werden sich glätten, Schwierigkeiten beigelegt werden, Regen und Überschwemmungen werden kommen. Bevor jedoch das Zeichen des Messias am Himmel erscheint, gilt es nach allen Überlieferungen eine Zeit der Hölle auf Erden zu absolvieren, eine etwa fünfzigjährige Zeit der Prüfung, die das Ende des gegenwärtigen und den Anfang des künftigen Zeitalters mit sich bringt.

Prognosen von Wissenschaftlern der Denkfabrik des *Club of Rome,* betreffend Bevölkerungswachstum, Umweltverseuchung und Erschöpfung der natürlichen Rohstoff- und Energievorräte, künden eine solche Krisenzeit um 2020 an, die im Jahr 2050 ihren Höhepunkt erreichen soll. Doch ist das eine lineare Prophezeiung und als solche unzulässig. Dennoch scheinen wir, von welcher Seite auch immer wir es betrachten, jedenfalls herausfordernden Zeiten entgegenzugehen.

Kapitel 5

Reiserouten der Götter

Wohin immer es ihm gefällt, begibt er sich,
dieser Unsterbliche, die Goldene Person,
der einzigartige wilde Gänserich,
in schlafendem Zustand fliegt er hoch und niedrig.
Brihadaranyaka Upanishade, 9. Jh. v. u. Z.[114]

Außerkörperliche Reisen

Unabhängig davon, wie sich das menschliche Gehirn zu Geist und Seele oder zum »Überbewußten«, dem rein Geistigen, Spirituellen, zu Gott verhält, projiziert unser Denkorgan wie ein Maler innere Bilder, d. h. sinnliche Reize werden auf eine, bei Menschen aller Rassen oder Völker gleiche »Leinwand« geworfen, die wir zentrales Nervensystem nennen. Im Verlauf unserer Geschichte eigneten sich Glaubenssysteme und soziale Strukturen diese inneren Bilder an und erweiterten und manipulierten sie und damit uns. Ursprünglich geschah das wohl, um positive Wirkungen zu erzielen, die man als Bewußtseinssprünge ganzer Stammes- oder Völkerschaften bezeichnen könnte. Die geistigen Mütter und Väter derartiger Völker waren Schamanen, aus denen die Magoi oder Schmiede, Priesterkönige als ursprüngliche Gemahle der Großen Mutter hervorgingen, die zu Sakralkönigen und schließlich zu nur noch weltlichen Herrschern oder zu Priestern wurden. Das Schamanentum verweist jedoch auf eine bereits zunehmend patriarchalische Welt, die allerdings ursprünglich noch in einen weiblichen Kosmos eingebettet war.

Das Motiv der Mutter mit dem Kind (Isis und Osiris) läßt sich bis in die Jungsteinzeit zurückverfolgen – wir verwiesen auf die Sexualisierung der Welt, die sich von der Vorstellung eines *Hierosgamos*, eines Sohngemahls der Großen Mutter, der schließlich die Mutter verdrängte, nicht trennen läßt. Daraus entwickelte sich das Zwillings- und Sonnen-Heroentum. Daß das christliche Mysterium aus den antiken Mysterien hervorging, veranschaulicht besonders deutlich eine aus dem 3. oder 4. Jahrhundert stammende rumänische »Heilige Orph'sche Schale«, auf die Joseph Campbell aufmerksam machte.[115] Am Haupt der Tafel, umgeben von vierzehn Gefährten(!), thront als fünfzehnter (Neumond/Sonne) nicht Arthur oder Christus, sondern Orpheus, der Sänger. Im Zentrum ruht, umgeben von sieben und nicht zwölf Tiersymbolen als achte die den »Gral« haltende Muttergöttin. Auffälligerweise war die Schale zu einer Zeit entstanden, als man sicher sein konnte, daß sich die mit dem Erscheinen des Messias, Jesus Christus, prophezeite Katastrophe eines Weltuntergangs nicht erfüllt hatte. Hierin mag die Notwendigkeit zur Reform gelegen sein, die sich im Neuen Testament ausdrückte, und es ist leicht nachvollziehbar, weshalb die junge, um ihre Autorität bedachte christliche Kirche ältere Schriften als häretisch verfolgte. Offensichtlich versuchten manche Christen zum frühchristlichen Mysterium zurückzukehren, und gnostische Splittergruppen entstanden, die in der Folge blutig unterdrückt wurden; den Weltuntergang und das Erscheinen des Messias verschob man um weitere zweitausend Jahre.

Nach Homer war in Ägypten Pan der älteste Gott des Acht-Götter-Kreises, Herakles gehört zum zweiten Kreis der zwölf Götter, und Dionysos zum dritten, der von letzterem abstammt. Osiris ist der ägyptische Name für das Neujahrskind Dionysos (Historien II/46). Der ägyptische Name für Pan war Mendes *(Be.nb.dd)*, »Widder«, und das ist ein Hinweis auf das Widder-Zeitalter. Pan, Herakles, Osiris, Dionysos oder Orpheus, alle meinten dasselbe, nur die Wege, orgiastische Rituale wie bei Dionysos/Pan, oder Askese wie bei den Orphischen Mysterien, unterschieden sich voneinander. Vermutlich geht der zwölfteilige Tierkreis, der sich von der Trennung in Licht- und Schattengeist und dem Übergang zu einem reinen Sonnenkalender und Sonnengott nicht trennen läßt, auf das Zeitalter der Zwillingsheroen zurück, von denen einer den Schatten-, der andere den Lichtgeist symbolisierte, bzw. zunehmendes und abnehmendes Jahr – die zweimal sechs Drachen des I-Ging, auf die man in China im zweiten Jahrtausend stößt. Das scheint jedoch auch eine Entwicklung der *Ad* einer früheren Welt gewesen zu sein, die der nordische Mythos als *Asen* kennt. Deren Seherin Wölva ehrte Riesen als ihre Erzieher. Die *Asen* bauten Eisen an und schmiedeten Erz, berichtet die Voluspa, die sich an Hünen, also Riesen richtet. Nachdem die (erste) Welt im Süden verbrannt und der Norden unter Eis versunken war, versammelten sich die überlebenden *Asen* auf dem Idafeld. Deren Spuren verweisen in die Sahara bzw. nach Nordafrika und in das südliche Westeuropa, zu den Thamuda oder Rass, die der Koran als Nachfahren der *Ad* oder »Atlanter« überliefert. Die *Ad* waren ja auch die Nachfolger derer, die später Noahs Volk wurden. Sowohl der hebräische Talmud als auch die Thamuda weisen die gleiche Wortwurzel auf (TAL), und aus den Rass gingen vermutlich die Etrusker hervor, denn Rasna (thursisch) war ein Eigenname der Etrusker. Die einen, aus denen u. a. Araber und Hebräer wurden, blieben dem Sonnengott treu, die anderen kehrten zum älteren Motiv der Mutter mit dem Kind zurück. Das ist ein Beispiel dafür, wie sich »Geschichte« von Welt zu Welt wiederholt, ohne sich, wie die Planetenbahnen, exakt im selben Punkt zu treffen.

Die sagenhaften Schmiede, im griechischen Mythos als Zyklopen und Nachfahren der ersten Kinder der Erde, der Giganten, angegeben, zogen Kraft aus der Erde, und wie der weise Salomon noch bei den Hebräern waren sie große Magier. Aber wie man dem Zeugnis der San (Buschmänner), besonders der !Kung der Kalahari entnehmen kann, waren die Menschen einst natürliche Schamanen, die noch den sechsten magnetischen Sinn besaßen, den sich Adepten der Mysterien durch Initiationen mühsam wieder aneignen mußten. Im Unterschied zu den *Ad*, auf die die folgenschwere Verkehrung von Licht- und Schattengeist und die rigorose Trennung in Gott und Teufel zurückweist, erlagen die kleingewachsenen Menschen der ältesten Rasse Afrikas nicht der Versuchung, ihre magische Kraft zur Beherrschung anderer oder der Natur zu mißbrauchen. San kannten weder Herrscher noch Priester, und in ihrer Geschichte, die weit in die Steinzeit zurückweist, wählten sie niemals einen Führer, um ihm in einen Eroberungsstreitzug zu folgen. Konsequenterweise produzierten die »besten Jäger der Welt« keinerlei Kriegswaffen, was nicht an einem Mangel technischer Fertigkeit lag, denn ihre zur Jagd verwendeten Giftpfeile, die sich beim Auftreffen auf das Ziel glatt vom Schaft trennen, setzen eine derartige Fertigkeit voraus. Ihre Erinnerungen reichen bis zum Untergang der »ersten Rasse« zurück, die an ihrer Erfindungslust zugrunde ging. Daß sie nicht feige waren, belegt das Zeugnis ihrer unerschrockenen und gefürchteten Verteidigung gegen ihre schwarzen und weißen Eroberer. Von mutigen, jedoch nicht angriffslustigen, sondern barmherzigen Kriegern berichtet auch die taoistische Überlieferung, die bis zu den sagenhaften Magoi und Schmieden zurückweist, die anfänglich als Kulturbringer und nicht Kulturzerstörer beschrieben sind.

Wer um die inneren Bilder der Menschen, um deren Wechselwirkung zwischen äußerer und innerer Welt weiß, besitzt auch ohne Hohe Magie das Mittel zur Manipulation. Universell gültig sind derartige Bilder, wenn auch ihr Ausdruck, das Symbol, je nach Umweltbedingungen verschieden ist, weil das zentrale Nervensystem und die Funktion des Gehirns als Blaupause der gesamten Evolution bei allen Menschen welcher Rassen oder Kulturen auch immer auf die gleiche Weise arbeiten. Unsere Zivilisation krankt an der Sucht nach Machtausübung, der irgendwann einmal ein erster Schamane erlegen sein muß. Wollen wir daher der Ursache für unsere Beherrsch- und Lenkbarkeit auf die Spur kommen, müssen wir uns dieser Bilder wieder bewußt werden.

Ein modernes Beispiel ist der Triumph des fliegenden Batman, was »Offiziersbursche« bedeutet, dessen Erfolg in seiner uns unbewußten Anziehungskraft liegt. Das männliche Prinzip, das unsere, gerade durch seine einseitige Überbetonung aus den Fugen geratene Welt regiert, wird als Retter dieser Welt in unser Bewußtsein hineingetrimmt, wodurch in unserem Unbewußten das archetypische Bild des *Hierosgamos* anschwingt. Daß der übernatürliche Fähigkeiten besitzende Supermann, der sich in der Werbung auch dazu herabläßt, schmutzige Küchen mit einer Sauberkeitspistole sauberzuzaubern, zumeist Frauen retten muß und nicht umgekehrt, wie es unserer Realität entsprechend sein sollte, spricht für sich selbst. Nach dem Motto »Angriff ist die beste Verteidigung« verteidigt sich hier (hoffentlich) unbewußt ein System, das im Grunde genommen wiederum unbewußt darum weiß, daß es sich überlebt hat. Mit aller Macht wehrt sich *yang*, das sterbliche, materielle Prinzip, gegen das heraufdämmernde weibliche *yin*, das Intuitiv-Geistig-Spirituelle, das dadurch in eine Notwendigkeit der Überbetonung gedrängt wird, die gleichfalls zu nichts Gutem führen kann. Was dringend not tut, ist die Wiederherstellung der Balance, der Ausgleich, und nicht ein Umschlagen des Pendels in die andere Richtung – Matriarchate hatten ihre Berechtigung in unserer Evolutionsspirale ebenso wie Patriarchate, doch weder das eine noch das andere kann wiederbelebt bzw. am Leben erhalten bleiben, wollen wir uns weiter und höher entwickeln. Bezeichnenderweise erfolgt die Weltrettung durch den Helden unserer Tage mit Schwert und Feuer und in Vergöttlichung unserer technischen Entwicklung mit Hilfe modernster mörderischer Waffen, die selbst gegen die Sterne Kriege gewinnen wollen. Auch hier verbirgt sich ein archetypischer Bezug, denn im Krieg gegen die Sterne drückt sich im Grunde genommen unbewußt das Wissen um die Notwendigkeit des inneren Kampfes aus. Aufschlußreich ist auch die kollektive Projektion der eigenen inneren Aggressionen und Ängste auf Außerirdische, *aliens*, was sinnigerweise »Fremde, Ausländische« bedeutet.

Die Namen der »Batmänner« sind beliebig austauschbar, ob sie James Bond genannt werden oder McCloud, der mit Hilfe eines magischen Schwertes den ewigen Kampf des Guten gegen das gleichfalls unsterbliche Böse ausficht. Diese jeweiligen Polizisten des Weltgewissens als Kämpfer gegen die »böse Welt« sind die kollektiven Projektionen einer Zivilisation, die unbewußt um die Notwendigkeit einer Weltrettung weiß, sich aber mit den eigenen Schatten nicht auseinandersetzen kann oder will. Die immer zerstörerischer werdenden Waffen der Verteidiger ganzer Galaxien bedrohen nicht mehr nur eine Kultur, sondern das gesamte planetarische Leben und den Planeten selbst, sollte die Fiktion in Realität umschlagen, was nach Überzeugung jener Kulturen, die um die Kraft visueller Projektionen wissen, unausweichlich ist; einmal gedacht, kreiert, und via Bildschirme und Kinoleinwände vervielfältigt und immer dichter in das Netz der Erde »hineingeträumt«, drängen sie danach, sich zu materialisieren. Solange wir uns nicht sowohl individuell als auch kollektiv als Kultur oder Rasse mit unseren eigenen Schatten auseinandersetzen, diese anerkennen und bewußtmachen, damit sie erlöst und von einer negativen in eine positive Kraft umgewandelt werden können, wird es uns kaum gelingen, die nötige innere Balance wiederherzustellen, derer wir so dringend bedürfen.

Um die Eigendynamik archetypischer Bilder und deren Ursprung verstehen zu können, kann das Erbe der Schamanen hilfreich sein, weil ihr Zeugnis trotz wesentlicher Lücken, die jedoch zumeist an unserem bisherigen Unverständnis liegen, bestens dokumentiert ist.

Schamanen waren und sind die Traumtänzer, Bewahrer und Belehrer, die Heiler und Seher, Orakel- und Traumdeuter ihrer jeweiligen Kultur; die Mittel, derer sie sich bedienten oder bedienen, waren lokal je nach Umweltbedingungen verschieden, aber die Quelle ihrer Kraft ist universell. Belehrt wurden Schamanen, aus deren Riten sich die Rituale der Männerbünde und Schmiede entwickelten, von den Müttern. Chinesischen Legenden zufolge war der erste Mann, der »fliegen« konnte, der Kaiser Shun (spätes 3. Jahrt. v. u. Z.). Aber die »Flugkunst« von Schamanen verweist in wesentlich frühere Zeiten. Vielleicht war Shun einer der ersten Herrscher unserer Geschichte, der seine magischen Fähigkeiten in Macht umsetzte, – die Bantu nennen ihn Tsa-Harelli oder *Tsa.relli.* Zwar kam er bei dem durch seine Lust am Erfinden bedingten Untergang der Erde um, aber sein Geist überlebte, weil die Sucht nach Machtausübung von nun an im Gedächtnis der Erde verankert war. Im Mythos wird ja immer der Prototyp einer Kraft personalisiert, die einer künftigen Welt vorausgeht und sich erst verdichten muß, um dann die neue Welt zu prägen, beispielsweise tritt Odysseus vor dem Griechentum auf usw. So warnte Abraham, der Jude, in seinem Buch der Heiligen Magie, das er 1458 an seinen Sohn Lamech weitergab, wohl aus gutem Grund davor, die magischen Formeln an Herrschende weiterzugeben. Er nennt Salomon als den ersten Herrscher, der sie mißbrauchte. S. L. MacGregor-Mathers entdeckte das Buch in der Bibliotheque del' Arsenal in Paris und veröffentlichte es zu einem Zeitpunkt, als die Hohe Magie bereits banalisiert und die magischen Formeln unverständlich geworden waren.

Die (vermutlich drei) Töchter eines anderen Herrschers brachten dem Kaiser Shun die Kunst des Fliegens bei, besagt die chinesische Legende. Wie im indischen Pantheon der arische Schöpfergott Indra den Göttertrunk, das Lebenselixier *Soma,*

Frauentänze. Felszeichnung in der Provinz Cadiz, Südspanien, vermutlich bronzezeitlich. Die Energielinien und die Punktierung der Körper verweisen auf außerkörperliche Reisen.

von den Lippen der Göttin Sri-Lakshmi trank, weihte im nordischen Mythos die Riesin Wölva Odin ein, belehrte im griechischen Mythos eine Ziege, Io, den Göttervater Zeus, säugte eine Wölfin die Zwillinge Romulus und Remus, eigneten sich Pan-Hermes/Merkur-Thot, oder bei den Tukano-Indianern ein »männlicher Schamane« die Instrumente der Athene oder Isis bzw. einer Schamanin an usw. In welche Richtung die von Männerbünden übernommenen Mysterien alle diese Helden führte, belegt das Beispiel der sprichwörtlich gewordenen Krieger der Dänen, die man Berserker nannte. Nach Nigel Pennick wurde ihnen die Macht von *hamrammr* verliehen, die Kraft, die Körperform zu verändern. Der berühmte Berserker Bothvar Bjarki, der im Dienst König Hrolfs von Dänemark stand, soll in Form eines Bären in der Armee des Königs gekämpft haben, während sein physischer Körper anderswo in Trance lag. Auf der Odysseus-Insel Ithaka initiierte man junge Männer in der »Höhle der drei Nymphen«, die sie als Kinder betraten, um sie als Krieger zu verlassen, die nach Inselüberlieferung weder Tod noch Teufel fürchteten. Die Griechen setzten das auf Eroberungen begründete patriarchale System im Mittelmeer-Raum durch, wie alle Kulturen nach ihnen benötigten sie in erster Linie Soldaten – das Zeitalter geistiger Krieger und alter weiser Herrscher war endgültig vorüber.

Trance, Ekstase und »entoptische« Bilder

Seit Veröffentlichung der Lehren des Don Juan durch einen unbekannten Autor mit dem Pseudonym Carlos Castaneda, drangen u. a. der Mythologe Joseph Cambell, der Religionswissenschaftler Mircea Eliade und der Psychologe Stephen Larsen von verschiedenen Blickwinkeln aus in das Schamanentum ein. In der Folge richtete sich auch das Augenmerk von immer mehr Anthropologen auf die uralte Tradition des Schamanentums. Das fand wiederum in so verschiedenen Forschungsdisziplinen wie Psychologie, Ökologie und Ethnopharmakologie einen Widerhall. Stephen Larsen bezeichnet den Schamanen als den ersten Techniker des Heiligen. Schamanen waren und sind Meister der Ekstase, und ihr Mittel, um zu fliegen, ist die Trance.
Das Wort Trance geht auf *transitus* (lat.), »Passage«, bzw. auf *transire*, »hinübergehen«, zurück, bedeutet also transzendent zu werden. Die Trance entspricht einem Zustand, bei dem die Herrschaft des Willens über den Körper aufgehoben ist; aber diese Formulierung ist irreführend, denn während bei der Hypnose, die einen ähnlichen Effekt bewirkt, der »Schlafende« sich seiner Handlungen nicht bewußt und dadurch theoretisch manipulierbar ist, bewirkt die Trance eine Veränderung des Bewußtseinszustandes, den eine Art höheres Ego, eine Art höherer geistiger Wille steuert, der jedoch *innerhalb* des sich in Trance befindlichen Menschen selbst zu suchen ist. Während sich der Körper scheinbar im Schlaf befindet, ist das Bewußtsein nicht nur nicht ausgeschaltet, sondern sogar erweitert! Im günstigsten Fall öffnet sich die Lotusblüte, das siebte Kronenchakra, und es kommt zur Ekstase, zur Erleuchtung – die Schlange ist, wie Quetzalcoatl in Alt-Mexiko, zum Vogel geworden. Ekstase, von *ekstasis* (gr.), bedeutet »Verlagerung vom rechten Platz« und ist ein »Zustand der Verzückung mit traumhaften Wahrnehmungen

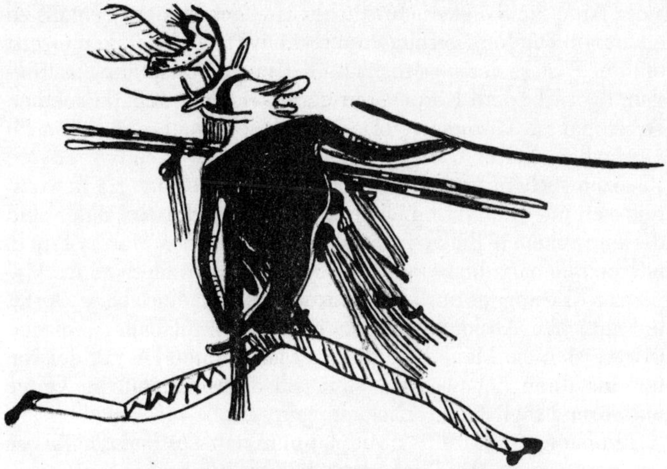

Schamane mit Vogel auf dem Kopf. San-Felszeichnung, östliche Kap-Provinz, Südafrika.

Frauenfigur mit Vogel auf dem Kopf aus der Burg von Mykene.

jeder Art«; die Seligkeit christlicher Heiliger ist hier ebenfalls zu erkennen. Die Verlagerung vom rechten Platz zum linken Ort ist mit der Ekstase verbunden, es muß also eine Umpolung stattfinden, die nicht dem Körper, nur dem Geist, nur außerkörperlich erreichbar ist. Übrigens gibt es Hinweise darauf, daß sich auch Tiere »bewußt« in Trance begeben, indem sie nach besonderen Pflanzen suchen, von denen heute bekannt ist, daß sie bewußtseinsverändernde Wirkungen erzeugen. Ein Beispiel dafür sind die betrunkenen Elefanten Afrikas, die von der Marula-Frucht naschen, danach literweise Wasser trinken, wodurch es im Magen zur Gärung kommt; im Zentrum jedes traditionellen Dorfes im südlichen Afrika wächst ein heiliger Marulabaum. Vermutlich wurden die Menschen, die einst auf Du und Du mit der Natur und ihren Lebewesen lebten, auf diese Art mit der Droge und ihren Möglichkeiten bekannt gemacht.

Ein häufig praktiziertes Mittel, um in den Zustand der Trance zu gelangen, ist der Tanz, etwa bei amerindischen und eurasischen Schamanen, San und beim afrikanischen *witchdoctor*. Besondere Instrumente wie bestimmte Trommelschläge, die spezielle Schwingungen erzeugen, spielen dabei tongebend die Rolle, auch magische rituelle Gesänge. Daß ein gewisser Trommelrhythmus das Gehirnwellenmuster der Zuhörer beeinflußt, ist heute bekannt. Bei sibirischen Schamanen ist die Trommel, oval, mit Tierhäuten bespannt und aus dem Holz von einem Zweig des Weltenbaums gefertigt, das »Fahrzeug«, um den Schamanen zur Weltachse zu bringen, wo er die Schwelle zu anderen Welten überschreitet; ihr Rhythmus stellt sozusagen ein kleines nichtlineares Zusatzelement dar. Moderne Disco-Musik, die nicht zufällig auf afrikanische Rhythmen zurückgeht, löst einen ähnlichen, wenn auch unbewußten Effekt aus. Theoretisch kann jeder, der dem Zauber derartiger Rhythmen erliegt, in eine bestimmte Richtung manipuliert werden. Die Sage vom flötenspielenden Rattenfänger von Hameln gehört ebenso hierher wie die Praxis arabischer »Zauberer«, dank bestimmter Flötentöne Schlangen in Trance zu versetzen. Athenes, der älteren libyschen Neiths wichtigstes Instrument war die Flöte, bis sie von Pan übernommen bzw. von Hermes neu »erfunden« wurde. Töne, besonders Obertöne, denen wir heute wieder mehr Aufmerksamkeit schenken, können heilen, aber auch verletzen, ja sogar töten, wie von einem vergessenen Schrei von Basken und Japanern überliefert ist – denken wir auch an den Kriegsschrei der Indianer oder an die Kriegsschreie der Kelten, die den Römern das Fürchten lehrten, wie Julius Cäsar berichtete. Schließlich kann jeder, der es je hörte, bezeugen, wie das schrille Toi-Toien von Bantu- oder Berber-Frauen die Luft elektrifiziert.

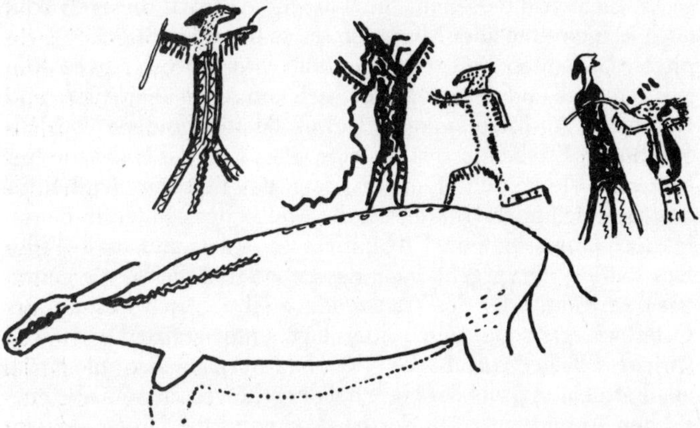

Der Schamane empfindet Energieströme, die seine Körperform verändern. San-Felszeichnung.

Die !Kung-San der Kalahari erzählten dem Anthropologen Dr. Katz, daß bei ihren rituellen Tänzen *num*, eine »uranfängliche Lebensessenz«, erweckt wird, die im Bauch zu kochen beginnt und im Kopf explodiert, worauf *kia*, Ekstase, stattfindet. Wir wiesen bereits auf die Parallele zum Erwachen und Aufsteigen der *Kun.dalini* der Hindu entlang der Wirbelsäule hin, deren Explosion im magnetischen Organ Zirbeldrüse durch Vermischung mit durch den Hinterkopf (Norden) eintretendem *prana* stattfindet. Nach Lehre der Hindu entspricht *Suslum*, der zentrale Kanal im Inneren der Wirbelsäule, der Polarachse. Durch Vereinigung der Kraft der dipolaren, weil irdischen und himmlischen Schlangenkraft, *Kundalini* und *prana*, kommt es zur Entladung, zum Blitzschlag der Erleuchtung. Das geschieht durch Umpolung, und das »dritte Auge«, die Zirbeldrüse, in der sich zur himmlischen *prana*-

Kraft ein dipolarer Zwillingspunkt befindet, ist, wie Dr. Baker entdeckte, fähig, *Eindrücke zu empfinden, bevor sie sich formen!* Das bedeutet, daß sich der Mensch über dieses körperliche Organ, das mit dem sechsten Chakra in Verbindung steht, mit dem Reich der Archetypen oder Ahnen in Verbindung setzen kann! Die linguistische (phonetische) Verwandtschaft zwischen den indischen Hindu und südafrikanischen San, *kun.dalini-num*, *kia-yoga*, ist nicht zu übersehen; die Tatsache daß sich dieser Praktik auch Eingeweihte aller Mysterien bis zu frühen christlichen Neophyten bedienten, belegt die Symbolik vom Stab, der zweiköpfigen Schlange und dem Vogel, die sich von Asien über Afrika und Europa bis Alt-Mexiko findet. Der weiße oder goldene Vogel als Symbol für Erleuchtung ist auch die Gans oder das Huhn unserer Märchen, die goldene Eier legt, denn das Ei ist ein Symbol für das potentiell noch Unkreierte, die Matrix der Mutter, in der alles noch Unerschaffene, Ungeformte bereitliegt und aus der alles Geschaffene hervorgeht, auch das Leben und die Wiedergeburt aus dem Geist oder der Transzendenz (Tod). Auch weshalb der Osterhase ganz unhäsisch Eier legt, entmystifiziert sich. Die sprichwörtliche Fruchtbarkeit des Hasen bezieht sich auf spirituelle Befruchtung, wie der Hase bei der schon erwähnten altchinesischen Abbildung zeigt, der bei Vollmond die Droge der Unsterblichkeit zubereitet.

In Ägypten zelebrierte man die Erneuerung der Lebenskraft beim »Sedfest«. Sed bedeutet »Schwanz«, womit nach Schwaller de Lubicz die gedachte Verlängerung der Wirbelsäule zum Boden (und weiter bis zum Erdmittelpunkt) gemeint ist – wir erkennen die innere Polarsäule. Die Lebenskraft aktiviert die »Feuersäule«, die »Kraft des Lebens«, dessen Nahrung die Erde (bzw. ihre Kraft) ist. Bekanntestes Beispiel dafür ist die sich aufrichtende Djéd-Säule des Osiris, die mit dem männlichen Organ Phallus gleichgesetzt wurde; symbolisch gehen darauf Darstellungen von Menschen mit Schwänzen zurück, wie sie auch San-Felszeichnungen wiedergeben; eine Felsmalerei in Upper Cave, Mangolong (Südafrika), bildet eindeutig Menschen mit Schwänzen ab. Sie tragen Stöcke, bei denen es sich um die Grabstöcke der Frauen (Sammlerinnen) handelt.

Alexandre Moret wies auf die Ähnlichkeit zwischen den Sedfestritualen in Ägypten und vedischen Riten hin, zu denen es

San-Felszeichnung, Upper Cave, Mangolong, Südafrika.

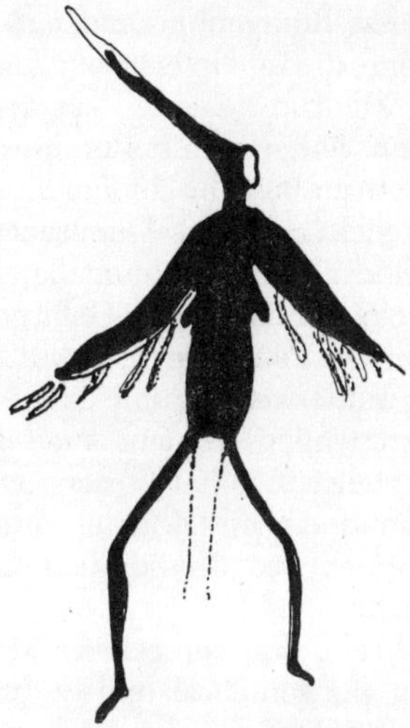

San-Felszeichnung einer Schamanin mit sich nach oben ausdehnendem Kopf, wie es auch als Erfahrung von Schizophrenen berichtet wird.

den aufschlußreichen Kommentar gibt: »Der Zelebrant, der sich zur Opferung anbietet, wird in eine andere Existenz wiedergeboren. Er wird göttlich, indem er für die Erde stirbt und im Himmel (im Geiste) wiedergeboren wird.« Erneut ist klar ersichtlich, worauf das Mißverständnis der leiblichen Opferung des »Königs« zurückgeht.

Im totenähnlichen Schlaf tiefer Ekstase fliegt der den Initiationstod gestorbene »goldene, wilde Gänserich« bzw. seine unsterbliche Seele »hoch und niedrig« durch die weiten, unendlichen Räume des Geistes. Den Traumtänzern eröffnen sich in diesem außergewöhnlichen Bewußtseinszustand sogenannte übernatürliche Fähigkeiten. »Wenn wir in *kia* eintreten«, erklärte ein alter !Kung-Heiler, »sind wir anders, als wenn unser *num* nicht kocht und klein ist. Wir können andere Dinge tun.« Unter anderem dank einem »Röntgenblick« Krankheitsherde erkennen, weil sich der Körper eines Kranken dem Schamanen, der zum Heiler wird, wie von Röntgenstrahlen durchleuchtet darstellt. Zeugnisse dieses Röntgenblicks, der es erlaubt, mit Hilfe einer Art von Energie, die im Unterschied zu den Röntgenstrahlen der westlichen Medizin keinerlei Schaden anrichtet, *in* die Dinge hineinzusehen, finden sich bei prähistorischen Felszeichnungen. Das erinnert an das Durchtunneln von Solitonen zwischen den Materieteilchen! In der »Durchsicht« von Schamanen ist wohl auch der Grund für im traditionellen Afrika mit primitiven Mitteln erfolgreich durchgeführte Gehirnoperationen zu finden, während dieser der Patient nicht bewußtlos, aber schmerzfrei, in Trance war; mittlerweile konnte eine derartige Operation und ihr Erfolg dokumentiert werden. Auch neue Untersuchungen der keltischen Hallstatt-Kultur (Österreich) geben Hinweise auf derartige Operationen, und Marcel Griaule entdeckte bei den Dogon, daß ihnen der Blutkreislauf lange vor den Europäern bekannt war.

Ein anderes und sehr weit verbreitetes Mittel, um in Trance zu kommen und zu »fliegen«, war und ist die Droge, deren ursprüngliche, von allen Völkern der Welt quer durch die Zeit praktizierte Verwendung zu sakralen Zwecken *nicht* zu körperlicher Abhängigkeit führte. Gewisse pflanzliche Drogen, die je nach Umwelt variierten, waren Bestandteil der Rituale und dienten dazu, den Menschen einen Zustand psychologischer Ganzheit zurückzugeben, den sie im Verlauf ihrer Entwicklung oder durch den Verlust anderer, vorwiegend spiritueller Praktiken zunehmend verloren hatten. Die Drogenanfälligkeit der Jugend westlicher Kulturen ist wohl unterschwellig mit dem unbewußt immer stärker werdenden Drang, wie die Ahnen fliegen zu können, verbunden. Die Gefahr der Einnahme von Drogen leuchtet

Der »Zauberer«. Eiszeitliche Höhlenmalerei, Les Trois Frères, Frankreich.

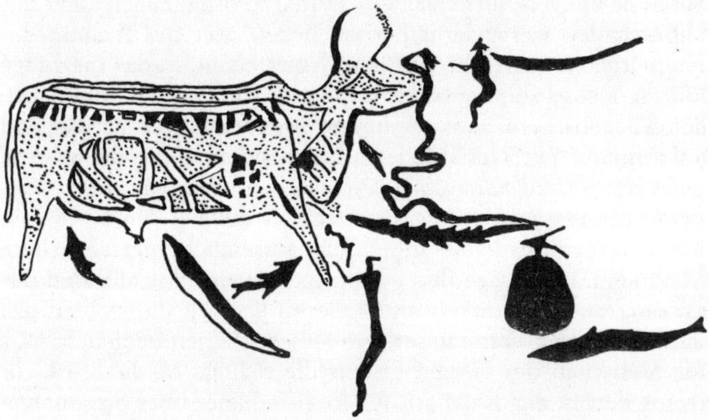

San-Felszeichnung. Sand Spruits, Lesotho, Südafrika.

auch abgesehen vom Risiko körperlicher Abhängigkeit ein, weil der Nichtinitiierte und spirituell nicht vorbereitete Kandidat, der sich solcher Mittel bedient, mit seinen eigenen inneren Bildern auf wie real erlebte Weise konfrontiert wird, mit den »Ungeheuern«, die in jedem von uns als Kulturwesen lauern. Aber weil wir uns ihrer als zivilisierte Menschen schämen, können wir sie nicht einfach abschaffen, nur verdrängen. Da sich derartig unbewußt anstauende Kräfte, sofern sie nicht rechtzeitig »umgepolt« werden, gewaltsam Bahn brechen müssen, was sich katastrophal für den Betroffenen und seine Umwelt auswirkt, kommt es immer häufiger zu unerklärlichen Amokläufen scheinbar gesunder Menschen, immer öfter auch von Kindern, und das ist das deutlichste Anzeichen für eine kollektiv erkrankte Seele, die keine Möglichkeiten mehr sieht, mit dem ihr aufgezwungenen Ungleichgewicht fertig zu werden. Je nach Stärke des innerlich Erlebten, je nach Ausmaß der verdrängten Schattenwelt, ist die Gefahr für den Nichtinitiierten durch Konfrontation mit der eigenen Unterwelt geistig verrückt zu werden, groß, – auch der Mythos überliefert Irrsinn von mehreren Heroen. Daß Menschen unter dem Einfluß der Droge LSD zu Schaden kamen, weil sie glaubten, fliegen zu können, verweist ebenfalls auf die Gefährlichkeit der Einnahme bewußtseinsverändernder Drogen ohne die nötigen Vorsichtsmaßnahmen. Geistig fliegen kann nur unbeschadet, wer gelernt hat zu fliegen, wer die Technik des Flugkörpers beherrscht und das Gebiet kennt, in das die Flüge führen oder es zumindest nicht fürchtet. Die Fähigkeit des geistigen Fliegens kam dem modernen Menschen, der vorwiegend auf seine Körperlichkeit fixiert ist, abhanden, und sollte *niemals, unter keinen Umständen ohne entsprechende Schulung und Hilfestellung durch dazu ausgebildete Personen versucht werden!* Für den westlichen Menschen gibt es heute andere und wesentlich ungefährlichere Methoden, in geistige Bereiche vorzudringen. Wir alle sind das Produkt unserer inneren und äußeren Umwelt und sollten uns daher auch der Mittel unserer jeweiligen Ahnen bedienen. Was für Menschen des Fernen Ostens die richtige Methode ist, für !Kung-San in der Kalahari, für Kogi-Indianer oder Schamanen in Sibirien, muß noch lange nicht für den Mitteleuropäer geeignet sein, schon weil unser kollektives Unbewußtes verschieden entwickelt ist und sich derartige Praktiken, die ja einen Eingriff in die Psyche darstellen, immer direkt an die Psyche eines Menschen wenden. Hierin liegt wohl die größte Herausforderung für das Christentum, und es darf angenommen werden, daß das Überleben dieser Religion von der Fähigkeit ihrer Vertreter abhängen wird, sich diesem wachsenden Grundbedürfnis der Menschen wieder in verantwortlicher Weise anzupassen. Lernen wir den Menschen wieder als in erster Linie geistiges, spirituelles und dadurch unsterbliches Wesen achten und unterstützen sein inneres Bedürfnis nach spiritueller Evolution auf unserer Zeit und unserem Wissen entsprechende Weise, wird sich vielleicht als willkommenes Nebenprodukt auch das Drogenproblem lösen lassen, das nur Wirkung, nicht Ursache ist. Fahren wir fort, nur die Wirkungen zu bekämpfen, verstärken wir bloß deren zerstörerische Effekte. Wesentlich ist auch, daß die inneren Reisen unserer Vorfahren niemals Selbstzweck waren. Kreative Schamanen waren und sind vielmehr Personen, die sich nicht aus Egozentrik ihrer visionären Erfahrung hingeben, sondern in erster Linie wegen der Enthüllung und Mitteilung ihrer Erfahrungen, um das Leben ihrer Gemeinschaft reicher und kreativer gestalten zu können. So ist von den Tukano-Indianern bekannt, daß jeder von ihnen in sogenannten »Yagésitzungen« seine individuelle kulturelle Erinnerung auf einen sich bewegenden »Bildschirm« geometrischer Motive projiziert. Jede Gruppe innerhalb der Tukano-Gesellschaft besitzt gewisse »Yagébilder«, weshalb von bestimmten Indianern nur gewisse Symbole verwendet werden können. Ihre Halluzinationen während derartiger Sitzungen sind, wie sie selbst sagen, eine Projektion, deren Abfolge vorgegeben ist!

Dank neuer Erkenntnisse der Neuropsychologie und der anthropologischen Forschung gelang während der letzten Jahrzehnte im Hinblick auf die Interpretation paläolithischer Felskunst ein Durchbruch, der es auch dem modernen westlichen Menschen erlaubt, einen neuen Zugang zum Erbe seiner Ahnen zu finden. Dieses Erbe ist auch in Brauchtum und Mythos überliefert, das sich auf uns unbewußt gewordene Bewußtseinsformen bezieht, deren vorläufiger Endpunkt das (kollektive) Bewußtsein des heutigen westlichen Menschen ist. Obwohl etwa die Felskunst der San in Form von zigtausenden von Bildern, die das gesamte südliche Afrika durchziehen, immer vorhanden war, konnten sie nicht »gelesen« werden. Der südafrikanische Archäologe Prof. David Lewis-Williams erkannte als erster, daß besonders die abstrakten Bilder der San ein Ausdruck für »entoptische Bilder« sein könnten. Das Wort *entop-*

tisch bedeutet »in Vision«. Als entoptische Phänomene bezeichnet man visuelle Wahrnehmungen, die irgendwo innerhalb des visuellen Systems zwischen Augapfel und der Gehirnrinde entstehen.

Vollkommen bildhaft dargestellte Halluzinationen scheinen Erinnerungsvorstellungen aus den tiefen Bereichen des Gehirns zu sein, die sich mit geometrischen Strukturen verbinden und als solche sichtbar gemacht werden. Typische entoptische Muster sind Gitter (Bienenwabe, Gitternetz, Vergitterungen usw.), Netz, Tunnel oder Trichter (Durchgänge, Kegel), und Spirale. Wir erkennen das Symbol der Himmelsleiter (Gitter) oder der Leiter, das Netz oder Gewebe der Lichtmuster am Sternenhimmel usw. Die Bewegung durch Tunnel oder Trichter ist mittlerweile auch von Nahtoderlebnissen und außerkörperlichen Flugreisen von mit Drogen experimentierenden Forschern bekannt. Experimente und Untersuchungen von Ronald K. Siegel und Murray E. Jarvik, die 1975 durchgeführt wurden, ergaben, daß die nachstehend aufgezeigten geometrischen Formkonstanten nur den ersten Abschnitt einer Halluzination darstellen, die in zwei Phasen erfolgt.

Die basischen Formen, die sich stets verändern und wieder vereinen, werden immer reichhaltiger, so daß sich die einfachen geometrischen Formen in Landschaften, Gesichter und vertraute Objekte verwandeln. Bei einem Experiment erfuhren 79 Prozent der Gruppe die Entwicklung der gleichen Vorstellung!

Man erkannte acht Formkonstanten, zusätzlich zu obigen vier: die Linie, die Kurve (oft nestartig und teilweise in Tunnelform), Kaleidoskop (ständig wechselnd) und Zufallspaarungen. Ein vollkommen halluzinatorisches Erlebnis wird stets nur in tiefer Trance nach dem Durchtunneln erreicht! Im Verlauf der Entwicklung der Halluzination kommt es zu einer Art Transformation, die einfache Ideenassoziationen enthält und wie visuelles Denken erfahren wird. Erinnerungsmaterial verschmilzt mit den geometrischen Formen, so daß sich aus den Formkonstanten Landschaften, Gebäude und Menschen herausbilden. Der Blickpunkt des Reisenden verändert sich und stellt sich wie von oben aus gesehen, oder auch wie von unter Wasser nach oben sehend dar – die brasilianische Cinderella lebt eine Zeitlang unter Wasser, und diverse in die Mysterien eingeweihte Heroen werden

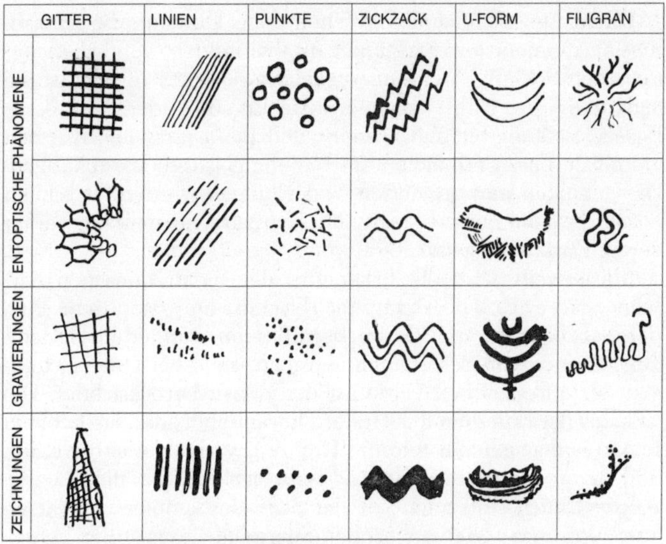

(Nach D. Lewis-Williams u. T. Dowson, Südafrika.)

aus dem Wasser (wieder-)geboren. Nach Siegel und Jarvik dominieren in gewissen Stadien der halluzierenden Trance auch bestimmte Farben.

All das zeichneten unsere Vorfahren vor Jahrtausenden auf die Felsen ihrer jeweiligen Umgebung. Nach Angaben der !Kung-San fertigten Trancetänzer und Schamanen diese Felsmalereien an, und manchmal legen die !Kung-San ihre Hände auf die Bilder der Ahnen, um aus ihnen *num* zu beziehen, ein Hinweis auf die Symbolen innewohnende Kraft. Vielleicht entstanden so die »Kinderhände« aus roter Farbe, die sich tief im Inneren der eiszeitlichen Höhle von Lasceaux finden. Die Bemalung mit rotem Ocker, der das Blitzen im Blut aktiviert, war ein wesentlicher Bestandteil alter Rituale; solche ihrer Größe wegen Kindern zugeschriebenen Hände finden sich auch bei den Felsmalereien der auffallend klein gewachsenen San im südlichen Afrika sowie bei den Coso-Indianern.

David Lewis-Williams und Thomas A. Dowson, die entoptische Phänomene von San- und Coso- Felsbildern verglichen, kamen zum Schluß: »Weit entfernt davon gesetzlos zu sein, ist die San- und Coso-Kunst das geordnete Ergebnis identifizierbarer Phasen veränderten Bewußtseins und basiert auf neurologisch identifizierbaren Prinzipien der Bildung geistiger Vorstellungen. Die gemalten und gravierten Vorstellungen werden tatsächlich durch die Funktion des menschlichen Nervensystems in veränderten Zuständen geformt.«[116]

Mittlerweile wird die Erkenntnis der südafrikanischen Forscher, daß es sich bei derartiger Felskunst um entoptische Phänomene handelt, wie sie im bewußtseinsveränderten Zustand tiefer Trance von Schamanen auftreten, auch bei Untersuchungen der europäischen Felskunst der Eiszeit berücksichtigt. Details aus dem Inneren der Höhle Thorant bei Noisy-sur-Ecole in Frankreich zeigen ein Bild mit Kreuzen, Vierecken und Netzen, und in der Mitte des Bildes befinden sich drei parallele Linien. Solche Linien sind auch vor der Stirn des größten schwarzen Stierkopfes im »Saal der großen Stiere« in Lasceaux zu sehen, die von Marie E. König als lunares Symbol identifiziert wurden; noch heute, 100 000 Jahre nachdem derartige Gravuren entstanden, schreiben wir die (römische) Ziffer Drei auf diese Weise. Die gleiche Symbolik findet sich auch bei der Gravierung einer Elandkuh in Südafrika, bei der auch das Kreuzsymbol vorhanden ist. Alexander Marshack interpretierte das prähistorische Kreuz anhand der Gravierung auf einem »Baton« (frz. »Stab«) der europäischen Eiszeit als Symbol von Tod und Wiedergeburt innerhalb des Jahreszeitenzyklus. Auf dem Baton nimmt ein Steinbock die Rolle des späteren keltischen Hirschen vorweg, dem Hirschkalb (Dionysos) begegneten wir bereits bei einer Aurignac-Zeichnung.

Harald Pager, der die San-Felskunst im südlichen Afrika viele Jahre lang studierte, kam zur Erkenntnis, daß Malereien wie in der Sebiene-Höhle der Ndedma-Schlucht der Drakensberge visionäre Szenen aus der Welt hinter dieser Welt, die wir mit unseren Augen sehen, darstellen. Joseph Campbell bemerkte zur San-Felskunst, daß die Malereien die Kraft eines Mediums besaßen, das die zwei Welten, die wir mit den äußeren Augen des Körpers und dem innerlichen Auge des Geistes sehen, miteinan-

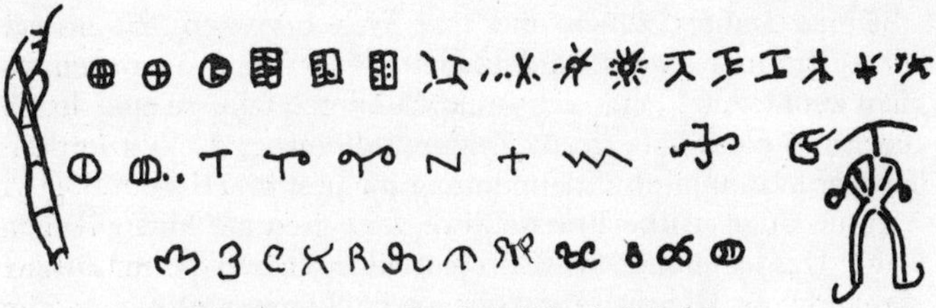

Schriftzeichen von Driekops-Eiland, Südafrika.

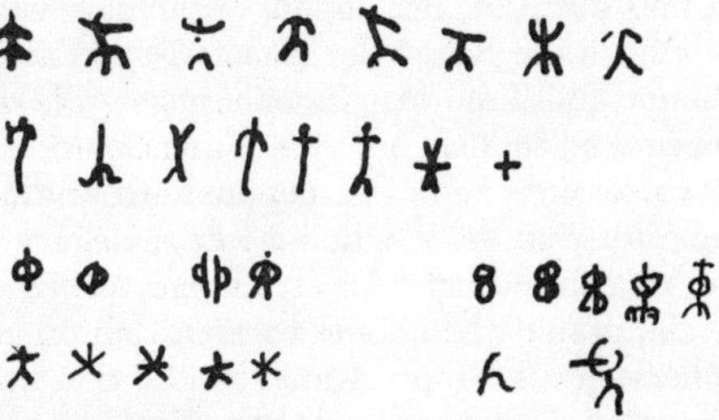

Andalusische (vorkeltische) Gravierungen, die Vorläufer der Runen.

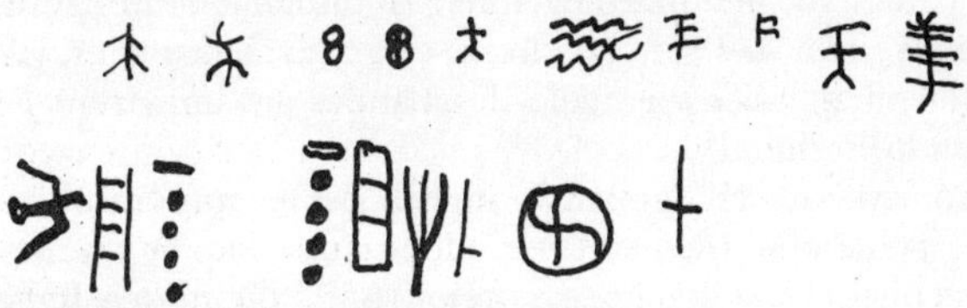

Kreta, Linear-B, Knossos, spätminoisch, und Linear-A, Apodula, Südkreta, um 1550 v. u. Z.

der verband. Anhand des Vergleichs der San- und Coso-Felskunst identifizierte Prof. Lewis-Williams auch die Felsgravierungen von Driekopseiland im Nordkap Südafrikas als entoptische Symbole. Sie ähneln frühen andalusischen, sibirischen, frühsemitischen, kretischen, altägyptischen, manche auch altchinesischen Schriftzeichen, so daß sich der Schluß ergibt: Der Ursprung von Symbolen und Zahlschriftzeichen und damit von Kultur, Religion und Zivilisiation geht auf die bewußtseinsverändernden und Bewußtsein überschreitenden Reisen von Menschen in Trance zurück, die eine Welt bereisten, die unsere künstliche in Kulturen und Rassen trennende Weltvorstellung nicht kennt. Auch zeigt sich anhand dieser Zeugnisse eine deutliche Kontinuität über große Zeiträume hinweg, die erst im Verlauf der letzten Jahrhunderte immer mehr abbrach.

Auch linguistische Erkenntnisse verweisen auf einen Gleichklang. Das im südlichen Afrika jenseits des Limpopo im Zusammenhang mit Tranceerfahrungen am häufigsten abgebildete Tier ist das »Regentier« der San, die Elandkuh, eine große Antilopenart. Regen und die Kuh, der Mond, lassen sich weltweit nicht trennen, wie auch ein Ritual der Kalahari-San-Frauen verdeutlicht, der Eland-Bull-Tanz. Antilopenköpfige Abbildungen von Schamanen sind im südlichen Afrika häufig, weiter nördlich und vermutlich später ersetzte der Ziegenkopf die Antilope, obwohl sich auch in Südafrika, etwa in Berkley East, ziegenköpfige Figuren und ein ziegenfußartiger Ansatz finden. Bei den Kelten waren es Hirschkuh und Hirschbock, dessen Gehörn zur »Krone« der Herrschenden wurde; im Arabischen kommt das Wort von *Quorn*, in Spanien die *Corona* von *Cünno.* Setzt eine Frau also einem Mann die Hörner auf, was heute als Ehebruch verstanden wird, vereinigte sich früher der Heros mit der Göttin bzw. ihrer Priesterin in der heiligen Hochzeit; erst danach durfte er, weil er die Herrschaft über die Seele des Landes gewann, zum König gekrönt herrschen.

Besonders aufschlußreich bezüglich des Ursprungs all dieser Symbolik ist die »fliegende Antilope« der San-Felskunst, der »Trancebuck«. Das Bantuwort *mehele*, *lehele*, meint den Rehbock oder eine kleine Antilope. *Ihele* steht für eine Reihe von Tieren oder Menschen, einer hinter dem anderen, oder für Objekte, die durch ein gitterartiges Muster gekennzeichnet sind! In einer San-Felszeichnung von Grootfontein/Südafrika formt sich eine Reihe abstrakter Zeichen zu perfekten Antilopen, bei einer anderen Zeichnung befindet sich über einer Gruppe von Trancetänzern ein Yoni-Symbol, das einem Symbol an der Deckenwölbung der Kulthöhle Ronceveaux bei Buthiers an der Essonne (Dep. Seine-et-Marne/Frankreich) gleicht. Eine weitere Abbildung zeigt einen Trancebuck sowie eine menschliche Figur, die eine Leiter hochsteigt, unter der sich eine »fallende Antilope« befindet. Nach Van der Riet und Dorothea Bleek assoziierten San das Mo-

Trancebuck. Ein transformierter Schamane. San-Felszeichnung, Südafrika.

tiv des Fallens mit »in Trance fallen«. Nguni-Sprachen, die zu Bantusprachen gehören, weisen Übereinstimmungen zu Khoi-San-Sprachen auf, und besonders auffallend ist das Zulu-Wort *inhelehele*, das Schwindel in Verbindung mit Höhe, Schwindelgefühl, ausdrückt. Ergänzen wir, daß die all diesen Begriffen zugrundeliegende Bantu-Wortwurzel *-hele* ist, und assoziieren wir mit der Leiter die Jakobsleiter, denken an *Hele* oder *Helena*, *El.en* usw., an den Mond, der seit jeher nicht nur mit der Zeit, auch mit Zauber und Verzauberung in Verbindung steht, und berücksichtigen ferner, daß die Wortwurzel nach Richard Fester auf die zweite in allen Sprachen gefundene Wurzel der Kall-Gruppierung zurückgeht, wie etwa *Heilakka*, *Hella* und *Hell'iminen* (finnisch) »Frau«, »zusammen mit«, »liebkosen«, *Hall* (hethitisch), »Höhle«, »Loch« usw., wird der Zusammenhang zu *Kali* (indisch), »Zeit«, deutlich, aber auch zu *Gall* (urromanisch), »Quell«, »Brunnen« oder »Gral«. *Yilo* ist im Baskischen der Quell, und von hier bis zu *Io*, »Mond«, ist es nicht mehr weit. Die Assoziation mit die Leiter erklimmenden Schamanen, von wo aus der Flug erfolgt, weil der zurückgebliebene Körper in Tiefschlaf, in Trance »fällt« (die fallende Antilope), liegt auf der Hand; erinnern wir uns auch an Isis auf dem Schwein mit der mystischen »Leiter«. Darüber hinaus isolierte J. F. Thackeray eine Zulu-(Nguni)-Wortform, mit der sich »Trance, Leitern, ein Gefühl für Höhe und der Akt des Malens« verbinden – die Wurzel *-quab*. Zugehörende Wörter sind etwa *ukutiqubu* – »sich von Bewußtlosigkeit erholen«; *ukuquabela* – »die Spitze einer Leiter, einen Baum oder Berg erklimmen«, alles Symbole der Weltachse oder des Weltenbaumes, der Polarachse. Beachten wir auch *ukti* für »eine Spitze *(ut)* erklimmen« und *ukuqua-bela,* »malen«, und vergleichen wir dazu den »sprechenden Stein« in Mekka, die *Kaaba*, und die jüdische Geheimlehre, die *Quabballa* (Kabbala), symbolische Theologie, die ursprünglich durch Verkündigung kommuniziert wurde, »so daß Personen, die ein heiliges Leben führen, dadurch in eine mystische Verbindung mit Gott eintreten können«, wie es W. R. Inge in »Christian Mysticism« ausdrückt, dann ist anhand all dieser Querverbindungen deutlich zu erkennen, in welche Tiefen der Zeit, ja bis zu den Ursprüngen des menschlichen Bewußtseins die Basis der Religionen, die »Verkündigung«, zurückreicht. Sie eröffnete sich den die Leiter hochklimmenden und durch einen Trichter hindurchgetunnelten Seelenreisenden in tiefer Trance durch visionäre Erleuchtung. Aber reist der im Zustand tiefer Trance scheinbar irgendwo außerhalb seines Körpers Ekstase und damit verbundene Erkenntnis erfahrende Schamane tatsächlich irgendwohin? Spielt sich dieser Vorgang nur im inneren Kosmos des Reisenden ab? Wie ist es dann aber möglich, daß sich die Reiserouten derartiger Flugkünstler in Form von *Leylines* in unsere Landschaften bzw. als »Linien des Geistes« in den geodätischen Raster der Erde eingravierten? Die Antwort kann nur in der Wechselwirkung zwischen dem inneren geodätischen Raster, dem zentralen Nervensystem des Menschen, zum Bewußtseinsfeld der Erde, ihrem Gedächtnis oder Speicher aller Erfahrungen liegen, in der »geistigen Erde«, die dadurch das zentrale Nervensystem unseres Planeten darstellt, aus dem es bisweilen entweder aus der Vergangenheit oder der Zukunft selbst noch in unsere unbewußte Gegenwart hineinblitzt.

Die »geflogene« Landschaft

Der unsterbliche Geist des Tales wird das mysteriöse Weibliche genannt. Die Öffnung des mysteriösen Weiblichen nennt man die Wurzel von Himmel und Erde.
Tao Te King

Der unsterbliche Geist des Tales, Osiris (Dionysos, früher Hekate usw.), das »Tal der Sonne«, dem wir im I-Ging als Ausdruck der Schwarzmond/Sonnenkraft, dem die Lichtseite ursprünglich noch einschließenden Schattengeist begegneten, das mysteriöse Weibliche, ist der »Hügel«, *Is.is*, die vor Solarisierung und Umkehrung den Lichtgeist, den vollen Mond bzw. die lunare Achse oder Mitte, den »Himmel« und deshalb sowohl Hügel als auch Tal in sich symbolisierte. Sie ist das Gefäß, das Essenz und die »Bilder des Himmels« gleichzeitig ist. Die Öffnung dieses mysteriösen Weiblichen, die Öffnung der Wege oder der Pfade *chi's* sowohl im menschlichen als auch im Erdkörper bzw. dessen unsichtbarem Geistkörper, nennt man die Wurzel von Himmel und Erde.

Reisen von Schamanen in andere Welten lassen sich nicht von den geophysikalischen Umweltbedingungen trennen, an denen sie stattfanden. Besonders Höhleneingänge, etwa bei den Randa-Schamanen Zentral-Australiens, spielen eine bedeutende Rolle; die kretische Höhle am Berg Ida ging in die griechische Mythologie als Geburtsort von Zeus ein, auch Epimenides kehrt aus ihr als »Meister begeisterten Wissens« hervor, und noch Pythagoras wurde der Überlieferung zufolge in dieser Kulthöhle von den Daktylen, den »Fingern«, die bereits Zeus belehrt hatten, eingeweiht.

Höhlen, Wasserfälle und Bergspitzen, auf denen sich die ältesten Schreine befanden, sind Orte, an denen natürliche Ionisation vorkommt, und ionisierte Luft hat bei Säugetieren einen Effekt auf gewisse Hormone, die auf die Gehirnfunktion und daher auf das Bewußtsein einwirken. Eine besondere Funktion kommt dabei offensichtlich den gefühlsteuernden Enzymen zu, welche, wie wir heute wissen, die Zirbeldrüse ausschüttet. Auch neigen Höhleneingänge dazu, Blitze anzuziehen, und um Bergspitzen ist bisweilen ein ionisierter Schein zu sehen; Lichtphänomene wurden auch rund um die kopflose Spitze der Großen Pyramide beobachtet, und der heiligste Baum der Kelten, die Eiche, soll, wie ein Sprichwort besagt, dazu neigen, den Blitz anzuziehen. Der Große Geist wird während der Gewitter am Himmel sichtbar, drücken es die Maori aus usw.

In Höhlen kann es zu erhöhter Radon-Strahlung kommen, und Mitarbeiter des Dragon-Projektes bemerkten, daß Orte mit erhöhter natürlicher Radioaktivität bei gewissen Menschen spontane, flüchtige und bewußtseinsverändernde Wirkungen auslösen. In Steinkreisen steigt bei gewissen Konstellationen die natürliche Radioaktivität an, an anderen Orten verringert sie sich auffällig. Besonders bei Steinkreisen, die aus Granit-Megalithen bestehen, stieß man auf aktive Stellen, die einen ständigen Strom von Gamma-Strahlen aussenden. Viele der heiligen Orte sind weltweit auf oder nahe geologischer Falten zu finden, also an Orten der Erdkruste, an denen geomagnetische oder andere energieartige Anomalien existieren, an manchen dieser Stätten geraten sogar die Kompaßnadeln außer Kontrolle. Besonders dramatisch geschieht das in den Preseli-Hügeln im südwestlichen Wales; von hier aus sollen die Bluestones nach Stonehenge gekommen sein, der Legende nach schaffte sie der Magier Merlin während einer einzigen gewittrigen Nacht (!) vom heiligen Berg Killareus in Irland nach Salesbury. An gewissen Punkten, wie in Carn Inglis, dem »Gipfel der Engel«, kehren sich die Kompaßnadeln sogar um und zeigen gen Süden und nicht gen Norden! Daß Magnetfelder Bereiche des Gehirns beeinflussen, die die Traum- und Erinnerungsfunktion steuern, ist heute nachgewiesen. In Carn Inglis hatte der Legende nach der heilige Brynach, ein keltischer Heiler des sechsten Jahrhunderts, nach Meditation und Fasten – einer anderen Methode, um in Trance zu fallen – Visionen von Engeln.

In Carn Inglis konnte man auch seltsame Lichtphänomene beobachten, einen auroraähnlichen, ionisierten Schein oder grünliche Lichtbälle, wie sie von W. Evans Wentz schon zu Anfang des Jahrhunderts dokumentiert wurden. Derartige Lichterscheinungen bringt die moderne Forschung mit Faltenzonen, Orten von Mineraliendepots und geologischem Streß in Verbindung. Zumindest aus Indien und China weiß man, daß Tempel absichtlich an Orten angelegt wurden, an denen Erdlichter (Irrlichter) regelmäßig zu sehen sind, im Volksmund gelten sie als

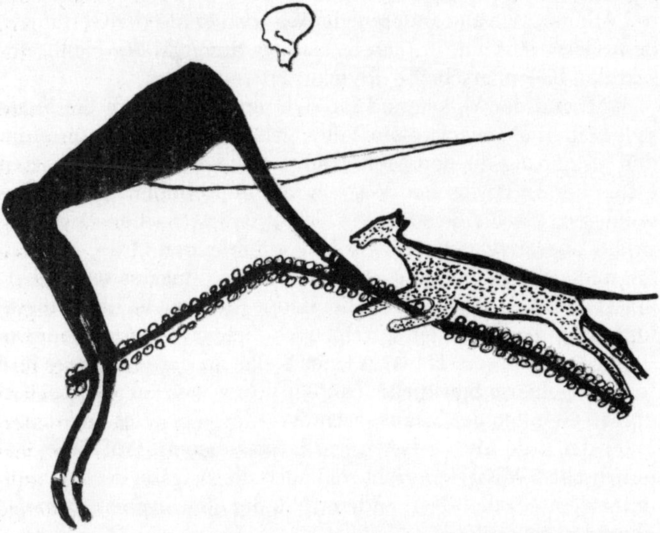

San-Felszeichnung. Entlang einer »nichtrealen Linie« läuft ein »Geisttier« (punktiert). Die nichtreale Linie ist rot, die Punkte sind weiß gemalt. Östl. Kap-Provinz, Südafrika.

Ausdruck irrender Seelen. Besondere Kraft maß man geodätischen Kreuzungspunkten zu, an denen sich Linien auch im dimensionslosen Raum nicht verändern. An solchen Orten, deren geophysikalische Gegebenheiten offensichtlich je nach Evolution des zentralen Nervensystems im inneren geodätischen Raster der Menschen »widerschwangen«, errichtete man Schreine und Steinheiligtümer und später Tempel und Städte. Man konnte sie leicht orten, weil die Menschen einst selbst einen magnetischen Sinn besaßen, der mit der unsichtbaren Welt in direktem Kontakt stand. Und so wählte man derartige Orte bewußt, um die geistigen Reisen, das nötige Öffnen der Wege von Schamanen, Adepten oder Neophyten der Mysterien zu unterstützen.

An den heiligen Orten hielt man bestimmte Tiere, etwa Katzen wie in Ägypten oder Schlangen wie im Heiligtum des alten Athen, dem Erechtheion. Erichthonius ist im griechischen Mythos der Geliebte der dreifaltigen Ziegengöttin Neith, der späteren Athene. Wie alle anderen Heroen wird er aus der Göttin, aus dem Geist geboren, in diesem Fall aus der Ägis der Neith, der sakralen Kalenderscheibe libyscher Frauen.

Während der Volksmund rät, daß der Mensch, wo die Katze sich niederläßt, nicht ruhen sollte, gelten Ruheplätze von Hunden als günstig für den Menschen. Das liegt daran, daß Katzen Orte über unterirdischen Wasseradern und blinden Quellen bevorzugen, die für den ruhigen Schlaf des Menschen ungünstig sind, – aber es waren gerade solche »strahlenden Orte«, die man für spirituelle Praktiken suchte. In ihnen wohnt der *spirit*, überliefert auch das Tao Te King. Bei Bantu-Kulturen ist das heiligste Opfertier, die Ziege, ein anzeigendes Tier, und der traditionelle Bantu errichtet sein Haus an jener Stelle, an der eine Ziege ihre Jungen gebiert. Spirituelle Fährtensucher wurden dämonisiert und zu Gehilfen des Satans, nachdem »das, was (alles im Wasser) unter der Erde ist«, verboten wurde »anzubeten«. Auf dieses unterirdische »Wasser« bezieht sich auch die Angabe der Ägypter, unter dem Nil fließe ein anderer Nil, der alle Erinnerungen des Flusses in sich trägt.

Mit dem Ziegenköpfigen feierten bekanntlich die von Katzen und Schlangen und Kröten begleiteten Hexen Sabbat. Aus den alten weisen Frauen waren zumeist böse Hexen geworden, das Wort kommt von *hagazussa*, *häzus*, *hazis*, *hazissa* (mittelhochdeutsch), *hecse*, *hexse*, *hesse*, alles Zusammensetzungen von *hag*, »Rodung, Feld und Flur«; aus Monmouths Diana, dem »Schrecken der Waldlichtungen«, also der Städte, aber noch »Retter der Wälder«, der Natur, entstand im Lauf der Zeit »die den Hag Schädigende«, die Hexe: Monmouth schreibt Diana die Kraft zu, »die luftigen Himmel und die Hallen der Hölle zu umkreisen«, also war sie bzw. ihre Priesterin eine Schamanin, die von der Heilerin der Natur in deren Zerstörerin verkehrt wurde. Der Grund lag vermutlich darin, daß diese Frauen nach wie vor die Kunst des verteufelten Fliegens beherrschten. Eine »Mißhandlung« der Natur konnte sich erst durchsetzen, nachdem die letzten Priesterinnen der Erd-Mondgöttin auf den Scheiterhaufen der katholischen Inquisition verbrannt waren. Daß die gläubigen Brandstifter damit den Ursprung ihrer eigenen Religion verteufelten und verbrannten, ist eine der vielen subtilen Ironien unserer an derartigen Widersprüchen so reichen Geschichte.

Hexen flogen auf ihren Hexenbesen zum Sabbat, was sich schlicht darauf bezieht, daß eine oral eingenommen tödliche Droge, vermutlich das Gift des Fliegenpilzes, mit Hilfe dieses unauffälligen hausfraulichen Gegenstandes über die Schleimhäute wirkend, in die Vagina eingeführt wurde. Der Sabbat war tatsächlich eine eher magische oder halluzinatorische Versammlung als eine physische, erkannte Michael Harner. So gesehen müßte auch der auf einem von Rentieren gezogenen Wagen fliegende Santa Claus ein Hexer sein. Denn seine traditionellen Farben, Rot und Weiß, verweisen auf die lunare Trinität, die Farbe Schwarz (Gold) als Symbol für die Neumond/Sonnenkraft fehlt nur scheinbar, sie ist der »Wagen«, mit dem auch ein wesentlich älterer Arthur fliegen konnte! All diese entweder verteufelten oder vergöttlichten Wesen flogen mit Hilfe der Horuskraft oder Osiriskraft des Geistes des Tales, die der Schamane wachtanzt, und das ist ein neuerlicher Hinweis darauf, daß sich die Angabe, der »Große Berg« werde vor Serubbabel zur »Ebene« werden, auf diese transformierende oder umpolende Kraft bezieht.

Interessant im Zusammenhang mit dem schon erwähnten Flugmittel Bufotinin, das in gewissen Kröten enthalten ist und ein Gefühl des Durch-die-Luft-Fliegens auslöst, ist eine Überlieferung der Bantu: Ihre große Heldin Ninni/Nana oder Nanana gilt als Tochter des Frosches. Froschmenschen nannte man ihrer Hellhäutigkeit wegen Buschmänner und Pygmäen, deren Neugeborene eher rosig sind und dann erst im Lauf der Zeit bronzefarben werden. Dem Mythos nach gingen sie aus der Vereinigung von Gorogo, dem »Froschmenschen«, Vertreter einer perfekten aber aussterbenden »gelben Riesenrasse«, mit der unsterblichen Amarave, »Überlebende des Untergangs der ersten roten Rasse der Erde«, hervor. Auf Mythen von Froschmenschen stößt man auch in China, und der Schluß, daß es sich dabei um die mythische Erinnerung an eine versunkene Urkultur handelt, die sich bereits derartiger Praktiken bediente, liegt nahe.

Jenseits des Bekannten, des Bewußten, lauern Drachen, weshalb man unbekannte Territorien während des Mittelalters mit »Hier lauern Drachen« kennzeichnete. Mit zunehmender Tabuisierung und Verteufelung der einst göttlichen Fähigkeit zum Fliegen wurde aus dem »Wagen«, dem Mittel zum Zweck, zusehends ein Ungeheuer. Im griechischen Mythos ist dieses entweder hundertarmig oder hundertäugig, wie der Riese Briarëus, der als »braunhäutiger Ägir« mit Eleusis, dem Totenreich, in Verbindung steht und Zeuge der Vernichtung der Erde durch Feuer wird. *Argos Panoptes*, das griechische hundert- oder tausendäugige Ungeheuer, bedeutet »alle Augen«. Hier verbirgt sich das Sternbild Argo, von dem fünfzig Sterne in Form der »Argonauten« überliefert sind, deren Zahl nach dem Prinzip der Verdopplung Hundert, das Hekat, Hekate, die Todesgöttin bzw. deren Kraft, das *Ut* ergibt. »Mein Körper ist ganz Auge«, schrieb R. Gordon Wasson, der als einer der ersten Europäer an einem halluzinogenen Pilzritual mexikanischer Indianer teilnahm, in »Disembodied Eye«; »disembodied« bedeutet »außerkörperlich« und bezieht sich auf das »innere Auge«, denn wie die Selk'nam-Indianer von Patagonien berichteten, verläßt das Auge den Schamanen und fliegt in einer geraden Linie an den gewünschten Ort. So beziehen sich alle diese Angaben auf die einstige spirituelle Praktik, den Hüter der Schwelle, das Wachbewußtsein, außer Gefecht zu setzen, wodurch die Wege geöffnet werden, worauf die Konfrontation mit dem »Ungeheuer« erfolgt, um schließlich in diesem veränderten Bewußtseinszustand zur Quelle des reinen Geistes vorzustoßen. Derartig Reisende werden zu »alle Augen«, allsehend und allwissend. Das hundert- oder vieläugige Monster ist der Drache oder die Großschlange, die zum »Vogel« wird, weil die Kraft des »Auges« freigesetzt ist. Diese Schlange wird nicht nur überall mit Schamanismus assoziiert, sondern auch immer mit der zentralen Muttergottheit oder der Großen Göttin, die im Mittelmeer-Raum zumindest an die 20 000 Jahre lang im Zentrum der Religion gestanden war. Deren Bedeutung rückt W. I. Thompson zurecht, wenn er bemerkt, daß die erste Religion der Menschen zwar sexuell (orgiastisch) war, daß die Frauen aber aus der Verbindung der Sexualität mit den Kräften der Natur eine »Religion der Menstruation, der Geburtsmysterien und der Mondphasen« schufen. Animistisch, wie man diese Urreligion gerne nennt, ist hingegen die »Religion der Schimpansen«.

Auch das christliche Symbol des allsehenden, von einem Strahlenkranz umgebenen Auges, das sich in einem zur Vulva der Erdgöttin spiegelverkehrten Dreieck befindet, weil das Auge im Jenseits weilt, bezieht sich auf die uralte Praktik des geistigen Fliegens. In Ägypten verwendete man dieses Symbol zur Darstellung des Heiligen Udjat, in der esoterischen Freimaurerei spielt es noch heute eine bedeutende Rolle. Für die Pythagoreer stellte das Dreieck oder Delta die *arche geneseos*, den Archetypus der allgemeinen Fruchtbarkeit dar. Eine ähnliche Symbolik ist auch von Indien bekannt. Vereinigen sich das mit der Spitze nach unten und das mit der Spitze nach oben weisende Dreieck, erhält man einen Sechsstern, das Hexagramm, den jüdischen Davidstern. Die Vereinigung der »Säule der Erde« mit der »Säule des Himmels« erzeugt jenen gewaltigen Energieimpuls, der die Kraft zur Umpolung besitzt, das mit dieser Kraft gleichgesetzte »Auge«.

Sich in die Luft erheben, wie ein Vogel zu fliegen, immense Entfernungen in einem Augenblick zurückzulegen, zu verschwinden, d. h. sich unsichtbar zu machen, derartige magische Kräfte schrieben Buddhismus und Hinduismus einst den Herrschern zu, die dank ihrer Belehrung durch die Mütter Magier waren. Im keltischen Mythos verdankt Odin seine Einweihung Frigga, die auf einem Besen reitet (!), im nordischen Mythos ist sie Freya, die Geliebte und der erste Lehrer von *seidhr*, einer Art von Trance-Orakel. Sie trägt einen Stab und fliegt auf einem von Katzen gezogenen Wagen durch die Luft. Freya bringt Odin das Fliegen bei, wodurch er (Adam, die Menschen) göttlich wird. Daß seine Nachfahren dieses göttliche Geschenk mißbrauchten, um ihre weltliche Macht zu installieren, wodurch sie die Kunst zu fliegen verloren, gibt Aufschluß über die Eigendynamik, die derartigen spirituellen Praktiken innewohnt.

Während der Geist vom Körper gelöst ist, kann er nach Angaben der Rigo von Papua Neuguinea in einer von drei Arten erscheinen: als Abbild des physischen Körpers, falls weitere Magie verwendet wird, in Form eines Vogels oder fliegenden Fuchses, einer Fledermaus, *bat*, – wir erkennen den Ursprung des Bat-Mannes, des »Offiziersburschen«, der auf eingeweihte Krieger zurückweist –, und wie bei den San als »Trancebuck«, aber auch als Licht. Die Größe des Lichts variiert von klein bis zu Fußballgröße. Zumeist Reinweiß, kann dieses Licht auch Farben aussenden, vorherrschende Farben sind als Gelb, Rot und Blau angegeben. Je schneller es sich bewegt, desto heller scheint es, berich-

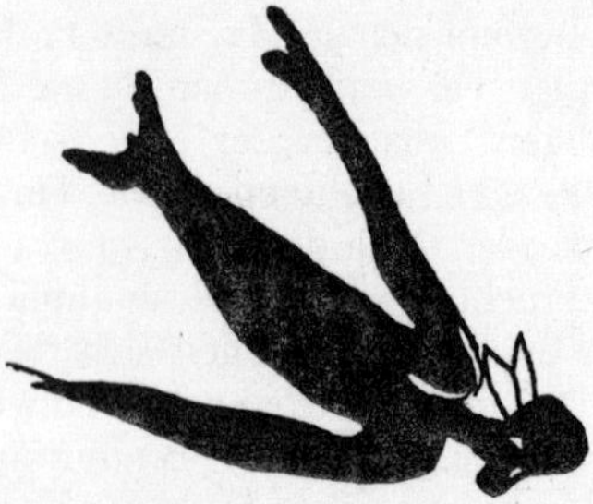

»Schwalbenschamane«. San-Felszeichnung, südliche Kap-Provinz, Südafrika.

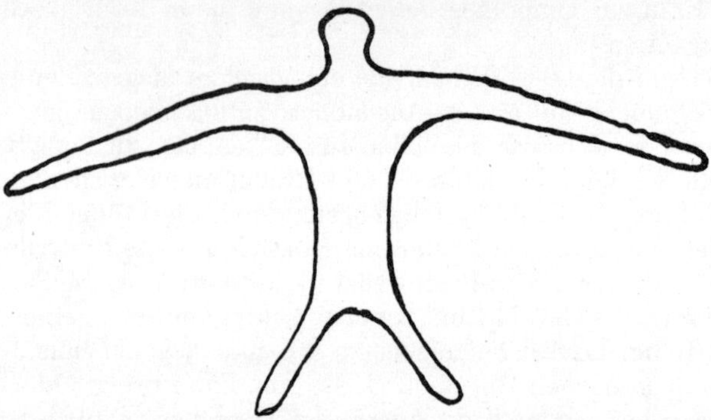

Zeichnung von S. Tylor (19. Jh.) von Mounds aus dem Mittelwesten Amerikas. Sie gleicht auffallend thereanthropischen Vogelabbildungen, die als Hinweise auf außerkörperliche Flüge von Schamanen gedeutet werden.

ten die Rigo. Paul Devereux weist darauf hin, daß sich hier eine Erklärung für die zunehmende Sichtung von UFOs anbietet, weil die Betroffenen mit einer, ihr Bewußtsein verändernden Energie konfrontiert wurden, wodurch sie unbewußt »abheben«. Die Angaben von Entführungen durch Außerirdische könnten ein Ausdruck für die ebenfalls unbewußte kollektive Angst der Menschen vor unserer experimentierfreudigen Gegenwart sein. Interessant ist jedenfalls die einstimmige Beschreibung dieser außerirdischen Wesen als mehr oder weniger gesichtslos, wobei stets die Augen dominieren. Daß solche Erscheinungen und ihre

Bei dieser Abbildung von »Schwalbenschamanen« fällt die Energielinie auf, die aus dem Leib der liegenden Figur fließt. San-Felszeichnung, südliche Kap-Provinz, Südafrika. (Nach einer Kopie v. T.A. Dowson.)

Folgen zunehmend verstärkt auftreten, mag entweder ein Hinweis darauf sein, daß die letzten Vertreter, die diese Flugtechnik noch beherrschen, wieder aktiver werden, daß wieder mehr Menschen »fliegen«, oder daß sich im Magnetfeld der Erde selbst Außerordentliches abspielt, wodurch bewußtseinsverändernde Energien, die Erinnerungen der Erde sind, an besonders geodätisch aktiven oder aktivierten Orten freigesetzt werden. Daß uralte Felszeichnungen ähnliche Erscheinungen wiedergeben, deutet an, daß sich derlei schon einmal ereignete. Nach mystischer Überlieferung ist das immer der Fall, bevor eine Welt untergeht und eine neue geboren wird. Ein eindrucksvolles Beispiel für derartige »Außerirdische« scheinen sibirische Larven (Masken) wiederzugeben, die beim unvoreingenommenen Betrachter nicht Angst, sondern Staunen über diese schönen und friedvollen, wie aus einer anderen Welt stammenden Gesichter auslösen.

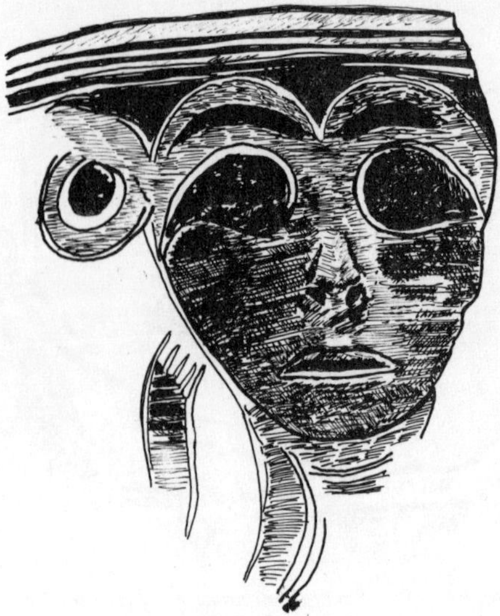

Sibirische Larve.

Hinter dem sich bewegenden astralen Körper wird bei mittlerer Bewegungsgeschwindigkeit Licht ausgesandt, ergaben Untersuchungen der Psychologin Susan Blackmore, die auf Angaben von Sylvan Muldoon verweist, der selbst astrale, außerkörperliche Reisen praktizierte. Ähnliches erwähnt Robert Crookall, der das Phänomen wissenschaftlich fundiert untersuchte. Erinnern wir uns: Der astrale Körper ist der feinstoffliche, d. h. hochschwingende energetische Ausdruck der mentalen Seelenschicht. Stellen wir diesen Experimenten San-Felszeichnungen gegenüber, so wird deutlich, daß wir Zeugnisse derartiger Flugreisen und ihrer Wirkungen seit vielen Jahrtausenden besitzen. Die zickzackförmigen Energiestrahlen, die dabei ausgesandt werden, geben auch einen Hinweis darauf, wie sich die Sonnenrune, der Donnerkeil aller alten Götter als Symbol ihrer Kraft entwickelt haben kann.

Das vom fliegenden Astralkörper ausgesandte Licht steht mit dem Vorgang in Verbindung, dem wir als Umdrehen der Ener-

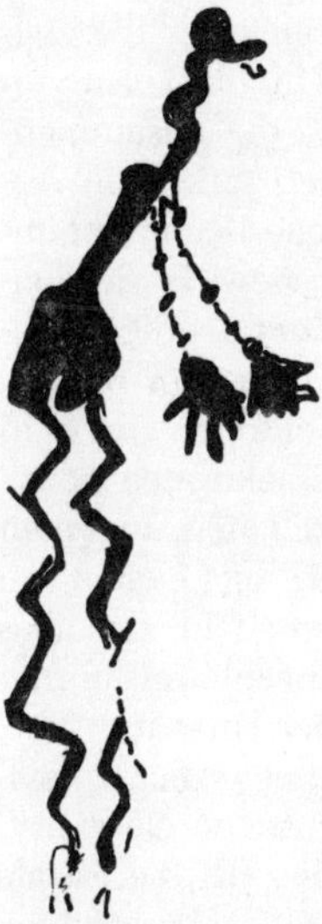

Selbstporträt eines San-Schamanen in Trance.

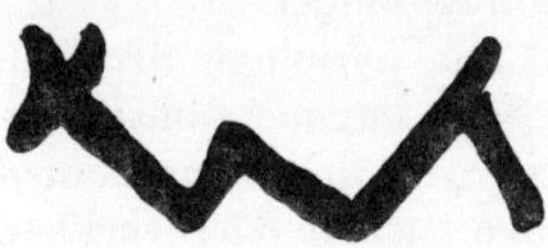

Transformierte »Zickzacklinie« (entoptisches Phänomen) in antilopenköpfiger Schlange.

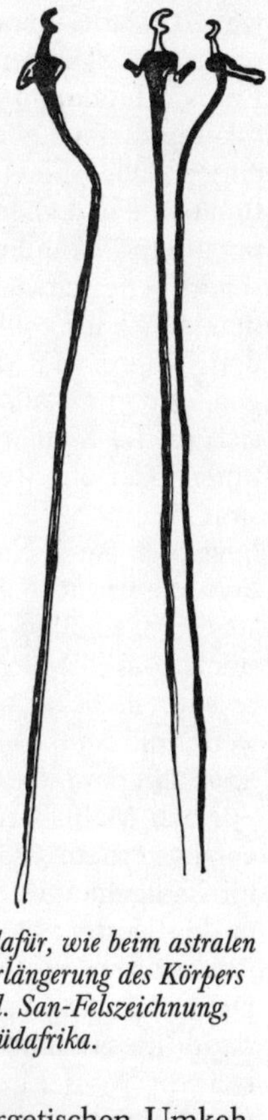

Drei Beispiele dafür, wie beim astralen Reisen eine Verlängerung des Körpers erfahren wird. San-Felszeichnung, Südafrika.

gie schon begegneten. Zum Prozeß der energetischen Umkehrung kommt es durch Umpolung der im dritten Chakra bereitliegenden Aggressionsenergie, die nicht nach außen projiziert wird, um die Welt zu missionieren oder zu verbessern, sondern sich nach innen richtet, um Erkenntnis zu gewinnen. Derartige innere, läuternde Prozesse, die deshalb im Zentrum der Mysterienschulen standen, erzeugen eine Art von Energie, die sich als Erscheinung von Licht manifestieren kann, das jedoch mehr ist als Licht, weil es ja ansonsten von allen gesehen werden könnte. Das ist ein Charakteristikum der Verschmelzung zweier Solitonwellen. Dabei handelt es sich um eine Energieform, die zwischen den kleinsten Materieteilchen als verdichtetste Form von Energie hindurchtunneln kann, ohne daß sich die Zusammensetzung dieser Lebensform, dieses Körpers nach außen hin verändert. Über die »Leere« zwischen den Teilchen, die mit der antimateriellen Lebensessenz, mit *chi* gefüllt ist, bewirkt sie dennoch eine Veränderung, allerdings auf der höher als die physische Ebene schwingenden Bewußtseinsebene, die vom Reisenden jedoch als vollkommen real erlebt wird. Solitonen gibt es in den Gittern von Metallen, in denen sich die Elektronen bewegen, also in metallhaltigen Steinen oder in Lokalitäten, an denen sich reiche Metalldepots befinden, im Wasser, an Quellen, ob unter- oder oberirdisch, und im irdischen Magnetfeld. Das alles sind Komponenten, denen man bei alten Tranceplätzen immer begegnet. Auch Nervenimpulse werden in einer Form transportiert, die wir als Soliton bezeichnen; die in Trance erzeugten »visuellen Gedanken« sind ein Ausdruck des zentralen Nervensystems, das sichtlich mit der noch feinstofflicher als die astrale Seelenschicht schwingenden ätherischen Ebene in Verbindung steht, mit dem »Bildekräfteleib«, von dem die Mystik berichtet, über den dann die eigentliche Evolution stattfindet!

Nach Malli Bergström vom Institut für Physiologie der Universität Helsinki läuft jedes über ein Sinnesorgan in unser Gehirn eingehendes Signal in zwei Richtungen weiter; zum einen in den Kortex, die Gehirnrinde, die den Reiz in »Grenzzyklen-Attraktoren« umsetzt, eine organisierte Form der Information. Dieses Eingangssignal wird dann aber auch in den »Zufallsgenerator« im Stammhirn eingespeist und im limbischen System lokalisiert, wo der gesamte Input aus Sinnesorganen und vegetativen Vorgängen zusammengefügt wird. Für die Systemwissenschaftler William Gray und Paul La Violette sind Gedanken deshalb Stereotype oder Vereinfachungen von Gefühlstönen, Karikaturen der Wirklichkeit! Diese abstrahierenden Gedanken oder Emotionen verbinden sich miteinander zu größeren Strukturen, so lange, bis diese organisatorisch abgeschlossen sind. Das Ergebnis ist das, was wir Bewußtsein nennen. Aber innerhalb jedes Gedankens oder jeder Emotion liegen Schichten von Empfindungen und Gefühlen, die weiterhin in den Rückkopplungsschleifen des Gehirns zirkulieren, allerdings sind sie uns unbewußt. Es sind wohl diese ganzheitlichen Rückkopplungsschleifen, die der Trancetänzer in einer Art geistigem Röntgenblick als Ausdruck für die *Gesamtheit einer bestimmten Idee oder eines bestimmten Gefühls* anzapft. Sie liegen als eine Art mikrogespeichertes Bildmaterial in den jeweils diesen Ideen- oder Gefühlsprozeß unterschwellig steuernden feinstofflichen Organen, den Chakren, bereit, die den Bildekräfteleib, die ätherische Seelenschicht, aufbauen, die alleine nur – das *Ba* der Ägypter – mit der dipolaren »anderen Welt« Verbindung aufnehmen kann! Diese spirituellen Organe sind wiederum jeweils mit bestimmten physischen Drüsen und Organen und über die Rückennerven und deren Kanäle mit dem Gehirnstamm verbunden. Visuell durch »Erinnerung« im außerordentlichen Zustand ekstatischer Trance *gefühlsmäßig* empfunden, werden sie ins Bewußtsein geholt, was wiederum an den Effekt erinnert, den die Durchtunnelung der selbst zum Supraleiter gewordenen Materie durch ein anderes Soliton bewirkt. Verschmilzt das in seiner Gesamtheit gespeicherte Bildmaterial mit dem Bewußtsein (Ego), vermischen sich Himmel und Erde, wodurch sich Bewußtsein erweitert!

Die DNS, der genetische Code, der Bauplan des gesamten organischen Lebens, steht mit der Umwelt in einem Rückkopplungsverhältnis, scheint also nicht ein »Plan«, sondern vielmehr ein subtiles Zentrum zur Vermittlung von Rückkopplungen zu sein, in dem für das richtige Gleichgewicht zwischen der Fähigkeit zur Stabilitätserhaltung (negative Rückkopplung) und der Fähigkeit zur Verstärkung von Veränderungen (positive Rückkopplung) gesorgt wird. Veränderungen in Organismen können mit genetischen Veränderungen korreliert sein, aber das beweist nach Gail Fleischacker nur, daß die genetischen Veränderungen die Wirkungsmechanismen des ganzen Systems dieses Organismus beeinflussen oder stören können, jedoch nicht, daß sie die Funktion des Systems verursachen oder steuern! Gene sind demnach nicht der Schlüssel zum evolutionären Wandel, sondern ihr Ausdruck, *nachdem* der Wandel bereits erfolgte! Der Anstoß zur Veränderung, zum Wandel, scheint, bevor er tatsächlich stattfindet und sich sichtbar manifestiert, aus jenen zeitlosen geistigen Räumen zu kommen, mit denen sich die Flugkünstler der Vergangenheit in Verbindung setzen konnten. Konsequent gedacht, konnten sie dadurch eine bestimmte Zukunft in die Gegenwart holen, mit de-

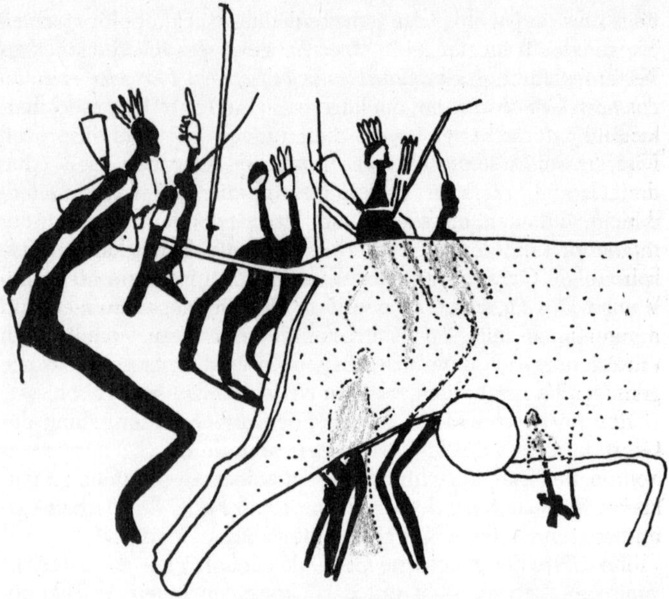

San-Felszeichnung.

ren Hilfe sie die Vergangenheit außer Kraft setzten! So wird verständlich, weshalb nach mystischer Angabe im Punkt der Verschmelzung jenseits von Zeit und Raum nicht nur die Gesamtheit der Vergangenheit wirkt, sondern auch eine mögliche Zukunft weil der geistig Reisende einem zukünftigen, bzw. zeitlosen Zeitraum ein visuelles Abbild, einen »visuellen Gedanken« einprägt. Folgerichtig wird dadurch noch Unkreiertes, bevor es sich manifestiert, kreiert! Eine San-Felszeichnung scheint eine derartige, von einem Jäger in das Netz der Erde hineingesungene oder hineingeträumte, d. h. hineinvisionierte Zukunft wiederzugeben. Die realistische Darstellung eines Jagdbeutels, der in einen über einer stehenden Eland-Antilope gezeichneten Trancebuck transformiert wird, ist deutlich zu erkennen. Dazwischen wurde ein schlafendes Eland derart meisterlich hineingezeichnet, daß man den Eindruck erhält, es befände sich unterhalb des Trancebucks, aber über dem stehenden Eland. Daß es sich bei den Antilopen um Tiere der spirituellen Welt handelt, deutet ihre Punktierung an. Vermutlich gibt dieses Bild mehr als nur Jagdmagie wieder, denn das Eland ist das »Regentier« und steht daher mit der Fruchtbarkeit der Erde in Verbindung. Auf einer tieferen Ebene könnte der Künstler hier angedeutet haben, daß das Regentier schläft und der Schamane es dank seiner in Trance erzeugten Energie, durch den *spirit* des vom Jagdbeutel zum Trancebuck gewordenen Schamanen ins Leben ruft, um es regnen zu lassen. Während der westliche Mensch aufgrund seines Bewußtseinszustands den Tod, den Wunsch des Jägers nach Beute, in die Magie dieser Trancezeichnung hineindeuten würde, war die Vision des Trancetänzers vermutlich auf die befruchtende und lebenserhaltende Kraft des Regens, symbolisiert durch das Eland, konzentriert.

Besonders nachdrücklich deutet sich die spirituelle Kraft der Großen Mutter, symbolisiert im Eland, in obiger Felszeichnung an, bei der sich rechts von der Vulva der Antilope und einer kreisrunden weißen Scheibe (dem Vollmond?) ein Schamane mit erigiertem Penis befindet, dem äußeren Anzeichen seines »Todes«, der Trance.

Ariadnes goldener Faden

Die Seele trennt sich nur vom Körper, wenn der Schamane die äußerste Kontrolle über Aufmerksamkeit, Gedanken und Gefühle, über Bewußtsein und Unbewußtes erlangt hat. Zurück bleibt ein Körper, der wie tot erscheint, wie der des griechischen Odysseus, der in einen Schlaf verfällt, »dem Tod am nächsten vergleichbar«, in den ihn Athene versetzte, während die Phäaken den Irrfahrer mit ihrem »schwarzen Zauberschiff« (!) auf einer dreitägigen Reise (!) nach Ithaka, also in die reale Welt, zurückbringen (Odyssee). Wie Gilgamesch schläft und wie der Vorläufer des Arthur, der vorkeltische *Bran*, in einem Reich der Unterwelt oder Jenseitswelt schläft, erfuhren alle diese Heroen, die sich schamanistischen Praktiken unterzogen, die bewußte, absichtlich herbeigeführte Trennung der Seele vom Körper, wie das ansonsten nur unbewußt beim körperlichen Tiefschlaf oder beim physischen Tod geschieht.

Schamanen oder Adepten der Mysterien starben also bewußt, d. h. ihre Seelen verließen den Körper und reisten als mentaler Körper oder Astralkörper durch die Landschaft des Reiches der Toten bzw. der Ahnen, durch die Landschaft der geistigen Erde, die alle Muster der Vergangenheit (Evolution) enthält; Odysseus reist zu den Phäaken, Gilgamesch versucht nach Atlantis zu reisen (und scheitert). Die Reise führt durch die archetypische Vergangenheit, das kollektive Unbewußte, ihr Ziel ist *Shambhala* (Hindu) oder *Tura-ya-Moya* (Bantu), das universelle kollektive Unbewußte (C. G. Jung), wo es keine Vergangenheit und Zukunft, nur eine ewig fließende Gegenwart gibt. Aus dieser Welt des Überbewußten, die sich nur demjenigen eröffnet, der zuvor durch die astrale Unterwelt gereist ist und den Kampf gegen die inneren Ungeheuer bestand, bringt der Reisende Erkenntnisse in die jeweilige eigene irdische Welt mit. Aufgrund dieses nichtlinearen Zusatzmittels, das die Vergangenheit außer Kraft setzt, ist der Sprung in die Zukunft möglich – die Welt verändert sich und kann sich in eine neue Richtung höher entwickeln.

Die Routen, die derartige Reisende beflogen, gruben sich tief in die unbewußte Erinnerung der Menschen, in die Lage der Dinge und über die Seele der Erde in die Lage des Landes ein. Ein Beispiel dafür sind die Feenwege Irlands. Geht eine Kultur unter, geht mit ihr auch die Erinnerung an die Reiserouten der Götter verloren, die sich nur manchmal, durch seltsame »übernatürliche Erscheinungen« bemerkbar machen. Markierungen, ob sie nun wie im Glücksfall der Nazca-Straßen oder mancher Prozessionsstraßen wie bei den Inka oder im alten China erhalten sind, oder auch nur in der lokalen Folklore überlebten, sind das äußere Zeichen eines durch ein Kollektiv geteilten Glaubens mit Bezug auf dessen innere Realität. Wie es Paul Devereux formuliert, sind sie buchstäblich heilig. Bei Reisen in Südafrika ist es nach einer Weile leicht möglich, jene Stätten zu orten, die natürliche heilige Zentren der Landschaft in Form von Felsüberhängen bergen, die mit Felszeichnungen versehen sind. Abgesehen von den Drakensbergen im Nordosten, ist das Land zumeist flach und nur von einigen Hügelketten durchsetzt. Weder der auf Drachenströmungen verweisende Name für diese nach den Anden zweitlängste Gebirgskette der Welt ist ein Zufall, noch der Name eines Hügels inmitten von flachem Buschland »Gods Mountain«

nahe Johannesburg. Hier befinden sich weitverzweigte unterirdische Höhlensysteme, und weil es sich dabei auch um antike Minenstollen handelt, ist zu vermuten, das sich tief im Inneren der Erde auch Felszeichnungen verbergen. Blickt man von der Spitze des Hügels um sich, ist leicht zu erkennen, daß er sich genau in der Mitte eines beinahe kreisrunden, weitläufigen Tales befindet, dessen Ränder rundum von hohen Bergketten umsäumt sind, d. h. die von den hohen Bergen laufenden Kraftlinien (*yang*) vereinen sich in diesem Mittelpunkt (*yin*). Afrikanischen Legenden zufolge durchquert den gesamten Kontinent ein unterirdischer Strom, der sich als Nil veräußert. Dieser »Nil unter dem Nil« scheint nicht wie sein oberflächlicher Zwilling in den Mondbergen Zentralafrikas zu entspringen, sondern tief im Süden Afrikas, wo am äußersten Ende des Kontinents, am Tafelberg, das »Spinnrad der Erde« angesetzt wird. Eingeweihten Bantu gilt der Tafelberg als Wohnsitz des »Hüters des Südens«.

Dank unserer technischen Hilfsmittel, die wir heute benötigen, um fliegen zu können, ist es möglich, zeremonielle Landschaftsmarkierungen in ihrer Gesamtheit zu überblicken, die aus der Vogelperspektive von Schamanen entstanden, die »ihr Auge« auf Reisen schickten. Wie die entopischen Phänomene, die bei der inneren Reise entstehen, stellen sie geometrische Muster dar. Zeugnisse derartiger Reiserouten und auch Angaben, wie der dem Flug vorausgehende nötige psychische und physische Reinigungsprozeß durchgeführt werden kann, ohne den diese Art des Fliegens unmöglich ist, hinterließen alle Kulturen und Religionen.

Wer sich, ob unbewußt oder mit Hilfe spiritueller Praktiken mit der inneren Welt in Verbindung setzt, projiziert Gedanken und Gefühle auf die Umwelt. Gedanken sind zwar frei, aber sie besitzen ihre Eigendynamik, und so ist es einsichtig, daß nicht geläuterte Gedanken negative Effekte auslösen müssen. Wer Gewalt projiziert (denkt), wird Gewalt ernten, wer Zorn projiziert, Zorn; Zerstörung bedingt Zerstörung usw. Vermutlich nannten die Griechen deshalb die alten matrilinearen Rachegöttinnen, die *Erinnyen*, »verkörperte Flüche«. Welche Eigendynamik innere Prozesse besitzen, zeigt sich auch daran, daß, obwohl das Böse mit Bestimmtheit nicht nach Schwefel riecht, bei innerer Projektion des Leibhaftigen von manchen Menschen dieser Geruch tatsächlich wahrgenommen wird. Im Zustand geistiger Ekstase verfeinern sich die Sinne und schärft sich besonders der Geruchssinn, um sich dem um vieles feineren Riechsinn mancher Tiere anzugleichen. Deshalb erkennen *witchdoctor* in Afrika den Zauberer oder Schwarzmagier durch das Ritual des *smelling out.* Im Trancezustand wird der Übeltäter »errochen«. Die rationale Erkärung dafür ist, daß ein schlechtes Gewissen oder Angst eine bestimmte Körperausdünstung erzeugen, die mystische, daß sich die Farbe der Aura, des elektromagnetischen Feldes der betroffenen Person verändert. Gefühle erzeugen subtile Energien und der Geruchssinn steht mit den magnetischen Zellen hinter der Nasenscheidewand und über diese mit dem Hellseherorgan, dem »dritten Auge«, der Zirbeldrüse in Verbindung, in der unsere Gefühle »erzeugt« werden.

Thereanthropische Figuren. San-Felszeichnungen.

Darstellungen sogenannter *Thereanthropen* wie hier abgebildet finden sich häufig in der San-Felskunst. Die Forschung beschreibt sie als Verschmelzungen von tierischen und menschlichen Formen und als Anzeichen dafür, daß sich der Schamane in Trance mit der Quelle seiner Potenz, hier der Eland-Antilope, verbindet. Manchmal zeigen aus dem Kopf fließende Linien die außerkörperliche Reise an. Linien, die aus dem Körper austreten, können sich nach Prof. Lewis-Williams darauf beziehen, daß der Schamane die Krankheit aus dem (Energie-)Körper des Heilung Suchenden zieht; aber sie treten auffallenderweise zumeist am Nacken aus, also dort, wo nach Angaben der Hindu *prana* eintritt.

Ein *Thereanthrop* stellt eine Art Zwischenwesen dar, eine Mischung zwischen tierischer und menschlicher Form und die diversen mythischen Wesen, halb Pferd, halb Mensch usw. entmystifizieren sich. Ein San-Schamane *wird* zum Eland, besser gesagt *mehr* als ein Eland und auch *mehr* als ein Mensch, weil sein *spirit* und der *spirit* des Elands sich vermischen. Die älteste bislang gelungene Datierung der Darstellung einer derartigen Transformation auf spiritueller Ebene fand man in Südwestafrika, sie ist 26 000 Jahre alt.

San-Schamanen in Trance sind zumeist als durch die Nase blutend dargestellt, und vermutlich ist es von Bedeutung, daß jene Stelle an der Stirn, hinter der sich die magnetischen Zellen befanden, zu Beginn der weiblichen Menstruationsperiode schmerzempfindlich wird. Wir erwähnten bereits das abschließende Ritual der Pharaonen, das sie göttlich machte: das Durchbrechen der das Allerheiligste der Tempel verschließenden Mauer; der Durchbruch findet genau dort statt, wo sich bei einer Projektion des menschlichen Schädels auf die Tempelanlage das »dritte Auge« befindet, denn obwohl die Explosion der *Kundalini*-Kraft in der Zirbeldrüse stattfindet, empfindet sie der Yogi zwischen den Augenbrauen an der Stirn. Das Ritual symbolisiert die Öffnung des Universell-Weiblichen, im Hinduismus die Öffnung des sechsten Chakras, *Ajna*, an der Stirn zwischen und über den Augen. Hier ist der Ort der *Jinas*, »Sieger«, und hier ist der Klang der Silbe AUM zu vernehmen und die Gottheit mit Form (der Messias) zu erkennen. Es ist jene »Wurzel«, die Himmel und Erde miteinander verbindet, denn nun kann sich das siebte Chakra entfalten und der »vollkommene Mensch der Sieben« erfährt das Wesen Gottes ohne jegliche Form, den reinen göttlichen Geist, der ihn oder sie erleuchtet.

Von einem anderen Durchbruch berichtet Robert Lawlor bei Aborigines. Der Schamane erfährt ihn in Form einer Durchbohrung der Zunge, so als ob eine Lanze in seinen Hinterkopf (!) einträte. Faszinierenderweise stößt man darauf auch bei den Kelten. So berichtete Lukian von Samosata, er habe in Gallien (Frankreich) das Bild eines einheimischen Herakles gesehen, der genauso dargestellt gewesen wäre wie der hellenische, jedoch habe er vollkommen unheroisch gewirkt. Nicht nur war sein Gesicht voller Runzeln und von schwarzbrauner Farbe, das am meisten paradoxe an dem Gemälde war, so Lukian, daß dieser alte, glatzköpfige Herakles eine große Menge Volkes an sich zieht, die alle an den Ohren gefesselt sind. Ihre Ketten wiederum haften an der Zunge des Heros, welche zu diesem Behuf an der Spitze durchbohrt war.[117] Was von den Zeitgenossen des Römers, der als »Spötter« bekannt war, als Witz verstanden wurde, hat eine tiefe, symbolische Bedeutung: Der schwarzhäutige »Herakles« fesselt die Ohren der Menge, die an die durchbohrte Zunge des Schamanen gekettet sind, d. h. sie lauschen der Verkündigung höchster Weisheit, die sie selbst, weil für die innere Stimme taub, nicht mehr vernehmen können.

Wir durchwachen die Tage und durchschlafen die Nächte, währenddessen sich die Erde dank der Drehung um ihre eigene Achse von der Sonne und dem Tag abwendet. Für Eingeweihte entspricht jedoch unser Wachzustand, unser symbolisch mit der Sonne und dem Tag verbundenes Wachbewußtsein, dem Zustand des Schlafens. Die Erde ist einer ständigen Bombardierung von Strahlungen verschiedener Wellenlängen aus den Tiefen des Kosmos ausgesetzt, von denen wir mit unseren gewöhnlichen Sinnen nur einen verschwindenden Bruchteil wahrnehmen können. Während Trancetänzer ihre Antennen bewußt auf diesen Ozean des Unbekannten und Unsichtbaren ausrichteten, verschlossen wir unsere Sinne, die dadurch zunehmend abstumpften. Aber ob wir wachen, wenn unser Körper während der Nacht im Schlaf ruht, unbewußt sind wir stets auf Empfang eingestellt und reagieren unbewußt, indem wir unsere Frequenzen verändern. So ergaben Messungen, daß das Gehirn eines schlafenden Menschen eine Spannung erzeugt, die ihre Spitze zwischen ein- und viermal pro Sekunde erreicht (Delta-Rhythmus). Während wir träumen oder uns in einem schläfrigen Meditationszustand befinden, erhöht sich die Spitze von vier auf sieben Zyklen pro Sekunde (Theta-Rhythmus); im Zustand »entspannter Aufmerksamkeit« bewegt sie sich zwischen Frequenzen von acht und dreizehn Zyklen (Alpha-Rhythmus), und im aktiven oder rechnenden Zustand, also dann, wenn wir wachbewußt sind, ergibt sich eine Reichweite von dreizehn bis dreißig Zyklen pro Sekunde (Beta-Rhythmus). Jene Schwingungsbandbreite, die gerade unterhalb der Grenze des Zyklus im Wachzustand liegt, der Alpha-Rhythmus, ist als Charakteristikum von Zen-, Yoga- und Sufi-Adepten im Zustand tiefer Meditation bekannt, die Meditation ist ein anderes Mittel, um den einst begehrten Trancezustand zu erreichen, in dem bewußtseinserweiternde Erfahrungen möglich sind. Es ist jene Welt, die sich dem entlang seiner inneren Achse Reisenden eröffnet, die gerade überhalb oder unterhalb unserer Welt (Erde) liegt, von der die Hopi berichten. Im Unterschied dazu ergaben Experimente, daß bewußtseinsverändernde Drogen eher Gehirnwellenmuster schaffen, wie sie bei bizarren Träumen auftreten. Im Gegensatz dazu ist während der tiefen tranceartigen Meditation oder Versenkung der Körper nicht nur vollkommen entspannt, auch die Sinne sind auf »übermenschliche« Art geschärft. Wie im Traum ist der Zensor Bewußtsein ausgeschaltet, aber nicht dieses Selbst, das sich zu einer im Wach- oder Traumzustand nicht möglichen Klarheit der Wahrnehmung steigert. Diese Klarheit, die Zen-Buddhisten als *satori* oder *rkensho* kennen, Yogi als *samadhi* oder *moksha*, und islamische Sufi als *fana*, in Taiwan als das »absolute Tao« beschrieben, sind alle mit dem Erlebnis der Ekstase und der Empfindung von Lichtphänomenen und Veränderungen der Körperform wie Verlängerungen verbunden.

Auch die Meditation, mit der über die Philosophie des Ostens nun auch der Westen zunehmend konfrontiert wird, ist keine ausschließliche Erfindung dieser Weltregion, vielmehr scheint diese Praxis des direkten Zwiegesprächs mit Gott, das keiner äußerlichen Mittel bedarf, am Anfang gestanden zu haben und nur von äußerlichen Mitteln verdrängt worden zu sein. Je tiefer der Fall in die Körperlichkeit fortschritt, um so nötiger wurden sie. Darauf deutet nicht nur das einstige magnetische Organ der Menschen hin, sondern daß »natürliche Schamanen« wie San-Männer und -Frauen sich der Droge nur bedienten, falls es ihnen nicht gelang, *num* zum Kochen zu bringen, oder wenn es zu klein blieb. Die Stimme Gottes, die vernommen werden will, kündigt sich bei den San durch eine Art inneres Pochen an, worauf sie sich wie ihre Brüder und Schwestern im Fernen Osten in die eigene innere Stille zurückziehen. Bei Studien über Xhosa-*witchdoctor* stieß der Psychologe B. F. Laubscher ebenfalls auf eindeutige Anzeichen dafür, daß auch sie sich dieser Praxis bedienen, und für die Minianka, eine Untergruppe des Senufo-Stammes an der nördlichen Elfenbeinküste, oder im Nordwesten die Burkina Fasos, zu denen etwa zwei Millionen Menschen zählen, stellt *fiaga* den hauptsächlichen Zustand inneren Lebens dar; *fiaga* ist die »Mutter der Welt«, oder *diomon*. Die Stille zu pflegen bedeutet für den Minianka, seine eigenen inneren Dimensionen zu kultivieren. Deshalb lernen Minianka in Stille zu sitzen. Sie wissen, das Wort ist gedankenlos, aber die Stille reflektiert.[118] Die Fähigkeit zur *Meditation* (lat.), »nachdenken, sinnende Betrachtung, Versenkung«, die zum Fliegen führen kann, aber nicht muß, scheint von der Magie, die sich äußerer Rituale bediente, verdrängt worden zu sein und nicht umgekehrt. Deuten die bizarren Ungeheuer, die zunehmend den Himmel verschiedener Völker besiedelten, nicht nachdrücklich auf die häufigere Verwendung von Drogen hin? Sie entsprechen eher bizarren Träumen als erleuchteten Visionen. Die *diomon* wurde von Dämonen verdrängt, die bald ein Eigenleben zu führen begannen. San-Felskunst, die ein Spiegel des Bewußtseins der Vorfahren der San ist, weiß nichts von jenen Monstern, die etwa christliche Gotteshäuser besonders während der romanischen Epoche bevölkerten – Angst erzeugt Angst! San-Reflektionen der Geistwelt spiegeln keine Angst, sondern Respekt wider, sie strahlen Harmonie und Schönheit aus. Auch die Betrachtung ägyptischer oder minoischer Zeugnisse, die einen Rückschluß auf die Innenwelt dieser Kulturen erlauben, vermitteln Harmonie und nicht Disharmonie.

Meditation oder innere Versenkung ist in sich selbst eine Technik der schöpferischen Macht der Gedanken und kann deshalb auf vollendete Techniken verzichten, wie sie etwa im Hatha-Yoga und der Atemkunst gelehrt werden. Nach Rudolf Steiner richten Menschen in Meditation ihren Blick über die eigene Persönlichkeit, das Ego hinaus, indem sie ihn auf den Mittelpunkt, die Achse ihres Wesens verlegen, wodurch sie die Stimme im Inneren vernehmen. Voraussetzung dafür ist die vollkommene Konzentration auf diese Achse, die innere Stille, und das ist eine Tugend, die sich der westliche Mensch, dessen Leben von äußeren Geräuschorgien geprägt ist, erst wieder mühsam aneignen muß. Um diese Konzentration zu erreichen, entwickelte man unterstützende Techniken, die, je komplexer die Psyche der Menschen wurde, um so aufwendiger und auch um so schmerzlicher waren, etwa das An-einem-Baum-nach-unten-Hängen von Schamanen. Odin hing, so heißt es, neun Tage lang an einem Fuß mit dem Kopf nach unten am Weltenbaum, bis er Erleuchtung erfuhr; die San tanzten – mit dem gleichen Ergebnis.

Tiefe Meditation kann zur vollkommenen Trance und damit zur Ekstase führen, das stets als unbeschreiblich beschriebene Gefühl des Einswerdens mit Gott. »Durch unzählige Myriaden von Formen, durch unzählige Myriaden von Augen und Sinnesorganen von Kreaturen, durch unzählige Myriaden von Mikrokosmen weiß sich der Geist als der Träumer des Königreiches Maya. Aber solange die Vorstellung des Seins nicht durch die Bodhi-Erleuchtung zertrümmert wurde, kennt das Viele nicht das Eine.«[119] *Bodhi,* »erwachen«, »erkennen«, bedeutet im Buddhismus Erleuchtung, Wissen, Erkenntnis. Ein Mensch, der diesen Zustand erreicht hat, wird ein Buddha!

SchamanInnen waren das stellvertretende Gewissen, die Heiler und Erlöser ihrer Gemeinschaft. Als Heiler sind sie auch Traumdeuter (Psychologen). Man verstand die Nacht als Bändigerin der Götter und Menschen, vor ihr, der »schwarzgeflügelten Nacht«, ruhte sogar der »tobende Zeus« und »scheute sich sie zu betrüben« (Ilias). Der Tag, das Bewußte, wird durch die Nacht, das Unbewußte, gebändigt und in das Netz eingebunden, das von der Weltspindel zu stets variierenden Mustern verwoben wird. Über Tod und Schlaf führt die Nacht zur Heilung und Geburt, sie führt das Lebendige über das irdische Dunkel aufsteigend zur Erhöhung seines Wesens ins Licht. So formulierte es Erich Neumann bei seiner Suche nach dem Ursprung des Bewußtseins. Dieses Licht ist jedoch mehr als das Licht des Tages, das Sonnenlicht, es ist das allscheinende Licht Eros' oder Phanes' (Orpheus), das Licht der Liebesweisheit; Bewußtsein, das mehr ist als Bewußtsein. Unbewußt während der Nacht im Schlaf, bewußt, wie im Fall von Trancetänzern oder sich in die Tiefe versenkender Meditierender, webt der Mensch ständig an diesem Netz, in dem alte und undicht gewordene Verknotungen repariert werden oder entknotet werden müssen, so daß neue entstehen können. Sowohl bewußte Visionen als auch unbewußte Träume wurden deshalb als Botschaften der Götter empfunden. Die Deutung des Orakelsehers oder Traumdeuters, der seine Aufmerksamkeit der Psyche des Heilung Suchenden schenkte, holte durch die Enzifferung von Symbolik Unbewußtes ins Bewußtsein, wodurch sich seelische Konflikte lösen ließen, bevor sie sich veräußerlichten!

Anfänglich führten Schamanen kollektive Heilungen mit Hilfe von Trancesitzungen oder Gruppenritualen durch, die dem kollektiven Wohlergehen, der Heilung der Gemeinschaft, d. h. der Wiederherstellung der Balance zwischen innerer und äußerer Umwelt dienten. Das war notwendig, weil der Kultivierungsprozeß, der unerläßlich ist, um das Leben in einer Gemeinschaft zu ordnen, bereits ein Ungleichgewicht erzeugt. Traditionelle afrikanische Heiler beziehen immer die innere und die äußere Welt in ihre Diagnose mit ein, sowohl die psychische als auch die physische Gesamtheit der Umwelt des Kranken oder Ratsuchenden. Ihr zentrales Konzept ist die Harmonie zwischen Innen- und Umwelt. So liegt für die Minianka die passende Kombination und positive Interaktion von Teilen in einer Ganzheit der Gemeinschaft als Basis zugrunde. Jedes Individuum wird deshalb im Gesamtzusammenhang des sozialen Umfelds gesehen, und dabei werden auch die dem Nichteingeweihten unsichtbaren Dimensionen des Kosmos berücksichtigt. Schwächen des menschlichen Charakters wie Eifersucht, Neid und Haß sind ständige Quellen für Disharmonie, die sowohl innen als auch außen wirken. Aufgabe des Heilers oder Schamanen war es deshalb, diese Schwächen seiner Gemeinschaft auf sich zu nehmen und die Gesamtharmonie kollektiv wiederherzustellen, denn der Weg des Schöpfers ist der Weg der Harmonie, sagen die Minianka, deren bedeutendstes Heilmittel die Musik ist.

Harmonie stand auch im Zentrum der San-Gemeinschaft. Wie im hochgeistigen Taoismus beruht(e) sie auf dem Prinzip des Miteinanderteilens, auch des Erfolges etwa bei der Jagd, der nicht als individueller, sondern als kollektiver Erfolg gefeiert wird, wodurch negative, die Gemeinschaft vergiftende Gefühle wie Neid, Eifersucht und Mißgunst erst gar nicht aufkommen. All diese im Grunde genommen auch christlichen Ideale waren Bestandteil des Lebens mythischer und geschichtlicher, gemeinwirtschaftlich orientierter Ackerbaugesellschaften, denen Armut, Prostitution, Alkoholismus und Drogenmißbrauch unbekannt waren, d. h. diese Dinge waren im Bewußtsein dieser Menschen gar nicht vorhanden! Die in westlichen Studien derartiger Kulturen zumeist entweder übersehene oder unterschätzte Bedeutung, die der Spiritualität und über sie der Psyche zukam, bildete den starken Unterbau, auf den der Westen nicht nur zunehmend verzichtete, ganz gegenteilig fördert das westliche Wettbewerbssystem alle oben erwähnten Untugenden, die zum Konflikt führen *müssen*, weshalb sich unsere Geschichte immer wiederholt.

Wie Schamanen durch »Öffnung der (alten) Wege« mit der Weltseele verschmelzen, reisten auch Adepten vor- und noch frühchristlicher Mysterien zum anderen Ufer und durchschwebten das mentale, astrale Reich, in dem sie alles ohne Maske klar sehen konnten; hierin liegt die eigentliche Bedeutung von »hellsehen«. Sie dachten nicht mit dem Verstand, sondern mit dem Herzen. Den Eintritt in das Jenseits erfuhren sie wie das Ablegen einer Hülle. Während ihr Körper im Tiefschlaf ruhte, schwebte ihr Bewußtsein über diesem und sah auf den Körper herab. Sie bewegten sich, wie von den ägyptischen Mysterien bekannt ist, nicht durch Gehen oder Laufen, nicht einmal durch Fliegen, sondern einfach dadurch, daß sich der Adept an den jeweiligen Ort *dachte* oder *wünschte*.

Das Ablegen der körperlichen Hülle und das Schweben des Astralkörpers über dem physischen Körper ist inzwischen als wesentliche Erfahrung bei Nahtoderlebnissen dokumentiert. Die entweichende Seele durchschwebt einen Tunnel, an dessen Ende zumeist eine weißgekleidete Figur wartet, die jeweilige Visionierung des Seelenkerns oder Höheren Selbst, das, vom Egoismus des Wachbewußtseins befreit, klar sehen und rein empfinden kann; manchmal zeigt es sich auch als Licht. Nahtodforschungen ergaben, daß sich hier offenkundig *außergehirnliche Sinneswahrnehmungen filmähnlicher, in der Zeit rückwärts* ablaufender *Bildfol-*

gen dazumischen, die beinahe immer einen wertenden Charakter besitzen. Das deutet darauf hin, daß besondere, der in diesem Grenzbereich erst in den Kinderschuhen steckenden Forschung noch unbekannte Faktoren dazu führen, die Entropiebarriere aufzuheben, welche die Zeit daran hindert, rückwärts zu laufen. Weil all das Bestandteil der Beschreibungen in Überlieferung und Mythos vom Initiationstod des Schamanen, Adepten oder Neophyten der Mysterien ist, zeigt sich wiederum deutlich, daß es sowohl beim körperlichen als auch beim Initiationstod um dasselbe geht, um den Tod des Ego oder des mit dem physischen Körper untrennbar verbundenen Wachbewußtseins. Der Nahtote oder der Adept der Mysterien begegnet wie der Schamane seinem eigenen göttlichen Funken, der einer anderen gegenpoligen Welt angehört, mit der offenkundig unser »Gewissen« direkt verbunden ist, weshalb es im Gehirn nicht zu orten ist. Daß die Zeit zurückläuft, weist auf Umpolung hin. »Aber ihr seht nichts und ihr versteht nichts! … Hilflos tappt ihr in der Dunkelheit umher; und die Fundamente der Erde geraten ins Wanken … Ich hatte zwar gesagt, ihr seid Götter … doch ihr werdet wie die Menschen sterben, wie unfähige Minister aus dem Amt gejagt,« heißt es in Psalm 82,5. Eine vorchristliche, altägyptische Hymne an die Wiedergeburt drückt es ähnlich aus: »Weißt Du es nicht, daß Du als Gott geboren wurdest, Sohn des Einen? Denn erst nachdem man seinen Willen angewendet hat, wird Göttlichkeit geboren werden.«[120] Kein »Schaf«, das zu einer »Herde« gehört, der ein »Hirte« seinen eigenen Willen oder den einer machtvollen Autorität aufzwingt, kann eigenen Willen anwenden, denn Gottes Wille läßt sich kollektiv oder objektiv nicht erzwingen, nur individuell und subjektiv *empfinden*.

PriesterInnen waren also ursprünglich keine Priester Gottes, sondern Heiler der Menschen, denen ihre Verantwortung gehörte, nicht irgendeinem überirdischen, transzendenten, äußeren und unverständlichen Wesen, das man in einem prunkvollen Tempel verehren kann, aus dem der vom Christusgeist erleuchtete Jesus bekanntlich die Priester vertrieb! Was der Neophyt oder Adept oder *Initiand* zwar dank hilfreicher Unterstützung der Priester herbeiführte, geschah dennoch immer aus eigener Kraft. Während es beim Nahtod und auch im Tiefschlaf, bei dem, wie Messungen ergaben, der Körper traumlos ist oder

»tot«, unbewußt zur Lockerung des Astralkörpers kommt, führte der Schamane oder Adept diesen Zustand *bewußt* herbei. Von den ägyptischen Mysterien ist bekannt, daß die Adepten, sofern sie erfolgreich waren, nach einübenden Techniken und oft jahrelangen Initiationen, unterstützt durch die Einnahme bestimmter Pflanzendrogen, drei Tage und drei Nächte lang auf die Astralreise gesandt wurden. Auf dieser Reise konnte der Initiierte sein eigenes Ego bis auf den tiefsten Grund und ohne jegliche Trübung, frei von irdischen Bindungen welcher Art auch immer erkennen. Wie ein Vogel erhob sich sein befreiter Geist in die Luft und durchflog andere Welten. Es leuchtet ein, daß die von derartigen Reisen Zurückgekehrten nicht dieselben waren, die aufgebrochen waren, sie waren geläutert und weise und barmherzig geworden. Den Tod fürchteten sie nicht mehr, weil sie wußten, daß sie unsterbliche Geistwesen sind.

Während sich der Astralkörper auf Reisen befand, waren die Neophyten jedoch nach wie vor mit ihrem äußerlich wie tot erscheinenden Körper verbunden. Den fliegenden Astralkörper verbindet Ariadnes goldener Faden mit dem schlafenden physischen Körper, wir erkennen das »Wollknäuel«, mit dessen Hilfe im griechischen Mythos Theseus sicher aus dem kretischen Labyrinth heraus- und in seinen Körper zurückfindet; Ariadne, von *ariagne* (gr.), bedeutet »sehr heilig«. Denn die Astralreisen fanden unter der Aufsicht erfahrener PriesterInnen statt. An einem Faden schwebten in einer Erzählung der San auch die »Sternenfrauen« nieder, um den Menschen alle Schätze des Himmels auf die Erde zu bringen. Wird Ariadnes Faden abgeschnitten, stirbt der Körper, und die Seele kann nicht in ihre leibliche Hülle zurückkehren. Dieser ominöse Faden ist der Atem oder Hauch spiritueller Lebensenergie, der Adam den Odem, das Leben gab. Es ist das *Ba* der Ägypter, die spirituelle oder ätherische Verbindung zwischen dem reinen Seelenkern, dem unsterblichen Gott im Menschen, und dem universellen Geist oder der Weltseele. Der »nordische Weg«, der zur Befreiung, zum »nordischen Sitz«, d. h. zur Öffnung des siebten Chakras führt, ist »nur in meinem Geist«, lautet deshalb die Aussage tibetischer Lamas. Dieser universelle Geist ist, weil er zugleich Quelle und Gesamtheit von allem ist, nicht beschreibbar. Dem »schlafenden Menschen« ist es deshalb unmöglich, ihn verstandesmäßig zu erfassen, das ist nur im bewußtseinsveränderten Zustand der Verschmelzung mit der Weltseele durch Empfindung möglich. Das bedeutet natürlich, daß niemand das Mysterium verstehen können wird, der nicht selbst diese uralte Erfahrung der Menschheit macht, und wer sie macht, besitzt keinen Ehrgeiz mehr, sie zu beweisen.

»Landschaftslinien, *Leylines*, sind Spuren«, schreibt Paul Devereux. Allem Anschein nach sind sie Spuren geistiger oder spiritueller Art, Eindrücke von außerkörperlichen Reisen innerhalb *psychischer Landschaften*, die sich über den geodätischen Raster der Erde in ihr Bewußtseinsfeld, in ihre Seele einprägten. Der vorwiegend rational Betonte mag es als eine Art Blaupause von Effekten des menschlichen zentralen Nervensystems verstehen. Das zentrale Nervensystem, das uns als vorläufiges Endprodukt unserer Evolution steuert, ist ein Ergebnis unserer Umwelt, und die Umwelt ist wechselwirksam ein Ergebnis dieses Systems, über das sich Schamanen mit anderen Welten jenseits der Begrenzungen unserer dreidimensionalen Welt verbinden konnten. Die Reise führt in die weiten Räume des rein Geistigen, in die physikalisch dimensionslose siebte und, wenn darüber hinausführend, in die achte Dimension der modernen theoretischen Physik, wo nach mystischer Überlieferung die höchste avatarische Kraft schwingt, die »herabkommen« kann. Sie vermag sich noch mit dem Göttlichen und unter gewissen Voraussetzungen gerade noch mit dem Menschlichen zu verbinden. Sowohl Zerstörung als auch Neuschöpfung liegen in ihr bereit, weshalb die Welt mit dem gefürchteten Auftreten des Antichristus zu Ende geht und mit dem erhofften Auftreten des Messias beginnt. Aber wie sich diese Kraft für die Menschen manifestiert, liegt an ihrem jeweiligen Bewußtseinszustand.

Schicksal und Zufall – Das Orakel

Gib mir meine Kammuschel der Stille, meinen Schicksalsstab,
mich darauf zu stützen, meinen Ranzen voller Freude,
unsterbliches Mahl,
meine Flasche der Erlösung,
mein Kleid der Verklärung, der Hoffnung wahres Pfand;
und so nehme ich meine Pilgerfahrt auf mich.
Sir Walter Raleigh[121]

Die Vorstellung, das Leben wäre eine Art Pilgerfahrt und jeder Mensch ein Pilger, wurde von vielen Völkern geteilt und ist eine den Religionen gemeinsame Metapher. Ein anderes und älteres Sinnbild für die Lebensreise ist der Säer, der sät, um zu ernten. Sowohl Aussaat als auch Ernte sind mit Mühen verbunden, die dazwischenliegende Zeit, die dem Wachstum dient, wird von vielerlei Faktoren beherrscht, von vorhersehbaren, etwa der Art des Saatgutes und der Bodenbeschaffenheit, und von äußeren, scheinbar unvorhersehbaren wie Klima, Krankheiten usw., von chaotischen Einbrüchen. Von der Gesamtheit all dieser Faktoren wird es abhängen, wie die Ernte ausfällt. Immer wieder muß der Boden aufs neue vorbereitet werden, um den Zyklus von Aussaat, Reifung, Ernte, Ruhe und Vorbereitung auf die nächste Aussaat nicht zu unterbrechen.

Ausgehend vom Keim menschlichen Lebens im Mutterschoß, über die Befruchtung durch den männlichen Samen, vom Embryo bis zum physischen Tod am Ende unserer Lebensreise, säen wir und ernten wir, ernten wir und säen wir, um, wie es heißt, an unseren Früchten gemessen zu werden. Diesen Prozeß nennen wir Schicksal, ein oft mißverstandenes Wort, das besser durch »Wirken« ersetzt werden sollte, wie es die ursprüngliche Bedeutung des gleichfalls häufig mißinterpretierten Sanskritwortes *Karma* ist, das im ursprünglichen Sinn keinerlei dogmatischen Zusammenhang mit Schicksal hat. Dem Begriff Schicksal oder *Karma* wird der menschliche Wille oft geradezu als Gegner entgegengesetzt, Schicksal versus freier Willen kann man etwa lesen. Den Willen bezeichne ich als das *Wirken* (*Karma* bzw. *kamma*), denn mit dem Willen *wirkt* man die Tat in Werken, Worten und Gedanken, lautet hingegen ganz eindeutig ein Buddha-Ausspruch. Die drei Wurzeln des heilsamen Wirkens sind im Buddhismus: Gierlosigkeit, Haßlosigkeit oder Güte, Unverblendung oder Einsicht.

Auch nach der Lehre des Anthroposophen Rudolf Steiner ist *Karma* ein Mittel zur Schicksalsgestaltung und nicht etwa eine Bestrafung für »Sünden« aus einem vorhergehenden Leben. Der Mensch ist Säer und Ernteeinbringer gleichzeitig, das einzig Vorgegebene ist der Keim, der in sich vollkommen rein und »unschuldig« ist, so wie die ihn umhüllende astrale Seelenschicht, in der alle bereits erfahrenen Seelenmuster kodiert sind wie in den Genen eine bestimmte Erbsubstanz. Dieses seelische Muster gilt es im Verlauf der Lebensreise zu transzendieren. Nur so ist eine Höherentwicklung in Richtung auf den reinen Keim möglich. Das setzt voraus, daß sich der Mensch seines seelischen Grundmusters bewußt wird, das in seiner Gesamtheit nur das Unterbewußtsein, die Seele mit all ihren dunklen Flecken kennt.

C. G. Jung verstand die menschliche Psyche als dreiteilig. Sie setzt sich aus dem Bewußten, dem persönlichen Unbewußten und dem kollektiven Unbewußten zusammen. Im griechischen Mythos ist die Dreifältigkeit der Seele in den Moïren vereint; Klotho ist die »Spinnerin«, Lachesis die »Maßnehmende«, Atropos »die, die nicht umgangen noch vermieden werden kann«. *Tyche*, »Schicksal«, hingegen ist eine junge Göttin, die frühe griechische Philosophen erfanden. Ihr älterer Name *Nemesis* bedeutet »richtige Durchführung«! Sie war die Nymphengöttin des Todes-im-Leben, die Griechen definierten sie als moralische Kontrolle über Zeus' Tochter Tyche. In ihrer Nymphenform ist sie auch Leda, der weiße Schwan und »Todesvogel« der nordischen Mythologie; *leda* ist ein lykisches (kretisches) Wort für Frau. Zeus verfolgt Nemesis, die ständig ihre Form verändert, um schließlich vom Gott in Form eines Schwanes begattet zu werden, d. h. daß sich nur durch Verwandlung, nur durch Verschmelzung des Bewußten mit dem Unbewußten, das unendliche Reich des überbewußten Geistes eröffnet. Auf einer tieferen Ebene führt die Vereinigung von Zeus mit Nemesis zur Geburt der Helena, dem Mond, der Psyche, die einem Ei entschlüpfte, das die Nacht legte. Im Lateinischen war Nemesis' Name, die man auch mit einem Apfelzweig darstellte, *Fortuna*, von *vortumna*, »die, die das

Jahr umdreht«, und wir erkennen die »Mühle«. Noch für Platon stellte die Seele einen Spiegel des Weltalls dar.

Wie es im Grunde genommen kein vorgegebenes Schicksal, sondern nur ein Gesetz von Harmonie und Disharmonie gibt, gibt es auch keinen Zufall, wie Tyche auch genannt wird, deren Name eigentlich »Glück« bedeutet. Etwas fällt dem Menschen zu, d. h. eine bestimmte Note wurde angeschlagen, und diese Note, die Verkörperung des Tones, erzeugt eine bestimmte Resonanz, dazwischen liegt der Prozeß der Verdichtung – die Zeit. Zufall, Schicksal, Geschick, Los und Wahrscheinlichkeit, all das bedeutet das Wort *chance* (engl.), von *cheance* (altfranz.), »die Art, in der die Dinge fallen«. Das Wort geht wiederum auf *cadens* (lat.) zurück, »fallend«. Daß *cadentia* in sich ein Gefühl für Rhythmus inkludiert, deutet gleichfalls darauf hin, daß der Mensch im Grunde genommen nur einer einzigen Begrenzung unterliegt – sich selbst; d. h. die jeweilige Lebensreise wird sich entsprechend der Fähigkeit gestalten, mit der äußeren Umwelt und der inneren Schatten- und Lichtwelt im Gleichklang, in Harmonie zu sein.

Leid ergibt sich gemäß der Philosophie des Ostens dann, wenn der Mensch eine schlechte Achse hat. In der Mitte mit der Umwelt der jeweiligen Kultur *und* mit sich selbst zu sein, ist keine leichte Aufgabe in der modernen Welt, die selbst aus der Balance gefallen ist. Der einzig mögliche Taktstock, um die eigene persönliche Lebensmelodie innerhalb des kollektiven Konzerts harmonisch zu dirigieren, ist der individuelle Wille. Sinnigerweise haben Wörter für den Schicksalsstab in vielen Sprachen die Bedeutung von Taktstock gemeinsam, wie *wand* (engl.), auch »Rute«, mit deren Hilfe Leyjäger die unsichtbaren Kräfte unter der Erde aufspüren, aber auch »Kommando- oder Feldherrnstab«. Durch den Willensstab kann Unsichtbares oder Unbewußtes sichtbar oder bewußtgemacht und dadurch transformiert, »verzaubert« werden.

In der Musik wird das Wort *staff*, ein anderes für *wand*, auch für das Notensystem verwendet. Dieser »Zauberstab« begleitete die frühen Traumtänzer auf ihren Reisen in die grenzenlosen Weiten des Bewußtseins. Kennern des ägyptischen Orakels Tarot ist der Stab (*wand*) als Symbol des männlichen Elementes Feuer bekannt, dem die wäßrige Intuition, symbolisiert durch den

Kelch oder Gral, scheinbar unversöhnlich gegenübersteht. Gerade diesen scheinbar unvereinbaren Gegensatz gilt es zu versöhnen und die *chymnische Hochzeit* zwischen Feuer und Wasser zu vollziehen, zwischen dem feurigen Ego und dem Gefühl bzw. der Intuition. Aus dieser Hochzeit erwächst sozusagen als Mehrwert der einzige wahre individuelle und freie Wille. Zur Ergänzung seien die restlichen Elementarsymbole angeführt: Das Schwert steht für den bewußten Gedanken (Luft), mit dessen Hilfe alte Verknotungen gelöst werden können, die Scheibe für das Element Erde und Vollendung; zur Münze wurde dieses Sinnbild erst, als sich der Materialismus zunehmend in den Vordergrund drängte.

Alexander Fleming stellte fest, nachdem er durch Zufall das Penicillin entdeckt hatte, daß der Zufall den vorbereiteten Geist favorisiert. Geistige Trägheit, wie sie heute leider weit verbreitet ist und durch die moderne *Lebenshaltung* ständig zunimmt, verschüttet den inneren Sinn für Harmonie, und die Intuition, das Kind der *anima*, der *animus*, das Bewußtsein befruchtet, kann nicht geboren werden, wodurch der Zugang zur Inspiration abgeschnitten ist. Die Arbeit mit der eigenen Schattenwelt ist also Voraussetzung dafür, um eine innere Balance des Bewußtseins herzustellen, die sich aufgrund der Eigendynamik derartiger energetischer Vorgänge auch im Außen manifestiert. Weshalb ein Lehrsatz der Geheimlehren lautet: »Der Mensch kann nicht die Welt verändern, nur sich selbst, und durch diese innere Veränderung verändert sich die äußere Welt.« Man kann das so interpretieren, daß dieser innere Prozeß eine bestimmte Energie, einen bestimmten »Ton« erzeugt, der wie ein Magnet andere, gleichschwingende Töne anzieht; neue Interessen führen zu neuen Freundschaften und an neue Orte usw., die Umwelt verändert sich, vielleicht langsam, aber sicher beständig.

Ein Beispiel dafür, was geschieht, wenn wir diese innere Balance nicht herstellen, ist die sogenannte Midlife-Crisis. Sie tritt vorwiegend dann auf, wenn der Mensch den Prozeß der Kultivierung abgeschlossen und seinen Platz in der Gesellschaft gefunden hat. Wie ein Blitz aus heiterem Himmel kommend breitet sich plötzlich innerlich ein Gefühl der Leere und der Sinnlosigkeit aus, das die Menschen zu Taten treibt, die oft alles, was sie in ihrem bisherigen Leben aufbauten, zerstören. Was folgt sind Scheidung,

Ausstieg aus dem Beruf usw. Mächtige Wirkungen werden freigesetzt, deren Ursachen uns unbekannt, d. h. unbewußt sind.

Ursache, Wirkung und Zufall sind Begriffe, die wir erfanden. Im Grunde genommen entspringen Ursache und Wirkung einem Punkt, jener Schnittstelle zwischen Zeit und Raum, der Geburt einer Verwirklichung oder Idee aus einer Lücke im Gewebe der Traumzeit, in der das Chaos herrscht. Durch diese Lücke fällt uns bisweilen etwas zu, wodurch die scheinbar linear geregelte Welt außer Ordnung gerät. Daran ist nichts Zufälliges. Eine Häufung von Zufällen als eine Häufung von Unwahrscheinlichkeiten anzusehen und sie, je mehr Zufälligkeiten auftreten, um so unglaublicher zu finden, liegt im Wesen der »exakten Wissenschaften«, aber C. G. Jung erkannte, daß sie eine bedeutende Botschaft in sich enthalten, so daß dahinter ein Zweck stehen muß, d. h. eine ihnen zugrundeliegende Kraft, die das alte »Liebkind« der Wissenschaften, Ursache und Wirkung zu transzendieren vermag. Derartige Zufälle, um so mehr wenn sie gehäuft auftreten, sind Botschaften des Chaos, die der westliche Mensch zu deuten verlernt hat.

»Wer das All erkennt und sich selbst verfehlt, verfehlt das Ganze«, heißt es im Thomas-Evangelium. Auf sich selbst zu treffen, indem der geistige Krieger seinen Willen auf innere Erkenntnis hinlenkt, war die Voraussetzung, um als Neophyt zu den Mysterien zugelassen zu werden. Das bedeutet, daß der Mensch nur durch Selbstüberwindung und Erkenntnis seiner eigenen seelischen Identität zu wirklicher Freiheit gelangen kann. Dann vermag er oder sie das innere Gold zu heben, das durch den Kultivierungsprozeß verschüttet ist und deshalb als ungenütztes kreatives Potential in jedem Menschen schlummert. Ohne diese Bemühung muß es geradezu zu chaotischen Ausbrüchen kommen, die dazu neigen zu zerstören, was schöpferisch genutzt werden könnte. Der Schauplatz dieses inneren Kampfes ist die Psyche, deren Kenntnis dem Menschen dazu verhelfen kann, sich im jeweiligen Zeitraum zu verwirklichen und nicht bloß zu existieren.

C. G. Jung formulierte auch den Begriff des Über-Ich, dem wir als uralte Erkenntnis der Menschheit am Ende jenes Tunnels, der die reale von der jenseitigen Welt trennt, als visualisiertem Gedanken des reinen Selbst begegnen. *Das* ist der Licht-

oder Gralsträger unserer Mythen, der Gral ist das Gefäß des Geistfunkens, zu dem der Mensch dank seines Schicksalsstabes, seinem Willen, nur in eine Art von Verhältnis treten kann, um in Harmonie mit der Umwelt und sich selbst zu leben – durch Resonanz.

Das Geheimnis der Kreativität als Basis jeglicher Art von Veränderung bzw. Wandel verbirgt sich im Gesetz der Unvorhersagbarkeit des Chaos und der Zeit – theoretisch. Denn auch das Chaos und somit auch der Zufall werden von Gesetzmäßkeiten beherrscht, wie wir heute wieder erkennen. C. G. Jung und der Physiker Wolfgang Pauli untersuchten gemeinsam Ballungen von Zufällen, wie sie etwa bei Orakeln jeglicher Art vorkommen und prägten den Begriff *Synchronizität*, »bedeutungsvoller Zufall«. Daß etwa eine Roulettkugel trotz aller Chaotik gewissen Gesetzmäßigkeiten unterliegt, die eine Ganzheit bilden: Rad, Kugel, Croupier, Ort, Zeit etc., die in sich aber nichtlinearen, also chaotischen Gesetzmäßigkeiten unterliegen, weil kein Casino andernfalls überleben könnte, ist einsichtig. Zum Gesetz der Synchronizität gehört es auch im Fall des Orakels, daß die richtige, in diesem Fall nicht die rechte, sondern die linke Hand nach den richtigen Karten oder Steinen, oder welcher Ausdruck einem Orakel immer gegeben wird, greift. Die linke Körperhälfte ist mit der rechten Gehirnhälfte, dem Bereich des weiblichen, intuitiven und holistischen Bewußtseins synchron, das mit dem Chaos sozusagen auf Du und Du steht. Diese Seite unserer Psyche hat keine Angst davor, dem eigenen Schatten zu begegnen, im Vergleich zur spiegelverkehrten männlichen, welche die Begegnung mit den in der Tiefe lauernden Ungeheuern kategorisch ablehnt; das jeweilige Ego ist träge und bequem und möchte keine Veränderungen, und daß die Ungeheuer in der Tiefe den Goldschatz bewachen, kümmert es nicht.

Nach Raymond Smullyan besteht die Synchronizität zweier Ereignisse auch darin, daß jene Umstände, die beispielsweise eine bestimmte Konfiguration des Universums hervorriefen, dieselben sind, die die Geburt des Individuums zu just jenem Zeitpunkt verursachten. Wenn der Bewußtseinszustand einer sich in exakt diesem Augenblick verkörpernden Seele synchron zu einem bestimmten Gestirnstand ist, weil diese Seele im Grunde genommen diese Konfiguration ist, dann entsprechen sowohl

Seelenbewußtsein als auch die Konfigurationen des Universums in ihrer Gesamtheit dem sich zu diesem exakten Zeitpunkt im Raum als Raumzeit verkörpernden Zustand des kollektiven Bewußtseins! Das Gesetz der Synchronizität drückt somit einen Gleichklang zwischen zwei scheinbar nicht miteinander in Zusammenhang stehenden Ereignissen aus. Es arbeitet hinter dem Schleier von Isis, in den Tiefen der Psyche, in jenen Rückkopplungsschleifen, welche die Gesamtheit unserer seelischen Erfahrung speichern. Der Gleichklang wird intuitiv, d. h. subjektiv erfahren, und die Seele »erinnert« sich eines Zusammenhangs, der uns unbewußt wurde.

Das Wort Orakel, von *oraculum* (lat.), bedeutet »Weissagung«, ein anderer Ausdruck dafür ist »Divination«, in dem sich das »zufallende« Göttliche andeutet. Menschen im Trancezustand erstellten Orakel aus der Formation des Vogelflugs, den Wellen auf der Oberfläche eines Sees, aus geschlachteten Opfertieren usw. Jene Orakel, deren traditioneller Bedeutung und Regelung eine spirituelle Lehre zugrunde lag, die sich archetypischer, universell gültiger Symbole bediente, überlebten die Jahrtausende, etwa das keltische Runen-Orakel, das chinesische I-Ging, das ägyptische Tarot, auch das Ifa-System Westafrikas, um nur die bekanntesten anzuführen. In ihrer traditionellen Form stellten sie einen Ausdruck dessen dar, was nordische Kulturen das *Örlog* nannten, die »Gesamtsumme aller Dinge, die bis heute geschehen sind«.

Verändern sich Gesellschaften, verändern auch archetypische Symbole ihr äußeres Kleid, und so wird aus dem Heros der Großen Mutter etwa der Batman, aus den Scheiben, die eigentlich Kreisläufe und Vollendung anzeigen, werden Münzen, aber dennoch bleibt die ihnen zugrundeliegende Kraft archetypisch wirksam. Außer Kraft gesetzt wird sie nur, wenn sich das kollektive Bewußtseinsfeld der Erde selbst reinigt, wie das durch Umpolung mit Hilfe einer zwischenzeitlichen Ausschaltung des magnetischen Feldes zu geschehen scheint, *bevor* der dem Erdkörper durch die Zivilisierung des Menschen zugefügte Schaden zu groß wird.

Zeichen an der Wand – Die Akasha-Chronik

»Akasha« (sanskr.) bedeutet schlicht »Raum«. Die Akasha ist ein Objekt der Akustik und gehört in der Hindu-Philosophie dem »Schalläther« oder »Lautäther« an. Der Äther wird häufig mit der Akasha und dem Astrallicht verwechselt, aber bei den Hindu bezeichnet die Akasha eine von vier Ätherformen. Sie entspricht dem ersten *Tattwa*, einem indischen Begriff aus dem Sanskrit, der die abstrakten Prinzipien der Existenz, die subtilen Elemente, die mit den Sinnen des Menschen in Verbindung stehen, bezeichnet. Dabei handelt es sich um Schwingungszustände, die der Magier oder Mystiker, der mit ihnen arbeitet, kennen muß – wir begegnen der Hohen Magie, aber auch den *Songlines* von Aborigines bzw. dem von Schamanen in den Zeitraum »eingesungenen« Leben. Alle anderen drei *Tattwas* entspringen der Akasha, also dem abstrakten, ätherischen Raum. Die Kennzeichnung dieses Raumes, die zumeist mit diesem selbst verwechselt wird, nennt man *Matarishva*, eine Art Weltgedächtnis. Mit diesem Weltgedächtnis, verbinden sich Erleuchtete, um in ihm zu lesen wie in einem Buch, das aus Tönen bzw. Schwingungen besteht, die sich visuell in geometrischen Symbolen ausdrücken – wir erkennen den Zusammenhang zu den erwähnten entoptischen Symbolen.

Um das zentrale Mysterium der Quantenwelt zu erklären, erstellte der Physiker Geoff Jones von der Universität Sussex eine kontroverse Theorie. Diese besteht darin, daß sich Licht *sowohl* als Welle oder Energie, *als auch* als Teilchen oder Materie verhalten kann. In einem sogenannten Doppel-Spalt-Experiment wurde ein Lichtbündel durch zwei Schlitze hindurchgesandt und erzeugte auf einem Anzeigerbildschirm ein Muster von hellen und schattigen Streifen, ein »Störungsmuster«. Ein ähnliches Muster erhält man, wenn Wasser durch die Schlitze hindurchfließt. Was die Quantenphysiker verwirrte, war, daß die durch das Auftreffen individueller Teilchen am Schirm erzeugten Lichtflecken sogar dann, wenn das Licht so schwach ist, daß es nur als aus »Teilchen aus Licht« bestehend verstanden werden kann, ein Störungsmuster aufbauen. Wie, so lautete die Frage, kann jedes Photon, das nur entweder den einen oder den andern Schlitz passieren kann, wissen, durch welchen

Schlitz es nicht hindurchgeht, und wie kann es sich selbst auf den ihm zugehörigen Ort am Anzeigerbildschirm hindirigieren? Jones führt an, daß alle Standardtexte zu diesem Phänomen falsch sind. Für ihn erfüllt das ganze Experiment und damit im Prinzip das ganze Universum ein elektromagnetisches Feld, das eben weiß, daß es hier zwei Schlitze gibt! Was durch das Experiment bzw. durch das Universum reist, ist nicht ein kleines Teilchen, sondern eine »Störung im elektromagnetischen Feld«. Was als Photon oder Lichtteilchen angezeigt wird, ist demnach die Entfernung eines Teilchens oder Energiepaketes aus dem Feld. Einsteins Beweis für die Existenz von Photonen, für die er den Nobelpreis erhielt, stellt Jones in Frage und sagt, alles, was bewiesen ist, sei, daß Energie in bestimmten Mengen vom Feld nur entweder entfernt oder diesem hinzugefügt werden kann.

Einige Forscher führten das Doppel-Spalt-Experiment mit Elektronen durch, indem sie permanent Elektronen durch die Schlitze hindurchschossen, um ein Störungsmuster aufzubauen. Jones' vorsichtige Reaktion weist darauf hin, daß dieses »sehr interessante Problem« von verschiedenen Seiten angegangen werden kann; er selbst favorisiert die Idee, daß Elektronen wirkliche Teilchen sind und daß sich deren statistische Verteilung, nachdem sie durch die zwei Schlitze geschossen wurden, auf eine Welle bezieht, die mit den Elektronen in Verbindung steht. Obwohl bei erster Abschätzung die Störungsmuster, die durch Elektronen verursacht werden, den Störungsmustern, die durch Licht entstehen, ähnlich sehen, sollten andere Merkmale von Elektronen »Effekte zweiter Ordnung« bewirken, die prinzipiell meßbar wären.[122] Nach Jones' Theorie ist die hinter allem Leben stehende Wirklichkeit von elektromagnetischer und nicht zu messender Wellenart, aus der das Leben als eine Art Störung oder Entzug hervorgeht – die Ähnlichkeit zum uralten Wissen der Akasha ist nicht zu übersehen.

Die der Akasha-Chronik zugrundeliegende Basis wurde von allen Eingeweihten als rein geistig beschrieben, in der Sprache unserer Tage als eine Art Tanz der Elektronen, die allerdings von nichtphysikalischer und deshalb so hochschwingender Art sind, daß sie selbst im Teilchenbeschleuniger der Physiker nicht entdeckt werden können. Nur an ihrer Wirkung sind sie erkennbar, d. h. die Elektronen als sich manifestierende Materieteilchen sind sichtbar und daher meßbar, die sie begleitende Welle, die das ganze Universum erfüllt, die Ursache ist es nicht. Wie Licht, materialisierte Photonen bzw. sichtbare Lichtteilchen, sind diese Materieteilchen ein *Spiegelbild* der einzigen wahren Wirklichkeit, die sich, weil mit technischen Mitteln nicht meßbar, dem menschlichen Begriffsvermögen entzieht. Das geordnete Chaos, Gott, wohnt hinter dem Spiegel, hinter dem Schleier der Isis, hinter den nur eine Alice blicken kann, die sich im »Wunderland« befindet.

Auf den Ausdruck der tönenden Akasha-Chronik bzw. ihre Klangmuster kann sich nur einstimmen, wer sich selbst in einen so hohen Schwingungszustand begeben kann, in dem sich das über allem schwingende Göttliche oder Universelle auf seiner untersten Bandbreite gerade eben noch ausdrückt, weshalb diese Ausdrucksformen noch »von unten«, von der Erde aus, wahrnehmbar sind; symbolisiert wurde diese Möglichkeit im »vollkommenen Menschen der Sieben«. Die Erhöhung der Schwingung ist nur dem selbst höher schwingenden, feinstofflichen Geistkörper möglich, nicht aber dem physischen Körper, den der die Reiserouten der Götter Bereisende deshalb vorübergehend verlassen muß.

In der Sprache der Akasha-Chronik begegnen wir der abstrakten Sprache der Geometrie wieder, die wir allerorten, auch bei den entoptischen Phänomenen fanden. Allgemeingültig symbolisiert wurden sie zu Zahlen und Buchstaben. In dieser Chronik sind die Erinnerungen des Lebens von allem Anfang an bis zur jeweiligen Gegenwart eingespeichert, es ist jener Speicher, in den im sumerischen Mythos Inanna hinabsteigt, die *anima mundi* der Alchemisten, die Seele der Welt oder die Weltseele, kurzum das planetarische kollektive Unbewußte. Nur über diesen Abdruck, nur über die Sprache der Akasha, ist Verbindung zur anderen Seite des Spiegels, zur universellen Seele möglich, in der es weder Vergangenheit noch Zukunft gibt, weil sie der abstrakte, ätherische Raum ist, die *Idee Gottes*, immer noch nicht der (die, das) unbeschreibbar große Geistige selbst.

Ohne das Erwachen der *anima*, die die Wege öffnet, ist der Zutritt zu dieser geistigen Bibliothek unmöglich, eine Verbindung mit diesem Speicher des Wissens ist über das jeweilige persönliche Unbewußte mit Hilfe der den Orakeln zugrundeliegenden, allgemeingültigen Symbolik möglich; das individuelle Unbewußte ist ein Anteil des kollektiven Unbewußten, das wiederum energetisch mit der Universalseele verbunden ist. Der Ausdruck dieses Zusammenspiels ist die Matrix, der wir immer wieder begegneten, deren Code dem menschlichen Zentralnervensystem eingeschrieben ist, das die Gesetzmäßigkeiten von Zeit und Raum, wie sie uns erfahrbar sind, widerspiegelt, worauf die gemeinsame Zahlensymbolik von I-Ging bzw. Meton-Periode und genetischer Code hinweisen. Die allen Kalender-Alphabet-Orakeln gemeinsam zugrundeliegende Sprache ist die universell gültige und verständliche Symbolsprache der Mathematik; *mathimatikoi* nannte sich deshalb auch der Bund der Pythagoreer, was soviel bedeutet wie »die sich ständig strebend Bemühenden«.

Divination ist ein Mittel, um Zugang zum inneren Wirken des menschlichen Bewußtseins zu erhalten, um unsichtbare »Zeichen an der Wand« erkennen und deuten zu können, es ist ein Hilfsmittel, um die Tiefen der eigenen Seele ausloten zu können, dessen sich auch der moderne Mensch bedienen kann und es zunehmend auch wieder tut. Das »Rad des Schicksals«, das den Orakeln zugrunde liegt, spiegelt die Gesetzmäßigkeiten unserer Raumzeit wider, die zu der menschlichen Psyche zugrundeliegenden, archetypischen Symbolen gebündelt wurden, die geistige Manifestationen sind und deshalb ihre ursprüngliche Kraft in sich tragen. Wie die San bisweilen ihre Hand auf die Trancebotschaften ihrer Ahnen legten, um spirituelle Kraft aus ihnen zu beziehen, schwören auch wir durch Handauflegen einen heiligen Eid auf die Bibel. I-Ging, die keltischen Runen und das ägyptische Tarot können uns für die Dynamik dieser Symbolik wieder empfänglich machen. Die nicht zu unterschätzende Nebenwirkung, die mit zunehmender Praxis auftritt, ist die Entwicklung der Intuition als Wurzel jeglicher Kreativität.

Eine einfache Übung im Freundeskreis kann Aufschluß darüber geben, wie sehr die individuelle Intuition bereits entwickelt ist: Mehrere Personen, je mehr, desto besser, bilden einander an den Händen haltend um eine Person in der Mitte herum einen Kreis. Die Person in der Mitte dreht sich mit geschlossenen Augen mehrmals um die eigene Achse, dann öffnet sich der Kreis irgendwo. Gelingt es der Person in der Mitte, zielsicher durch diese Lücke hindurchzugehen, ist die Intuition bereits sehr gut entwickelt. Worum es geht ist, *durch Fühlen zu wissen*, an welcher Stelle im Kreis die Energie anders ist. Unser Orientierungssinn ist ausgeschaltet, unsere Augen sind geschlossen, und unser »Bewußtsein« hilft uns ganz und gar nichts. Was zur Wirkung kommt, ist unsere innere Führung, die weiß, wo diese Lücke ist, weil sie in den Lücken wohnt! Je mehr wir lernen, unserer Intuition zu vertrauen, um so sicherer werden wir die Lücke finden – mogeln nützt nichts, weil niemand getäuscht wird außer uns selbst. Das ist nur eine von vielen Übungen, um uns unseres »sechsten Sinnes« wieder zu entsinnen, von dem wir uns im Zuge unserer Zivilisierung abgeschnitten haben. Jeder von uns besitzt ihn noch, denn er ist ein Erbe unser aller Evolution und deshalb beim modernen Menschen nur verschüttet!

Kann ein Orakel etwas über die Zukunft verraten? Ja und nein. Das Orakel kann anhand von visualisierten Ideen und psychologischen Bildern die Summierung eines Istzustandes aufzeigen, d. h. es gilt immer dem gegenwärtigen Augenblick. Verdrängte Muster, die unter der Oberfläche unseres Bewußtseins brodeln, wo sie, wenn unerkannt, Katastrophales anrichten können, sollen ins Bewußtsein geholt werden, wodurch die ihnen innewohnende zerstörerische Kraft in Schöpferisches transformiert werden kann. Dadurch und nur dadurch ist der Blick auf eine wahrscheinliche Zukunft möglich. Berücksichtigte Warnungen mögen dazu führen, daß diese prophezeite Zukunft, die nur eine lineare Abfolge des gegenwärtigen Istzustandes sein kann, nicht eintritt. Letzten Endes ist jede Divination immer eine Sache der Interpretation, und es sollte nicht vergessen werden, daß es im Wesen der Orakel lag, von Heilern befragt und gelesen zu werden. So stellten sie in sich selbst ein Mittel zur Heilung dar. Pure Zukunftsdeuterei, die nicht möglich ist, weil es dem Menschen gewöhnlich unmöglich ist, die Gesamtheit aller möglichen Komponenten zu überblicken, kann sich verheerend auswirken, weil der Fragende sich selbst unbewußt in eine bestimmte Richtung hintrimmen mag, die sich positiv, aber auch negativ auswirken kann. Bei ernsthaften seelischen Problemen sollte in jedem Fall professionelle Hilfe gesucht werden. Die Heiler der Vergangenheit befragten nicht nur das Orakel, sie waren fundierte Kenner des kollektiven Unbewußten, d. h. der historischen und sozialen Komplexität ihrer Kultur, Meister der Töne, zumeist auch Astrologen. Die Frage ist bereits der Heiler, und die Antwort deutet auf die Wunde. Stellen wir erst einmal die richtige Frage, sind wir der Heilung um einen großen Schritt nähergekommen, aber kein Orakel der Welt kann den Heilungsprozeß ersetzen!

Orakel holen das Chaos in die Wirklichkeit, in dem alles Unkreierte bereitliegt, weshalb sie stets als göttlich verstanden wurden. So ist es kein Zufall, daß im Zeitalter der modernen Chaosforschung Physiker, Biologen und andere Wissenschaftler ein Orakelspiel erfanden: Es gibt keine festen Regeln. Jeder Spielleiter stellt sie beim jeweiligen Spiel selbst auf und schreibt sie auf einen Zettel. Dieses moderne Orakel resultierte aus Erkenntnissen der Chaoslehre und der Quantenphysik, die die Eigendynamik von Geistfunken wiederentdeckten. Die Forscher nennen das Spiel »Eleusis«!

Kapitel 6
Alchemie und die Geburt der Wissenschaften

Aus Blei mach Gold

Schamanen und Magoi bedienten sich allen Anzeichen nach schwingender Gesetzmäßigkeiten, um in natürliche Entwicklungsprozesse verändernd einzugreifen. Die Mythen überliefern zahlreiche Beispiele von »Göttern«, die aus der *petra genitrix* hervorgingen, die man mit der Großen Göttin, der *matrix mundi*, gleichsetzte. Sie ist die Seele der Welt oder die Weltseele, die den potentiellen Raum symbolisiert. Für die Hindu entspricht sie in ihrem höchsten Aspekt dem *Nirwana*, dem Nichts oder Chaos, purer Harmonie, in seinem niedrigsten, dem astralen Licht, der mentalen Ebene.

Auf Spuren von Alchemisten stößt man überall dort, wo man auf die Meister der Öfen oder die Meister des Feuers, die Magoi oder Schmiede trifft, die das Erbe der Schamanen angetreten und deren heilige Technik in die Hohe Magie umgewandelt haben. Die Vorstellungen, die die Erdmutter und die Erze und Metalle betreffen, vor allem die Erfahrung des archaischen Menschen mit dem Bergbau bezeichnet Mircea Eliade als eine der Hauptquellen der Alchemie. Sie stellen bereits eine Eroberung der Materie dar, der die Alchemisten die Beherrschung der Zeit zugesellten, wodurch die weitere Entwicklung vorgegeben war. Es scheint, daß diese Eroberung der Materie bereits mit der Altsteinzeit in der Folge der Nutzbarmachung des Feuers begann; der älteste bislang nachgewiesene Vorgang der Nutzbarmachung des Feuers, auf den man in Südafrika stieß, wird auf 1,2 Millionen Jahre datiert! In der Tradition der San spielt die Erkenntnis von Dxui, dem Prototypen des Lebens durch alle Entwicklungsstadien von der Blume über die Fliege bis zum Menschen, mit Hilfe von Holzstäbchen Feuer zu machen, eine dramatische Rolle. Danach ist nichts mehr, wie es zuvor war. Dxui wird eine andere Person, während es zuvor einen Dxui gab, der immer Dxui war, gibt es danach einen Großen Vater, eine Große Mutter und einen Sohn (ein Kind). Daß die erste Person aller Schöpfung eine Frau war, wie Stow berichtete[123], scheint demnach auch bei den San bereits früh im kollektiven Unbewußten, dem Mythos versunken zu sein. Der von Laurens von der Post aufgezeichnete Versuch, der weiblichen Seite Dxuis (wieder) Leben zu geben, scheitert. Dxuis Einsamkeit wird zum Dornenbaum unter einer Sonne, die »nur (noch) eine kleine Sonne« war. Die Trennung, die Erkenntnis der Verschiedenheit voneinander und von der Schöpfung, von Gott, ist vollzogen, danach wird Wiederverbindung (Religion) nötig, und hier ist wohl der Ursprung magischer Handlungen zu suchen, die schließlich in die Hohe Magie mündeten.

Ziel der Alchemie war es, das Saturn'sche Metall, Blei, in Gold umzuwandeln. Texte früher Alchemisten zeigen jedoch eindeutig auf, daß diese Männer nicht am Goldmachen interessiert waren und in Wirklichkeit nicht das echte Gold meinten. Daß im Vordergrund nicht das Interesse an den Wissenschaften stand, zumindest nicht in unserem heutigen Sinn, belegt das Zeugnis griechischer Alchemisten, bei denen sich keine Spur einer Wissenschaft findet. Nie bediente sich der Alchemist wissenschaftlicher Verfahren, bemerkt Sherwood Taylor. C. G. Jung, der der Alchemie großes Interesse entgegenbrachte, erkannte, daß im Vordergrund nicht das Interesse an der organischen Materie und deren Veränderung oder Transformation stand, – weshalb sich nach Wertschätzung der modernen Wissenschaft keinerlei Hinweis auf eine solche findet –, sondern die Voraussetzung für jene Art von Wissenschaft, welche die Pythagoreer als Mittel zur Reinigung der Seele ansahen: die geistige Transformation.

Der dem Blei zugeordnete Saturn symbolisiert in der Mystik die Kristallisierung des Ego, weshalb er als der das erste goldene Zeitalter beherrschende Planet überliefert ist. Während dieses Zeitalters kam es zur Herausbildung des Ego, der Verdichtung des dritten feinstofflichen Organs oder Chakras, dem der Verlust des Paradieses und der Unsterblichkeit folgte. Das Herauskristallisieren und die Auflösung alter und nicht mehr weiterführender Verhaltensmuster, die Wachstum blockieren, aus dem jeweiligen Bewußtsein bzw. dessen Ausdruck, dem Ego, bildete die nötige

Voraussetzung, um sterben zu können und wiedergeboren zu werden – »Blei« in »Gold« zu verwandeln. Blei kann nur zu Gold werden – und Saturn, dessen Metall Blei ist, kann nur zur »Sonne«, dem patriarchalen Symbol für Höheres Bewußtsein, werden, wenn man mit Todesver-*acht*ung durch die Pforte des Egotodes hindurchgeht. Daß sich aus der Alchemie und ihren Experimenten – obwohl in ihrem Kosmos noch im Sinne der alten Lehre die hinter der Materie stehende und diese belebende geistige Welt, die jeweilige Schwingung der jeweiligen Dinge stand –, dennoch die moderne Wissenschaft entwickelte, überrascht nicht. Nach Mircea Eliade ist es die Vorstellung von einem verwickelten und dramatischen Leben der Materie, die das Besondere der Alchemie ausmacht. Diese Erfahrung verdankten die Alchemisten der Kenntnis der griechisch-orientalischen Mysterien. Daß Steinen und Erzen von Schamanen, Magoi und Alchemisten das in Grundzügen gleiche dramatische Leben wie dem Rest der besinnten Welt zugebilligt wurde, bezeugt – bestätigt durch Erkenntnisse der modernen Forschung – die Tiefe dieser uralten ganzheitlichen Wissenschaft, die ursprünglich keine Trennung in organisch und geistig kannte.

Im Mittelpunkt der Initiation in die Mysterien stand seit den Magoi und Schmieden die Teilnahme am Leiden, am Tod und an der Auferstehung eines Gottes. Durch die im Verlauf von Initiationen nachvollzogene Erfahrung des Todes und der Auferstehung änderte der Myste seine ontologische Ordnung – er wurde unsterblich. Dieses mystische Drama des Gottes, *animus*, spiegelt die Wandlung der Materie, das *opus magnum* wider, deren Ziel der Stein der Weisen ist. Auf diese »Wandlung« stößt man bei einem von Zosimos erhaltenen Fragment aus dem 2.–1. Jahrhundert v. u. Z., das als die erste rein alchemistische Schrift bezeichnet wird. C. G. Jung machte auf eine darin enthaltene Traumvision aufmerksam:

Eine Person namens Ion (!) offenbart Zosimos, daß er mit einem Schwert durchbohrt, zerstückelt, enthauptet, abgehäutet und im Feuer verbrannt worden sei, und daß er das alles erlitten habe, um seinen Körper in Geist verwandeln zu können. – Wir erkennen den Bezug zu den Mythen um die Zerstückelung von Dionysos oder Osiris durch Isis (Io), später durch einen Zwilling (Seth), und die Erfahrung des Todes durch den Schamanen, der den Egotod oft wie die Zerstückelung oder das Zerreißen seines eigenen Leibes auf sehr realistische Weise empfindet. Die Wiedergeburt aus dem Geist bedingt ein inneres und kein äußeres Opfer wie das Verbrennen auf Feuerrädern oder die Kreuzigung, und kann auch nicht stellvertretend für den Rest der Menschheit erfolgen, sondern nur individuell, auch wenn Schamanen kollektiv für ihre jeweilige Gemeinschaft die Atmosphäre reinigten, bis sie von Kulturen, die diese psychologischen Zusammenhänge nicht mehr kannten, stellvertretend für die Sünden eines Kollektivs geopfert wurden bzw. sich freiwillig opferten. Die Narrenkönige der Mythen, die einen Tag lang König sein durften, um danach stellvertretend für diesen geopfert zu werden, erinnern noch daran. Der unsterbliche Geist, der Gott in uns, der Seelenkern oder das Höhere Selbst, wird an die Kreuzung zwischen Polar- und Traumachse »genagelt«, so wie die sumerische Inanna drei Tage lang an einem Nagel in der Welt der Toten hing, bevor die Auferstehung erfolgte. Vor dieser wird das Kreuz durch die zwölf Stationen der Raumzeit, des Sonnenjahres, durch das Maß der Lebensspanne getragen, im sumerischen Mythos führt der Kreuzweg noch durch sieben Tore hindurch.

Aufgewacht aus seinem »Traum« fragt sich Zosimos, ob sich dieser nicht auf den alchemistischen Prozeß der Zusammensetzung des Wassers bezogen habe, und ob Ion nicht die Verkörperung, das Musterbild des Wassers sei. Dieses Wasser, so C. G. Jung, ist die *aqua permanes* der Alchemisten, während die Qualen durch das Feuer in Zosimos' Traum dem Prozeß der *separatio* entsprechen, die in alchemistischen Werken als Zerstückelung eines menschlichen Körpers dargestellt wird.[124] Wasser ist das Symbol der Seele, die Io(n) als Seelenmagnet Mond bzw. als Prinzip der Formgebung als lunare Achse symbolisierte. »Führe keine Verfahren aus, bevor nicht alles auf das Wasser reduziert wurde«, lautete daher eine der Maximen der Alchemie.

In der Sprache der Alchemie bedeutet Tod die Reduktion der Stoffe auf die *materia prima*, die *massa confusa*, die flüssige noch ungestaltete Masse, den Urzustand, das Chaos, auf psychologischer Ebene auf den *archetypus*, der *vor* alle Formung, *vor* die Geburt einer Idee zurückweist. Die alchemistische Auflösung der Stoffe, die nötig ist, um in diesen geistigen Urzustand zurückzukehren, erfolgte in einem Merkuralbad, in dem alle Metalle und die von Natur aus metallischen Erze auf ihre erste merkuriale Materie reduziert wurden. Das bedeutet, daß der Körper auf Flüssigkeit reduziert wurde. Merkur/Hermes/Thot, denen wir auf unserer Zeitreise ständig begegneten, sind Symbole für Mercurio, nach Uwe Topper Planetenherrscher der Atlantischen (dritten) Welt, während nach Hesiod Jupiter das zweite silberne Weltzeitalter beherrschte. Merkur macht das in der ersten Welt geformte (Saturn), in der zweiten Welt durch Jupiter konsolidierte Ego in der dritten, merkurischen Welt wirksam. Hierin liegt die mystische Funktion des Merkur, der die konsolidierende Jupiterfunktion zur Wirkung bringt. Das bedeutet, daß Merkur das durch Jupiter konsolidierte Ego in Intelligenz für die Seele umsetzt, weshalb er als Götterbote verstanden und mit der *materia prima*, dem Urwasser, in Verbindung gebracht wurde. Weil dieses Urwasser eine Art vorgeburtliches Stadium darstellt, ist die Voraussetzung dafür die Verschmelzung des Ego mit der Unterwelt, die Umpolung durch den Tod bzw. durch die Vereinigung mit der Verbindung zum Jenseits haltenden Göttin, der *anima*.

Neophyten der Mysterien (und Nahtote) reisen *rückwärts* durch die Zeit bis vor die Geburt, die Inkarnation der Seele im Körper, zurück, wo der eigentliche »Tunnel« beginnt, der zu Gott, zum Höheren Selbst, zum Licht am Ende des Tunnels führt, weshalb sie, sofern sie zurückkehren, ein zweitesmal geboren – wiedergeboren – werden. Nach Paracelsus, dem großen Arzt und Mysten des Mittelalters, muß derjenige, der in das Reich Gottes eingehen will, zuerst mit seinem Leib in seine Mutter eingehen und dort sterben. Um Ewigkeit gewinnen zu können, muß die ganze Welt in die Mutter eingehen, also in die *prima materia*, die *massa confusa*, den *abyss*, das Chaos. Diese Rückkehr des Sohnes in den Mutterschoß wurde als Inzest versinnbildlicht, und hier verbirgt sich der Schlüssel zum Ödipus-Mythos. Im psychologischen Mittelpunkt steht nicht die Problematik der Eifersucht des Sohn-Liebhabers auf den Mutter-Liebhaber, den Vater, weil es einen Ehemann in unserem Sinn zur Zeit der Entstehung dieses Mythos noch nicht gab, höchstens einen Bruder der Mutter, auch nicht das Inzest-Motiv, das ein sehr frühes Tabu der Menschen war, sondern das *Nicht-mehr-Erkennen* der Mutter(göttin) durch den Sohn; das »Erkennen« der Frau

Gabricus (animus) verschmilzt mit seiner Schwester Beya (anima). Aus dem Rosarium V. der Rosenkreuzer Bibel.

durch den Mann, wie es in der Bibel beschrieben ist, die exoterische Umschreibung der sexuellen Vereinigung zwischen Mann und Frau, sollte wohl im Lichte dieser heiligen Hochzeit gesehen werden; schon der Prototypus Dxui der San ist nicht mehr fähig, die weibliche Seele zu erkennen. Wie ausgeführt kam es im Zuge der Umkehrung von Schatten- und Lichtgeist und der Herauslösung der archetypischen Sonne aus dem Himmel, den sie von nun an *unsichtbar* macht, zur Blendung, so daß sich Ödipus' Blendung vermutlich auf den Verlust des Sehens mit dem »dritten Auge« bezieht. Ranke-Graves weist darauf hin, daß diese Lieblingsgeschichte westlicher Psychologen, die Geschichte von Laios, Iokaste und Ödipus, von den Griechen aus einer Reihe heiliger Bilder unter absichtlicher Verfälschung ihrer Bedeutungen abgeleitet wurde. Im Zentrum stand nicht die fleischliche Verschmelzung mit der Mutter, sondern *Eleusis*, was auch »Ankunft« bedeutet – im Christentum ist es der Advent –, und diese Ankunft bezieht sich auf die Erwartung des göttlichen Kindes, auf die zweite Geburt eines Teilnehmers an den Mysterien, die auf die Vereinigung mit der Göttin folgt; in Korinth, das Ödipus besucht, befand sich ein religiöses Zentrum der Demeter, der Eleusinischen Mysterien. Auch Sphinx und Mondgöttin sind in diesem Mythos noch erkennbar. Laios stirbt den Opfertod des Sonnenheros, und so weist die Symbolik in das Zeitalter des Zwillingsheroentums zurück und auf den geopferten Gott der Magoi und Schmiede, der das Mysterium der Mutter und deren Tochter Persephone übernommen hatte.

Die heilige Hochzeit der Alchemie ist also ein mystisches Symbol für die Rückkehr in die Mutter bzw. ihren Schoß, in die Vulva, die Matrix, in den Urzustand vor der Formgebung, die man exoterisch durch die sexuelle Vereinigung zwischen Frau und Mann versinnbildlichte. Deshalb heißt es im »Rosarium Philosophorum«, der »Bibel« des mystischen Ordens der Rosenkreuzer, begleitend zu obiger Abbildung: »Beya stieg auf Gabricus und schloß ihn derart in ihre Matrix ein, daß nichts mehr von ihm zu sehen war. Sie umarmte ihn mit solcher Liebe, daß sie ihn vollkommen in die eigene Natur aufnahm.« Die Matrix der göttlichen Tinktur ist das *Brain Marie*, die Matrix, aus der auch Jesus von *Maria*, »der vom Meere«, geboren wird. Die Inkarnation Gottes im Adepten kann von dem Augenblick an beginnen, in dem die alchemistischen Ingredienzen im *Brain Marie* schmelzen und den Urzustand der Materie wiedererlangen (Micea Eliade). Dieser Urzustand ist vormaterieller, geistiger Art und das Phänomen der Regression wird ebenso zur Geburt wie zum Tode Christi in Beziehung gesetzt. C. G. Jung wies auf diesen philosophischen Inzest hin, denn Beya ist nicht überraschend die Schwester des Gabricus, d. h. die Geschwister oder Zwillinge *anima* und *animus* vereinen sich zur heiligen Hochzeit, wodurch erst »Rückkehr« möglich ist. Diese uralte mystische Botschaft konnte man während des Mittelalters nur durch die im Vergleich harmlose Beschreibung eines inzestuösen sexuellen Vorgangs weitergeben.

Jeder Tod, ob körperlicher Art oder der Initiationstod, ist zugleich eine Wiederherstellung der kosmischen Nacht, des vorkosmologischen Chaos (Eliade), weshalb jeder Zugang zu einer transzendenten Ebene bzw. jedes Sichtbarwerden von Formen, jede Schöpfung in einem kosmischen Symbol ausdrückbar ist. In seiner Parallele zum »Stein der Weisen«, Lapis und Christus, wies Albert-Marie Schmidt auf den Glauben der Alchemisten hin, daß sie, um das große Werk der Wiedergeburt der Materie zu vollbringen, die Wiedergeburt ihrer Seele betreiben müssen.

Diesen Bezug zum »Stein der Weisen« stellte auch C. G. Jung her. Wir begegneten diesem auf anderer Ebene beim Stein, der »ooch der Gral« ist.

Die Beherrschung der Zeit

In Weiterführung und Adaptierung der uralten Wissenskunst von Schamanen, Magoi und Schmieden wollten die Alchemisten nicht das Goldmachen lehren, sondern nach Georg von Welling etwas viel Höheres, sie wollten nämlich wissen, wie die Natur als aus Gott hervorgehend und Gott in der Natur erkannt werden kann. Die Alchemie ersetzte damit nur alte Glaubensvorstellungen, deren Wurzeln tief in prähistorische Zeiten hineinreichen. Die wahren Meister des Feuers starben den Phönixtod in einem geistigen, nicht in einem irdischen Feuer. Es gibt auch Hinweise darauf, daß der Alchemie die Kraft des »Steins der Weisen« bekannt war, die wir Solitonkraft nennen wollen, die sie jedoch ihrer Gefährlichkeit wegen absolut geheim hielten; – nebenbei erfanden sie u. a. das Porzellan. Mystisch symbolisierte die Alchemie die allem zugrundeliegende Essenz durch Wasser, die Schmiede hingegen hatten sich dem Feuer verschrieben, das die Natur der Materie am dramatischsten zu verändern vermag. Die Feuerfestigkeit von Schamanen, der man bei San-Trancetänzen oder beim Koma-Ritual afrikanischer Schmiede bis heute begegnet, bei denen der *spirit* des Feuers, der Geist hinter dem Feuer oder dessen »Erinnerung« beherrscht wird, war auf einer tiefen Ebene jedoch immer mit dem Wissen um die Kraft des »Wassers« verbunden, worauf der Name *Koma* oder *Goma*, die »Große Kuh«, bei afrikanischen Schmiederitualen hinweist. In unseren Industriezentren lodern Feuer und schmelzen Erze nur noch zu rein materiellen Zwecken. Brennendes Öl aus kriegszerstörten Raffinerien und Großteile der letzten Lungen der Erde, die für den Klimahaushalt unseres Planeten lebenswichtigen Regenwälder, gehen entweder aus Angriffs- oder Verteidigungs- oder einfach aus Profitgründen in Flammen auf. Seit urdenklichen Zeiten symbolisiert Wasser die Seele, und Feuer ist nicht ohne Grund als Kennzeichen einer Hölle überliefert, an der wir Tag für Tag weiterbauen.

Die Technik im heutigen Sinn begann sich erst sprunghaft zu entwickeln, als das Wissen um die Wechselwirkungen zwischen Geist und Materie wegfiel, was nicht zuletzt darauf zurückzuführen ist, daß die Alchemie eine Eigendynamik entwickelte.

Mircea Eliade führt den individuellen Traum des Alchemisten auf das Bedürfnis zurück, Tod und Auferstehung zu vollziehen, um sich eine Existenz *post mortem* zu schaffen, von der er annahm, daß sie unzerstörbar sei. Das gelang ihm mit Hilfe der Initiation, die einen Sieg über die Endlichkeit darstellt. Der Alchemist zielte also darauf hin, die Zeit aufzuheben, und übernahm ihre befruchtende Rolle, wodurch ein Prozeß zu seinem Höhepunkt gelangte, dessen Wurzeln wir uns im Verlauf unserer Reise aufzuspüren bemühten. Hand in Hand damit erfolgte die Entwicklung eines Bewußtseins, das sich der Natur und ihren Gesetzen überlegen fühlte, das in natürliche Prozesse nicht mehr balancierend, sondern »verbessernd« eingriff. An der Schwelle zur Neuzeit setzte sich der Alchemist dann zunehmend an die Stelle der Zeit. Weil er symbolisch das Urchaos und die Kosmogonie in seinen Apparaten wiederholte und diesen Prozeß künstlich beschleunigte, begann er die Zeit zu beherrschen. Dieser individuelle Traum des Alchemisten wurde schließlich von einer ganzen Gesellschaft auf der einzigen Ebene, auf der er kollektiv verwirklicht werden konnte, realisiert: der physikalisch-chemischen und industriellen Ebene. Sobald der letzte spirituelle Ballast über Bord geworfen war, konnte der moderne Mensch dann das Werk der Zeit übernehmen, – was Eliade als die tragische Größe des modernen Menschen bezeichnet. Die Leere der Zeit wurde zum Dogma, und daß sie gleichzeitig mit einer zunehmenden Sinnentleerung einherging, steht außer Zweifel. Daß Zeit und auch der verdrängte Tod Wandlung bedeuten, wurde ebenso vergessen wie die uralte Erkenntnis des »schamanistischen Androgyn«, der durch seine magische Wunde kein gewöhnlicher Mann war, sondern einer, der die dualistische Natur der Sexualität transzendierte. Der »Mann mit der Vulva« löste die paläolithische phallische Vogelgöttin ab, aber ihm war das Gesetz der Erde noch geläufig, das nahelegt: Bewußtsein ist ein *außerordentlicher Bewußtseinszustand*, den man als ein gegenseitiges Durchdringen von Raum und Zeit beschreiben kann. Die weitere Entwicklung ist bekannt. Wie es W. I. Thompson formuliert, wurde die Geschichte der Seele ausgelöscht, das Universum ausgeschlossen, und an den Wänden von Platons Höhle erzählen sich Experten im Schattenwerfen die Geschichte des Aufstiegs des Mannes aus der Unwissenheit zur Wissenschaft dank der Macht der Technologie.

Kapitel 7
Die Schlange beißt sich in den Schwanz

»Die Ionosphäre soll Waffe werden«, lautet der Titel eines Artikels, in dem ein Forschungsprojekt der US-Militärforschung in Alaska (HAARP) beschrieben wird.[125] Die 80 Kilometer über der Erde liegende Ionosphäre soll mit Hilfe hochfrequenter Radiowellen vom Forschungsgelände aus mit elektrisch geladenen Gasen »geheizt« und in »höhere energetische Zustände versetzt werden«. Die Vorbereitungen zu einer elektromagnetischen Kriegsführung, wie sie die Hopi überliefern, wodurch der Untergang der dritten Welt ausgelöst wurde, sind dadurch getroffen, und auch die extreme Besorgnis einiger Kritiker dieses Experiments, daß mit Hilfe eines energetischen Eingriffes in die Ionosphäre eine Waffe zur weltweiten Gedankenkontrolle entwickelt werden soll, ist nicht so weit hergeholt, wie das auf den ersten Blick der Fall sein mag. Die Strömungen der Ionosphäre stehen in unmittelbarer Resonanz mit den solaren und lunaren Frequenzfeldern, die den Wind und die atmosphärischen Strömungen der untersten Schichten des elektromagnetischen Ozeans regulieren. Mit Oszillationen von circa 7,8 Zyklen pro Sekunde befindet sich die Ionosphäre in Resonanz mit dem menschlichen Gehirn, das, oszilliert es ebenfalls mit circa 7,8 Zyklen, in den Zustand von *Samadhi*, in die meditative Versenkung gerät! Die Ionosphäre steht wiederum mit den äußeren Strahlungsgürteln in Verbindung, die nach Ansicht einiger Forscher das »globale Hirn« oder der »Gedächtnismantel der Erde« sind, die *Nus*-Sphäre, der wir immer wieder begegneten, das Reich evolutionärer Archetypen! Nach Argüelles' Untersuchungen der Maya-Überlieferung vermitteln die über der Ionosphäre liegenden Strahlungsgürtel, ein unterer, lunar-galaktischer Protonen- und ein oberer, negativ aufgeladener solarer Elektronengürtel, wie eine zellulare Membran die größeren elektromagnetischen Ströme, welche die Erde mit der Sonne und den anderen Systemen der galaktischen Zentrale verknüpfen. Bedenkt man auch, daß nach der aufgezeigten Überzeugung von alten Kulturen die großen Ströme kosmischer Strahlung, die sich in das planetarische Feld der Erde ergießen, nichts anderes sind als eine Unzahl von Informationen, sollte die Menschheit derartigen Experimenten mit Kräften, von denen sie noch nicht viel weiß, weil sie noch nicht in unser Bewußtsein getreten sind, mit äußerster Ablehnung gegenüberstehen – um so mehr als sie von Militärorganisationen durchgeführt werden, auch wenn zivile Forscher daran beteiligt werden sollen. All dem vorhandenen Zerstörungspotential, das bereits ausreicht, unseren Planeten aus seiner Bahn hinaus zu katapultieren, noch eine weitere Waffe unbekannter Dimension hinzuzufügen, grenzt gradezu an selbstmörderischen Wahnsinn!

In manchen Forschungsdisziplinen, die zunehmend wieder grenzüberschreitende, ganzheitlich orientierte Denkweisen praktizieren, hat das Neue Zeitalter bereits begonnen. Eine wesentliche Erkenntnis des »Neuen Paradigmas«, einem neuen (Muster-) Beispiel, auf dem Erkenntnisse basieren, ist die Erkenntnis einer allumfassenden Lücke, die es in unserer Logik, in unserer Möglichkeit, natürliche Vorgänge zu verstehen, gibt. Diese Lücke, die durch in »normalem Bewußtseinszustand« nicht zu gewinnende Informationen erzeugt wird, nennt man das »potentielle Chaos«. Chaos-Forscher entdeckten, daß deterministische, also vorhersehbare Systeme, die ihre Struktur durch Schwingungen, wechselseitiges Wirken, Rückkopplungen, Grenzzyklen usw. aufrechterhalten –, und zu diesen Systemen gehört beinahe alles – dem Chaos gegenüber sehr verwundbar sind und ein ungewisses, unvorhersehbares Schicksal erleiden, geraten sie über gewisse kritische Grenzen hinaus. Daß sie derartige kritische Grenzen erreichen, liegt im Wesen der Ordnung im Chaos. Daß wir uns als Kollektiv Menschheit einer solchen kritischen Grenze nähern, steht außer Frage, auch wenn wir kosmische Zyklen und Prophezeiungen außer acht lassen. Nie zuvor in der uns bekannten Geschichte der Evolution gab es so viele Menschen auf unserem Planeten; nie zuvor lebte eine winzige Minderheit auf Kosten einer so gewaltigen Mehrheit; nie zuvor herrschten soviel Armut, Hunger und Gewalt; nie zuvor fand eine derartige Ausbeutung der Rohstoffreserven der Erde statt; nie zuvor zerstörte eine Zivilisation ihre Umwelt in einem solchen Ausmaß wie die gegenwärtige; nie zuvor wurde ein derartiges Waffenarsenal angehäuft; nie zuvor war die vom Menschen kreierte Zerstörungskraft so gewaltig und durch die Möglichkeit einer millionenjährigen (!) Verstrahlung so gefährlich. Nie zuvor verhielten sich Menschen dem Schicksal ihrer Nachfahren gegenüber so apathisch wie die überwältigende Mehrheit der heutigen Menschen, welcher Rasse oder welchen Volkes auch immer, und nie zuvor war der Mensch so sehr in den Fallstricken der materiellen Welt gefangen wie heute. Kein Symbol wurde jemals derart vergöttert wie das als Symbol für die Goldreserven jedes Staates getauschte Geld, das längst nicht mehr den Goldvorräten entspricht, wodurch geborgt wird, und verzinst wird ein endloser Kreislauf von Geben und Nehmen, der nichts mehr mit der Realität zu tun hat, weil der Gegenwert eine Schimäre ist; und dieser Wahnwitz treibt das künstliche Gebilde einer Wachstumsspirale an, die schon lange ihren Höhepunkt überschritten hat. Das einzige, was hier wächst, ist Armut und Verelendung, die zu Korruption und zu Gewalt führen. »Lumpen machen Papier. Papier macht Geld. Geld macht Banken. Banken machen Kredite. Kredite machen Bettler. Bettler machen Lumpen«, schrieb Anon schon im 18. Jahrhundert. Und weil sich das zukünftige Verhalten einer Modell-Lösung nicht aus ihrem Verhalten in der Vergangenheit ableitet, wie u. a. Richard Day von der Wirtschaftsuniversität South California erkannte, müssen wir uns als Kollektiv Menschheit wohl etwas Neues einfallen lassen, um uns aus diesem teuflischen Kreislauf zu befreien. Denn gerade dadurch, daß wir, die Menschen der westlichen Zivilisation, glauben, die Natur beherrschen zu können, erfüllen wir das Naturgesetz und lösen unseren eigenen Untergang aus. In jedem »Tal« ist der »Hügel« von allem Anfang an mit eingeschlossen, d. h. jeder Höhepunkt trägt seinen Gegenpol, den Tiefstpunkt, als polares Spiegelbild von allem Anfang an in sich, und wer dieses Gesetz nicht berücksichtigt, dem wir als Gesetz einer sagenhaft fernen Urkultur begegneten, das sich im Evolutionscode des Lebens, der DNA, widerspiegelt, muß hilflos in den eigenen Untergang schlittern. Bremsen kann diesen hilflosen Sturz in das Chaos nur das Hinzufügen eines »nichtlinearen Zusatzmittels«, das von der subtilen Ebene des Geistigen aus operiert, Protozukünftiges, das visualisiert und in die Gegenwart, ins Zentrum der Zeit geholt wird, von wo aus nur die Wahl einer bestimmten Zukunft möglich ist, die nicht linear, von Katastrophe zu Katastrophe weiter talwärts führt. Dieses nichtlineare Zusatzmittel kann eine »neue« Kosmogonie sein, die sich in der Seele der Erde zu einem großen Netzwerk verdichtet, so lange bis es sich mit einem zweiten großen Netzwerk zusammenkoppelt, mit Menschen, die ein gemeinsames Ziel vor Augen haben: diese Erde zu heilen, indem sie sich selbst heilen. In diesem Überschneidungspunkt liegt, davon bin ich überzeugt, unsere einzige Chance als Kollektiv Menschheit, Zukunft zu haben.

Mit Forschern wie Poincaré, der den Ausdruck »Galerie von Ungeheuern« für die seltsamen Kurven Debois Reymonds prägte, nach denen Eindimensionales zugleich Zweidimensionales ist, und Mandelbrot, der die Idee des Fraktals, die Wiederholung des Details auf immer kleineren Skalen entdeckte, ist die Euklidische Geometrie eines linearen Kosmos, die mit den Griechen begann, endgültig überwunden. Voraristotelische Pythagoreer wußten noch um die Kugelgestalt der Erde, Xenophanes meinte dann um 565 v. u. Z., daß die Sterne am Morgen ausgebrannt wären und sich jeden Tag neu bildeten; zweitausend Jahre später beharrte Galilei gegen das Zeugnis seines Teleskops auf atmosphärischen Täuschungen, wenn er Kometen meinte, denen Kulturen an die viertausend Jahre zuvor einen festen Platz im Universum zugewiesen hatten. Jene, die dachten, daß Materie lebt, waren die vorgriechischen Mileter: der Grieche Aximander verstand das Universum als eine Art Organismus, der vom *pneuma*, dem kosmischen Atem, unterhalten wird; und Heraklit glaubte an eine Welt ständigen Wandels, eines ewigen Werdens. Er lehrte, daß aller Wandel in der Welt vom dynamischen und zyklischen Zusammenspiel von Gegensätzen herrührt, und sah jedes Paar von Gegensätzen noch als Einheit. Diese Einheit der Gegensätze nannte er *logos*! Parmenides von Elea hielt den Wandel bereits für eine Sinnestäuschung, seine Philosophie des Begriffes einer unzerstörbaren Materie als Träger sich verändernder Eigenschaften wurde zum Dogma der westlichen Denkweise.

Die erste klare Trennungslinie zwischen Geist und Materie hatten die griechischen Atomisten im fünften Jahrhundert v. u. Z. gezogen, sie verstanden die Materie als etwas aus vielen Grundbausteinen Aufgebautes. Um Parmenides' Vorstellung des unwandelbaren Seins mit Heraklits ewigem Werden und Vergehen in Einklang zu bringen, theoretisierten sie, daß sich das Sein in gewissen, unveränderlichen Substanzen manifestiert, deren Mischung und Trennung die Veränderungen herbeiführt. Anaxagoras, ein ionischer Philosoph um 500 v. u. Z., behauptete, daß die Teilbarkeit des Raumes und der Materie unendlich wäre, leugnete das Leere, und ließ den Raum von Materie kontinuierlich erfüllt sein. Vom Stoff, der Materie, unterschied er eine rein geistige Kraft, den *Nus* oder *Nous* oder die Vernunft, – und wir erkennen noch die *Nut-* oder *Nus*-Sphäre als Sphäre der göttlichen Vernunft, mit der die menschliche Vernunft die rationale Denkmöglichkeit, verwechselt wurde. Auch lehrte Anaxagoras im Sinne früherer Philosophien, daß man vom Sichtbaren auf das Unsichtbare schließen müsse. Aus all diesen Kenntnissen der Antike, die hier nur kurz umrissen angeführt werden können, schuf dann Aristoteles (384–322 v. u. Z.) jenes Schema, das an die zweitausend Jahre lang zur Basis der westlichen Ansichten über das Universum wurde. Doch sah auch noch Aristoteles das Nachdenken über die Vollkommenheit Gottes als viel wertvoller an als das Erforschen der materiellen Welt. Bis zu René Descartes' extremer Formulierung des Dualismus, ließ sich die Physik, von *physis* (gr.), »der Urgrund« oder »die Urbeschaffenheit aller Dinge«, nicht von der »Weisheitsliebe«, einem Ausdruck vorsokratischer Schulen für Philosophie, trennen. Descartes' Dualismus, die cartesianische Teilung, erlaubte es den zukünftigen Wissenschaftlern, Materie als tot und völlig von den Menschen getrennt zu behandeln, und die stoffliche Welt als eine Ansammlung verschiedener, wie in einer gewaltigen Maschine zusammengesetzter Objekte zu sehen. Folgerichtig wurde Isaac Newtons mechanistische Weltbetrachtung, die auf Descartes' Philosophie beruhte, zur Grundlage der klassischen Physik. Hand in Hand damit spiegelte sich die Teilung des äußeren Kosmos verstärkt im inneren Kosmos der Menschen wider, wodurch für das individuelle Ego ein schier unlösbarer Konflikt zwischen dem bewußten Willen und den unbewußten Instinkten bzw. zwischen »Bewußtsein« und Psyche entstand.

Das »Neue Paradigma« setzt das starre Weltbild eines nach rein mechanischen Gesetzen funktionierenden und von der Psyche des Menschen getrennten Kosmos außer Kraft, und es ist zu vermuten, daß sich diese Entwicklung nicht vom Einbruch östlichen Weisheitsgutes in das erstarrte Denkschema des Westens trennen läßt, denn wie der Physiker Werner Heisenberg bemerkte, ergaben sich die fruchtbarsten Entwicklungen überall dort, wo zwei unterschiedliche Arten des Denkens zusammentrafen. Schürfen wir nur genügend tief nach, können wir erkennen, daß sich die östliche Philosophie auch in unserer westlichen Vergangenheit als verschüttetes Erbe eines einst universellen Wissens erhalten hat. Aus diesem Grund sollte es möglich sein, die künstliche Kluft zwischen dem christlichen Westen und den Philosophien des Ostens überwinden zu können, ohne daß wir uns unbedingt deren Methoden bedienen müssen, die ein Ausdruck der Entwicklung der Völker des Ostens sind, nicht des Westens.

Die moderne Forschung erkannte, daß nichtlineare Zutaten Einbrüche von Chaos darstellen, die lineare (vorhersehbare) Systeme in nichtlineare, fraktale Systeme verwandeln, und daß sich fraktale Gestalten hoher Komplexität, auf die man mittlerweise von Küstenlinien über die Entwicklung von Börsenpreisen bis zur Entstehung von Milchstraßensystemen stieß, allein durch die Wiederholung einer einfachen geometrischen Transformation gewinnen lassen. Geringfügige Änderungen, die durch diese Transformation gewonnen werden, bewirken globale Änderungen! Diese moderne fraktale Geometrie ist ein Maß der Veränderungen, des Wandels, ein Abbild der Qualitäten des Wandels, und dieser Wandel wird aus dem Chaos geboren!

Ein Spiegel des Chaos ist das Solitonverhalten von Energiewellen. Nichtlineare winzige Zutaten, die Einbrüche von Chaos darstellen, vermögen Materie in Supraleiter zu verwandeln, die ein Soliton darstellen. Wird ein Magnetfeld wie das Bewußtseinsfeld der Erde ausgedehnt, entstehen magnetische Wirbel, die geradewegs in den Supraleiter eindringen. Dringt ein Soliton in ein anderes ein, durchtunnelt es dieses, wodurch eine Art von Erinnerungsvermögen in der betroffenen Materie freigesetzt wird. Das könnte eine zugegebenermaßen laienhafte, rationale Erklärung für den Zustand der ekstatischen Trance darstellen, durch den sich Menschen früherer Kulturen mit der Weltseele, d. h. mit den Erinnerungen der Materie und darüber hinaus mit dem universellen Geist kurzschlossen, mit jenem »Punkt«, in dem Unkreiertes und Ungedachtes bereit und abrufbereit liegen, wo alleine nur Transformation möglich ist. Wir besitzen noch Vertreter dieser uralten Technik, die Kulturen angehören, die wir am erbarmungslosesten ausrotteten oder als primitiv verdammten: Aborigines, Kogi-Indianer, Hopi, Maori, San oder Buschmänner und Indios südamerikanischer Regenwälder. Ihr Schutz und die Anerkennung ihres Wissens um die subtilen Zusammenhänge zwischen Mensch, Natur und Kosmos sollten unsere dringlichsten Anliegen sein, denn diese Menschen könnten uns lehren, was wir aufgrund der aufgezeigten Entwicklung verlernten und verteufelten. Erinnern wir uns: Die Psyche benötigt im Unterschied zum Bewußten keine reale Handlung, sie begnügt sich mit Symbolischem oder Rituellem – einem kleinen nichtlinearen Zusatz.

Solitonen kehren in das Chaos zurück, aus dem sie entstanden, aber ihr Abdruck verbleibt als Erinnerung, wie etwa auf der modulierten Oberfläche der Ozeane, eingeprägt; wer (nur) einmal in den goldenen Raum des Tales vordrang, ist nicht mehr wie er zuvor war, und das Licht der Erleuchtung geht nie mehr aus! Die Blaupause für derartige Abdrücke ist das allen Menschen, welcher Rasse oder Kultur auch immer, gemeinsame zentrale Nervensystem, das unseren jeweiligen Evolutionszustand widerspiegelt, so daß kein Mensch von dieser Erleuchtung ausgeschlossen sein muß, die wir als Kollektiv so dringend benötigen. »Seht«, sagt Sotuknang im Mythos der Hopi nach dem Untergang der Dritten Welt, »ich habe sogar die Fußspuren eures Aufstiegs weggewaschen, die Trittsteine, die ich für euch gelassen hatte. Aber der Tag wird kommen, falls ihr die Erinnerung an euren Aufstieg und seine Bedeutung bewahrt, an dem diese Trittsteine wieder auftauchen werden, um zu beweisen, daß ihr die Wahrheit sprecht. Die vierte Welt«, fährt er fort, »ist nicht so schön und bequem wie die vorangegangenen Welten. Sie hat Höhe und Tiefe, Hitze und Kälte, Schönheit und Unfruchtbarkeit; es gibt alles, und ihr könnt wählen. Was ihr wählt, wird entscheidend dafür sein, ob ihr diesmal auf ihr den Schöpfungsplan ausführen könnt, oder ob die Welt wieder zerstört werden muß.«[126] Die Wahl lag bei uns und liegt immer noch bei uns.

Wir beginnen uns des Chaos und der Achse der Welt, der Zeit als formenerzeugendem Prinzip, wieder bewußt zu werden. Beschäftigen wir uns mit der Zeit als zyklischem Prozeß, müssen wir uns auch wieder mit dem Tod beschäftigen, den die westliche Kultur zunehmend verdrängte. Beschäftigen wir uns mehr mit dem Tod, weisen wir auch wieder den universellen Strukturen im kollektiven Unbewußten der Menschheit, den Archetypen und damit der Psyche der Menschen ihren Raum zu. Dadurch werden wir mehr und mehr mit der Erkenntnis konfrontiert, daß der Mensch mehr ist als nur Materie, vor allem ein geistiges Wesen, das über das zentrale Nervensystem und via genetischem Code mit dem Maß der Raumzeit, der Wirkung kosmischer Zyklen in unlösbarer wechselseitiger Beziehung steht. Dadurch verändert sich unser Verhalten unserem Heimatplaneten gegenüber, der als lebender Organismus zusehends wieder beseelt wird, ob wir diese Seele nun geodätischen Raster, Strahlungsgürtel oder morphogenetisches Feld nennen. Das führt wiederum dazu, daß wir uns unserer eigenen verdrängten Schattenseite wieder zuwenden, die wir in die Unterwelt verbannten. Diese Schattenseite einer jeweiligen Gemeinschaft symbolisiert man auch durch den »Schwarzen Mann«, der weltweit unartige Kinder holt. Dieser war ursprünglich ein Schamane, der die kollektiven Sünden seiner Gemeinschaft auf sich nahm und zum entsprechenden kosmischen Augenblick die »Atmosphäre reinigte«. Daraus wurde der den kollektiven Schatten auf sich nehmende Sündenbock, der mit seinem Leben dafür bezahlte. Nachdem die kollektive Reinigung, die zum Bringen von Menschenopfern ausgeartet war, gestrichen und durch ein metaphysisches Opfer (Jesus) ersetzt wurde, übernahm der kirchliche Beichtvater diese wichtige psychohygienische Funktion, die in der modernen westlichen Welt zunehmend der Psychoanalytiker einnimmt. Setzen wir uns zunehmend wieder mit unserer eigenen Schattenwelt auseinander, mit jenem Bereich unserer Psyche, in den wir die scheinbaren Gegensätze unserer bewußten Gedanken und Gefühle verbannten, beginnen wir wieder mit dem Herzen zu denken. Dieses Denken mit dem Herzen befähigt zur Nuancierung. Nuancen stellen den Reichtum der »Mandelbrot-Menge« dar, denn unter jeder Schicht liegt nochmals eine kleinere Nuance verborgen, und wir begegnen einem Faß ohne Boden – uns selbst! Nuancen lassen die Informationslücken wahrnehmbar werden, auf die wir beim rationalen Denken stoßen, sie stellen eine Art Tunnel durch das Chaos unerschöpflicher und noch unausgeschöpfter Möglichkeiten in uns selbst dar. Das trifft natürlich auch auf alle anderen Menschen zu, wodurch wir unseren Mitmenschen und dem Leben an und für sich wieder mehr Achtung, Respekt und Zuneigung entgegenbringen können. Henry James nannte diese nuancenreichen Einfälle einen »Keim«. Diese Keime wohnen in den fraktalen Räumen *zwischen den Gedankenkategorien* wie Antimaterie zwischen den Galaxien im leeren Raum oder zwischen den kleinsten Teilchen, die Materie aufbauen. Gedanken, die sich einordnen lassen, sind organisatorisch abgeschlossen, d. h. sie sind Ergebnisse von abgeschlossenen Prozessen der Vergangenheit. Dagegen führen Fragen und Unsicherheiten, das Staunen und Suchen in die Zukunft, weil sie als gegenwärtige nuancenhafte Prozesse schöpferisch kreativ sind. Beide Prozesse sind notwendig, aber abgeschlossen und eingeordnet kann nur das werden, was zuvor erkannt wurde. Dieser Prozeß ist ein stets weiterführender, weil alles stetigem Wandel unterworfen ist – auch unser Bewußtsein. Tauchen wir in den Untergrund unserer psychologischen Tiefen ein, in die Zwischenräume zwischen den bewußten Gedanken, dann strömt aus unserer Tiefe die Mutter der Inspiration, die Intuition. Ohne Intuition, das innere Wissen um das SOSEIN, gibt es keine Inspiration, derer wir so dringend bedürfen.

Unser Sinn für Ganzheit und Unteilbarkeit liegt im Zwischenraum zwischen der Vergangenheit, die nun abgeschlossen werden muß, und einer möglichen Zukunft, in jenem Grenzzyklus, dem wir das Wort Gegenwart gaben, und das ist ein Begriff, der inkludiert, daß wir dem, was einst gewesen war, einem vergangenen Sein, eine Perspektive, eine »Warte« entgegensetzen müssen, die uns in die Zukunft führt. Unsere Zukunft liegt im zeitlichen und räumlichen JETZT und HIER, im Unbekannten, im Chaotischen, in den Tiefen unseres eigenen unendlichen kreativen Potentials, sowohl individuell als auch und besonders kollektiv. Wenn wir akzeptieren können, wovon alle Kulturen außer der gegenwärtigen westlichen stets überzeugt waren, nämlich, daß es jenseits unserer sichtbaren materiellen Welt eine spirituelle, geistige Welt gibt, die der Spiegel unseres Bewußtseins ist, dann können wir das von uns selbst geschaffene Gesetz einer illusionären Dualität außer Kraft setzen, das uns blockiert und zunehmend zerstört, und wieder zusammenfügen, was wir einst trennten. Ausgestattet mit dem Hilfsmittel einer hochentwickelten Technik, einem noch entwicklungsfähigen zentralen Nervensystem, das als Blaupause die geistige Erde widerspiegelt, liegt es an uns, welchen Weg wir an dem vor uns liegenden Kreuzungspunkt einschlagen: den, der über die Selbstreinigung der Seele der Erde führt und unseren Untergang bedeuten muß, oder den, der uns zur Selbstreinigung bzw. Heilung unseres individuellen und kollektiven Ego hinzuleiten vermag. Auf die Frage, ob wir es schaffen werden, ob wir die Katastrophe, die sich ankündigt, verhindern können, pflegte C. G. Jung zu antworten: »Wenn genügend Menschen ihre innere Arbeit leisten!« Jeder Mensch trägt den Himmelsfunken kreativer Schöpfungskraft in sich. Durch Selbsterneuerung wird er zur Flamme, die Flamme wird zum Feuer, das Feuer zum Stern, und der Stern zur Sonne! Danach gibt es einen »neuen Himmel« und eine »neue Erde« – ein *Neues Bewußtsein.*

Die Erde ist ein Magnet und wir Menschen sind elektromagnetische Wesen. Aber die volle Nutzung der Erde als eine Art elektromagnetische Batterie ist davon abhängig, daß alle Organismen daran angeschlossen sind. Falsche Tabus, wie sie uns aufgedrängt wurden, werden unbewußt zu Ungeheuern der Angst, die Blockaden erzeugen. Der richtige Einsatz unseres Gehirns als selbsttätigen Kontrollmechanismus kann uns helfen, angstfrei zu anderen Dimensionen des Daseins hinüberzuwechseln, wie das unzählige Menschen vor uns taten, die uns ein Erbe hinterließen, das es wieder zu entdecken gilt – nicht um uns ihrer Methoden zu bedienen, die ein Ausdruck ihrer eigenen Entwicklung waren, und nicht um ihre Verkündigung wiederum zu einem angebeteten Verkündiger zu erheben, ein Mißverständnis, dem diese Kulturen nie erlagen, sondern weil uns ihr Zeugnis, das sie uns in Wort, Bild und Stein, und damit fest eingewoben im Netzwerk Erde hinterließen, erlaubt, einen Blick auf ein vollkommen anderes Verständnis der sichtbaren Welt und der uns unsichtbar umgebenden Welten zu tun, in ein Reich innerer und äußerer Harmonie, das es wieder zu entdecken gilt. »Der Weg zu den Sternen führt über die Sinne, durch die offenen Tore des Herzens«. Mitten hinein in dieses Herz führen die Reiserouten der Götter, die es wie das Gesetz der Erde nach wie vor gibt, wir müssen uns ihrer nur wieder be-sinnen. »Dann kehrt die Zukunft in all ihrem Glanz zurück.«[127]

Anmerkungen

[1] Zit. aus: Hare Hongi: *A Maori Cosmology, Journal of the Polynesian Society*, 16, 1907. Zit. in James Powell: *Tao der Symbole.* München 1989.

[2] Zit. aus: Frank Waters: *Das Buch der Hopi.* Übs. Sylvia Dorn. Köln 1986.

[3] *Moïra* (gr.), ein »Teil«, eine »Phase«. Die Erweiterung der Trinität war möglich, weil jede der drei Erscheinungsformen der Göttin in der Dreiheit erschien. Auf einem akkadischen Stymphalos tragen alle drei Erscheinungsformen einen Namen – Hera.

[4] Die Navajo-Indianer traten das Erbe der Maya an. Siehe dazu Paul Zolbrod: *Auf dem Weg des Regenbogens.* München 1988.

[5] Vgl. C. V. Mutwa: *Indaba my Children.* Johannesburg 1965. Übs. Christa Zettel.

[6] Vgl. *Rigveda.* Übs. Karl Friedrich Geldner. Zit. in James Powell, a. a. O.

[7] Vgl. Ulrich Mantel: *Roger Penrose – Die Beseelung der Materie.* Wochenpresse, 4.3.1993, Berlin.

[8] Zit. aus: Rupert Sheldrake: *Das schöpferische Universum. Die Theorie des morphogenetischen Feldes.* München 1983.

[9] Altirisches Wort für Alphabet.

[10] Vgl. Alan Bleakley: *Fruits of the Moon Tree. The Medicine Wheel and Transpersonal Psychology.* Bath 1991.

[11] Ockerkügelchen fanden sich bei allen prähistorischen Begräbnissen in Südafrika. Bei allen Funden der mittleren Steinzeitperiode in Südafrika gibt es Evidenz für den Abbau von rotem Ocker und Eisenerz. Siehe auch Michael Main: *Kalahari.* Johannesburg 1987.

[12] Zit. aus: John Briggs und F. David Peat: *Die Entdeckung des Chaos.* München 1989.

[13] *Mänaden* zerrissen Dionysos, der als Löwe, Stier und Schlange erschien – eine Dreijahreszeitensymbolik: Löwe – Frühjahr; Ziege/Bock oder Stier – Sommersonnenwende; Schlange/Skorpion – Winter. Sie »zerrissen« das Jahr – den Heros (Dionysos u. a.).

[14] Vgl. Carl Sagan: *Cosmos.* London 1981.

[15] Sinnbild des »leuchtenden Schalls« (Ton-Licht-Kontinuum) ist der Blitz oder Donnerkeil. Unsichtbar oder nichtseiend ist dieses Kontinuum, weil es als »Ruhenenergie« begriffen wird. In »Essay in Physics« beschreibt Herbert Samuel alle materiellen Ereignisse als Fälle des Wirksamwerdens der Ruhenenergie. Ihre Existenz wird erst durch das Auftreten und Verhalten von »Wirkenenergie« demonstriert, deren Realität aus den beobachteten Erscheinungen

geschlossen wird. Herbert L. Samuel: *Essay in Physics.* New York 1952.

[16] Nach W. Drummond schrieb man *El* ursprünglich als *Al*; vgl. auch Robert Ranke-Graves: *Die Weiße Göttin.* Reinbek 1985.

[17] Vgl. Robert Lawlor: *Am Anfang war der Traum.* München 1993.

[18] Zit. aus: *Neutestamentliche Apokryphen.* Übs. u. hrsg. v. Wilhelm Schneemelcher, Tübingen 1959.

[19] Der Schreiber des Philippus-Evangeliums bezieht sich auf die Verbindung zwischen All-Vater und dem Heiligen Geist, der All-Mutter.

[20] Zit. aus: Ludwig Marcuse (Vorwort): *Solomo, Weinen hat seine Zeit, Lachen hat seine Zeit.* Übs. Martin Luther. Zürich 1983. Die König Salomon (929 v. u. Z.) zugeschriebenen »Gesänge« wurden im 3. Jh. v. u. Z. als nachgelassenes, bisher unbekanntes Werk von Koholet (gr. Ecclesiastes) in Jerusalem oder Alexandria verfaßt.

[21] Der Adler symbolisiert die zum Geist transformierte Schlange. Als einzigem Sternbild schrieb man dem Skorpion drei Entwicklungsstufen zu: Schlange – Adler – Taube.

[22] Zit. aus: der *Rigveda* 1.164.41-42, Übs. Karl Friedrich Geldner. Zit. in: James Powell, a a. O.

[23] Vgl. James Powell, a. a. O.

[24] Die Zulu nannten sie *inkosikazi*, etwa das »Weiße«, »Transparente«; Vgl. Axel I. Burglund: *Zulu Thought Patterns and Symbolism.* U. K. 1989.

[25] Ophion war ein anderer Name für die Urschlange Borea.

[26] Vgl. Werner Hörmann: *Gnosis. Das Buch der verborgenen Evangelien.* Augsburg o. J.

[27] Vgl. Joseph Needham: *Science and Civilisation in China.* Vol. 2. Zit. in: Frank Fiedeler: *Die Monde des I-Ging.* München 1988.

[28] Vgl. Theophilus Hahn: *Goam, The Supreme Being of the Khoi-Khoi.* London 1881.

[29] Erst Moses trennte das Symbol Sonnenscheibe endgültig von dem »Einen Gott« der Hebräer.

[30] Herodot erwähnt den älteren Götterkreis in Zusammenhang mit Pan; vgl. Herodot: *Historien* II/46.

[31] Zit. aus: *Robin Hood Ballade.* Zit. in: Sir Gawains Marriage; Zit. in: Robert Ranke-Graves: *Die Weiße Göttin.* Hamburg 1985.

[32] B war sein erster Buchstabe, die heiligen (5) Vokale standen für die Jahreszeiten.

[33] *An* wie in *prana*, nach E. M. Parr »Himmel« in Sumer; auch im alten China stand *an* für Himmel bzw. die lunare Mitte (Vollmond); vgl. Frank Fiedeler, a. a. O.

[34] Neueste Untersuchungen legen nahe, daß die elektromagnetische Entladung, der Blitz, nicht vom Himmel in die Erde fährt, sondern daß es sich umgekehrt verhält.

[35] Vgl. M. Jastrow: *The Religion of Babylonia and Assyria.* Zit. in: Harald Bailey: *The Lost Languages of Symbolism.* London-New York 1968.

[36] Vgl. J. P. Mallory: *In Search of the Indo-Europeans.* Zit. in: Paul

Devereux: *Shamanism and The Mystery Lines.* London-New York-Toronto-Sydney 1992.

[37] Vgl. Peter Kaiser: *Vor uns die Sintflut.* München 1985.

[38] Zit. aus: William Blake: *Jerusalem* 15,8-9. in: *Complete Writings.* Zit. in: James Powell, a. a. O.

[39] Vgl. Marcel Griaule, Germaine Dieterlin: *Journal de la Societé des Africanistes,* Paris 1950. Zit. in: Robert Temple: *Das Sirius-Rätsel.* Frankfurt a.M. 1977.

[40] Vgl. David Bohm, Interview in der *Sunday Times.* Südafrika, 20. 2. 1983.

[41] Vgl. Fritz Zerbst: *Steinzeit Heute.* Wien-Köln-Graz 1983.

[42] Zit. aus: Peter Tompkins: *Secrets of the Great Pyramid.* London 1973. Übs. Thomas Taylor.

[43] Der Dichter Apuleius beschrieb die Wirkung seiner Teilnahme an den Isis-Mysterien zu Cenchrea bei Korinth. Gemäß der Sage verlor Demeter ihre Tochter Persephone an die Unterwelt. Sie wurde von Pluto geraubt und im Hades festgehalten. Der Myste vollzog das Herumirren der Göttin auf der Suche nach ihrer Tochter, *anima,* nach.

[44] Zit. aus: Ernst Bindel: *Die geistigen Grundlagen der Zahlen.* Frankfurt a. M. 1980.

[45] Vgl. Dane Rudhyar: *Die Magie der Töne.* München 1988.

[46] *Solmisation* (ital.), das System von Tonbezeichnungen unter Verwendung der Tonsilben *ut* (später *do*), *re,mi,fa,sol, la,* wurde erstmals um 1025 von Guido von Arezzo beschrieben.

[47] Utherpendragon (Jesus,Ythr ben dragwn); vgl. Geoffrey v. Monmouth: *The History of the Kings of Britain.* Übs. Lewis Thorpe. London 1986.

[48] TAG findet sich bei Wörtern, die den aufrechten Menschen bezeichnen, den Erhabenen, den hohen Berg, Drache und Vogel, auch Baum von großer Stammeshöhe. Die Wortwurzel findet sich in Zusammensetzungen, die (erstmals) den ranghöheren Menschen ausdrücken, die Götter und Gott. Vgl. Richard Fester: *Protokolle der Steinzeit.* München-Berlin 1974.

[49] Bei Ovid heißt es: »Das silberne Zeitalter wurde von Jupiter regiert; es gab damals die vier Jahreszeiten – während im Goldenen ewiger Frühling geherrscht hatte – und die Menschen, die vorher groß und kräftig waren, degenerierten langsam.« Ovidius Naso: *Metamorphosen.* Übs. W. Plankl. Stuttgart 1971.

[50] Vgl. James Powell, a. a. O.

[51] Vgl. José Argüelles: *Der Maya-Faktor.* Übs. Swami Prem Nirvano. München 1990.

[52] In Afrika bedient sich der Heiler der Rufe-Es-Methode. Dabei wird in der Psyche des Heilung Suchenden die Vorstellung einer bedrohlichen Situation erzeugt, die wie real erlebt wird. Vgl. Dr. Johanna Wagner: *Die, die so aussehen wie jemand, aber möglicherweise etwas ganz anderes sind. Aus der Praxis afrikanischer Medizinmänner.* Berlin 1985.

[53] Zit. aus: J. Argüelless, a. a. O.

[54] Zit. in: H. Bailey, a. a. O. Übs. der Autorin.

[55] Vgl. Eubulos, Fragment 120, unveröffentlichtes Manuskript von Ernest Borneman, der Autorin 1984 zur Verfügung gestellt.

[56] Vgl. Louis Charpentier: *Die Geheimnisse der Kathedrale von Chartres.* Köln 1986.

[57] Vgl. W. R. Inge: *The Quest for Wilhelm Reich.* o. O. o. J.

[58] Vgl. Erich Neumann: *Ursprungsgeschichte des Bewußtseins.* Zürich 1949.

[59] Zit. aus: Chrétien De Troyes: *Arthurian Romances.* Übs. D. D. R. Owen. London 1991.

[60] Vgl. Geoffrey Ashe: *The Quest of Arthur's Britain.* St. Albans 1975.

[61] Kallisto, »die Schönste«, war ein Titel der Weißen Göttin in ihrem Erlösungsaspekt, auch der Cardea, die auf die »Türangel« verweist (nach Ovid auch Scharniere). Die nach ihr benannten vier Kardinalpunkte führen in die Jenseitswelt.

[62] Zit aus: Robert Ranke-Graves: *Die Weiße Göttin.* Reinbek 1985.

[63] Zit. aus: Hans Dollinger: *Schwarzbuch der Weltgeschichte.* München 1986.

[64] Im Wort »Gral« ist wie in »Pokal« (frz.) die Wurzel KALL für Gefäß enthalten und *beau*, »schön«; vgl. Richard Fester: *Weib und Macht.* Frankfurt a. M. 1980.

[65] Vgl. Prof. J. Davidovits, Univ. Florida. Zit. in: *The Star*, Südafrika 1992.

[66] Vgl. *Taliesin Angar Cywyndawd.* Zit. in: Robert Ranke-Graves: *Die Weiße Göttin.*

[67] Gemäß einer Stele in Philä setzte sich die vordynastische Bevölkerung Ägyptens aus mehr als einem Drittel negroider, einem Drittel mediterraner (braunhäutiger), einem Zehntel »cromagnoider« (riesenhafter) und einem Fünftel gemischtrassiger Menschen zusammen; vgl. Cheikh Anta Diop: *Les Nations Négres et Culture (I.).* Paris 1979.

[68] Die sogenannten Aryama-Negroiden im antiken Susa, auf Japan, den Philippinen und Neuguinea.

[69] Vgl. Eduard Schuré: *Die Großen Eingeweihten.* Weilheim 1986.

[70] Ende des 3. Jht. v. u. Z. überschwemmten indoeuropäische Völkerschaften ganz Kleinasien. Von Armenien zogen sie über Syrien nach Kanaan und sammelten unterwegs Bundesgenossen. Um 1800 v. u. Z. fielen in Ägypten die Hyksos ein.

[71] Um so mehr als *arq* auch »Gürtel« bedeutet, »umbinden« als Tätigkeitswort, so daß die Bedeutung »Umlauf« naheliegend ist. Einen *arq* nannte man einen Gebildeten oder Weisen, in Ägypten (wie Königin Hatschepsut) einen Vollender des Großen Kreislaufs.

[72] Zit. aus: *Three Powerful Swinherds.* Kelt. Legende zit. in Geoffrey Ashe: *The Quest of Arthur's Britain.* St. Albans 1975. Übs. Christa Zettel.

[73] Vgl. R.S. Loomos, zit. in: G. Ashe, a. a. O.

[74] Vgl. Thomas Lehner (Hsg): *Keltisches Bewußtsein.* München 1985.

[75] Vgl. Geoffrey v. Monmouth: *The History of the Kings of Britain, The House of Constantine.* viii II. London 1986.

[76] Zit. aus: *Hanes Taliesin.* Übs. Charlotte Guest. Zit. in: Robert Ranke-Graves: *Die Weiße Göttin.*

[77] Originalinformation von Credo Mutwa an Christa Zettel, Südafrika. Auch als *BaFour* sind die *BaFumi* überliefert. Die Wortwurzel bezieht sich auf Eisen.

[78] Vgl. Tudor Parfitt: *Journey to the vanished City.* London-Sidney-Auckland 1992.

[79] Vgl. B. F. Laubscher: *The Pagan Soul.* Cape Town 1975.

[80] Vgl. Louis Charpentier: *Die Basken.* Olten 1986.

[81] Vgl. Christa Zettel: *Die Seele der Erde.* Bergisch-Gladbach 1997.

[82] Original-Zitat: »Thus said the Lord, stand ye in the ways and see, and ask for the old paths, where is the good way, and walk therein, and ye shall find rest for your souls«; zit. in John Michell: *The View over Atlantis.* London 1972. Übs. Christa Zettel. Die deutsche Version lautet: »Der Herr sagt: Ich habe mein Volk gemahnt; Haltet ein auf dem Weg, den ihr geht; seht euch um und fragt, wie es unseren Vorfahren ergangen ist; dann wählt den richtigen Weg und folgt ihm, so wird Euer Leben Erfüllung finden.« Deutsche Bibelgesellschaft, Stuttgart 1985. Der Leser mag entscheiden, wohin die von der Autorin angebotene Lösung führt und wohin die offizielle deutsche Übersetzung. Es scheint hier um die »Öffnung der Wege« im Sinne vorchristlicher Mysterien zu gehen.

[83] Paul Devereux: *Places of Power. Secret Energies at Ancient Sites. A guide to Observed or Measured Phenomena.* London 1990.

[84] Paul Mirecki, Universität Kansas, übersetzte auf Kalbshaut geschriebene Textfragmente aus frühchristlicher Zeit, die im Ägyptischen Museum in Berlin gelagert waren. Der Text ist koptisch, eine altägyptische Sprache mit griechischen Buchstaben. Mirecki schreibt die Jesus-Worte Gnostikern zu, einer christlichen Minderheit, die im vierten Jahrhundert ausstarb; vgl. *Kurier* 14. 3. 1997 (Österr.). Nicht nur die Gottessohnschaft Jesus', auch Erbsünde und Kreuzigungstod waren nach verfügbaren Zeugnissen den Essenern unbekannt, deren Erbe die Gnostiker antraten. Vermutlich waren sie Anhänger der ursprünglichen Lehre des Nazareners. Gnostiker waren u. a. Ophiten, »Schlangenverehrer« und Naazener, »Bewahrer alten Wissens«. Jesus war vermutlich ein Naazener, weil es eine Stadt Nazareth noch gar nicht gab.

[85] Nach Proklos ist Atlantis ein von Platon griechisierter Name. Platon übernahm die Legende von seinem Landsmann Solon (6. Jh. v. u. Z.), der sie von einem ägyptischen Priester in Saïs gehört haben soll.

[86] Zit. aus: *Sickbed of Cuchulain.* Zit. in: Robert Ranke-Graves: *Die Weiße Göttin.*

[87] Vgl. John Michell: *The View Over Atlantis.* o. O. o. J.

[88] Vgl. Fred Hoyle: *Frontiers of Astronomy.* London 1970.

[89] Zit. aus: Zecharia Sitchin: *Der Zwölfte Planet.* München 1989.

[90] Die Kabbala wurde erst im Mittelalter niedergeschrieben.

[91] Laut Herodot war Herakles ein uralter ägyptischer Gott. Bis zur Regierungszeit des Amasis waren nach Angabe der Ägypter 17 000 Jahre seit der Zeit verflossen, als der Götterkreis von acht auf zwölf Götter erweitert und Herakles in ihn aufgenommen wurde; vgl. *Historien* II/43. Fünf Menschenalter vor der Geburt des amphitryonischen Herakles in Hellas gründeten die Phöniker auf der Fahrt, als sie Europa suchten, Thasos; vgl. *Historien* II/44. (Mit Phöniker dürfte Herodot Minoer oder Minäer meinen, Vor-Phönizier). Vgl. H. W. Haussig, (Hsg.): *Herodot, Historien.* Übs. v. A. Horneffer. Deutsche Gesamtausgabe, Stuttgart 1971.

[92] Canopus erhob sich nach Stecchini damals $7^1/_2$ Grad über dem Horizont. Gemeinsam mit der Stellung der Erdachse, heute $23^1/_2$ Grad, ergeben sich auffälligerweise die heutigen 30 Grad 30 Minuten des einstigen ägyptischen Nullmeridians, der entlang der Erdachse verlaufen sein soll!

[93] Die vermutlich gegen Ende des 3. Jht. v. u. Z. von ägyptischen Arbeitern nach Plänen kretischer oder phönikischer Architekten erbaute Hafenanlage bestand aus einem inneren Becken von 60 ha und einem äußeren von etwa der halben Fläche. Der Landekai war aus bis zu drei Meter langen Naturblöcken gefügt, die mit tief eingekerbten Schachbrettmustern aus Fünfecken verziert waren; vgl. Gaston Jondet: *Les ports submerges de l'ancienne Ile de Pharos* (1976). Der König der Orakelinsel Pharos war der *Phara.o.*

[94] Vgl. Robert Temple: *Das Sirius-Rätsel.* Frankfurt a. M. 1977.

[95] *As-Ar* oder *Us-Ar* war der ägyptische Gott des Todes – *O.Siris*, der auch Gott des Lebens genannt wurde. *As.t* = Isis, der Thron, das weibliche Gegenstück zu Osiris. Nach Prof. Wallis Budge lag einst vermutlich beiden Namen die gleiche Vorstellung zugrunde. Osiris symbolisierte man durch ein Auge – *Us* = männlich, *Ut* = weiblich, wie in *K(e)m(e)t*, dem Namen der Ägypter für ihr Land, »das Schwarze« – *t* steht für die Weiblichkeit. Weil *r* und *l* in alten Sprachen austauschbar sind, ergibt sich hier auch die Verbindung zum *Al* der Basken als (Todes-)Kraft, die die Idee Gottes beinhaltet.

[96] Vgl. W. N. Bates: *American Journal of Archeology.* XXIX (239–246), New York 1925.

[97] Vgl. Paul Devereux: *Shamanism and the Mystery Lines.* London-New York-Sydney 1992.

[98] Vgl. Richard Katz: *Boiling Energy.* Harvard University Press 1982; zit. in: Paul Devereux: *Shamanism and the Mystery Lines.*

[99] »Pforte zum Schattenreich«, der Leitartikel eines Spiegel-Magazins (15. 1. 1996), beschreibt den Triumph des deutschen Physikers Walter Oelert, das erste Anti-Atom hergestellt zu haben, den atomaren Baustein möglicher fremder Antimaterie-Welten. Im Genfer Hochenergie-Forschungszentrum Cern sucht man Anti-Wasserstoff, das erste chemische Element aus der geheimnisvollen Spiegelwelt, in der die elementaren Eigenschaften der Materie in ihr Gegenteil verkehrt sind. Sowohl der Papst als auch der Dalai Lama erkundigten sich nach dem Stand der Antimaterie-(Anti-Christus-)Forschung.

[100] Wasser, das Urelement des Lebens, besitzt eine Art physikalisches Denkvermögen. »Belebt« erinnert sich verunreinigtes Wasser seiner ursprünglichen reinen Schwingung; vgl. Hans Kronberger und Siegfried Lautenbacher: *Auf den Spuren des Wasserrätsels.* Wien 1996, auch: Herbert Schäfer: *Zeitbombe Wasser.* Wien o. J.

[101] Vgl. A. Eireira: *The Heart of the World.* TV-Dokumentation, Jonathan Cape 1990.

[102] Mehr als 14 000 Seancen des »schlafenden Sehers« wertet ein eigenes Forschungszentrum aus. Zwischen 1958 und 1998 sah Cayce gewaltige geologische Veränderungen und eine Verlagerung der Erdachse voraus. Nachdenklich stimmt, daß das Klimaphänomen *El Niño* nach Beobachtungen der NASA Anfang 1998 durch Stauung des Wassers des Pazifik zu einer Verlangsamung der Geschwindigkeit der Drehung der Erdachse führte, weil die Erde sich bemüht, das in einer Hemisphäre entstandene Ungleichgewicht auszugleichen. Vom Kippen der Erdachse berichten u. a. die Mythen der Hopi.

[103] Aufgrund der Arbeiten dieser Forscher, die 1983 den Nobelpreis erhielten, verschiebt sich die wissenschaftliche Aufmerksamkeit immer stärker vom traditionellen Analysieren der Teile zu Themen wie Kooperation und Bewegung des Ganzen. Siehe dazu: John Briggs und F. David Peat: *Die Entdeckung des Chaos.* München 1993.

[104] Diese Arbeit wurde zu einem Zeitpunkt verfaßt, als noch nicht bekannt war, daß der Pyramide das fehlende Pyramidon aufgesetzt wird, in dessen vergoldeter Spitze sich die ersten Sonnenstrahlen des Jahres 2000 spiegeln sollen.

[105] Zit. aus: Zecharia Sitchin: *Der Zwölfte Planet.*

[106] Zit. aus: Zecharia Sitchin: *Der Zwölfte Planet.*

[107] Zit. aus: *Gilgamesch Epos.* Stuttgart 1982.

[108] Zit. aus Karl Simrock (Übs.): *Götterlieder der Älteren Edda.* Stuttgart 1969.

[109] Zit. aus dem Diwan des Schesi-Tabris. Zit. in: Peter Lemesurier: *Geheimcode Cheops.* Breisgau 1988.

[110] Vgl. Ilya Prigogine. Zit. in: John Briggs / David Peat: *Die Entdeckung des Chaos*. München 1989.

[111] Dr. J. S. Bell vom Genfer Cern-Laboratorium faßte das auf Anregung von Prof. David Bohm durchgeführte ERP-Paradox im Bell-Theorem (Einstein-Podolski-Rosen-Paradox) mathematisch zusammen.

[112] Um theoretische Schwierigkeiten zu überwinden, schuf David Bohm das Denkmodell *implicate order* in einem *enfolded universe*, einer verborgenen Ordnung der Dinge, die sich in einem hyperdimensionalen Universum abspielen; vgl. Interview mit David Bohm, *Sunday Times*, 20. 2. 1983.

[113] Zit. aus: Zecharia Sitchin: *Der Zwölfte Planet.*

[114] Zit. aus: *Sechzig Upanishad's der Veda. Brikadaranyala, Upanishaden.* Übs. Paul Deussen; Leipzig 1987.

[115] Vgl. Joseph Campbell: *Creative Mythology. The Masks of God.* London 1976.

[116] Zit. aus: David Lewis-Williams und Thomas Dowson: *The Signs of All Times in Current Anthropology*, Vol. 29. No. 2, April 1988. Übs. Christa Zettel.

[117] Vgl. Gerhard Herm: *Die Kelten.* Reinbek 1977.

[118] Vgl. Yaya Dalli und Mitchell Hall: *The Healing Drum.* Rochester-Vermont 1989.

[119] Zit. aus: W. Y. Evan-Wentz: *Tibetan Yoga.* Zit. in: Joseph Campbell: *Die Mitte ist überall.* München 1992.

[120] Zit. aus: Prof. W. M. Flinders-Petrie: *Personal Religion in Egypt.* Zit in: Harold Bayley: *The Lost Languages of Symbolism.* London-New York 1969. Übs. Christa Zettel.

[121] Zit. aus: Sir Walter Raleigh. Zit. in: Harold Bailey, a. a. O. Übs. Christa Zettel.

[122] Vgl. *Do Photons really exist?* Zit. in: *New Scientist*, No. 1939, S. 16, 20. 8. 1994.

[123] Vgl. Laurens van der Post: *The Heart of the Hunter.* London 1965.

[124] Vgl. C. G. Jung: *Psychologie und Alchemie.* Zit. in: Mircea Eliade: *Schmiede und Alchemisten.* Freiburg 1992.

[125] Vgl. *Der Standard*, 20. 3.1997 (Österr.).

[126] Zit. aus: Frank Waters: *Das Buch der Hopi.* Übs. Sylvia Dorn. Köln 1986.

[127] Zit. aus: José Argüelles, a.a.O.

Literatur

Argüelles, José: *Der Maya Faktor.* München 1990

Ashe, Geoffrey: *The Quest of Arthur's Britain.* St. Albans 1975

Bailey, Harold: *The Lost Language of Symbolism.* London-New York 1968

Bindel, Ernst: *Die geistigen Grundlagen der Zahlen.* Frankfurt a. M. 1980

Blavatsky, Helena: *Isis entschleiert.* Hannover o.J.

Blavatsky, Helena: *Die Geheimlehre.* Graz 1975

Bleakley, Alan: *Fruits of the Moon Tree. The Medicine Wheel and Transpersonal Psychology.* Bath 1991

Blumrich, Josef: *Kasskara und die sieben Welten.* München 1985

Borneman, Ernst: *Das Patriarchat.* Frankfurt a. Main 1979

Briggs, John/Peat. F. David: *Die Entdeckung des Chaos.* München 1989

Budge, Wallis: *Osiris and the Egyptian Resurrection.* New York, 1973

Campbell, Joseph: *Creative Mythology. The Mask of God.* London 1976

Campbell, Joseph: *Die Mitte ist überall.* München 1992

Charpentier, Louis: *Das Geheimnis der Basken.* Olten 1986

Charpentier, Louis: *Die Geheimnisse der Kathedrale von Chartres.* Köln 1986

Cleary, Thomas: *The Essential Tao.* New York 1991

Coll, Peter: *Das gab es schon im Altertum.* Würzburg 1964

Devereux, Paul: *Shamanism and The Mystery Lines.* London-New York-Toronto-Sydney 1992

Devereux, Paul: *Places of Power. Secret Energies at Ancient Sites. A guide to Observed or Measured Phenomena.* London 1990

Dollinger, Hans: *Schwarzbuch der Weltgeschichte.* München 1986

Duminy, Andrew/Guest, Bill (Hsg.): *Natal and Zululand from Earliest Times to 1970. A New History.* Pietermaritzburg, 1989

Eitel, E.J.: *Feng-Shui, the Rudiments of Natural Science in China.* Cockaygne Edition 1973

Eliade, Mircea: *Schmiede und Alchemisten.* Freiburg 1992

Fester, Richard: *Protokolle der Steinzeit.* München-Berlin 1974

Fester, Richard: *Weib und Macht.* Frankfurt a. M. 1980

Fiedeler, Frank: *Die Monde des I-Ging.* München 1988

Fuller, Simon: *Rising out of Chaos.* Rondebosch 1994

Goodman, Frederick: *Zodiac Signs.* London 1990

Heilige Schrift. Das Alte und das Neue Testament. Übs. Martin Luther. Stuttgart 1996

Hahn, Theophilus: *Goam. The Supreme Being of the Khoi-Khoi.* London 1881

Haussig, H.W. (Hrsg): *Herodot. Historien*. Stuttgart 1971

Herm, Gerhard: *Die Kelten*. Reinbek 1977

Hibbert, Christopher: *Africa Explored.* London 1982

Hörmann, Werner: *Gnosis. Das Buch der verborgenen Evangelien*. Augsburg o.J.

Issayat, Hazrat Inayat Khan: *Musik und Kosmische Harmonie.* Heilbronn o.J.

Johnson, Robert: *Owning your own Shadow.* New York 1991

Jones, M.R.(Übs.): *The Apocryphal New Testament.* London 1924

Jung, Carl Gustav: *Über Mandalasymbolik. Gesammelte Werke 9/1: Die Archetypen und das Kollektive Unbewußte.* Freiburg 1976

Kaiser, Peter: *Vor uns die Sintflut.* München 1985

Kolosomo, Peter: *Viel Ding zwischen Himmel und Erde.* Wiesbaden 1970

Koran. Übs. M. Ali. Lahore 1951

Lawlor, Robert: *Am Anfang war der Traum.* München 1993

Leaky, Richard: *The making of mankind.* London 1981

Lehner, Thomas: *Keltisches Bewußtsein.* München 1985

Lewis-Williams, Prof. David/ Dowson, Thomas: *Images of Power, Understanding Bushman Rock Art.* Johannesburg 1989

Marshack, Alexander: *The Roots of Civilization.* New York 1971

Michell, John: *City of Revelation.* London 1971

Michell, John: *The View over Atlantis.* o.O.o.J.

Miers, Horst E.: *Lexikon des Geheimwissens.* München 1986

Monmouth, Geoffrey v.: *The History of the Kings of Britain.* London 1986

Muler, F.M. (Hrsg.): *Buddhistische Mahajana Sutras.* London 1980

Neumann, Erich: *Die große Mutter.* Düsseldorf 1994

Neumann, Erich: *Ursprungsgeschichte des Bewußtseins.* Zürich 1949

Pennick, Nigel: *Das Runenorakel.* München 1990

Penrose, Roger: *The Emperor's New Mind.* London 1989

Powell, James: *Tao der Symbole.* München 1989

Ranke-Graves, Robert: *Griechische Mythologie.* Reinbek 1982

Ranke-Graves, Robert: *Die Weiße Göttin.* Reinbek 1985

Rudhyar, Dane: *Astrologie der Persönlichkeit.* München 1992

Rudhyar, Dane: *Die Magie der Töne.* München 1988

Sagan, Care: *Cosmos.* London 1981

Samuel, Herbert L.: *Essay in Physics.* New York 1952

Schonfield, H.J.: *The Passover Plot.* Hutchinson 1965

Schulze, Peter: *Herrin beider Länder, Hatschepsut, Frau, Gott und Pharao.* Bergisch Gladbach 1976

Schuré, Edouard: *Die Großen Eingeweihten.* Weilheim 1986

Sheldrake, Rupert: *Das schöpferische Universum. Die Theorie des morphogenetischen Feldes.* München 1983

Sitchin, Zecharia: *Der Zwölfte Planet.* München 1989

Smullyan, Raymond: *Das Tao ist Stille.* Frankfurt a. M. 1994

Temple, Robert: *Das Sirius-Rätsel.* Frankfurt a.M. 1977
Thompkins, Peter: *Secrets of the Great Pyramid.* London 1973
Tobias, Phillip: *Images of Humanity.* Rivonia 1991 (SA)
Topper, Uwe: *Das Erbe der Giganten.* Bergisch Gladbach 1977
Troyes, Chrétien de: *Arthurian Romances.* London 1991
Van der Post, Laurens: *The Heart of the Hunter.* London 1965
Van der Post, Laurens: *Jung and the story of our Time.* London 1978
Waters, Frank: *Das Buch der Hopi.* Übs. Sylvia Dorn. Köln 1986
Watson, Lyall: *Supernature.* London 1973
Watson, Lyall: *Supernature II.* London 1986
Vortriede, W. (Hrsg.): *W.B. Yeats. Gesammelte Werke.* Neuwied/Berlin 1970
Zerbst, Fritz: *Steinzeit Heute.* Wien-Köln-Graz 1983
Zettel, Christa: *Das Geheimnis der Zahl.* München 1996
Zettel, Christa: *Die Seele der Erde.* Bergisch Gladbach 1997
Zolbrod, Paul: *Auf dem Weg des Regenbogens.* München 1988